学习力概论

王友强◎编　著

西南交通大学出版社
·成　都·

图书在版编目（CIP）数据

学习力概论 / 王友强编著. -- 成都：西南交通大学出版社，2024.8. -- ISBN 978-7-5774-0035-8

Ⅰ.G442

中国国家版本馆 CIP 数据核字第 2024Q12Q08 号

Xuexili Gailun
学习力概论
王友强　编著

策 划 编 辑	梁　红
责 任 编 辑	周媛媛
封 面 设 计	原创动力
出 版 发 行	西南交通大学出版社
	（四川省成都市金牛区二环路北一段 111 号
	西南交通大学创新大厦 21 楼）
营销部电话	028-87600564　028-87600533
邮 政 编 码	610031
网　　　址	http://www.xnjdcbs.com
印　　　刷	成都蜀通印务有限责任公司
成 品 尺 寸	170 mm × 230 mm
印　　　张	24
字　　　数	354 千
版　　　次	2024 年 8 月第 1 版
印　　　次	2024 年 8 月第 1 次
书　　　号	ISBN 978-7-5774-0035-8
定　　　价	98.00 元

图书如有印装质量问题　本社负责退换
版权所有　盗版必究　举报电话：028-87600562

四川省哲学社会科学重点研究基地
四川省基础教育研究中心科研项目
《县域初中生学习力培养研究》（JCJY2022-14）
编委会成员

主　编：王友强

副主编：张崇洪　鲁　莉　冯志净　杨　娇　陈晓铃　胡同文

编　委：郭灵娟　黄建军　毛　灵　罗晓英　张小燕　付文桂
　　　　　罗成刚　汪顺兴　刘　静　陈艳梅　秦　俐　曹艳霞
　　　　　周洪丽　汤　燕　何彬彬　田梦婷　黎建军　兰　英
　　　　　罗　云　刘文映　李林翰　王远敏　李　佳　张　楠
　　　　　屈　容　江　边　金　惠　彭　羽　阳　华　赵颖月
　　　　　梁　沙　唐　婷　谢　男　刘　维　贺欣欣　何　静
　　　　　王　英　樊艳丽　舒嫒洁

前　言

21世纪是知识经济、信息化、人工智能飞速发展的时代，科技创新加速，国际竞争加剧。

面对纷繁复杂的未来，学会学习成了现代人的关键能力。2021年，联合国教育、科学及文化组织（简称为联合国教科文组织，UNESCO）发布的《一起重新构想我们的未来：为教育打造新的社会契约》指出："如今，我们对物质的生产、消费和浪费远远超过了地球的承载力。根据一些预测，人类目前的生态足迹表明，我们大约需要1.6个地球来支撑我们的生活、降解我们的废弃物。如果不改变路线，到2050年，我们将以4倍于资源再生的速度消耗地球资源，给子孙后代留下一颗资源严重枯竭的星球。"[1]解决这个未来人类生存难题，只有靠人类自己的创新行为。学习是创新的基础，提升全人类的学习力就显得尤为重要。

面对大数据时代的海量信息和知识的不断更新，我们必须成为终身学习者。早在1972年，联合国教科文组织发布的《学会生存：教育世界的今天和明天》就指出："未来的学校必须把教育的对象变成自己教育自己的主体。受教育的人必须成为教育他自己的人；别人的教育必须成为这个人自己的教育。这种个人同他自己的关系的根本转变，是今后几十年内科学与技术革命中教育所面临的最困难的一个问题。"[2]20世纪80年代，通过全球学习科学家们的持续努力，学习科学诞生了，为提升人类学习力探索了许多可行的路径和方法。今天，人类是在大数据和人工智能的背景下展开学习的，学习的方式与工具发生了变化，但人类学习的本质——人类个体与人类本体的自我意识

---

[1] 联合国教科文组织. 一起重新构想我们的未来：为教育打造的社会契约[M]. 北京：教育科学出版社，2022.
[2] 查尔斯·菲德尔，玛雅·比亚里亚，伯尼·特里林. 四个维度的教育[M]. 罗德红，译. 上海：华东师范大学出版社，2017.

和自我超越没有变。学习是人类在认识与实践过程中获取经验和知识，掌握客观规律，使得身心获得发展的社会活动。如今，学校里学生的学习，也由过去的以知识学习为主，转化为以学习力的提升为主的学习，学习知识仅为其学习力提升的重要载体。学校成为学生终身学习的奠基工作站。

我们可以从已知成果出发探索学习力定义提升路径。20世纪60年代，学习力首次被提出后，很快就在教育领域开花结果。几十年过去了，我们站在巨人的肩膀上，大胆地对学习力本质进行了探索，吸纳了大量前人的研究成果，把学习力定义为"支撑学习者在认识、掌握、运用、创造知识以适应不断变化的生存环境过程中的一个作用于学习者可持续发展的动态系统，这个系统能够帮助学习者在知识迅猛增长的现在和未来实现自我认知、自我选择、自我超越的目标"，由动力系统、能力系统、方法系统、调适系统四个子系统组成，也可以理解为学习者通过自身努力和他人帮助而形成的一个良好的习惯系统。学习力属于学习科学的范畴，本书从教育学的视角出发，未考虑动物和机器（人工智能）的学习方式，只研究人的学习，把学习力分解为四个一级指标，十一个二级指标以及三十个三级指标进行论述。第一章讨论学习力的概念，第二章讨论学习力动力系统，第三章讨论学习力能力系统，第四章讨论学习力方法系统，第五章讨论学习力调适系统，第六章是学习力研究成果选编。

本书的编写者均为具有丰富的"教与学"经验的一线教师，且均为四川省心理学会基础教育学生学习心理专业委员会成员。本书是在完成了"初中生学习能力自我提升"系列丛书（四川民族出版社出版）基础上的又一研究成果。

由于编写仓促，加之研究能力和写作水平有限，书中仍存在一些不足和缺漏之处，恳请广大读者提出宝贵意见和建议，以资完善。

编者

2023年12月28日

目 录

第一章　学习力的概念　| 001

　　第一节　研究学习力的背景　| 001
　　第二节　什么是学习力　| 006
　　第三节　学习力的结构　| 017
　　第四节　国内外对学习力研究的现状　| 022

第二章　学习力动力系统　| 033

　　第一节　学习兴趣　| 033
　　第二节　学习动机　| 059
　　第三节　学习态度　| 078

第三章　学习力能力系统　| 105

　　第一节　学习认知　| 105
　　第二节　学习技能　| 150

第四章　学习力方法系统　| 205

　　第一节　学习目标管理　| 205
　　第二节　学习时空管理　| 235
　　第三节　学习方式选择　| 257

第五章　学习力调适系统　| 277

　　第一节　元认知　| 277
　　第二节　情绪调节　| 292
　　第三节　学习毅力　| 306

第六章　学习力研究成果选编　| 321

　第一节　基于教学学术共同体的高中教师
　　　　　学习力提升路径研究　| 322

　第二节　"双减"背景下乡村九义校学生
　　　　　学习力提升研究　| 334

　第三节　县域初中生学习力培养研究　| 343

附件　中学生学习力调查问卷　| 364

参考文献　| 369

后　记　| 372

第一章

学习力的概念

学习科学和人工智能的发展为教育提出了新的挑战，学习力的研究是学习科学不可或缺的项目。本章重点介绍了什么是学习力以及学习力的结构。

第一节 研究学习力的背景

一、学习科学的发展推动培养有学习力的人

今天，学习科学已经进入了一个繁荣的时代，从种子期发展到繁荣期经历了近百年。20世纪初，1899年西格蒙德·弗洛伊德（Sigmund Freud）出版《梦的解析》标志着精神分析学的发明；俄罗斯生理学家伊万·巴甫洛夫（Ivan Pavlov）研究了塑造学习中的条件作用的本质；生物学家让·皮亚杰（Jean Piaget）对儿童学习的研究，将学习视为发展的一种表现形式；世界平民教育家晏阳初认为"金矿银矿不如开脑矿"。到了20世纪70—80年代，认知科学和计算机科学的发展为"打开大脑黑箱"创造了条件。[1]近80年的时间，可以说是学习科学的种子时期。20世纪80—90年代是学习科学的早期时代，这期间美国西北大学成立了学习科学研究所，1991年该所所长罗杰·尚克（Roger Schank）牵头召开了首届学习科学国际大会（International Conference of the Learning Sciences，ICLS）。

20世纪90年代—21世纪初是学习科学的繁荣发展时期，召开学习科学的国际会议已经形成了制度化，学习科学的专著不断涌现。1999年，美国

---

[1] FISCHER F，HMELO-SILVER C E，GOLDMAN S R，et al. 国际学习科学手册[M]. 赵建华，尚俊杰，蒋银健，等，译. 上海：华东师范大学出版社，2022.

国家科学院召集成立专门委员会撰写并出版《人是如何学习的：大脑、心理、经验及其学校》；2006年，美国R·基思索耶（R.Keith Sawyer）主编《剑桥学习科学手册》①；2018年，德国慕尼黑大学弗兰克·费舍尔（Frter Reimann）、美国印第安纳大学教授辛迪·赫梅洛-希尔弗（Cindy E.Hmelo-Sisher）、伊利诺伊大学教授苏珊·戈德曼（Susan Goldman）、澳大利亚悉尼大学彼得·赖曼（Peter Reimann）等110位从事学习科学研究、实践与领域建设的国际学者共同编写了《国家学习科学手册》。上述专著是学习科学的经典著作，均已翻译成中文出版。学习科学的发展在培养有强大学习力的人才方面发挥了关键作用。通过跨学科研究，它深入揭示了学习的复杂性和多维性，使我们更全面、更深入地理解了学习的本质。学习科学不仅关注认知层面，还涉及情感、社会和文化等多个层面，并特别强调了学习环境的重要性，鼓励创造积极、互动和富有挑战性的学习环境以激发学生兴趣，提高参与度，促进全面发展。学习科学的发展为我们指明了培养有学习力人才的有效途径，对学生成长和社会进步均产生深远影响。

二、人工智能的发展促进培养创新知识的人

21世纪以来，人工智能（Artificial Intelligence，AI）成为推动人类社会向前迈进的强劲力量，人类的学习以及研究人类学习的学习科学也必然进入数字化和全球化的智能时代。学习科学也必须吸收数据科学的优秀成果来发展自己，为人类提供科学的学习方法。因为面对未来，学习任务已不再是在校学生的专属任务，而是所有人每天的必修课。确保人们能终身接受优质的教育资源，是学习科学和教育科学面临的挑战。美国维恩·霍姆斯（Wayne Holmes）、玛雅·比利亚克（Maya Bialik）、查尔斯·菲德尔（Charles Fadel）合著的《教育中的人工智能：前景与启示》围绕着人工智能时代人们"学什么"和"怎么学"的问题进行了有益的探讨，为学习力研究提供了诸多借鉴

---

① 弗兰克·费舍尔，等. 国际学习科学手册[M]. 尚俊杰，任友群，等，译. 上海：华东师范大学出版社，2022.

和启发。随着全球人工智能的飞速发展，尤其是最近风靡全球的 ChatGPT 的出现，对以往知识的记忆和一般运用显得不再特别重要，重要的是创造新知识。因此，各级各类学校对提高学习者的学习力及对其学习力的终生发展显得尤为迫切。

三、社会的发展要求培养挑战未来的人

1931 年，爱因斯坦在纽约州立大学讲演《论教育》时说过："什么是教育？把在学校里学到的所有东西全部忘光了之后留下来的东西才叫教育（Education is what remains after one has forgotten everything he learned in school）。"这句话，在学习科学方兴未艾的今天，也可以这样理解：学校教育就是让学生通过课程学习培养和提高其学习力，为其终身学习奠基。

早在 1972 年联合国教科文组织发布的《学会生存：教育世界的今天和明天》中就指出："未来的学校必须把教育的对象变成自己教育自己的主体。受教育的人必须成为教育他自己的人；别人的教育必须成为这个人自己的教育。这种个人同他自己的关系的根本转变，是今后几十年内科学与技术革命中教育所面临的最困难的一个问题。"[①]虽然此时学习力概念提出不久（1965 年提出），学习科学初具雏形，但此文件已经揭示了学校的核心任务是培养学生的学习能力。

2017 年，《四个维度的教育》中提出："好的教育能够培养更有能力和更具幸福感的学生，建设更加和平与可持续发展的社会——经济发达、社会公平、人们过着各种意义上的健康生活。"[②]这句话充分表达了教育成就未来的思想，包括成就社会和个人。教育的功能既要满足社会的需要，更要满足自然人个体的需要。心理学家亚伯拉罕·马斯诺（Abraham Maslow）用

---

① 查尔斯·菲德尔，玛雅·比亚里亚，伯尼·特里林. 四个维度的教育[M]. 罗德红，译. 上海：华东师范大学出版社，2017.
② 联合国教科文组织国际教育发展委员会. 学会生存：教育世界的今天和明天[M]. 北京：教育科学出版社 2022.

"需求金字塔"（见图1.1.1）清晰地阐述了自然人个体的发展需要。个体的发展离不开社会，必须将自己置身于社会中去。苏格拉底曾经说过"社会是巨化的个体"①，教育对个体的培育必须涵盖"需求金字塔"结构中的每一个方面。

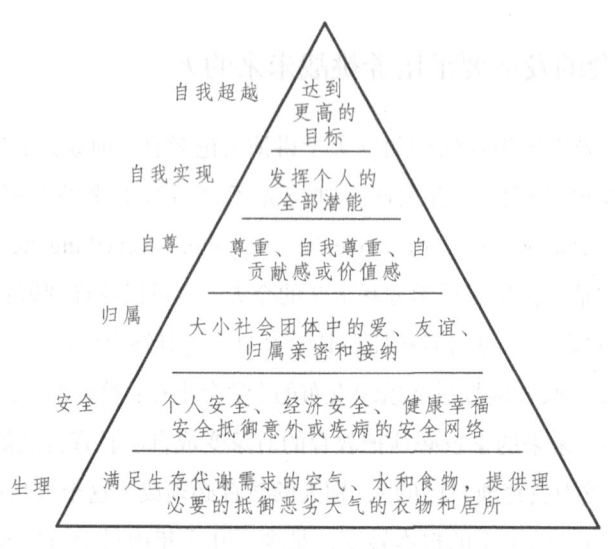

```
自我超越    达到更高的目标
自我实现    发挥个人的全部潜能
自尊        尊重、自我尊重、自贡献感或价值感
归属        大小社会团体中的爱、友谊、归属亲密和接纳
安全        个人安全、经济安全、健康幸福安全抵御意外或疾病的安全网络
生理        满足生存代谢需求的空气、水和食物，提供理必要的抵御恶劣天气的衣物和居所
```

图1.1.1　马斯诺需求层次理论

查尔斯·菲德尔等学者在《四个维度的教育》中还对教育提出了一些独到而深刻的理解，为我们提供了充满智慧和切实可行的策略，推动教育不断变革，使教育能更好地帮助学生迎接未来的挑战，例如，他们提出了学校课程重构的中心框架（见图1.1.2）。

2021年，联合国教科文组织发出了一则令人警醒的警示：人类的活动已经超出了地球的承载力，我们的资源需求过大，且地球的再生速度远远不及人类的消耗速度。这是一个严峻的现实，它提醒我们，如果我们不立即改变现有的发展路线，那么到了2050年，地球的资源将面临前所未有的枯竭危机。这不仅仅是一个环境问题，更是一个关乎人类未来的生存与发展的问

---

① 查尔斯·菲德尔，玛雅·比亚里亚，伯尼·特里林. 四个维度的教育[M]. 罗德红，译. 上海：华东师范大学出版社，2017.

题。面对这样的挑战，拯救地球成为我们共同的责任。而要实现这一目标，我们需要不断创新人类的知识体系，探索更加可持续、环保的发展模式。这不仅仅是一个口号，它要求我们从根本上改变教育模式，更新学习方式，打破传统的束缚，鼓励创新思维和实践能力的培养。

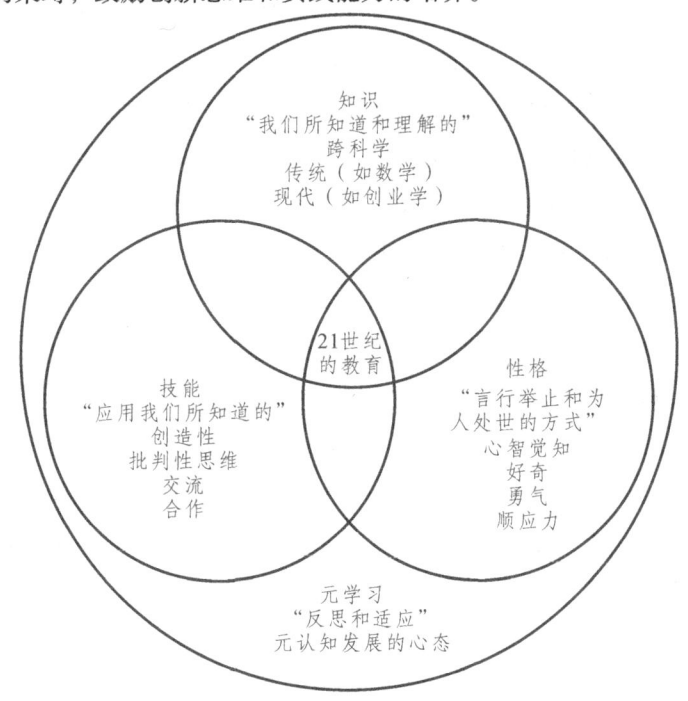

知识
"我们所知道和理解的"
跨科学
传统（如数学）
现代（如创业学）

21世纪的教育

技能
"应用我们所知道的"
创造性
批判性思维
交流
合作

性格
"言行举止和为人处世的方式"
心智觉知
好奇
勇气
顺应力

元学习
"反思和适应"
元认知发展的心态

图 1.1.2　课程重构中心框架

值得注意的是，学习力的概念已经被提出了 50 多年，其理论与实践基础已经相对完善。而学习力不仅关乎个人的成长与发展，更是推动社会进步和创新的关键力量。因此，当下我们更应以前所未有的决心和行动力，深入研究学习力，挖掘其潜力，推动学习方式的变革与完善。我们需要构建一个更加开放、包容、创新的学习环境，让每个人都能够充分发挥自己的潜能，为地球的未来贡献自己的力量。只有这样，我们才能为子孙后代守护一个充满希望和生机的绿色星球，让他们在一个更加美好的世界中茁壮成长。这是我们的责任，也是我们的使命。

第二节 什么是学习力

一、学习的定义

在我国古代,"学"与"习"两个字一般都分开使用。个体提高认识水平的行为多用"学"字,《说文解字》解释"学"为"觉悟也",主要指个体对已有经验和知识的获得过程,同时还包括对已有经验和知识的发展与创新行为;个体修炼提高技能的行为多用"习"字,《说文解字》解释"习"为"数飞也",即鸟儿频频试飞,主要指对已有经验和知识的实践行为。在中国探讨"学"与"习"两字关系最早的人当属孔子,他在《论语·学而》中说:"学而时习之,不亦乐乎!"虽然未将"学"与"习"两字组成一个词组,但却很好地阐释了"学"与"习"的知行合一的内在联系。把"学"与"习"组成"学习"词组,最早见于《礼记·月令》中的"季夏之月……鹰乃学习",这里指季夏之月小鸟反复试飞,"学习"一词由此在汉语中正式出现。

西方对学习的定义在各个时期的各个流派中的表述都不一样。

学者桑新民在《学习科学与技术》一书中,分别从心理学和教育学视角对学习的概念进行了梳理。现摘录如下,供读者学习参考。[①]

心理学视角对学习概念的定义如下:

行为主义的学习定义:学习是刺激和反应之间形成联结。

斯金纳新行为主义:学习是在有效的强化程序中不断巩固刺激和反应之间的联结。

格式塔学派的学习定义:学习的目的和实质在于形成和发展人的内在认知结构、完成"格式塔"。人在学习活动中不是单纯地积累知识,更重要的是不断地促成"格式塔转移",这是一种学习中的"顿悟"。因此学习不是盲目、消极地接受刺激,而是有目的地探究,是富于想象力的创造性活动。

皮亚杰认知学派(建构主义)的学习定义:学习活动本质上是一种主体转变为客体的结构性动作,其目的在于取得主体对外部自然与社会环境的适

---

① 桑新民. 学习科学与技术[M]. 北京:高等教育出版社,2004.

应，从而达到主体与环境之间的平衡，同时将这种动作协调结构内化为主体的认知结构（图式）。这种内化包括同化和顺应两种形式，同化是主体在活动中对环境进行选择、改变，并把它们纳入主体原有图式中从量上丰富和发展原有图式；顺应是当原有图式容纳或同化不了客体或主体动作经验时，在主体自我调节之下改变原有动作结构产生新的图式以适应环境变化的过程。在同化和顺应交替进行的过程中，主体的认知图式得到了建构和发展，从而使主体与外界环境之间的关系不断打破原有的平衡，达到新的平衡。

维果茨基社会建构主义的学习定义：学习是人所特有的高级心理结构与机能，这种机能不是从内部自发产生的，而只能产生于人们的协同活动和人与人的交往之中；这种高级心理机能最初形成于人的外部活动中，并在活动中逐渐内化，成为人的内部各种复杂心理过程和结构。因此，人的心理发展既是个体的又是社会的，个体知识的建构过程和社会共享的理解过程是不可分离的。

心理学普遍接受的学习定义：学习是指人和动物因经验而引起的行为、能力或心理倾向相对持久的变化过程，这些变化不是因成熟、疾病或药物引起的，而且也不一定表现出外显的行为。

从广义的教育角度的学习定义：学习是人类（个体或团体、组织）在认识与实践中获取经验和知识，掌握客观规律，使身心获得发展的社会活动，学习的本质是人类个体和人类整体的自我意识与自我超越。

此外，鲍尔（Ball）和希尔加德（Hildegard）认为，学习（Learning）是指学习者因经验而导致行为或行为潜能的相对持久的变化。[①]

二、学习力的定义

学习力（Learning Power）概念是由美国哈佛大学管理学教授福瑞斯特（Forrester）于1965年在《企业的新设计》的"学习型组织"构建研究中首次提出的，该观点提出于学习科学即将形成的时期。在学习科学方兴未艾的今天，我们很有必要对"学习力"概念进行探究。

---

① 刘德儒. 学习心理学[M]. 北京：高等教育出版社，2010.

早在20世纪80年代，学习力概念作为新术语引入教育领域，国内外学者便对学习力展开了一系列的研究。在这里选编一些中外学者对学习力概念的定义，较全面地展现学习力的内涵。

（一）国外学者对学习力的定义

1965年，美国哈佛大学管理学教授福瑞斯特把学习力看成是"学习态度、学习能力及终身学习的综合"。而后，其学生彼得·圣吉（Peter Senge）发展了学习力的内涵，1998年在其专著《第五项修炼：学习型组织的艺术与实务》中将学习力定义为"学后产生新的行为并通过学习产生增值实现自我超越"[1]。

英国布里斯托尔大学迪金·R.克里克（Deakin R. Crick）博士认为，学习力是一个抽象概念，不能被准确地测量，它是一种促使学习意愿与学习成果相互作用的力量，从内部去观察如何影响一个人的思维、情绪、需要以及学习成果的有效性。[2]

美国诺埃尔·兰迪（Noel Randy）博士认为，我们的学习力由一种神秘因素决定，这种因素将决定一个人的学业与生活的成败，然而却难以捉摸；它同一个人的整个性格息息相关却又无以名状。它是从兴趣、抱负、灵感、价值观、自信心、伦理上对生活的重要性的认定的一个混合体。[3]

日本学者佐藤学认为，学习力是个体所具备的一种能力，这种能力需要个体首先把学习到的各种知识和技术完全地吸收并且改进，再结合自己原有的知识储备，一起运用到生活和工作中去，这样能够有效地改变现有的生活，在工作中找到良好的状态。[4]

（二）国内学者对学习力概念的定义

国内学者从不同视角对学习力进行了深入研究，并各自根据研究提出了不同的定义。以下是一些具有代表性的定义，按照时间先后进行排列。

---

[1] 彼得·圣吉. 第五项修炼——学习型组织的艺术与务实[M]. 上海：上海三联书店，1998.
[2] CRICK D R. Learning power in practice: A guide for teachers[M]. London: Paul Chap man，2006.
[3] 诺埃尔·兰迪. 超级学习力训练[M]. 徐世明，译. 北京：北京中国工人出版社，2004.
[4] 佐藤学. 叩问"学力"[J]. 钟启泉，译. 全球教育展望，2010（6）：37.

武汉电力职业技术学院学者刘斌祥、邹亚建认为，学习力是指人们获取信息、改造自我、创新工作并改变自身生存状态的能力，它影响着个体的品质形成，关系到个体的竞争状态，决定着个体的事业成败。[1]

上海师范大学学者刘艾清博士在论文中界定了"学习力"的概念，他认为学习力是支持和推动学习，直接影响个体学习效率的学习的内在力量，属于综合素质的范畴。[2]

南京市教科所谷力教授提出，学习力是人在学习活动中起作用的、由心理结构和身心能量组成的一种个性心理品质，是遗传、环境和自我意识综合作用形成的。[3]

学者刘磊认为，学习力是人在学习和实践过程中形成和不断发展的以理解力为核心的，发现问题、分析问题和解决问题的能力。学习力是一种动态运转的系统力，是最可贵的生命力，是最活跃的创造力，也是未来最本质的竞争力。[4]

北京师范大学贺文洁、李琼、李小红等学者在《教育学报》中发文，认为学习力作为学习科学的范畴，意指为塑造个体终身学习而形成的包括个体学习情感、动力、态度、价值观以及持续发展的综合素养。

杭州师范大学学者刘嘉豪提出，学习力是学习者所具有的、保证其学习活动顺利开展的能力，影响学习动机的激发、学习行为的执行、学习过程的调控、学习结果的反思等方面，外部表征为自我规划、学习效率、自主性等。[5]

裴娣娜教授认为：学习力是学生的生长力（活力、能量），是人的生成、生长和发展，也是人具有的饱满生命能量与活力。学习力是聚焦人本身来研究人如何学习、生成和发展，将发展的动力、内因转到人自身，旨在解放学生个性、想象力和创造性，让学生成为主体性强的人。[6]

---

[1] 刘斌祥,邹亚建. 学习力结构释义[J]. 科技创业月刊，2007（6）：132-133.
[2] 刘艾清. 普通高中学生学习力发展指导课程构建研究[D].上海：上海师范大学，2017.
[3] 谷力. 学习力——个体与环境相互作用的产物[J]. 上海教育科研，2009（7）：66-67.
[4] 刘磊. 对学习力概念的反思[J]. 丝绸之路，2011（6）：117-119.
[5] 刘嘉豪. 大学生移动学习力的评价指标体系研究[D]. 杭州：杭州师范大学，2016.
[6] 裴娣娜. 学习力：诠释学生学习与发展的新视野[J]. 课程·教材·教法，2016（7）：3-9.

学者樊璐瑛提出，学习力是促成人们在有生长和发展需要的时候，进行获取与建构、交流应用以及创造等学习活动的能量系统，是学习者基础力、驱动力和辅助力的综合。[1]

广西师范大学学者陈意认为，所谓学习力，即为适应现代学习型社会的要求，学习者需要具备的学习的意愿与能力。这种意愿和能力能够适应社会的变化，是系统解决一切问题的能力结构。[2]

学者邓捷认为，学习力内涵可以分为广义和狭义。从广义上来说，学习力是促成学生终身学习的一切基础，是人发展的生长力和重要标志，它能使个体从容自信地面对未知社会的不确定性、风险与挑战。从狭义上来说，学习力是学习者身上本能地指向不断改变与学习的生长力，是联合起来塑造个体主动参与学习机会、调节学习过程和保障学习效果的动态能量系统，它刻画着人类发展过程中必备的积极学习倾向，能有效驱动个体意识到自己是学习者并在学习旅程中不断学习、适应、改变、达到自我实现。[3]

三、关于学习力结构的不同观点

（一）二要素说

英国格拉斯哥大学的比杰·麦克盖特里克（B.J.McGettric）教授认为：我们可以将一个学习力的结构拆解成两条互相联系和作用的螺旋链，一条代表着一个学习者本身的想法和学习意向，另一条则代表着一个学习者自己想要最终用自己的学习方式来实现的目标，这也就是著名的关于学习力的双螺旋结构理论。[4]

广西师范大学陈意提出，学习力由学习意愿和学习能力两个方面构成，这种意愿和能力能够适应社会的变化，是系统解决一切问题的能力结构。[5]

---

[1] 樊璐瑛. 初中生数学学习力提升策略研究[D.] 重庆：西南大学，2018，5（7）：17.
[2] 陈意."互联网+"时代初中生学习力现状调查研究[J]. 教育观察，2019，8（29）：81-89.
[3] 邓捷. 高校学生在线学习力及其影响因素研究[D]. 上海：上海师范大学，2022.
[4] 唐洁. 大学生学习力的结构与影响研究——基于N校CCSS调查数据的分析[D]. 南京：南京邮电大学，2021.
[5] 陈意."互联网+"时代初中生学习力现状调查研究[J]. 教育观察，2019，8（29）：81-89.

（二）三要素说

学者张声雄认为学习力分为学习的动力、毅力、能力。他认为学习动力是目标，毅力反映学习意志，能力是达成学习力的保障。[1]

刘斌祥、邹亚建认为，学习力可以分为目标、经验、意志力三要素，三者构成三角模型。各要素的质量及其相互之间的结构情况直接影响着个体学习力的强弱。[2]

刘艾清认为学习力包括学习动力、学习能力、学习习惯三个一级要素。[3]

（三）四要素说

英国布里斯托尔大学克拉·克斯顿（Carat Claxton）首先提出学习力构建的四个要素，即通过四种行为表现出来的四种力量（4R）：顺应/顺应力（Resilient/Resilience）、策应/策应力（Resourceful/Resourcefulness）、反省/反省力（Reflective/Reflection）、互惠/互惠力（Reciprocal/Relationships）。[4]

陈金国等认为学习力由学习动力、学习能力、内化能力和外化能力四大要素构成。[5]

刘永和提出，学习力包括学习动力、学习能力、学习毅力、学习创造力。[6]

山东师范大学刘霄将学习力分为四个维度：学习动力、学习能力、学习毅力、学习创造力。学习动力是指促进学习者学习的内驱动力；学习能力指学习者获取知识、将知识内化的能力；学习毅力反映了学习者的意志；学习创造力是学习者将知识进行应用、转化和创新等的能力，是知识外化的能力。学习动力是学习力的根本，学习能力是关键，学习毅力是保障，学习创

---

[1] 张声雄. 企业管理新模式——学习型组织与五项修炼[J]. 现代企业管理，1999（8）：4-8.
[2] 刘斌祥，邹亚建. 学习力结构释义[J]. 科技创新月刊，2007（6）：131.
[3] 刘艾清. 普通高中学生学习力发展指导课程构建研究[D]. 上海：上海师范大学，2017.
[4] 李宝敏，官玲玲，祝智庭. 在线学习力测开放教育研究评工具的开发与验证[J]. 开放教育研究，2018，24（3）：77-84.
[5] 陈金国，朱金福，陆金桂. 面向技术创新的学习力评价方法[J]. 科技进步与对策，2007，24（8）：127-129.
[6] 刘永和. 提升学力：当前推进素质教育的解决方案[J]. 上海教育科研，2009（5）：65-67.

造力是目标。这四个维度相互作用、相互影响。[1]

（四）五要素说

梁迪和胡芬认为，学习力包括学习动力、学习毅力、学习能力、学习鉴别力和学习转化力等五项要素。[2]

田玲将中小学生学习力结构分为五个方面：学习创造力、学习动力、学习能力、学习毅力、学习转化力。[3]

杨磊和朱德全认为，学习力包括内驱力、技术力、调控力、转化力和评价力等五种力量。[4]

北京师范大学王一岩、郑宁、郑永和提出"智慧学习力"概念，指出"智慧学习力"是对智慧学习环境下"学习力"概念的延伸，是为了适应智能教育产品的快速发展和人机协同学习的实践进程，学生所需具备的一系列能力、信念、意识、品质的集合，其核心内容涉及学生的智能素养、人机协同思维、自我反思意识、自我调节学习能力、探索精神和创新意识等诸多方面。从"适应力""辨别力""自省力""调控力""探索力"五个方面构建了智慧学习力的结构模型。[5]（见图1.2.1）

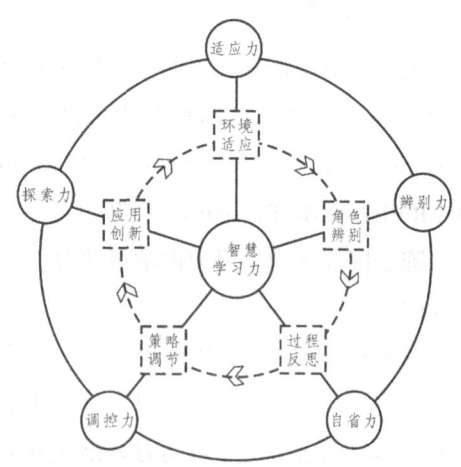

图 1.2.1 智慧学习力

---

[1] 刘霄. 基于势科学视角的大学生学习力影响机理与提升策略[J]. 齐鲁师范学院学报，2023（2）：39-45.

[2] 梁迪，胡芬. 有效提升大学生学习力的思考[J]. 江苏高教，2009（6）：88-89.

[3] 田玲. 中小学生学习力结构及其发展特点[D]. 沈阳：沈阳师范大学，2012.

[4] 杨磊，朱德全. 教师信息化学习力测评模型的构建与应用[J]. 现代远距离教育，2019（186）：20-28.

[5] 王一岩，郑宁，郑永和. 智慧学习力：概念内涵与结构模型[J]. 电化教育研究，2022（7）：19-26.

华东师范大学李宝敏、宫玲玲、祝智庭在《在线学习力测评工具的开发与验证》中提出五个维度，即从网络学习者情意、认知、自我与人际四个领域，涉及学习驱动力、学习顺应力、学习策应力、学习反省（调节）力、学习互惠力五个维度，20个能力项，构建了网络学习者在线学习力发展模型。[①]（见图1.2.2）

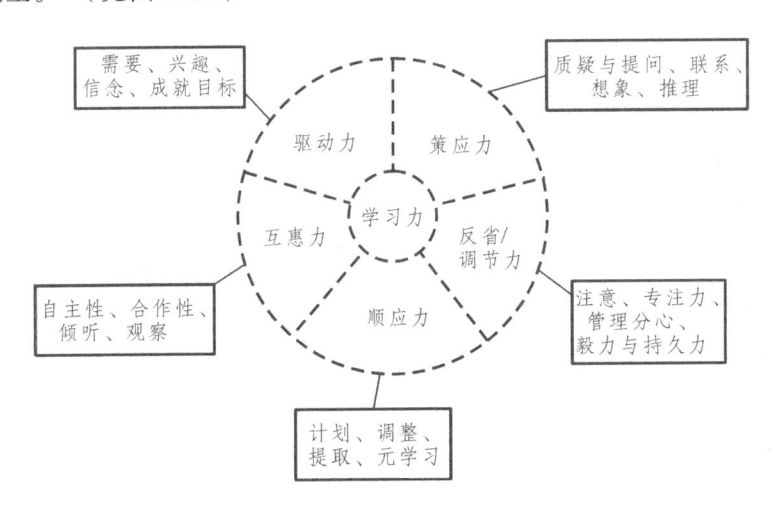

图1.2.2 网络学习者在线学习力发展模型

学者陈满林提出，学习力包括学习动力、学习毅力、学习能力、学习效率和学习转化力。[②]

（五）六要素说

高志敏教授提出人力资源开发中的学习力六要素，包括：学习行为总动力、学习需求识别力、学习潜能评价力、学习行为理解力、学习活动的激活力、学习能力。[③]

裴娣娜教授提出学习力的六要素，分三层次：知识与经验、策略与反思、

[①] 李宝敏, 宫玲玲, 祝智庭. 在线学习力测开放教育研究评工具的开发与验证[J]. 开放教育研究, 2018, 24（3）: 77-84.

[②] 陈满林, 曹卫秋. 关于提升学习力的几点思考[J]. 唯实, 2003（11）: 61-63.

[③] 高志敏. 人力资源开发中的学习力架构研究[J]. 河北师范大学学报, 2002（6）: 24-29.

意志与进取为第一层次，是人的基本素质；实践与活动、协作与交往是第二层次，是实现人的发展的两个基本途径；批判与创新是第三层次，是人发展的最高境界。①

余建祥基于长期的学习力研究，认为学习力主要包括学习方法、学习动力、时间管理、学习习惯、学习心智、学习意志六个要素，这六个要素互相关联又相对独立，任何一个要素的改善都会促进学习能力的改善和提升。②

（六）七要素说

英国 ELLI（Effective Lifelong Learning Inventory，有效终身学习编目）项目丰富了学习力的构建要素，并在语言表达上作了精确定义，它们分别是变化和学习（Changing and Learning）、关键好奇心（Critical Curiosity）、意义形成（Meaning Making）、创造性（Creativity）、学习互惠（Learning Relationships）、策略意识（Strategic Awareness）、顺应力（Resilience），该项目认为七个要素是相互依赖、相互促进的，属于同一事物的不同方面，其中一个或者两个要素获得发展，其他要素及个体的学习力水平亦能获得一定程度的提升。③

（七）八要素说

江西师范大学钟志贤和林安琪结合关联理论和当前网络时代远程学习者的需求，分享了自己对于学习力要素观点的认识，即学习力包括联结、适应、敏感、搜索、判断、迁移、实践和创新这八种能力基本要素。④

（八）九要素说

学者王冠楠提出三层次九要素结构：第一层次是动力层，包括学习需求

---

① 裴娣娜. 学科课程建设与学生学习力提升的思考[EB/OL]. [2016-01-05]. http://www.doc88.com/p-0052023510892.html.ppt.
② 余建祥. 学习力的六个维度与相互关系[EB/OL]. http://www.xxlcn. com/news/zhishi/ 17425132214 J1H3BDGA7BCFJ744EA9B.htm.
③ 李宝敏, 官玲玲, 祝智庭. 在线学习力测开放教育研究评工具的开发与验证[J]. 开放教育研究, 2018（6）: 77-84.
④ 钟志贤, 林安琪. 赛伯人际管理：提升远程学习者的学习力[J]. 远程教育杂志, 2008（5）: 46-47.

力、学习理解力；第二层次是辅助层，包括学习规划力、资源利用力、调控适应力；第三层是执行层，包括知识和经验、批判探究力、合作互惠力、实践应用力。①

（九）十要素说

学者瞿静将学习力分为十个要素：学习行为的总动力、学习需求的识别力、学习潜能的评估力、学习行为的理解力、学习活动的激活力、学习能力、学习行为的合作力、创新力、竞争力、社会适应力，并将上述要素归为学习力的触发、推进、有效完成、转化提升四个递进的阶段。②

（十）十一要素说

学者严媛认为，学习力是指人们在学习的过程中产生和触发的与智力有关的一系列知识和相关的技能，它主要包括了人们在学习中的吸收知识、运用所学知识和组织各种学习活动的能力，这些"力量"大致可以划分为十一个维度：吸力、诱导力、转变力、创造力、信任力、转变力、继承力、宽容力、承受能力、防御能力与和解能力。③

（十一）十二要素说

学者郑伟波和孙明帅提出，学习力主要由理解与思考力、主动与坚持力、合作与共享力、探索与创新力、运用与转化力、反馈和改进力构成。④

（十二）综合体说

美国哈佛大学柯比（Kirby）基于长期的教学实践认为，学习力应该是包括学习动力、学习态度、学习方法、学习效率、创新思维和创造力的综合体，

---

① 王冠楠. 高中生学习力评价指标体系的构建研究[D]. 天津：天津师范大学，2016.
② 瞿静. 论学习力理念从管理学向教育学领域的迁移[J]. 教育与职业，2008（03）：65-66.
③ 严媛. 高校教师个体学习力评价与提升策略研究[D]. 南昌大学，2007.
④ 郑伟波，孙明帅. 学习力概念辨析及要素综述[A]// Garry Lee. 智能信息技术应用学会会议论文集. 北京：Singapore Management and Sports Science Institute，2013：602-607.

指出学习力还包括兴趣、好奇心和创造等非智力因素。①

从以上摘录的部分国内外学者对学习力维度的划分中可以发现以下一些关键词：学习想法、学习意向、学习方式、学习目标、学习态度、学习效率、学习方法、学习经验、学习习惯、学习品质、学习认知、学习动力、学习能力、学习毅力、学习意志力、学习互惠力、学习反省力、学习自信力、学习策应力、学习顺应力、学习内化力、学习创造力、学习内驱力、学习转化力、学习调控力、学习鉴别力、学习探索力、学习环境适应力、学习时间管理力、学习时空管理力、学习信任力、学习批判力、学习共享力等。每一位学者的研究成果都是在特定的研究领域、特定的研究方向上得出的，都为学习力的研究作出了贡献。本书试图对这些优秀的成果进行学习、吸收、整理，进而得出新的结论。

四、本研究对学习力的定义及结构

国内外学者从不同视角对学习力进行了研究，对其内涵和结构虽有不同的认识，但比较一致的观点是学习力具有综合性和复杂性特点，是一个复杂的综合体。

基于此，本研究认为：学习力是支撑学习者在认识、掌握、运用、创造知识以适应不断变化的生存环境过程中的一个作用于学习者的可持续发展的动态系统，这个系统能够帮助学习者在知识迅猛增长的现在和未来实现自我认知、自我选择、自我超越的目标。该系统由动力系统、能力系统、方法系统、调适系统四个子系统组成。②该系统也可以理解为学习者通过自身努力和他人帮助而形成的一个良好的习惯系统。学习力属于学习科学的范畴，本研究从教育学的视角出发，未考虑动物和机器（人工智能）的学习方式。

---

① 李宝敏，官玲玲，祝智庭. 在线学习力测开放教育研究评工具的开发与验证[J]. 开放教育研究，2018，24（3）：77-84.

② 王友强. 学生学习力的培育研究[N]. 教育导报，2013-02-28.

第三节　学习力的结构

一、学习力结构

我们根据上一节对学习力的定义画出韦恩图，见图 1.3.1：

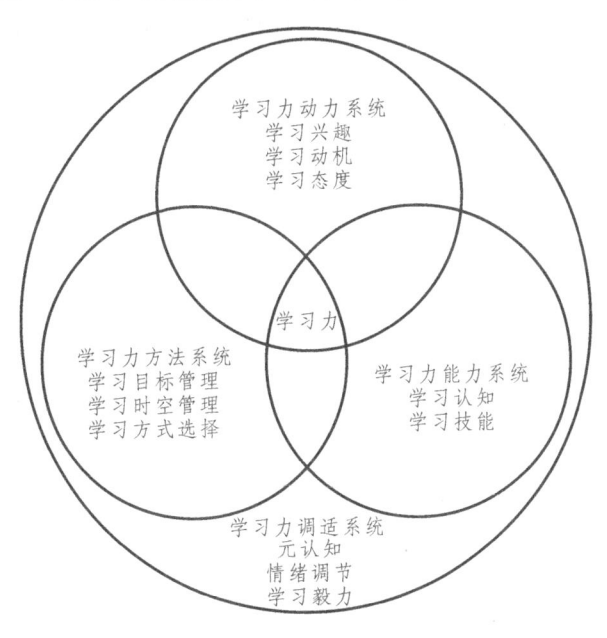

图 1.3.1　学习力系统韦恩图

使用韦恩图来表达学习力结构的原因，主要在于韦恩图能够有效地揭示和展示各个子系统之间的复杂关系和交互作用。在学习力的构成中，动力系统、能力系统、方法系统和调适系统并不是孤立存在的元素，而是相互关联、相互影响的有机整体。这四个系统在学习过程中共同发挥作用，协同支撑学习者在认识、掌握、运用、创造知识的过程中适应不断变化的生存环境。

韦恩图通过其独特的图形化方式，将这四个系统之间的交叉、重叠以及相互关系清晰地展示出来，极大地帮助我们理解和把握它们之间的复杂联系。

例如，学习力动力和能力系统需要良好的方法来支撑和提升，而调适系统则负责根据实际情况对方法、动力、能力等各个系统进行灵活的调整和优化。

通过韦恩图，我们可以更加直观、全面地看到学习力结构的整体性和动态性，以及各个子系统在学习过程中的重要地位和相互作用。这样的划分不仅为我们深入研究学习力的内涵和构成提供了有力的工具，还可以指导我们在实际学习中如何有针对性地提升和优化自己的学习力，具有很强的可操作性和实践指导意义。

对学习力结构的研究只用韦恩图来表示还远远不够，对维度的划分还需要用思维导图来表达（见图 1.3.2），这样便于我们列出学习力的一级指标、二级指标以及三级指标，从而更加有利于研究和指导我们提升学习力。

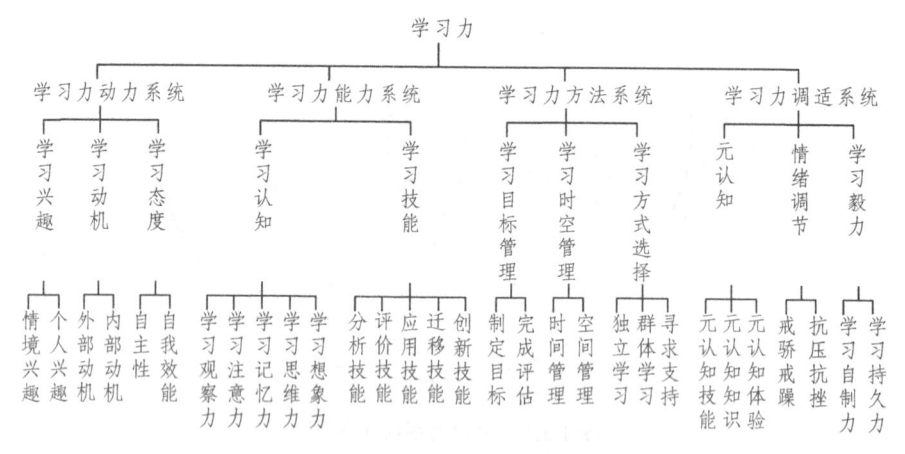

图 1.3.2　学习力的系统结构图

二、对"学习力是一个系统"的解析

（一）什么是系统

对"系统"一词下定义，首先要知道什么是系统论。系统论是美籍奥地利生物学家贝塔朗菲（L.V.Bertanlanffy）在第二次世界大战前创建的一门运用逻辑和数学的方法研究一般系统运动规律的理论，他在《一般系统论基础发展和应用》一书中对系统作了如下的定义：

一般系统论精确地展开，就会具有公理的性质。这就是说，从"系统"的概念和一组合适的公理命题就能推导出系统和原理。下面是最起码的描述，仅仅用简单的、直观上可以理解的公式来说明系统的一些原理，而并不追求数学上的精确性和普遍性。

所谓系统就是相互作用着的若干要素的复合体。相互作用指若干要素（P），处于若干关系（R）中，以致一个要素 P 在 R 中的行为不同于它在另一关系 R' 中的行为。如果要素的行为在 R 和 R' 中并无差异，那么就不存在相互作用，要素的行为就不依赖于 R 和 R'。

系统可以用各种不同的数学方法去定义。选取一组联立微分方程式作为例子来说明。Qi 表示要素（$i=1, 2……n$）的某个量。对于有限数目的要素，处于最简单的情况，就有如下形式：

$$\frac{dQ1}{dt} = f1(Q1, Q2……Qn)$$

$$\frac{dQ2}{dt} = f2(Q1, Q2……Qn)$$

$$……………………$$

$$\frac{dQn}{dt} = fn(Q1, Q2……Qn)$$

因而，任何一个量 Qi 的变化，是所有 Q（从 Q1 到 Qn）的函数；反之，任一 Qi 的变化，承担着所有其他量以及整个方程组的变化。[1]

（二）为什么说学习力是一个系统

首先，学习力要素之间的关系可以用一组联立微分方程式表达，符合贝塔朗菲对系统的定义，同时也符合毕达哥拉斯说的万物皆数的原理。

从学习力结构的一级4个指标看，"学习动力、学习能力、学习方法、学习调适"可以同样选取一组联立微分方程式来表达，也用 Qi 来表示学习力的要素（以下相同），可以得出：

---

[1] 冯·贝塔朗菲.一般系统论基础发展和应用[M].北京：清华大学出版社，1987.

$$\frac{dQ1}{dt} = f1(Q1, Q2, Q3, Q4)$$

$$\frac{dQ2}{dt} = f2(Q1, Q2, Q3, Q4)$$

$$\cdots\cdots\cdots\cdots\cdots\cdots\cdots\cdots$$

$$\frac{dQ4}{dt} = f4(Q1, Q2, Q3, Q4)$$

学习力中的动力与能力处于核心地位，如果没有动力只有能力，学习者则不会去学；如果只有动力而没有能力，学习者虽然想学也不能学。方法是使学习者在具备动力和能力的前提下，如何更科学、更高效能地学。调适则是对学习方法的反思与评估，让学习方法更加合理，更加科学，更加优化。所以这四个要素是互相作用且缺一不可的。从四个要素分解的下位概念看，学习力是可以通过后天培养获得的，所以人的学习力是可以通过培养而提升的。

从学习力的二级 11 个指标——学习兴趣、学习动机、学习态度、学习认知、学习技能、学习目标管理、学习时空管理、学习方式选择、元认知、情绪调节、学习毅力可以得出：

$$\frac{dQ1}{dt} = f1(Q1, Q2, Q3\cdots\cdots Q11)$$

$$\frac{dQ2}{dt} = f2(Q1, Q2, Q3\cdots\cdots Q11)$$

$$\cdots\cdots\cdots\cdots\cdots\cdots\cdots\cdots$$

$$\frac{dQ11}{dt} = f12(Q1, Q2, Q3\cdots\cdots Q11)$$

从学习力的三级 30 个指标（情境兴趣、个人兴趣、外部动机、内部动机等，见图 1.3.2）同样可以得出：

$$\frac{dQ1}{dt} = f1(Q1, Q2, Q3\cdots\cdots Q30)$$

$$\frac{dQ2}{dt} = f2(Q1, Q2, Q3\cdots\cdots Q30)$$

第一章 学习力的概念

$$\frac{dQ30}{dt} = f30(Q1, Q2, Q3\cdots Q30)$$

从学习力的"动力系统"看下位概念（学习兴趣、学习动机、学习态度），可以得出：

$$\frac{dQ1}{dt} = f1(Q1, Q2, Q3)$$

$$\frac{dQ2}{dt} = f2(Q1, Q2, Q3)$$

$$\frac{dQ3}{dt} = f3(Q1, Q2, Q3)$$

从学习力的"能力系统"的"学习认知"看下位概念（学习观察力、学习注意力、学习记忆力、学习思维力、学习想象力），可以得出：

$$\frac{dQ1}{dt} = f1(Q1, Q2, Q3, Q4, Q5)$$

$$\frac{dQ2}{dt} = f2(Q1, Q2, Q3, Q4, Q5)$$

$$\frac{dQ5}{dt} = f5(Q1, Q2, Q3, Q4, Q5)$$

以上从五个层面给出了要素之间的数学表达式，这些数量关系在第二章调查问卷中还会得到充分的体现。正是学习力这些要素的相互联系、相互作用，才促进了学习者认识、掌握、运用和创造知识。并且从这些元素相互之间的关系看，它符合贝塔朗菲对系统定义的特点。

其次，如图1.3.2所示，学习力的三级指标有30个之多，如果只注意其中一个或者几个那就只能算是学习力知识的碎片，或者说是只言片语，知识碎片或者只言片语是不能解决根本问题的，只有将这些知识碎片或者只言片语构成知识体系才能解决问题。而知识体系是由这些游离的知识碎片构成的，只要系统地解决这些知识碎片也就形成了知识体系。整体大于部分，这是我们将学习力的要素构成学习力系统的理由。实际上,学习力各要素之间是不可分割的,包含的各个因素相互影响,相互促进,只有在其整体性的基础上才能充分发挥其作用。

基于上述理由,本节认为学习力是由若干子系统构成的一个复杂的系统。如果一个学习者站在学习科学的视角系统地掌握了学习力体系,运用其方法终身学习,那他(她)就是一个具有较高学习力的人。

第四节　国内外对学习力研究的现状

在当今社会,知识更新速度迅猛,学习能力成为个人和组织持续发展的关键。学习力,作为衡量学习效能的重要概念,备受国内外学者和教育工作者的关注。它超越了传统学习范畴,强调通过学习实现自我重塑和持续发展。国外对学习力的研究起步较早,已形成丰富的成果,特别是跨学科、实证和技术融合的研究趋势为其应用与推广提供了支撑。国内虽起步较晚,但发展迅速,学者们在借鉴国外成果的基础上,结合本土教育实际,对学习力的内涵、构成、评估及提升策略进行了深入探讨,取得了丰硕成果。本书旨在系统梳理国内外学习力研究现状,总结成果,分析挑战,展望未来,为教育工作者、研究人员及政策制定者提供参考,共同推动学习力研究深化,培养适应未来需求的终身学习者。

一、国外对学习力研究的现状综述

(一)国外学习力研究综述

国外对学习力的研究起步较早,已经形成了较为丰富的研究成果。以下是对国外学习力研究现状的详细综述:

1. 学习力概念的提出与发展

学习力这一概念最初由美国学者杰伊·佛睿斯特(Jay Forrester)与其学生彼得·圣吉(Peter M. Senge)提出。他们认为,学习力超越了传统学习获得知识、运用知识的层面，强调通过学习获得新思维、新行为，以实现自我重塑和持续发展。随后，史蒂芬·迪夫（Stephen Deff）从企业管理角度出发，进一步丰富了学习力的内涵，将其界定为"学习动力、学习毅力和学习能力之和"。

2. 学习力的构成与评估

国外学者对学习力的构成因素进行了深入探讨，并提出了多种观点。英国教授盖伊·克劳克斯顿（Guy Claxton）在有效终身学习编目（Effective Lifelong Learning Inventory，ELLI）项目中，梳理了学习力的内涵和构成要素，并提出了学习力的动态评估方法——"蜘蛛图"。这一评估方法能够全面、动态地反映学习力的发展状况，为学习力的量化研究和实践应用提供了有力支持。此外，国外还开发了其他多种学习力评估工具和方法，如学习力问卷、学习力测试等，这些工具和方法的应用进一步推动了学习力研究的深入发展。

3. 学习力的提升策略

国外学者不仅关注学习力的理论研究，还积极探索提升学习力的实践策略。彼得·圣吉提出的第五项修炼理论，强调了系统思考、自我超越、心智模式等在学习力提升中的重要作用。同时，盖伊·克劳克斯顿也提出了七个提升学生课堂学习力的技术，如创设积极的学习环境、鼓励学生参与等。这些实践策略的应用为提升学生的学习力提供了具体可行的路径和方法。

4. 主要研究成果与项目

1985年，澳大利亚高校研究者创建了PEEL（The Project for Enhancing Effective Learning）项目，旨在研究如何促进学生的学习力。在英国，随着PEEL项目研究的深入，终身教育中发展学习力的思想深受重视。2002年，英国布里斯托尔大学认知学教授盖伊·克劳克斯顿等学者发起了ELLI项目，成为国外教育领域对学习力进行系统研究的重要代表之一。此后，苏格兰格拉斯哥大学教授迈克杰屈克提出了学习力的双螺旋结构理论，为学习力的研究提供了新的视角。

5. 研究热点与趋势

当前，国外学习力研究呈现出跨学科研究、实证研究和技术融合等显著趋势。学者们结合心理学、教育学、管理学等多个学科的理论和方法进行深入研究，探索学习力的本质、构成、发展机制等。同时，通过设计科学的实验和调查问卷来验证学习力理论的有效性和适用性，进一步推动学习力理论的实践应用。此外，随着信息技术的发展，国外学者开始探索将技术应用于学习力提升的实践中，如利用人工智能、大数据等技术手段来优化学习路径、提升学习效果等。这些研究趋势和实践探索为学习力理论的进一步发展和应用提供了广阔的空间和无限的可能。

（二）近几年的主要会议

表 1.4.1　国际学习力主要会议

会议名称	召开时间	召开地点	主办方	参与者	议题及成效
国际学习力会议（International Conference on Learning and Development）	2020年7月28日—2020年7月30日	中国上海	上海交通大学	来自全球学习力领域的专家、教授、研究人员和教育工作者	学习力的定义、评价、提高和影响因素等 推动了全球学习力研究和实践的进展，促进了跨国合作和交流
第十七届国际学习与发展会议（17th International Conference on Learning and Development）	2021年11月4日—2021年11月6日	澳大利亚布里斯班	国际学习与发展学会（International Consortium for Learning and Development）	学者、研究者、实践者	学习力的研究和实践 会议通过丰富多元的议题设置与深入讨论，不仅丰富了学习力研究的理论体系和实践经验，还促进了全球范围内学者、研究者和实践者之间的交流与合作，共同推动了学习力研究的深入发展

续表

会议名称	召开时间	召开地点	主办方	参与者	议题及成效
2021年教育科学国际会议（2021 International Conference on Education Science）	2021年12月17日—2021年12月19日	泰国曼谷	教育科学研究学会	教育科学领域的学者、研究者和实践者	包括学习力研究在内的教育科学研究和实践 会议为学者、研究者和实践者搭建了交流平台，促进了学术思想的碰撞与融合，推动了教育科学研究的进步和实践的发展
2022年国际教育研究和创新会议（2022 International Conference on Education Research and Innovation）	2022年8月18日—2022年8月20日	美国洛杉矶	教育研究和创新协会	来自全球教育领域的学者、研究者和实践者	教育研究和创新，包括学习力、跨学科研究等核心议题 推动了教育科学进步，促进了学术交流与合作，展示了教育研究成果和创新实践

从以上内容可以看出，国际社会普遍重视学习力的提升，并为此进行了理论和实践的研究，且走向了国际合作。

二、国内研究现状

（一）国内研究综述

国内对学习力的研究虽起步较晚，但近年来发展迅速，已形成了一定的研究成果。以下是对国内学习力研究现状的详细综述：

1. 学习力概念的引入与本土化探索

学习力这一概念最初源自国外，后被引入国内并受到广泛关注。国内学者在借鉴国外研究成果的基础上，结合本土教育实际，对学习力进行了深入的本土化探索。他们不仅关注学习力的认知层面，还强调情感、意志等非认知因素在学习力中的重要性,形成了具有中国特色的学习力理论框架。这一框架为理解和提升学生的学习力提供了理论支持。

2. 学习力的构成与评估研究

国内学者对学习力的构成因素进行了深入探讨,提出了包括学习动力、学习毅力、学习能力、学习转化力和学习创造力等多个维度的观点。这些观点丰富了学习力的内涵,并为其评估提供了依据。同时,国内还开发了一些学习力评估工具和方法,如学习力问卷、学习力测试等。这些工具和方法的应用为学习力的量化研究和实践应用提供了一定的支持。然而,与国外相比,国内在学习力评估体系的构建和完善方面仍有待进一步加强。

3. 学习力的提升策略与实践探索

国内学者不仅关注学习力的理论研究,还积极探索提升学习力的实践策略。他们结合国内教育实际,提出了一系列提升学生学习力的具体路径和方法,如创设积极的学习环境、鼓励学生参与、培养自主学习能力等。这些策略和方法在实际教学中得到了应用,并取得了一定的成效。同时,一些学校和教育机构也开展了以提升学生学习力为目标的教学改革项目,进一步推动了学习力理论的实践应用。

4. 主要研究成果与项目

近年来,国内在学习力研究方面取得了一些重要的研究成果。例如,一些学者通过实证研究探索了学习力与学业成绩之间的关系,发现学习力对学业成绩具有显著的正向预测作用。这一发现揭示了学习力在学生学习过程中的重要作用。此外,一些教育机构也开展了以提升学生学习力为目标的教学改革项目,如"基于学习力提升的课堂教学改革"等。这些项目通过实践探索,进一步验证了学习力理论的有效性和适用性。

5. 研究热点与趋势

当前,国内学习力研究呈现出跨学科研究、实证研究和实践探索等显著趋势。学者们结合心理学、教育学、社会学等多个学科的理论和方法进行深入研究，探索学习力的本质、构成、发展机制等。这种跨学科的研究方法为学习力研究提供了新的视角和思路。同时，通过设计科学的实验和调查问卷来验证学习力理论的有效性和适用性，进一步推动了学习力理论的实践应用。此外，随着教育改革的深入推进和信息技术的发展，国内学者也开始探索将技术应用于学习力提升的实践中，如利用大数据、人工智能等技术手段来优化教学设计、提升学生学习效果等。这些研究趋势和实践探索为学习力理论的进一步发展和应用提供了广阔的空间和无限的可能。

（二）近几年的主要会议

表 1.4.2　国内学习力主要会议

会议名称	召开时间	召开地点	主办方	参与者	议题及成效
第八届学习力大会	2019年11月18日—2019年11月19日	北京国家会议中心	爱乐奇、精锐教育	国内外的教育和科技行业的专家、校长以及媒体	教育多维度发展、全球思维与技术赋能以及分析国际教育趋势等议题 丰富了学习力研究的理论框架和实践案例，推动了学习力研究与技术创新、政策导向的深度融合，为推动我国教育事业的进步和发展提供了有力支持
全国教育科学规划青年教师教育教学高峰论坛	2021年6月18日—2021年6月20日	深圳	广东省教育科学规划办公室	全国各地的青年教师、教育科学研究人员和教育工作者	学习力的培养、评价和应用等议题 对学习力研究作出了重要贡献，推动了学习力理论创新、实践指导、政策建议、学术交流与合作以及社会影响的提升
全国教育信息化与教育学术会议	2021年7月10日—2021年7月12日	北京	中国教育科学研究院	全国教育信息化和教育学研究人员、教师和企业代表	"互联网+"时代学习力创新,技术提升、科学评价及有效策略等议题 促进了教育信息化和教育学研究的交流和合作，推动了学习力的现代化创新和发展

续表

会议名称	召开时间	召开地点	主办方	参与者	议题及成效
第十三届全国高等教育教学学术研讨会	2021年10月16日—2021年10月17日	广州	中国高等教育学会	高等教育领域的学者、研究者和实践者	聚焦于高等教育教学领域，包括学习力研究在内的高等教育教学研究和实践 有助于推动学习力理论的创新与发展，为学习力研究注入新的活力
2021年全国基础教育教师发展大会	2021年11月19日—2021年11月21日	杭州	中国基础教育学会	基础教育领域的学者、研究者和实践者	包括学习力研究在内的基础教育教师发展和教学研究 推动了学习力的研究
小学生学习力提升项目推进研讨会	2022年4月26日	重庆	重庆市教育科学研究院、江北区教委	重庆市江北区各小学相关领导和教师代表，重庆市教委相关领导人等	以"聚焦学习力：'双减'背景下提质增效的方向与可能"为主题，深入探讨了如何通过实施学习力提升项目，促进小学生学习力发展，提升教育质量 明确了提升学习力的方向和方法，实验学校取得初步成效，助力"双减"政策落实，形成良好示范效应
全国学习力教育研讨会	2023年4月24日—2023年4月25日	北京	北京郑日昌心理研究院	国内多家医院、心理咨询机构、教育机构	分享最新研究成果和行业动态，涵盖学习力评估、训练系统优化及学习困难儿童干预策略等方面 促进了学习力教育理念的普及，为教育机构转型升级提供了宝贵经验和指导，加强了行业间的交流与合作，共同推动学习力教育事业的发展

续表

会议名称	召开时间	召开地点	主办方	参与者	议题及成效
"学习心理学与学习科学视域下基础教育的教与学"学术研讨会	2023年5月13日	成都	四川省心理学会	四川省心理学会基础教育学生学习心理专委会成员及会员单位代表	以"学习心理学与学习科学视域下基础教育的教与学"为议题 为学习力提升策略的发展、基础教育教与学的创新以及跨学科交流与合作等方面作出了积极贡献
上海市学习型组织建设推进大会	2023年9月27日	上海	市教委、市精神文明办、市级机关工委、市总工会、市妇联等部门	市委宣传部理论处等66家单位、社区和家庭	关注如何多维推动学习型组织的建设 明确了建设方向和标准,完善了相关制度,推动了学习方式创新,树立了先进典型,为全市学习型组织建设提供了指导和借鉴

可见,我国从国家层面到社会层面,都对学习力培养越来越重视。从需求层面到学术层面,不少专家学者都进行了大量的实践研究,为我们的研究奠定了坚实的基础。

(三)国内文献统计分析

表 1.4.3 国内文献统计表

类别	篇数													
	2010	2011	2012	2013	2014	2015	2016	2017	2018	2019	2020	2021	2022	2023
学术期刊	222	304	206	218	172	168	155	183	195	189	183	159	159	155
学术辑刊	1	1	2	2	0	2	0	2	2	1	1	1	1	3
学术会议	5	5	6	4	5	11	9	5	5	12	11	30	20	7
硕士论文	17	22	28	21	20	21	26	22	24	41	56	78	59	63
博士论文	2	5	1	4	1	3	2	4	2	5	5	7	2	1
合计	247	337	243	249	198	205	192	216	228	248	256	275	241	229

通过对知网关于"学习力"的文献统计表（见表1.4.3）进行分析，笔者选择了2010—2023年的14年作为观察时段，可以看出国内对于学习力的研究呈现出一定的趋势和特点。以下是对这段时间内学习力研究的主要分析：

1. 学术期刊发表情况

学习力研究在学术期刊上持续受到关注，每年发表篇数均超过100篇。2011年是发表篇数最多的年份，达到304篇，表明这一年学习力研究特别活跃。整体来看，学术期刊上发表的篇数有所波动，但始终保持在一定水平，说明学习力作为研究主题具有持续的学术价值。

2. 学术辑刊发表情况

学术辑刊上发表的学习力研究文章数量相对较少，且在某些年份（如2014、2016年）未出现相关发表。尽管如此，学术辑刊上仍有持续的学习力研究输出，表明该研究主题在特定学术领域内也占有一席之地。

3. 学术会议召开情况

学术会议数量起伏较大，但最少的年份也有4次，说明学习力研究在学术界具有一定的讨论热度。2021年召开了最多的学术会议（30次），表明这一年学习力研究在学术界受到了特别关注。

4. 硕士论文与博士论文发表情况

硕士论文数量自2017年至2021年内从整体上呈现出上涨的态势，从17篇增加到78篇，表明越来越多的硕士生选择将学习力作为研究课题。博士论文数量相对较少，但也有所增长，2020年达到最多（9篇）。累计有48篇博士论文涉及学习力研究，说明该主题在高等教育阶段也具有一定的研究价值。

综合来看，国内对于学习力的研究在过去的14年间持续进行，且在不同学术层面上均有所体现。学术期刊上的发表数量稳定且较多，表明学习力作为研究主题具有广泛的学术关注度和价值。学术会议的召开和硕士、博士论文的发表也进一步证明了学习力研究的活跃性和深入性。尽管学术辑刊上的发表相对较少，但整体而言，学习力研究在国内学术界占据了一定的地位，并呈现出不断发展的趋势。

三、关于学习力的国内外研究成果及现状结论

（一）认识成果

1. 学习力定义

学习力被广泛认为是个体通过学习获得新知识和技能的能力，它涵盖了学习动力、学习毅力、学习能力、学习转化力和学习创新力等多个维度，是知识爆炸时代和飞速发展的社会所必需的根本性素质。国内外学者普遍强调，学习力不仅关乎学习能力，更突出学习的主动性和持续性，是将外在资源快速转化为内在资本的关键能力。

2. 理论框架与模型

学习力的理论框架和模型多样，但普遍倾向于将其划分为认知学习力、情感学习力和行为学习力三个方面。认知学习力关注知识的获取、处理和应用，构成学习力的核心；情感学习力涉及学习动机、态度和情感因素；行为学习力则强调学习习惯、策略和实际操作能力。这三个方面相互关联，共同构成了学习力的完整体系。

3. 学习力影响因素

学习力受到个体和环境两方面因素的共同影响。个体因素包括天赋、兴趣、自信心和学习方式等，而环境因素则涵盖家庭氛围、学校教育质量和社交关系等。这些因素相互作用，共同塑造了个体的学习力水平。

（二）操作成果

1. 学习力提高策略

研究者们通过实施多种学习策略和方法，有效提升了个体的学习力。例如，采用合作学习、个性化学习和项目式学习等教学模式，鼓励学生主动探索和解决问题；利用教育科技工具，如在线学习平台和教学软件，提供丰富的学习资源和个性化的学习体验；通过记录学习日志、进行批判性思维训练等方式，培养学生的自我反思和问题解决能力。

2. 应用领域

学习力在教育、培训和人才选拔等领域得到了广泛应用。在教育领域，学习力的培养被视为提高学生综合素质和终身学习能力的重要途径；在培训领域，学习力成为衡量培训效果的重要指标；在人才选拔方面，学习力则成为评估个体潜力和发展空间的关键因素。

3. 学习力评估

学习力的评估是了解个体学习力水平、制订个性化学习计划的重要依据。国内外学者设计了多种学习力评估方案，包括问卷调查、访谈、观察记录和学习任务等，以全面了解个体在学习动力、学习策略、问题解决能力等方面的表现，为教育机构和决策者提供有益的参考。

（三）研究热点与趋势

1. 研究热点

当前，学习力的研究热点主要集中在学习力的评估和提高、学习力的影响因素以及学习力的培养和教育等方面。学者们致力于探索更加科学、有效的学习力提升方法和评估体系，以期为教育实践提供有力支持。

2. 研究趋势

随着互联网和人工智能技术的发展，学习力的研究呈现出以下趋势：一是深入发展个体化学习力研究，关注不同个体在学习力方面的差异性和需求；二是广泛开展跨学科领域研究，将学习力研究与心理学、社会学、计算机科学等多个学科相结合；三是加强综合性学习力研究，强调学习力在个体全面发展中的重要作用；四是实现学习力评估和提高的智能化，利用大数据、人工智能等技术手段提高评估的准确性和效率。

综上所述，学习力研究在国内外均取得了显著成果，形成了较为完善的理论框架和实践体系。未来，随着科技的不断进步和社会需求的不断变化，学习力研究将继续向个体化、跨学科、综合性和智能化方向发展，为个体终身学习和社会持续发展提供有力支持。

第二章

学习力动力系统

学习动力是推动学习前进的力量,学习动力强的学习者学习更加努力,更容易克服困难,迎接挑战。当下很多学生学习效率低下,没有学习的动力,有些学生甚至产生了厌学情绪。因此,教师应该帮助学生克服困难,启发他们对未知的好奇心,帮助他们培养广泛的兴趣,并对学习保持积极情感,使他们拥有可持续的学习动力,从而能够主动、积极地获取知识。

很多学者针对学习动力展开广泛研究。如沈阳师范大学的学者田玲认为:"学习动力包括学习需要、学习目标、学习兴趣、自信心、情绪情感、外在压力等要素。"美国学者诺埃尔·兰迪认为:"学习动力是一种神秘因素,它是由兴趣、抱负、灵感、价值观、自信心等方面组成的一个混合体,它是促进人们进步的关键。"本书中,我们将学习动力定义为驱动学习的原始动力,是鼓励、指引学习者学习的强大推动力。它对学习活动起激活、维持和推进作用。它由学习兴趣、学习动机和学习态度三要素构成。

第一节 学习兴趣

兴趣是最好的"老师",它能激起大脑的兴奋状态,能最大限度提高学习效率。如果学习者对学习没有兴趣,学习就会苦不堪言。学习者对所学内容有兴趣,就会投入时间、精力,主动、愉快地学习,而不会认为学习是一种负担。

刘儒德在主编的《普通心理学》中认为:"兴趣是指个体经常趋向于认识、掌握某种事物,力求参与某项活动,并且有积极情绪色彩的心理倾向。"[1]杜威在《教育中的兴趣与努力》中写道:"兴趣即是统一的活动。"[2]

---

[1] 刘儒德. 学习心理学[M]. 北京:高等教育出版社,2020.
[2] 吴继熊. 杜威兴趣教育思想初探[D]. 武汉:华中师范大学,2012.

由于兴趣是一个多元结构，根据兴趣不同的分类标准和维度，兴趣有多种不同的分类方式。杜威在《教育中的兴趣与努力》中将兴趣分为四类：发现的兴趣、活动的兴趣、社会的兴趣、理智的兴趣。教育家赫尔巴特（Herbart）把兴趣分为直接兴趣和间接兴趣；德国学者尤而根·哈贝马斯把兴趣分为技术的兴趣、实践的兴趣和自由的兴趣；克林奇（Krintsch）在1980年把兴趣分为情感兴趣和认知兴趣；克拉普（Krapp A.）、希迪（Hidi S.）、伦宁格（Renninger A.）等将兴趣分为个人兴趣和情境兴趣，这种分类逐渐得到了越来越多研究者的关注和认同。本书主要谈谈情境兴趣和个人兴趣。

一、情境兴趣

（一）情境兴趣定义

1. 情　境

刘儒德在《学习心理学》中提出："每一个学习者都是在特定的情境中学习知识。"[1]所谓情境，在《现代汉语词典（第7版）》中解释为"情境；境地"，我们将其具体解释为一定时间内各种情况的相对的或结合的境况。涉及的内容有：学习知识的目的、拟达成目标、学习者先前的知识和经验、如何使用知识、使用知识能解决什么问题等。

2. 情境兴趣

希迪（Hidi）和安德森（Anderson）认为，情境兴趣指活动或学习的任务特征对学习个体的吸引力，而不是个体的偏好选择。里夫斯（Reeves）认为，情境兴趣是一种交互式的关系反应建构，是个体对一种特殊场景的反应。[2]乔治·斯蒂芬（Gregory S. Stephen）认为，情境兴趣是由环境中的某些特征或条件所引发，当这些条件对个体产生吸引力时，情境兴趣就产生了。[3]孙南和钟

---

[1] 刘儒德. 学习心理学[M]. 北京：高等教育出版社，2020.

[2] HIDI S.Interest, reading, and learning:Theoretical and practical considerations.[J] Educational psychology review，2001，133: 191-209.

[3] STEPHEN G S. Situational interest: A review of the literature and directionas for future and directions for future research[J]. Educational Psychology Review，2001（13）：45-78.

宁认为，情境兴趣很大程度上取决于学生与学习对象交互过程中的情感体验。[1]

经过文献梳理发现，情境兴趣的产生主要由外在刺激（任务、活动、主题等）所触发，强调个体在特定情境中，与学习任务、活动等交互过程中产生的一种积极心理状态和情感体验。情境兴趣分为触发的情境兴趣和维持的情境兴趣。情境兴趣具有可塑性，可影响学习者的参与和学习。

（二）情境兴趣理论基础

研究表明，兴趣不是一成不变的，它是发展变化的。兴趣涉及的领域十分广泛，有动机、情绪、心理、情感等方面。建构主义理论提出：学习者不是被动地接受知识，而是积极主动地建构对知识的理解，强调以学习者为中心，强调学习者主动探索、主动发现，这种建构是在主客体的交互作用过程中进行，而知识的建构是在特定的情境中进行的。

希迪和伦宁格把兴趣发展分为四个阶段：触发的情境兴趣、维持的情境兴趣、最初的个体兴趣和稳定的个体兴趣。[2]图 2.1.1 展示的是情境兴趣和个体兴趣的关系：

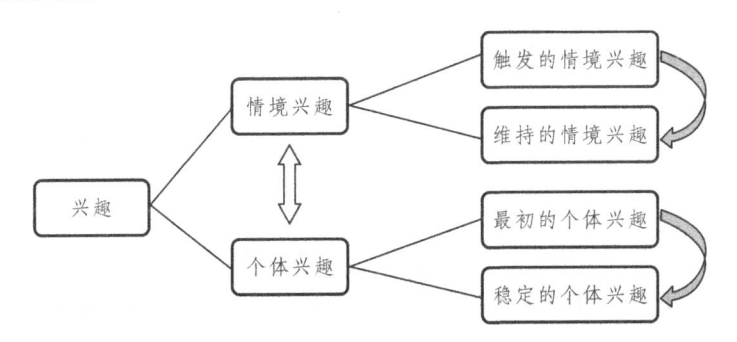

图 2.1.1　情境兴趣和个体兴趣关系图

个体兴趣和情境兴趣既有区别，又有联系，它们相互作用而发展。产生兴趣的因素主要包括外在刺激物和个体心理状态，当刺激物能够得到个体的注意，

---

[1] 孙南，钟宁. 不同田径教学内容对学生情境兴趣激发的实验研究[J]. 北京体育大学学报，2013，36（2）：88-92.
[2] 国际学习科学手册[M]. 上海：华东师范大学出版社，2022.

情境兴趣就产生了。维持的情境兴趣对个体兴趣的发生与发展又至关重要。

（三）如何运用情境兴趣来促进学习

1. 引导学习者产生积极情绪，提升学习者的学习动力

当学习者总是积极主动、心情愉快地去完成学习任务时，说明学习者是对相关的事物或学习活动产生了足够的学习兴趣。在积极情绪的影响下，学生的身心处于愉悦状态，此时，学习效果会大大提高，更易获得成就感进而提升学习动力。学习动力的提升又会反过来促使学生在学习中投入更多的精力与热情，正所谓"知之者不如好之者，好之者不如乐之者"，便是如此。

2. 创设真实生动的情境，促进学习者掌握知识

通过生活化情境的创设，以生活为素材，拓宽教育背景，呈现知识链接，才能更好地把握生活实际与知识概念的契合点，创造出生活的、生动的教学氛围，学习者才能更好地去理解知识，促进对知识的掌握。

如，在数学学习中，涉及"三角形中任意两边之和大于第三边"这一概念时，教师可引导各个小组的学生画出一个任意三角形，并用三角尺进行测量，进行数据记录，小组之间进行数据对比，得出结论；同时，在完成这一操作后，在教室内让学生排队形成一个任意三角形，让同一个学生保持相同的速度，沿着任意两条边行走，并记录完成时间；接着沿着第三条边行走，并记录所用时间，再进行数据的对比。

再如，在物理学习中，教师可让学生回想骑自行车时，在骑行一段时间过后，即便不再使用脚蹬，自行车仍会前行一段距离后方才停止运动。这是什么原理呢？这样一来，以学生日常生活作为着手点，将抽象的物理知识融入生活中，促进了学生对知识的理解与掌握，帮助学生针对物理学科形成深层次认知。

3. 激发学习者学习参与度，提升学习者完成任务的自我效能

通过情境兴趣的触发和维持，教师在教学过程中设法吸引学习者注意力，提高学习者的课堂参与度，并通过仔细观察，对学习者的学习行为作出及

时、有效、合理的评价，增强学习者的自主参与意识，以提升学习者完成学习任务的自我效能。

（四）运用情境兴趣产生什么效果

米切尔（Mitchell）认为："情境兴趣能促进个体积极认知具体学习任务。"[1] 伦宁格（Renniger）认为："情境兴趣对个体学习数学、历史和阅读有着短期和长期的动机效果。"[2]

1. 有利于学习者理解知识的内涵和价值

情境兴趣通过创设与现实生活紧密相关的学习场景，使学习者能够在具体的情境中接触和理解知识。情境兴趣不仅让学习变得生动有趣，还将抽象的知识与实际应用相联系，从而让学习者更深刻地理解知识的内涵和价值。如物理课上教师创设凸透镜成像原理情境，让学生明白凸透镜成像可以运用于照相机、摄像机、投影仪、幻灯机等。再如地理课上教师定一个目的地的经纬度，可以方便地查找该地区的旅游景点并规划游览路线。这使得旅游计划更加科学合理，让旅行者能够充分有效地利用时间，提升旅游体验。

2. 培养学习者自主发现问题、分析问题的能力

在情境兴趣的引导下，学习者会更加敏锐地观察到情境中的异常或不合理之处，从而自主发现问题。例如，在生物课上，通过模拟生态系统中的食物链，学生可能会发现某些物种数量的异常变化，进而提出"为什么这种物种的数量会突然减少"之类的问题。

情境兴趣鼓励学习者通过实际操作和亲身体验来探索问题的根源，这有助于他们形成独立思考和深入分析问题的习惯。例如，在地理课上，通过模拟地震发生的过程，学生可以分析地震对地形地貌的影响，以及地震与板块运动之间的关系。

---

[1] MITCHELL M. Siuational interest; its multifaceted structure in the secondary school mathematics classroom[J]. Journal Edution Psychology, 1993（3）: 424-436.
[2] RENNINGER K A, HIDI s, KEAPP K. the role of interest inlearning and derelopmen[M]. Uillsdlt, 1913.

(五) 如何培养情境兴趣

根据兴趣发展四阶段模型理论的观点,情境兴趣分为触发和维持两个阶段。首先教师要触发学生的情境兴趣。

1. 触发的情境兴趣培养策略

特定的教学活动、教学内容主题或新颖的文本主题和内容都会从情感层面吸引学生的注意力,让学生开始"感兴趣"。这一阶段强调的是外部环境对于学生认知和情绪变化的影响。[1]

(1) 灵活利用多模态教学,营造有趣的教学氛围

模态是信息传递和交流的形式,是指人类通过视觉、听觉、触觉、嗅觉等感官与外部环境互动交流的方式。[2]当用多个感官来表达和理解意义时,就产生了多模态。多模态教学是由新伦敦小组提出,并于20世纪90年代将多模态理论应用于教学中的。[3]多模态学习有助于激发学习者学习兴趣,提高学习主动性,强化学习能力,提高学习效率。[4]只有让相应的感官都动起来,才能让学生更好地参与到课堂中,才能刺激兴趣的产生。

在进行英语阅读教学时,根据语篇的不同类型,教师要巧妙地利用文字、图示、歌曲、视频等,让学生的多种感官受到刺激,触发语言的输出,由此学生的学习兴趣自然就产生了。

如:人教版八年级下册 Unit 8 Section A 3a ~ 3c 是一节阅读课,活动3a来自名著《鲁宾孙漂流记》中的一个小片段,有且仅有一张配图;活动3b和3c是对语篇的分析理解。如果按部就班地进行讲解,学生势必兴致缺缺,只是为了完成阅读任务而进行阅读,没有感受到阅读的快乐、学习的意义。而利用多模态教学,可以充分调动学生各个感官的积极性,让他们发现英语阅读的有趣之处。

---

[1] 郭学君. 论学生的学习兴趣[J]. 天津师范大学学报(基础教育版), 2018, 19 (3): 30.
[2] 胡壮麟, 董佳. 意义的多模态构建——对一次PPT演示竞赛的语篇分析[J]. 外语电化教学, 2006 (3): 3-12.
[3] NEW LONDON GROUP. A pedagogy of multiliteracies:Designing social futures[J]. Harvard Educational Review, 1996 (1): 60-93.
[4] 郭万群. 论间性理论视阈下的大学英语多模态教学与研究——兼论外语教育技术的哲学基础[J]. 外语电化教学, 2013 (1): 21-26.

引入：视频导入——播放剪辑过的《鲁宾孙漂流记》的视频动画（呈现主要角色和活动场景），并要求学生带着以下问题观看视频：Q1：Which book is the video about? Q2: Who is the main character in the book? Q3:Where does he/she live?

活动 3a：学生阅读，并找出答案；再听课文录音，检查答案。

活动 3b：再读语篇，找出表示下列含义的词汇。在公布答案时，老师在 PPT 上利用动态的图片呈现词汇，图文结合。动态的图片更容易吸引学生，让学生产生兴趣。

活动 3c：学生第三次阅读语篇，纠错。结合语篇中的正确信息，并要求学生勾画，加深印象。

补充活动 1：观看鲁宾孙电影或者动画片中涉及的 3a 中的语篇片段，结合语篇文字，进一步理解故事情节。

补充活动 2：小组活动——角色扮演，在补充活动 1 的基础上进行。一学生扮演鲁宾孙，一学生扮演星期五，另外几位学生扮演其余的几个角色。

补充活动 3：思考并讨论——What do you think of Robinson Crusoe and the man Friday?

整节课融入了动画、音频、静态图片、动态图片、角色扮演、话题思考等元素，充分调动了学生的感官。图片有助于建立语境，与文字共同构建语篇意义，加强信息传递的效果。[1]动画为多模态话语交流创设了虚拟仿真情境，虚拟再现交际语境的真实场景，使学习者完全置身于多模态话语情境中，全方位感知特定语境下的信息传递，从而激发学习者学习的兴趣和热情。[2]

（2）创设生活化情境，激发学生兴趣

在教学过程中以教学目标为支点、以学生为中心，引入或创设符合教学内容和学生实际的场景或氛围，该场景和氛围起到辅助教学的目的，可以激发学生的情感及兴趣，从而更容易感知和理解知识。[3]因此，在课堂教学中，应设置生活化的情境，让知识更贴近生活，不再像传统课堂那样单调无趣，学生会

---

[1] 李广凤. 多模态外语课堂教学中教师的中介作用研究[J]. 教育科学，2014（2）：38-42.
[2] 邵红万. "实用英语"多模态学习模式的实践探索[J]. 扬州职业大学学报，2021（2）：50-54.
[3] 孙莹，李秀华. 浅谈情境教学与化学学习[J]. 考试周刊，2020，（5）：152-153.

感受到知识与生活息息相关，从而产生兴趣。值得注意的是，这里所说的"生活化"，并不是指人类的日常生活或社会活动，而是与教育密切联系的特定的生活。在教学过程中创设的生活化情境，是指教师从现实生活中选取与学科相关的真实现象或问题，运用各种手段将其科学地重构，创造一种能激发学生问题意识和探索欲望的教学环境，学生可以在生活化情境中发现和探索学科知识。

如：北师大版七年级上册的生物学第 7 章第 3 节"我国的绿色生态工程"，老师可先后呈现同一区域绿化前后的图片，让学生进行讨论：两幅图片有什么区别？为什么会产生这样的区别呢？你更喜欢哪张图片？为什么？以此让学生知道绿化的重要性。在学习本节内容之后，学生进行小组活动，为校园设计绿化方案并配上小组讨论设计出的绿化示意图。

该教学活动与生活紧密相关，如此一来，学生的学习兴趣受到激发，在学习过程中就能保持良好的状态。

（3）发挥教师的教学热情，构建有生命力的课堂

苏霍姆林斯基从一名普通的农村教师成长为一名著名的教育家，源于他对教育的热爱。教育者应向苏霍姆林斯基学习，学习他对教育的热情。只有在备课、教学中都充满热情，才能构建有活力、有感染力、有生命力的课堂，才能激起学生的学习兴趣，唤醒其学习之心。

因此，教师在教学中要保持乐观、阳光、健康的心态，要在润物无声之中把这种正能量传递给学生；教师要善于运用口头表达、面部表情、眼神以及肢体语言等，让课堂更生动，帮助学生理解和记忆。在充满教师热情的课堂里，在和谐、活跃、积极的学习氛围里，学生更能感受到学习的快乐和悦己的重要性，这有利于学习兴趣的培养。

（4）精心设计学生活动，牢牢抓住学生的注意力

当教师或同伴提供了新的材料、新的主题内容，并且学生也意识到这些知识内容、材料匮乏或欠缺时，就会产生补充新知识的欲望和需求。除此之

外，教师通过反复提问的方式①，以及教师本身所具备的性格特点和人格魅力、专业知识和教学能力等都有可能激发学生的情境兴趣。②

① 根据学生特点，设置丰富多样的学习活动。

在课堂教学中，需要教师根据学生特点，结合教学内容，设置有层次、有梯度、有意义、有趣味的各种教学活动。通过不同形式的活动，带给学生不同形式、不同程度的刺激，促进学生对知识的认识，丰富学生的情感体验，并将理论与实践有机结合，有利于学习兴趣的激发。

对初中英语而言，根据英语活动观，可将教学活动设计为"学习理解—应用实践—迁移创新"三大阶段，依次呈梯次上升。

如：人教版Go for it!教材八年级下册"Unit 5 What were you doing when the rainstorm came?"的Section B 2a~2c，是一节阅读课。其中涉及的语篇简要地陈述了美国历史上"马丁·路德金被谋杀"以及"9·11事件"，并分别从Robert Allen 和 Kate Smith 的角度，谈论了事件发生当时的所见所闻和所感。为了体现出阅读活动的层次感和递进性，结合语篇的特点，教师采用了整体—局部—整体的阅读模式。

学习理解类活动：首先是通过谈论图片，结合标题，让学生快速阅读，找到各自然段的中心句，从而得到语篇大意；然后将语篇分成两个层次，助力思维导图的提示，让学生分自然段进行扫读，梳理出关于这两起美国历史事件的基本信息，如时间、地点、人物经历等。

应用实践类活动：再次回到语篇整体，让学生通过细读全文，完成活动2c部分的判断，并纠错。在此过程中，根据文本和词汇特点，结合上下文等语境处理部分核心的生字词，在情境教学的同时，利用部分词汇进行文化渗透，如tower等。

---

① ROTGANS J I, SCHMIDT H G. Interest development: Arousing situational interest affects the growth trajectory of individual interest[J]. Contemporary Educational Psychology，2017（49）：175-184.
② ROTGANS J I, SCHMIDT H G.The role of teachers in facilitating situational interest in an active - learning classroom[J]. Teaching and Teacher Education，2011（1）：37-42.

迁移创新类活动：最后，观看北京冬奥会的视频，借助思维导图，引导学生完成对该事件的简单回忆，以实现学生能力的迁移创新。

② 充分挖掘教材，巧妙设计课堂问题。

课堂问题设置是一项很重要的教学手段，它被运用于整个教学活动的过程中，成为联系师生思维活动的纽带、开启学生智慧之门的钥匙。[①]

通过设置课堂问题，教师能较快、较好地了解到学生对教学的反馈，从而采取相应的教学措施，以达到教学的目的，完成教学任务。同时，还可以唤起学生的注意，激发学生的好奇心和求知欲，培养学生兴趣。

教师在进行课堂问题设置的过程中应该从学生的认知结构角度出发，注意研究学生对教材的可接受性。[②]

在设置问题时，要贴近生活、来源于生活、应用于生活。问题既不能太简单也不能太困难，要让学生"跳一跳就能摘到桃子"，就是维果茨基所提倡的"最近发展区"原则；同时，问题需要有一定的挑战性，才能够激发学生的求知欲望，才能促进学生积极主动地思考，才能激发其学习兴趣。

教师将所要展示的内容设计为环环相扣、前后连贯、形同"阶梯"的问题组，让学生登上"阶梯"去寻根究底，直至问题完全解决。[③]

（5）有效利用新颖的教学资源，吸引学生注意力

教师可以为学生提供丰富多样的学习资源，如图书、视频、实验、器材、微课等。

例如，语文学科可以利用课本剧或者小话剧，让学生亲身参与其中，感受语言的魅力；如果要提高学生对国学，如古诗词、书法等的了解和热爱，可以指导学生观看中央电视台的《诗词大会》《中国书法大会》等。

[①] 刘朝鹏. 浅伦数学教学中的课堂问题设置[J]. 南宁师范高等专科学校学报，2003，20（3）：62-64.
[②] 刘朝鹏. 浅伦数学教学中的课堂问题设置[J]. 南宁师范高等专科学校学报，2003，20（3）：62-64.
[③] 陈温柔. 问题设置法教学的几种技巧[J]. 福建教育学报，教学随笔，2008（11）：56-57.

而英语学科可以让学生通过阅读一些课外绘本或者报刊，或是观看与课题相关的微课视频拓宽知识面；还可以让学生观看英语电影或者电影片段，锻炼口语的运用等。

2. 维持的情境兴趣培养策略

学习兴趣触发后，教师需要在一段时间内维持这种兴趣，否则兴趣很容易受到干扰而消失。教师可以从采取不同的学习方式、合理运用激励性评价、引导学生理解所学知识的价值这三个方面来维持情境兴趣。

（1）善用不同的学习方法，引导学生积极参与学习

不同的学习方式有自主学习、合作学习、研究性学习、体验式学习、创新学习、分层学习、混合式学习、项目式学习、讨论式学习等。下面谈谈如何利用"体验式学习"和"项目式学习"这两种方式来提高学生的学习兴趣。

① 体验式学习。

体验式学习（Experiential Learning）理论源于美国著名教育家、心理学家杜威的"在做中学"思想。体验式学习是指根据特定的教学目的，设计贴近真实工作场景的学习体验情境，引导学生积极参与体验与实践。[①]体验式学习是指从阅读、听讲、研究、实践中获得知识或技能的过程。这一过程只有通过亲身体验才能最终有效地完成。语言教学中所指的体验是指教师以课堂为舞台、以任何可用感官接触的媒质为道具、以学生为主体，创造出值得学生回忆，让学生有所感受，留下难忘印象的语言活动。

在物理学科的学习中，有不少数学生反映出对物理课程兴趣不高，觉得物理学习"脱离实际、学无所用"。体验式教学对学习情境真实性的强调可以极大程度地改善教学脱离实际的现状。

如：温度计是一种用来测量物体温度的仪器，是工业生产、医疗保健、科学实验和家庭生活等领域不可或缺的重要工具。在人教版八年级物理上册第四章"物态变化"的第一节，学生简单地了解了温度计的构造、现象和原

[①] 刘东利. 基于体验式学习理论的学前教育专业英语教学策略研究[J]. 校园英语，2022（24）：34-36.

理以及不同的表达方法。

该物理教学章节的体验式教学流程如表 2.1.1 所示。

表 2.1.1　自制温度计体验式教学流程

阶段	教学环节	学生活动	教师活动
前期	项目制定	讨论：①自制温度计需要哪些材料（蓝色中性笔芯、玻璃小瓶、细铁丝、塑胶枪、温热水、沸水、冰水）；②温度计的刻度和数值如何确定	适时指导，给出建议
	制订计划	明确任务：①制作可以正常使用的温度计；②进行组内协调，分配各学生的任务	观察指导，适时辅助
中期	活动探究	分工合作，各自尝试分配的任务	观察指导，适时辅助
	作品制作	完成温度计的制作，呈现结果	观察记录
后期	成果交流	分组展示制作成果，并交流共享制作经验	组织活动
	活动评价	自评互评，总结反思	总结概括

通过自制温度计，让学生"在做中学"，在真实的情境中理解知识，进行探究。也就是说，体验式学习是在提高学生学习兴趣的同时提升学习动力。

② 项目式学习。

项目式学习（Project-Based Learning，PBL）是一种动态的学习方法。通过 PBL，学生们主动地探索现实世界的问题和挑战，在这个过程中领会到更深刻的知识和技能。项目式学习方法更加注重学生的主体地位、重视学生学习兴趣，能更好地将学习与生活实际相结合，也能够更好地培养学生解决问题的能力和探究能力。

在利用项目式学习方法时，需要教师在项目任务进行的每一环节都时刻关注学生的学习情况，适时予以指导和帮助。需要特别注意的是项目任务难度的设置。项目任务不宜过难，否则学生容易依赖教师指导，主体地位难以体现；反之，过于简单学生则不需帮助，自己很容易就能完成，这样的项目对教学来说意义不大。因此任务难度要合适，学生通过合适的任务，在教师指导之下完成项目任务，获得知识和技能的增长。

关于项目式教学的流程，在不同领域不同学科虽略有不同，但教学的一般流程都包括项目制定、制订计划、活动探究、作品制作、成果交流和活动评价[①]，在每一个环节中，教师和学生都有各自的任务。

如：在英语学科的教学中，写作往往是学生的弱项，不少学生感到很吃力，不知道写什么、怎么写，缺乏写作兴趣，甚至很多学生不愿意动笔，学习动力严重不足。在项目式学习方法中，学生能更多地发挥学习的主体作用，和小组其他的成员一起，通过讨论、交流，一步步地完成作文。最后通过小组自评和班级互评，能较大程度地激发学生写作兴趣，学生的写作动力也因此得到明显的提高。

下面以一篇关于"周围环境（surroundings）"的英语书面表达为例。

假如你是 Linda，近期你所在城市的环境部门工作人员在通过群众信箱收集群众意见。请根据图 2.1.2 的提示信息，向群众信息投递你的意见。

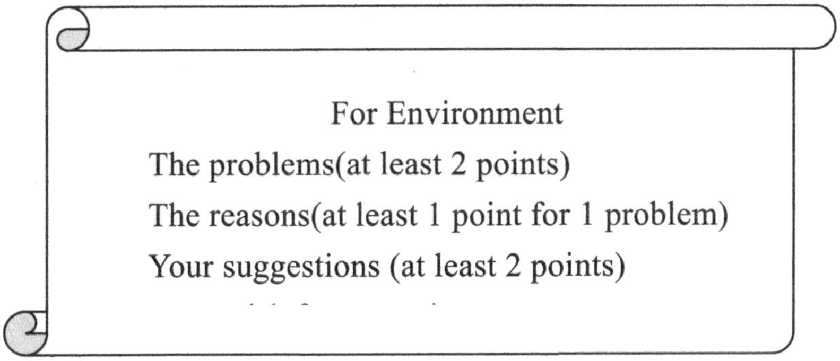

For Environment
The problems(at least 2 points)
The reasons(at least 1 point for 1 problem)
Your suggestions (at least 2 points)

图 2.1.2　周围环境介绍

该英语话题的项目式学习流程如表 2.1.2 所示。

表 2.1.2　书面表达——"周围环境介绍"项目式学习

阶段	教学环节	学生活动	教师活动
前期	项目制定	生生讨论，确定作文话题	引导学生分析讨论
	制订计划	生生讨论，确定作文要点	引导学生确定要点

---

① 刘景福，钟志贤. 基于项目的学习（PBL）模式研究[J]. 外国教育研究，2002（11）：18-22.

续表

阶段	教学环节	学生活动	教师活动
中期	活动探究	生生讨论，确定要点涉及的短语、句式	提供资源支持、及时指导
	作品制作	生生交流，进行要点的连贯呈现，完成英语作文的表达	监督辅助、及时指导
后期	成果交流	组内交流，确定所写作文符合要求，且无明显语法错误，然后在班内呈现、交流	及时纠错、组织活动
	活动评价	先小组自评，再班内互评，最后进行全班的反思总结	评价总结、提出建议

（2）合理运用激励性评价，帮助学生形成积极情绪

激励性评价是指在教育教学中，通过教师的语言、情感和教育教学方式，不失时机地给不同层次的学生以充分的肯定、激励和赞扬，使学生在心理上获得自信和成功的体验，诱发学生学习兴趣，进而使学生积极主动参与学习的一种策略。[1]值得注意的是，在运用激励性评价时，教师不能只讲学生好的，而对做得不好的避而不谈。重点是让学生知道自己做了什么、做得如何、怎么样才能做得更好，这才能帮助学生学会面对不完美的自己，学生才会有所提升。

（3）引导学生理解所学知识的价值，将知识运用于真实的生活

教师需要帮助学生理解所学知识的价值，也就是说要引导学生将所学知识应用到现实生活中，以便于他们理解知识与自身之间的密切关系，进而认识到知识在生活中、社会中的意义及价值，这样可以维持被触发的情境兴趣。

不少学校都会组织学生进行游学活动，这就是在生活实践中理解知识、运用知识。

如到某科技馆进行游学活动，不同的场馆涉及不同学科、不同领域的知识，如机器人场馆就涉及数学、物理、计算机等与生命自然科学相关的知识。

---

[1] 李新年. 激励性评价在课堂教学中的运用[J]. 文学教育（下），2018（8）：97.

而对于不同的学科，教师也应想方设法地让学生深刻地领会学科知识的用途、学科的价值。

如在讲摩擦力和牛顿第三定律时，可以让学生思考为什么雪天开车时要在轮子上加铁链；在长跑比赛的时候，在终点处的计时员是以看到发令枪冒出的烟来开始计时的，而不是听到枪响开始计时，这就说明了光的传播速度大于声音；冬天或气温很低时，往玻璃杯中倒入沸水之前，应当先用少量的沸水预热一下杯子，以防止玻璃杯因内外温差过大，内壁热膨胀，而受到外壁阻碍产生力，致使玻璃杯破裂。

（六）培养情境兴趣容易出现的问题

1. 投放教学刺激物杂、乱、多

情境兴趣的激发需要合理投放教学刺激物，要根据学生特点、教学内容、教学目标等选择具有新颖性、复杂性、冲突性等的教学刺激物，还要考虑各个学科的特点。如多媒体教学，PPT播放不宜过多，需要精选图片和核心内容呈现，有的教师为了呈现多媒体效果，一个课时有几十页PPT，学生的注意力都在不断变化的PPT上面，并不能从中获得有用的知识。

2. 情境不能真实反映教学内容

教学情境没有以学生为中心设置真实的教学情境，学生没有在情境中建立起新旧知识的联系，也没有获得解决问题的知识与能力。只是为了情境而设置"情境"，情境与真实环境脱节，情境兴趣也就无从培养。

3. 没有维持情境兴趣

情境兴趣被触发后，还停留在新颖有趣的表面，并没有深入探究的欲望，在接下来的教学中没有及时维持兴趣，那么兴趣就可能中断或消失，兴趣培养就成了热闹的形式。如在引起学生注意之后，有的教师就开始照本宣科，一讲到底，教学方式单一，教学方法陈旧，不能突出学生的主体地位，由此学生的情境兴趣就会慢慢消失，最后失去学习兴趣。

（七）示　例

在语文学科的学习中，涉及中国传统节假日或者著名的历史人物及历史故事时，教师可利用排练课本剧、小话剧的方式，让学生在真实的体验场景中去经历人物的一生或重要时刻，去感受人物的心情起伏、心态变化，解读人物的精神，理解人物当时的状态和思想。

例1：以话剧《屈原》的表演为例，如表2.1.3所示。

表2.1.3　话剧《屈原》情境设置

阶段	学生活动	教师活动
表演前	①分析剧本(包括查找社会背景分析剧本主题，分析人物特点和作用)—安排角色—准备道具； ②排练	适时指导，给出建议
表演中	利用语言、肢体、表情，结合音乐，表现人物特点，凸显人物精神	认真观看，详细记录
表演后	①组内成员分享表演的心得体会，再次结合历史背景，分析人物性格特点和活动意义等； ②班内分享，学生分享观看感受，分析人物特点等，提出建议	总结评价，提出建议

例2：在八年级上期4单元"What's the best movie theater？"的英语阅读课中，一位英语老师在借班上课时为了能活跃课堂气氛，减少学生的紧张感，在引入新课时播放了一首带字幕的英语歌曲。在歌曲结束后，老师要求学生回答以下几个问题：①What's the name of the English song？（歌曲名是什么？）②What's it about？（歌曲主要是关于什么的？）③What's your favorite English song？（你最喜欢的英语歌曲是什么？）几个问题下来，原本放松享受音乐的学生们突然变得很安静，愿意回答老师问题的同学比较少。这是因为教师创设的情境与问题不匹配，如果一开始带着任务听歌，可能回答问题的同学会更多；而且从英语歌曲引入问题，很有局限性，因为并不是所有同学都听过这首歌，也不是所有同学听一遍就能听懂大意。

以上案例告诉我们在投放教学刺激物时要精心选择内容，要符合学生特点，情境设置要合理、科学、有效，更要从学生全体的角度考虑能否真正引起学生的兴趣。

二、个体兴趣

（一）个体兴趣的定义

朱智贤认为个体对某种事物进行认识和探索心理倾向，并在此过程中得到情感满足就是兴趣。[①]李洪玉、何一粟认为兴趣是学生心理最活跃的因素，以认识和探索某种事物的需要为基础，并伴随着积极情绪色彩。[②]

本研究认为，个体兴趣是学习者对某一主题或活动感兴趣，与学习者已有的经验和背景知识有关，或者主题或活动本身符合学习者的期望。如有的学生喜欢美术，因为美术可以带给学生愉悦的情感，那么学生就愿意付出时间和努力参与其中。个体兴趣又分为最初的个体兴趣和稳定的个体兴趣。个体兴趣具有相对稳定性和不可变性。

（二）个体兴趣的理论基础

1. 发展变化的兴趣理论

希迪、伦宁格和克拉普等人从发展角度阐述兴趣，他们认为兴趣是一种心理状态，一种随着时间推移，通过个体与环境的相互作用而发展起来的重新参与特定内容的倾向。[③]希迪和伦宁格还认为兴趣并不总是一成不变的，情境兴趣可以培养和激发。

2. 情感角度的兴趣理论

艾因利（Ainley）认为兴趣是一种情感体验，她关注个体在任务过程中的态度和情感反应，她认为积极的态度和情感有助于完成学习活动。西尔维亚

[①] 朱智贤. 心理学大词典[M]. 北京：北京师范大学出版社，1989.
[②] 李洪玉，何一粟. 学习动力[M]. 武汉：湖北教育出版社，1999.
[③] KRAPP A. An educational-psychological theory of interest and its relation of self-determinantion theory [C]. In DECI E, RYAN（Eds）. The handbook of self-determiantion research.Rochester, NY：University of Rochester Press，2022：405-427.

(Silvia)关注个体在与任务互动过程中情感反应的来源,她认为新颖性是激发兴趣的最大诱因。

(三)如何运用个体兴趣促进学习

当学习者掌握某一主题或活动的广泛的知识,可能会设置目标对这一活动或主题进行探究。学习就是一种"主动意愿",是一种"积极的情绪体验",并与个体性格息息相关。如何运用个体兴趣促进学习,可以从以下几个方面考虑:

1. 通过满足学生的需求来激发学生的学习兴趣

瑞士心理学家皮亚杰说:"兴趣,实际上就是需要的延伸,它表现出对象与需要之间的关系,因为我们之所以对一个对象发生兴趣,是由于它能满足我们的需要。"[①]刘显国认为,学习兴趣总是在求知需要的基础上发生,并通过学习的实践活动逐步地形成和发展。要么兴趣以需求为前提,要么兴趣产生需求。[②]

美国当代人本主义心理学家马斯洛(Maslow)提出了极富影响力的需要层次理论。他把需要分成了七个层次,并认为某一层次的需求相对满足了,就会向更高的层次发展,追求更高层次的需要就成为驱使行为的动力。在此过程中,学生势必会对相应事物产生足够的兴趣才能支撑对应的学习动机,才能保证需要的满足。因此,教学中给予学生更多的表现机会,最大限度地满足尊重的需要会激发学生的学习兴趣。

情景兴趣是人们因需求而产生的初级兴趣,初级兴趣产生又带来新的需求,新的需求又催生了更高层次的个体兴趣。

比如某一学生在英语学习中对"英语菜单"产生了兴趣(情境兴趣),便想要了解更多的英语菜单(需要),于是通过自己的努力,接触并掌握了更多的英语菜单的表达,进而较好地掌握了相关的英语词汇及句式(个体兴趣),

---

[①] 坡亚杰. 儿童的心理发展[M]. 傅统先, 译. 济南: 山东教育出版社, 1982.
[②] 刘显国. 激发学习兴趣艺术[M]. 北京: 中国林业出版社, 2004.

并逐渐喜欢上英语,愿意付出更多的时间和精力,并要求自己在英语学习中取得较好成绩(稳定的个体兴趣)。

在此过程中,"兴趣—需要—兴趣"在不断地相互作用并促进"兴趣"的发展,直至产生较稳定的个体兴趣,因此兴趣与需要相互依存、共同促进,它们之间呈螺旋上升的趋势。

2. 加深学生的情感态度体验以帮助学生不断进步和发展

我国著名教育家陶行知提倡生活教育,教育思想表现为"教学做合一",注重培养学生的乐学情感和创造性思维。他认为,学生的学习过程是一个主动的、富有自主意识和思想的过程,知识和技能的获得与情感态度和价值观紧密相连。成功的、愉悦的情感体验会让学生产生积极的情感体验,能大大增强学生的学习兴趣;反之,在学习活动中获得的消极情感体验,则往往降低学生的学习兴趣。比如,过度的害羞、过度的焦虑和紧张等都不利于学生大胆地用英语表达和交流,不利于在运用中展现自己的语言知识和语言技能,学习效率差,学习兴趣也会逐步变弱。情感充沛有利于培养学习兴趣,而浓烈的学习兴趣是学好各个学科的前提。

3. 引导学生树立正确的价值观以促进学生的自我认知及自我成长

价值观是中学生对价值和价值关系的理解和追求,是影响中学生决定行为目标、选择行为方式以及解释行为结果意义的核心因素。[1]学生的价值观使学生形成明确的学习需要、动机,为兴趣的生成奠定基础。随着知识的不断丰富和加深,学生在学习活动中就会获得积极的情感体验,学习的自信心和成就感就会大大增强,随之兴趣就会不断提高,它又为学习活动注入新的活力、动力,使学习积极性更加高涨,知识得到进一步拓展和深化。如此一来,就会形成良性循坏。在这一良性循环的过程中,学生会更了解自己,清楚自己的优势与劣势,明白自己的心之所想,他们会逐渐树立清晰的奋斗方向和目标,并在实践中明白通过怎样的努力才能向目标跃进。如此,便促进了学

---

[1] 陈晓映,龙厚瑜. 从价值观出发培养学生的学习兴趣[J]. 理论创新,2014(3):13.

生的自我认知以及自我成长。

（四）运用个体兴趣产生什么效果

赫巴特（Herbart）认为：“兴趣促使个体正确和完整地再认物体，从而深入有意义地学习。”[①]个人兴趣的作用体现在以下几个方面：

1. 助力良好学习习惯的塑造

良好的学习习惯是成功的基石，它的养成预示高效率学习的开始。而个体兴趣的培养对塑造良好的学习习惯起到重要作用。制订计划并完成、记笔记、阅读、独立思考以及定期总结等这些良好的学习习惯在兴趣的驱动下自然形成，学习效率的提升也水到渠成。

2. 培养学生的创新思维

创新思维要求人们勇于打破常规，以新颖独特的视角解决问题或创造价值。当学生对某一主题或知识产生浓厚兴趣，他们会自发地投入时间和精力去探索、学习和实践。这又有助于学生创新思维的发展，如对理化怀有浓厚兴趣的学生，在教师的悉心指导下，在青少年科创比赛中创造出"小型应急储水器""气压循环小水车"等具有创新思维的产品。

3. 提升学生的学习能力

在教师的悉心指导下，学生掌握了有效的学习方法，养成了良好的学习习惯，其思维边界也不断拓展。随着对某一主题或知识领域的兴趣日渐浓厚，稳定的个体兴趣悄然形成。这促进了学生学习能力的提升，使他们能够自主发现问题、解决问题，深入探索知识的奥秘。

（五）如何培养个体兴趣

情境兴趣被激发以后并不稳定。维持兴趣的发展需要教师深化教学刺激，使用多种方法重复激活学生的注意力。随着对特定领域知识积累的增加，积

---

① 朱智贤. 心理学大词典[M]. 北京：北京师范大学出版社，1989.

极情感体验增多，对任务价值理解也随之加深，个体兴趣开始萌芽。①

1. 最初的个体兴趣形成培养策略

（1）提供知识学习的支持

教师教学的过程，就是一个知识支持的过程，简单来说就是教给学生知识，但此处强调的是正常教学之外的知识支持。提供知识支持时，需注意教师一方面要能够对相关知识进行查缺补漏，完善学生已有的知识框架，另一方面要开阔学生的眼界，帮助学生建立知识的横纵连接。同时，要合理使用好互联网上的教学资源，既增强学生的兴趣，又增加学生知识的积累。

在语文和英语的学习中，除了通用的语言教材外，教师还需要整合教学材料，为学生提供与教学内容相关的补充材料。例如，在教学中给学生补充人物传记、人物趣事、绘本故事，科普相关知识、历史故事，阅读当时的新闻报刊，分享与当前社会有关的新闻热点话题知识等。

（2）提供学习策略的支持

"学习策略就是指学习者在学习活动中有效学习的程序、规则、方法技巧及调控方式"。②学习策略不等于学习方法，是学习方法的选择、组织、加工。它是通过具体的学习方法显现出来的。③如果把学习方法比喻为"工具"，而学习策略则是学生选择和使用"工具"的能力，如复习策略、时间管理策略等。

① 复习策略。

复习策略指在复习时要注意及时复习、分散复习以及适度地过度学习。

根据德国著名心理学家赫尔曼·艾宾浩斯（Hermann Ebbinghaus）的遗忘曲线，可得知在刚学习后最初的时间里，遗忘会发生得很快，因此需要及时复习，如课后利用两分钟时间对所学知识作简单回顾和小结，当天所有学习结束之后及时进行复习，以查漏补缺，最大限度地加深记忆，并提高学习效率。

分散复习是每隔一段时间就对学习的内容进行一次或多次复习。如每周、

---

① 涂阳军. 论情境兴趣与个体兴趣及其教育意义[J]. 长春教育学院学报，2011，27（11）：55-56.
② 刘电芝，黄希庭. 学习策略研究概述[J]. 教育研究，2002（2）：78.
③ 徐建平，徐慧圭. 在思想政治课教学中进行策略教学的思考[J]. 职教论坛，2004（6）：47.

每月对所学内容进行复习，并有针对性地进行定时练习。研究已证明在总的复习时间均等的情况下，分散复习的效果优于集中复习。在分散复习的条件下，学习的知识在记忆中保持得更久。适度的过度学习有利于提高学习效率，学习程度以 150% 为最佳。比如，当你用 20 分钟完成一首语文古诗的背诵之后，再花 10 分钟进行朗读和背诵以达到最佳的记忆保持状态。

② 学习时间管理策略。

学习时间管理策略指学习者为了按时完成学习任务或者提高学习效率，在学习过程中对学习时间进行合理计划和监控所采取的可行而有效的措施和方法。[1]可以通过以下几个方面进行时间管理：

第一，统筹安排时间。根据自己的微型目标，对时间做出总体安排，并体现出活动的优先序列。如都需要完成语文、英语的课文背诵，但因为英语背诵所花的时间和精力更多，则需要优先安排。

第二，高效利用最佳时间。因为个体差异的存在，每个人在不同时间里的状态是不一样的，任务完成效果也有差异。比如对记忆效果而言，有人在早上的状态最佳，有人在晚上状态最好；有人在运动之后精神抖擞，有人却昏昏欲睡。应根据自己的生物钟安排时间，用最好的精力、状态去完成优先级最高或难度最大的任务。

第三，灵活利用零碎时间。如上学途中、课间休息、排队等候期间等时间，都是零碎时间，对这些时间的充分利用，可以让一天的学习更充实、有效。因为时间零碎，可以选择在这些时间完成小而具体的任务，如整理上课的笔记，阅读一篇短文，背诵一段对话或者一组单词，或者讨论一个小问题，还可以用于放松等。

（3）帮助学生产生积极的情绪体验

学习兴趣的持续发展离不开在学习过程中产生的积极情感体验，包括认知过程的愉悦感、对问题解决的成就感等。积极情绪体验的获得会促使学生更深入地认知学习，而认知上的新获得又产生更多的积极情感，达到知识和

---

[1]崔冠宇. 大学生学习时间管理策略的应用特点及其影响因素[D]. 郑州：河南大学，2007.

情感的双向促进。因此，引导学生产生积极情感体验，才能更好地促使学习兴趣的深化发展。

① 引导学生调控自己的学习。

调控是指学生对自己的学习状态的调节和控制。教师应引导学生在学习过程中根据自己的学习目标及时检查、评价自己的学习活动的过程和结果，估计自己达到学习目标的程度和水平，使学生根据结果及时采取相应的补救措施，查漏补缺，以达到更高的学习效率和更好的结果。如在考试后成绩未达到目标，需要反思找到原因，并做出自我惩罚及调节。同样，如果在学习中取得较好的表现，也可以进行自我奖励。如果在学习时遇到了公式记不住、几何题解不出，也需要调节自己的情绪和状态，让自己能以最佳的状态去学习。

② 引导学生正确归因。

归因是人们对自己或他人活动及其结果的原因所作出的解释和评价。社会心理学家海德首先提出了归因理论。美国心理学家韦纳（Venas）继承和发扬了海德的归因理论。该理论如今更多地被人称之为自我归因论、成败归因论或三向（维）度归因理论。表2.1.4是韦纳成败归因理论中的六因素与三维度。

表2.1.4 韦纳成败归因理论

因素	因素来源		稳定性		可控制性	
	内部	外部	稳定	不稳定	可控	不可控
能力	√		√			√
努力程度	√			√	√	
任务难度		√	√			√
运气		√		√		√
身心状况	√			√		√
外界环境		√		√		√

学生对学习成败的归因会影响他们的努力程度，当一个人将成功归因于努力、能力等内部原因时，会使人感到满意、自信和自豪，会极大地提高学习的积极性和学习兴趣。因此，在分析学习上的成败时，更多地应采取内部

归因，让自己更努力，以期待下一次的成功。

③ 善用教师期待效应，加强对学生肯定与积极的心理暗示。

教师期待效应又叫作"罗森塔尔效应"或"皮格马利翁效应"，是指如果我们对一个人予以赞美和期待，他则会按照我们所期待的目标进步和发展。反之，如果让一个人感受到了我们对他的消极态度和想法，他则会放弃努力，自暴自弃。教育者对受教育者的教育应该以肯定、表扬为主，教育者的肯定与表扬，实质上是一种心理暗示，这种暗示可以激励学生向更好的方向发展。[①]因此，教师应抓住契机，通过积极的心理暗示强化学生的学习信心，使其以良好的学习理念和强大的学习动力参与到学习之中。

2. 稳定的个体兴趣形成培养策略

郭学君认为，个体兴趣的稳定是需要经过时间和实践检验的。[②]最初的个人兴趣形成之后，是否能转化为稳定的个体兴趣，最终取决于个体的性格、学习品质等内在因素。在教学过程中，教师应关注学生内在品质和学习能力的发展，以促进个体兴趣的最终形成。

（1）通过问题解决引导学生进行深度学习，促进学习能力的发展

"深度学习是指在教师引领下，学生围绕具有挑战性的学习主题，全身心积极参与、体验成功、获得发展的有意义的学习过程。"[③]问题解决学习是深度学习的基本范式，其实质是让学生在问题的分析、探究与解决中学习。[④]因此，在开展深度学习的教学研究中，以问题解决作为教学样态，是一种有益的尝试，也是一条有效的路径。

李松林认为："问题解决学习是深度学习的基本范式，其实质是让学生在问题的分析、探究与解决中学习。"

以人教版英语八年级下册 Unit 10 Section B 活动 2a 中的语篇阅读教学为例。文中第一自然段提到"I used to return home at least once a year, but I

---

① 过炜宇. 浅析罗森塔尔效应在学生学习指导中的应用[J]. 大众心理学，2014（6）：17-19.
② 郭学君. 论学生的学习兴趣[J]. 天津师范大学学报（基础教育版），2018，19（3）：30-33.
③ 郭华. 深度学习及其意义[J]. 课程·教材·教法，2016（11）：25-32.
④ 李松林，贺慧，张燕. 深度学习设计模板与示例[M]. 成都：四川师范大学电子出版社，2020.

haven't been back for almost three years."教师可抛出问题"Why does the man hasn't been back for so many years?"让学生进行小组讨论,学生可能会根据自身经验、结合社会现象说出"距离远""工作压力大""时间不够""不容易请假"等原因,在小组探讨时,学生之间的思维碰撞会帮助他们分析、探究问题,而看似没有标准答案的一个问题,不仅能让学生运用所学英语知识进行交流,更是对社会现象、问题的一种讨论和学习。

(2)培养学生良好的学习品质,促进个体兴趣的稳定发展

当学习成为一种习惯,一种意识,成为学生的情感需求,学习就不是被动学习,是主动学习,是为了自己而学。在学习过程中,学生就会感到身心愉悦,对于学习中的困难、挫折就会努力克服。学习目标和学习需求就会转化为学习动机,会激发学生以极大的兴趣投入学习中,学习者在做题、背书的时候就会全身心投入,这样就可以形成稳定、深入持久的个体兴趣。

(六)培养个体兴趣容易出现的问题

从情境兴趣逐渐转化为稳定的个体兴趣,是一个需要时间沉淀和实践验证的漫长旅程。在这一过程中,学生会遭遇多重挑战,这些因素均有可能阻碍稳定个体兴趣的形成。

1. 知识的难度与深度问题

在兴趣培养的初始阶段,若所选知识过于深奥或过于浅显,都难以激发学生主动参与的热情。这样的内容既无法有效拓展学生的思维边界,也无法助其开阔视野。

2. 学习方法的不匹配

由于每个人的学习方式和习惯存在差异,因此并非每种学习方法都适用于所有人。有些学生可能固守自己习惯的学习方式,不愿尝试新的方法。这种固守可能导致学习效率低下,甚至使学生对原本感兴趣的内容产生挫败感。例如,在英语单词背诵方面,尽管老师传授了多种高效的背诵技巧,但部分学生仍坚持原有的、效率较低的背诵方式,如逐个字母记忆。面对大量的词

汇时，这种方法显得力不从心，长此以往，学生可能会逐渐失去对英语学习的兴趣。

3. 错误的归因倾向

当考试失利时，一些学生可能会错误地将原因归咎于自身能力的不足或运气不佳，如认为自己记忆力差或复习内容未覆盖考试题目等。这种错误的归因会严重打击学生的学习积极性。

4. 持续动力的缺失

在兴趣培养的过程中，一旦遭遇挫折或长时间看不到显著的进步，学生可能会感到沮丧和失望。这种情况很可能导致学生选择放弃或减少对该兴趣领域的投入。

（七）示　例

例1：学生B从小就喜欢观察花花草草、蚂蚁蝴蝶……对自然科学有浓厚的兴趣。作为学生B的班主任老师和生物科任老师，在平时的教育教学中都非常关注他的兴趣，教他如何科学规范地撰写观察报告，科学地做好较翔实的记录。在学生B的观察有新进展或有较明显的结果时，会适时提供平台让学生B在全班甚至全年级做分享，并提供一些报纸刊物，让学生B进行阅读、摘抄，鼓励他多阅读生物学家的传记等相关文章。在老师们的帮助下，学生B萌生出了进行生物研究的想法，并对自己的学习进行了规划，决定考取与自然科学相关的大学专业，并立志为自然科学与人类发展做出一份贡献。

例2：学生A在初一英语考试中，成绩中等偏上，150分可以考120左右，刚开始对英语还是很有兴趣的。慢慢地，英语单词越来越多，课文越来越长，考试也越来越难，由于没有掌握好单词的拼读规则，到了初二下学期，学生A每次听写单词都有大部分单词不会写，课文背诵也很困难，考试也从原来的120多分，下降到60多分。他认为是自己笨，记不住单词，所以对于英语学习他已经放弃了。如果老师不加以引导，还一味地指责、批评学生，他的学习就会越来越糟糕。学生 A 对英语兴趣的消失，主要有这几个方面的原因：学习方法不当，英语学习情感体验不好，不恰当的归因，认为自己笨才学不好英语，老师没有及时、准确地引导学生等。

以上两个例子说明了不同的教育手段对培养学生个体兴趣的重要性，教师为了让学生能够对自己所教的学科产生兴趣，需要花费时间、精力来慢慢引导学生，把情境兴趣和个人兴趣相结合，最终形成稳定的个体兴趣。

英国文学家莱辛曾说过："好奇的目光常常可以看到比他所希望可以看到的更多的东西。"[1]

兴趣就是一种渴望认知世界，获得知识的意向倾向。没有兴趣，学习者就没有学习内驱力，而兴趣又是可以培养的，我们要积极培养学习者稳定的个体学习兴趣，变"要我学"为"我要学"，开启学习者的学习动力。

第二节 学习动机

一、内部学习动机

学习动机是影响学习效果的一个重要因素，学习动机有利于学生提高自主参与意识，实现明确的学习目标，掌握有效的学习策略，促进知识的迁移。因此，教师应培养学生良好的学习动机来促进学习，提升学习效果。

（一）内部学习动机的定义

1. 学习动机

J·布罗菲在《激发学习动机》中提出：学习动机是一种在学习环境中，通过个人的经验积累习得的能力。动机是一张网络，它将长期养成的洞察力、技能、价值观和性情串联起来。[2]

在中国第一部大型心理学工具书《心理学大辞典》中，中国现代心理学

---

[1] 吴宝科. 启动学习力的5大推进器[M]. 北京：现代出版社，2006.
[2] 伊丽莎白·F. 巴克利. 双螺旋教学策略：激发学习动机和主动性[M]. 古煜奎，顾关，唱飞奎，等，译. 广州：华南理工大学出版社，2014.

的奠基人之一朱智贤先生描述"动机"为"能够引起、维持一个人活动，并将活动导向某一目标，以满足个体某种需要的念头、愿望和理想等"[①]。我国著名心理学家皮连生先生在《学与教的心理学》中，将"动机"定义为"驱使人们活动的一种动因或力量，包括个人的意图和愿望，心理的冲动，或企图达到的目标等"[②]。莫雷在《教育心理学》中认为"学习动机是激发个体进行学习活动、维持已引起的学习活动，并使学习行为朝向一定目标的一种内在过程"[③]。

基于以上对学习动机的理解和定义，本书认为学习动机是学习者以学习需要为基础，以明确的学习目标为导向，激励和引导自己完成目标的动力过程。

2. 内部学习动机

美国著名心理学家马斯洛根据学习者学习动机的来源，将其分为内部学习动机和外部学习动机。内部学习动机（intrinsic learning motivation）是指由学习者内在的需要引起的动机。例如，学生的求知欲、学习兴趣、改善和提高自己能力的愿望等内部动机因素，会促使学习者积极主动地学习。此外，内在动机是一种自发性、自我导向的动机，它来源于个体内部的兴趣、愉悦和成长需求。内在动机的行为表现通常是富有创造力和自主性的，学习者会快乐地投入任务中。学习者对自身的成长和自我实现感到满足和有意义，同时也更容易获得长久的成就感和自豪感。

四川师范大学徐燕刚教授归纳并定义了学习者主要的内部学习动机类型，她将其分为：成就动机、自我提高动机、助他动机、独立动机、追求卓越动机、健康动机等类型[④]。（见表2.2.1）

---

① 朱智贤. 心理学大词典[M]. 北京：北京师范大学出版社，1989.
② 皮连生. 学与教的心理学[M]. 上海：华东师范大学出版社，1997.
③ 莫雷. 教育心理学[M]. 北京：教育科学出版社，2007.
④ 徐燕刚. 学习动力与教育环境：西部农村欠发达地区中学生学习动机研究[M]. 成都：四川大学出版社，2021.

表 2.2.1 学习动机类型

序号	学习动机的类型	定义
1	成就动机	一种追求学业成功的愿望；避免学业失败的愿望；努力实现个人目标的愿望
2	自我提高动机	一种提高学习成绩、学习效率的愿望；提高修养、丰富知识的愿望
3	助他动机	一种在学习上有能力帮助他人的愿望；有能力为社会做贡献的愿望
4	独立动机	一种使学习、生活更加独立、充实的愿望；让学习、生活更加快乐、健康的愿望
5	追求卓越动机	一种挑战自我，超越自我的愿望；发现潜能、实现自我，使人生更有意义的愿望
6	健康动机	一种保持身心健康，维持学习生活良好状态的愿望

（二）内部学习动机的原理

1. 自我决定理论

自我决定理论（self-determination theory）是由美国心理学家德西·爱德华（Deci Edward L.）和瑞安·理查德（Ryan Richard M.）等人在 20 世纪 80 年代提出的一种关于人类自我决定行为的动机过程理论。该理论包含六个相关联的理论：认知评价理论、有机整合理论、因果定向理论、基本需要理论、目标内容理论、关系激励理论。[①]认知评价理论研究了社会环境对内在动机的影响，比如奖励、人际约束、自我参与等因素对内在动机和兴趣的影响。有机整合理论认为外部调节行为可以转化为自我调节行为，外在动机随着内化的持续增强而不断下降。因果定向理论描述并评估了三种类型的因果定向：人们出于对事物的兴趣和价值采取行动的自主性定向；以激励、收获和认可为重点的控制性定向；非个人或无动机的定向，表现为对能力的焦虑。基本需要理论认为人的心理健康和最佳功能是建立在能力需要、自主需要、关系需要满足基础之上的。目标内容理论阐释内在目标和外在目标对动机和健康

[①] 徐燕刚. 学习动力与教育环境：西部农村欠发达地区中学生学习动机研究[M]. 成都：四川大学出版社，2021.

的影响。关系激励理论认为一定数量的人际互动不但对大多数人来说是可取的，而且对于自身调整和幸福也是必不可少的。最高质量的人际关系是每个伙伴都支持对方的自主、能力和关系需要。

2. 自我效能理论

美国当代著名心理学家阿尔伯特·班杜拉的自我效能理论指出，人的动机的基础不是确信个体有能力，而是相信其对生活有控制力。[1]只有当人们相信自己能够改变周围的环境和生活时，他们才会在困境下有动力去行动。班杜拉解释说，对自我效能感受越高，内在动机越强烈，投入目标的努力就越多，比起自我效能不足的人，他们能更长久地追求自己的事业，更加勤奋。

因此，教师需要给学生示范：如何从过失中学习、如何坚持目标、努力和选择对未来会产生怎样的影响等。

（三）如何运用内部动机来促进学习

1. 运用成就动机和自我提高动机，期待学生积极投入学习

成就动机和自我提高动机是通过努力学习知识，提高学习成绩或效率，实现个人目标的一种愿望。教师可以通过提高成就动机和自我提高动机引导和促进学生积极投入。

学生投入能促进内部学习动机的培养。学生投入的起点是内部学习动机和主动学习的交集。（见图 2.2.1）学生投入有两个关键组成部分，第一是学生在学习其他能积累经验、引导他们成功的活动上所投入的时间和精力，第二是学校分配资源的方式，以及为引导学生参与并受益于活动而组织学习机会、提供服务的方式。[2]当学生很投入时，学生有热情，感到兴奋，他们超越期望，比要求的做得更好。而且，投入的学生努力理解和掌握他们所学到的知识，

---

[1] SILVER D. 激发学生的成就动机——引导学生迈向成功的策略[M]. 北京：中国轻工业出版社，2016.
[2] 伊丽莎白·F. 巴克利. 双螺旋教学策略——激发学习动机和主动性[M]. 广州：华南理工大学出版社，2014.

能够主动使用信息分析、问题解决等高阶思考技能。[1]在课堂教学中，教师可以通过关注学习动机、关注主动学习、开展创造性学习活动、构建课程体系、展现个性使学生投入学习。

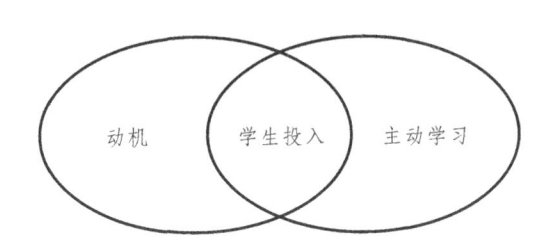

图 2.2.1　学生投入、动机、主动学习的关系图[2]

2. 运用独立动机和追求卓越动机，促进学生主动学习

独立动机和追求卓越动机是一种使学习生活更加独立、发现潜能、实现自我的愿望，使学习者更加主动和独立地学习，学习者不断地挑战自我，超越自我，实现自我，使其人生更加充实和有价值。主动学习意味着学生主动吸收他人的观点，提出想法、概念或问题的解决方案，建构自己的思想。主动学习包括协作学习、发现学习、经验学习、基于问题的学习及探究性学习。其典型的特征是，学生在学习中是动态的参与者，学生对学习过程和学习成果不断进行回顾和监督。一个主动学习的学生会主动审视、质疑旧观点，将其与新观点结合，从而获得持续的深层学习。

因此，教师应构建一个让所有学生感到受尊重、有价值的课堂学习共同体，促使学生主动学习。在学习共同体中创造条件使学生相互影响，提高学生投入和学习动机，在合作学习中鼓励学生主动学习。通过系统化和一体化教学来提升学习动机从而促使学生主动和全面学习。

---

[1] 伊丽莎白·F. 巴克利. 双螺旋教学策略——激发学习动机和主动性[M]. 广州：华南理工大学出版社，2014.

[2] 伊丽莎白·F. 巴克利. 双螺旋教学策略——激发学习动机和主动性[M]. 广州：华南理工大学出版社，2014.

（四）培养内部学习动机能产生什么效果

1. 有利于提高学生的自我意识

学生的自主意识对学习者的内在动机有很大的影响。美国知名的教育专家黛比·西尔佛（Debbie Silver）强调：让学生意识到自己有能力，给予学生充分的自主权，培养他们的自主性，更能使他们学会自我激励，获得更大的成就感。不管是哪个年级的学生都想自己自由做决定，当他们按照自己的意愿主动做事，而不是受到安排或威胁做事，自我意识的需求便会得到满足。提高学生自我意识的最重要的策略是向他们提供选择。学生学会自主做出选择后，会更愿意为自己的决定负责，从而再按照自己的意愿做事并提升自我意识。

教师在培养学生的自我意识时，如果有几项不同的学习活动，应允许学生自己从中做出选择，这也是构建学生自主性和增强内在动机的有效方法。当课堂教学过程不是关键环节时，让学生选择决定如何实施，并鼓励学生积极完成。当学生缺乏自信或感到心理不安全时不会主动做出选择，因此教师应营造安全的心理氛围，保护学生不受他人的嘲笑与批评，提醒他们错误是学习过程中必须且自然的一部分。在面临选择和决定时，只要有可能，给学生提供机会，让他们来决定完成任务的时间、地点以及顺序。而且，避免给学生的行为贴上"对错好坏"的标签，让他们为自己的选择结果负责，这样学生会产生自主的动机行为，提升其自我效能感。

2. 有利于学生实现明确的学习目标

教师要促进学生主动学习，如果学生没有明确的目标，就很有可能浪费相当多的时间和精力。哈蒂在《可见的学习》一书中提出的"十个心智框架"中写道："我一开始就告诉学生成功的标准是什么。学习目标揭示了学习的目的，教师要帮助学生设计清晰的、有挑战性的和透明的目标。"[1]

学习目标对于促进学生主动学习起着至关重要的作用，清晰的学习目标

---

[1] 约翰·哈蒂. 可见的学习——十个心智框架. 北京：教育科学出版社，2022.

可以帮助学生更好地理解他们自身的优势和劣势，以及可以做到的和暂时还不能做到的之间的差距。还可以帮助学习者进行自我评估，学会对自己有个现实的期待，能够更有效和可持续性地学习。

3. 有利于学生掌握有效的学习策略

学习者知道如何掌握学习策略，有助于他们更好地管理自己的学习。学习策略是帮助学习者取出储存在脑海中的信息，获取新信息，激活原有的知识与思想，并将新信息与已有知识整合起来的方法与行为，包括：预习、总结、想象、类比、记笔记、列提纲等。合理有效的学习策略能帮助学生确立明确的学习目标，保持对学习有正确的认识和持续的兴趣、积极主动的学习态度和成就动机、对学习过程和学习情绪的自我监控和有效管理。面对学习困难能够自我激励、自我调适、反思和评价学习效果，并对学习目标和方法做出调整。

学习策略的培养有利于增强学生自主学习的能力，提高学习效果，使学生实现个性化学习。比如在高中阶段的英语学习过程中，应学习和使用元认知策略、认知策略、交际策略和情感策略等学习策略。元认知策略是指学生为了提高学习效率，计划、监控、评价、反思和调整学习过程和学习结果的策略；认知策略是指学生为了完成具体的学习活动而采取的步骤和方法；交际策略是指学生为了争取更多的交际机会、维持交际以及提高交际效果而采取的策略；情感策略是学生为了调控学习情绪、保持积极的学习状态而采取的策略。

4. 有利于促进知识的有效迁移

在迁移的过程中，主动学习的学生把新知识和已知的概念或原则联系起来，然后再运用到新的情景中。迁移就是过去的知识对新知识的处理和获得的影响，是学习者在新情景中运用已学知识的程度。迁移不仅在某学科的一个课程或一系列课程中很重要，而且在跨学科的知识和技能的运用迁移中也很重要。如在英语教学中践行英语学习活动观，从学习理解类，到实践运用类，再到迁移创新类活动，培养学生的学习能力。因此，建议教师在教学活动设计中要帮助学生建立旧知识和新知识之间的联系。

促进知识的有效迁移可以运用以下方法：

使用不同的策略帮助学生理解和回忆概念或原则，如：图像、象征、类比等，并鼓励学生将其迁移到新的情境中。教学生学习策略的同时也要提前教他们识别和运用这个策略，如在教授学生参考字典理解词义时，要教会学生如何查阅字典。当某个知识点的掌握可以达到使用的程度，就可以让学生复述已学的知识，使用记忆术、数字记忆、联想记忆、关键词记忆等，将短期记忆变为长期记忆。在迁移运用中，确保学习情境、学习材料与实际的应用情境类似。

（五）如何培养学习者的内部学习动机

1. 重建不投入课堂学生的自信心

教师要尽量帮助学习者培养对成功的期待和信心，经常鼓励灰心丧气的学生重建对学习的自信和意愿。教师可以帮助学生建立学习目标，制订具体的计划和步骤，鼓励学生根据学习规律和自己的进度学习。此外，教师要关注学生的付出，鼓励其取得的进步和成就，引导学生将努力集中到试图超越自己已有的成就。教师还可以促进学生建立学习共同体，共同体成员共同学习，彼此沟通，分享智慧，交流情感、体验和观念，共同完成一定的学习任务。每一个同学都能全身心参与到学习中完成学习任务，得到公平的学习机会。让"课堂的观光者"有思考的机会、表达的机会和分享的机会，在合作学习中找回存在感和归属感，激发学习动力。

2. 建立相互信任的师生关系

倾听是内心安稳沉着，对对方关注和接纳，并从对方身上学习。倾听不是只用眼睛去看，耳朵去听，而且要用心去体会，倾听同伴的观点和意见，产生共鸣和反思。教师首先要示范倾听，声音要平和舒缓，话语简短精练，表情舒展放松，姿态亲和自然。学生可以通过彼此的微笑、握手、一起做游戏等感受来自老师和同学的尊重、温暖与关怀。同学之间相互倾听时，尊重对方的不同想法，分享解决问题的不同措施，遇到困难时相互帮助，共同探索新的发现。

3. 营造人人参与的学习氛围

教师放慢上课的节奏，不要一味追求学习进度，给学生留足独立学习和小组活动的时间，让学生在课堂上有所收获。如鼓励人人开口读英语、讲英语，人人参与课堂展示活动，营造良好的英语学习氛围。再比如：从课堂观察看，学生不喜欢开口朗读英语，尤其是在英语早自习时。针对这种现象，教师应鼓励学生尽力发挥学习共同体的功能，由组长带领小组制定早读学习目标，落实具体过关任务，提高早自习的学习效率。以此类推，共建学习共同体的合作任务，如小组英语表演与展示、小组海报和手抄报活动、小组朗读单词、书写比赛、歌唱比赛、单词比赛等。

"高效"的课堂并不一定是"热闹"的课堂，但一定是"人人参与"的课堂。除了学生组内共同合作的活动，教师要给学生充分自主学习的机会，让学生有充分的时间去思考、交流、试错和修订。当学生遇到困难或无法深入的时候，教师再去点拨指导。

4. 运用评价量表有效反馈

教师要适时给学习者反馈，他们需要知道做对了什么和做错了什么，由此来及时调整自己的努力。《可见的学习》中哈蒂认为反馈分为三个层面：正馈（feed up）、后馈（feed back）、前馈（feed forward）。正馈，是指现在的反馈，即将学习者当前的状态与期望的目标状态进行比较的反馈。后馈是关于过去的反馈，即将学习者当前的状态与先前状态相比较。前馈是基于当前状态来阐释期望的目标状态，即对未来要达成的任务和目标状态进行反馈。

评价量表是促进学生学习活动的重要工具，也是改进教师教学的必要手段。学生通过评价量表促进自己的学习活动，提高学习效果，教师通过评价有的放矢地引导学生的学习活动，并及时调整自己的教学。运用评价量表，教师可以布置更复杂、更具有挑战性的作业。评价量表可以将各种要素和标准清晰而有条理地展示出来，且评价具有一致性和公平性。评价量表可以运用到课堂讨论、小组作业、口头展示、戏剧表演、实验报告等学习任务中。

（六）培养内部学习动机容易出现的问题

1. 过度评价反馈会影响自信心建立

教师要注意给予学生适时和恰当的评价，让学生在学习活动中认识到自己的潜能，增强学习信心。美国著名社会心理学家马斯洛提出人类需要的五个层次理论（生理需求、安全需求、社交需求、尊重需求和自我需求）。在激发学生动机的要素中，"学生自我实现的需要"是最根本的要素。教师可以将"鼓励"作为一种教学调节手段，尊重学生的个体差异，积极鼓励和肯定他们的每一次进步。小组内学生之间也可以共同鼓励，相互发现彼此的闪光点，表达对彼此的希望，尽量释放每一个学生的潜能。

为了避免过度评价与反馈，教师可以创新学生评价方式，满足学生内心需求，更多去关注学生的学习状态、学习过程、学习方法及从中获得的体验。在改作业时，不一定只落款一个日期，还可以手写一些评价，或者用网上买的小印章在作业上盖一个戳。此外，也可以采用面批法，与学生单独交流，告知他们哪方面做得好，存在哪些问题，顺便还可以做思想交流。

2. 无趣不真实的学习任务会减弱学习氛围的营造

俄国心理学家、社会建构主义学家维果茨基在研究中发现，当研究者被要求做出超出目前能力范围，但是在可达成的期望范围的事情时，会具有最佳动机。他将学生的现有水平与学生可能的发展水平的差异定义为学生的最近发展区，认为教学应着眼于学生的最近发展区。

教师要立足学生的"学习起点"，设计具有趣味性、真实性的学习任务，调动学生参与的积极性，极大地激发学生的求知兴趣。教师在设计学习任务时，要深入了解学生的基础，认清学生现在的学习状态和认知水平，基于学生的生活经验和心理特点，遵循学习活动观，找准学生的"最近发展区"，让学生"跳一跳"能"摘到好吃的果子"。实现学生从"基础性任务—挑战性任务—创造性活动"的跨越。如在初中和高一年级英语学科可以设计以下基础性活动：

① 情境化教学。降低教学难度，简化教学环节，教学设计尽量做到新旧知识的衔接，联系学生生活经验，设计情境教学。如设置图片、视频、音频等多模态教学情境、活动设计贴近现实生活，让学生有话可说，做到人人参与。

② 组织趣味真实的活动，补充英语时事新闻，组织生活化的英语活动等。利用晚自习或课间鼓励学生学唱英语歌，不仅提升学生的审美情趣，还能多渠道感悟英语。让学生通过收集地铁英语，用英语表达自己的拿手菜，制作英语海报墙报、书签等活动，感受生活英语化和英语生活化。

（七）示 例

在帮助不投入课堂学生重建学习兴趣和信心时，可以有效运用"学习共同体"理念。学习共同体理念的倡导者和教育实践的实际应用者日本东京大学佐藤学教授在著作《静悄悄的革命》中指出：在学习共同体理念的指引下，学校成为一个和谐发展的场所，学生和学生之间、学生和教师之间、教师和教师之间、学校和社会之间都发生着紧密联系。成员共同学习、彼此沟通、分享智慧、交流情感、体验和观念，共同完成一定的学习任务，在成员之间相互影响、相互依靠、相互促进，用一种认同、归属心理积极负责地参与和体验共同体的学习生活。[1]

学习共同体课堂的一个重要标志就是每个人都能获得公平的学习机会。在公平的学习机会中，人人都能参与，人人都有进步。课堂上我们会发现，在教师提问时，有些积极的学生一节课回答很多问题，而多数学生都在课堂上一直默不出声，他们是怎么想的，是否真正在听，是否真正听懂了，教师不一定清楚，久而久之，这些学生觉得自己并不重要，没有存在感，逐渐变成了"课堂的观光者"。在课堂的环节里，教师应注重让所有学生都参与课堂，引导学生实现"被动参与—自主参与—自由探索"学习方式的转变。例如在英语课上，方式如下：①教师应建议每个同学都有学习材料和小笔记本，跟上教学节奏，随时积累英语词块，避免走神。②教师设计好教学任务，通过

---

[1] 佐藤学. 静悄悄的革命[M]. 上海：华东师范大学，2014.

巡视了解学生的听课状态、学生的想法和困惑，提升学生听课效率。③尽可能让学生在小组内交流意见，让每一个学生都能表达和被倾听。在全班活动时，尽量不采用举手的方式，可以用骰子随机点名或用电脑随机抽取，轮流回答，尽量不留死角。

二、外部学习动机

（一）外部学习动机的定义

外部学习动机（extrinsic learning motivation）又称外部动机作用，是指个体由外部诱因所引起的动机。例如，某些学生为了得到教师、父母的奖励或避免受到惩罚而努力学习，他们从事学习活动的动机不在学习任务本身，而是在学习活动之外。外部动机是一种来自外部的激励驱动力，它通常是基于奖励和惩罚机制的。也就是说，个体的行为表现是为了获得奖励或避免惩罚而进行的，外部动机的激励机制是基于奖励和惩罚的条件反射。外部学习动机的长期效果是个体会对外在奖励的需求越来越高，而对于任务本身的内在价值和意义的认知逐渐减弱，长期来看可能会导致对任务本身的兴趣和投入度下降。

四川师范大学徐燕刚教授归纳并定义了学习者主要的外部学习动机类型，分为获得认可动机、榜样激励动机、权利动机、竞争动机四种类型。（见表2.2.2）

表2.2.2　外部学习动机类型

序号	外部学习动机的类型	定义
1	获得认可动机	一种维护自己在他人心目中良好形象的愿望；强烈地想获得关注、重视、认可的愿望
2	榜样激励动机	一种以历史或现实生活中"优秀""成功"的他人为学习榜样或参照对象的愿望
3	权利动机	一种想要影响别人、说服别人的愿望；想要成为组织者和执行者的愿望；获得尊严和地位的愿望
4	竞争动机	一种学习上要超越他人的愿望

（二）外部学习动机的理论基础

1. 强化动机理论

强化动机理论是由行为主义心理学家提出来的，其代表如桑代克、斯金纳等。他们强调人类的行为是在后天环境中通过条件反射的方式建立的，而动机则是由外部刺激引起的一种对行为的激发力量。在人类行为的习得过程中，强化（reinforcement）是一项必不可少的因素，它使外界刺激与学习者的反应之间建立起条件反射，并通过不断重复而使二者的联系进一步加强和巩固。

该理论把人类行为的动力归结到了强化，认为人的某种行为倾向之所以发生，是因为先前的这种行为与刺激因强化而建立起来的稳固的联系。当某种行为发生后给予强化，就可以增加该行为再次出现的可能性。在学习过程中，要将学习与刺激建立起联结，而不断强化则可以使这种联结得到加强和巩固。

2. 期望价值理论

期望价值理论是美国心理学家阿特金森（J. W. Atkinson）提出的，是动机心理学最有影响的理论之一。期望价值理论认为，个体完成各种任务的动机是由他对这一任务成功可能性的期待及对这一任务所赋予的价值决定的。完成各种任务的动机来自两个关键因素：个人对特定任务成功的期望、人赋予任务成功的价值。可见成功可能性越大，目标的激励价值越高，个人的正面动机的程度就越高。也就是说，期望和价值之间成正比。学生对某一项任务有较高的期望，对任务价值的估计就越高；相反，如果学生对任务没有什么期望，对任务价值的估计就会降低，完成任务的动机就低。

该理论认为，人们愿意花多大精力取决于他们对成功完成某项任务抱多大期望，取决于他们对奖励、对参与展示任务的机会的评估。若期望或价值完全缺失，人们便不愿意做任何努力。尽管人们知道他们可以成功完成一项任务，若他们对此不喜欢、不认同，他们就不会付诸努力。就算价值再高，如果明知会失败，人们同样不会付诸努力。所以说，教师可以通过这两条途径来增强学习动机：逐步增强对学习价值的评估；帮助学生持有对成功乐观积极的期待。

（三）如何运用外部学习动机来促进学习

外部动机的本质是通过外部条件，吸引、激励、诱发学生积极学习。激发外部动机的方法有多种，如：表扬与批评、奖励与惩罚、结果（成功或失败）的刺激等。要促进学生学习积极性，需要正确掌握这些方法和手段，起到积极作用。

1. 目标的树立

树立学习目标是强化动机非常重要的一个步骤。近期目标明确具体，长远目标具有指引作用，二者缺一不可。在目标的指引下，随着学习的深入，认识的深入，学生在很大程度上对学习就越有兴趣，他们学习的积极性和自觉性就越高。

2. 情景的设置

教师在教育教学过程中创设问题情景，提出一定难度的问题，使学生既感到熟悉又感到不能单纯利用自己已有的知识去解决，这时就激发学生思维的积极性和求知的欲望，使学生进入"心求通而未通，口欲言而未能"的境界，"不愤不启，不悱不发"。当学生在学习中遇到问题，正在头脑里积极思考，但是不能达到想通的心理状态；或是对这一问题有了新的领会，但是不能准确地表达出来，正在积极地使语言或是思路条理化、清晰化的时候，这时教师对学生进行启发、诱导，就能提高学生学习的积极性，激发起学生求知的需要。

3. 成功的体验

让学生在学习过程中不断得到某些成功的体验，是激发学习动机的有效手段之一。美国心理学家奥苏贝尔认为，成功的学习体验可以增强成就动机，特别是认知内驱力，从而促进学生持续努力学习，进一步增加成功的机会。[①]教师在讲授知识的同时，应该让学生获得成功的体验。学生一旦尝到成功带来的喜悦，学习动机就能获得强化，这有助于使学生产生自信心，增强学生的自我效能感。

4. 恰当的评价

学习评价有两个方面：一方面是量化的学习评价，如作业的正误、考试或测试的成绩。即通过量化的结果评价，可以使学生了解自己的学习情况。另一方面是弹性的学习评价，包括教师或同伴的评价，对学习者的赞扬或批评、奖励或惩罚。通过这两个方面的评价，让学生了解了自己的学习结果，可以强化学习动机，从而促进学生进一步努力学习。

（四）激发外部学习动机能产生什么效果

对于那些缺乏内在兴趣的行为来说，通常首先需要利用外部刺激给予强化，而后逐渐培养个体对活动本身的兴趣和对行为的控制力，最终通过内部力量操纵行为，完成动机的内化过程。在这里，外部力量是这一过程的前提条件。外部动机在激发良好行为、抑制不良行为方面较为有效，容易取得成功。人类有一种自然的先天倾向——趋利避害，只要提供的外在刺激和诱因对个体来说是有利的，是他们所渴望的和需要的，就会激发人们的趋向行动；反之就会逃避。激发学习动机可以产生良好的效果。

第一，促进学生快速进入学习状态，主动参与相关学习活动，努力达到预期的学习目标。

第二，为了特定的目标，学生学会选择最有利的学习活动，安排自己的学习时间，做好学习计划，摒弃不必要的不利于学习的活动。

第三，在达到自己的预定目标前，学生会保持学习活动的强度，克服在

[①] 奥苏贝尔（D.P.Atstbel）. 教育心理学家：一种认知观（Educational psychology: A congnitive view）[M]. New York: Aolt, Rinehart and Winston, 1978.

过程中遇到的困难，学会迎难而上，不怕挫折，持续努力，提高学习的韧性。

（五）如何激发学习者的外部学习动机

学习动机是促进学习的内部动力，是在需要的基础上产生的。在教育教学中，学生学习动机的培养和激发，既是教师改革教学内容和方法的手段，也是提高学生学习效果和综合素质的途径，是学校工作的重要任务之一。在教师平时的教育教学工作中，激发学生的学习动机可通过以下几种途径来实现。

1. 强化学习目标，促进学习自觉

在实际操作中，要考虑到学生不同的实际情况，设立不同的学习目标和要求。教师要帮助学生订立符合自身情况的学习目标，且学习目标的订立要在学生能够达到的范围之内，具有一定的挑战性，要跳一跳能够得着，才能充分激发学生的学习动机。同时，教师还要注意控制教学的进度和难度，使学生的某些具体的学习目标得到不断实现。

2. 创设教学情景，激发学习兴趣

在教学过程中，教师可通过创设有趣自然、宽松和谐的学习情境，激发学生的学习动机，使学生积极主动地参加到教学活动中，取得良好的学习效果。通过问题情境的创设，使学生明确目标，明确思维方向，同时产生探究的欲望，给予思维动力。对问题的引入应层层递进，加强引导。提出问题后，教师应促进学生通过猜想、推理、分析、判断的方式，进入积极思维状态，增强学生学习兴趣，使学生积极主动地融入学习活动中；通过活动情景的创设，将游戏、表演、导游等活动置于课堂中，让学生在玩中学、学中玩，增强趣味性，同时增强学生的学习动机，激发学生的学习兴趣，提高学习效率。

3. 提供成功机会，增强学习自信

教师可通过开展各种竞赛的方式提升学生的学习动机，激发其学习积极

性。竞赛是激发学生学习积极性和争取优良成绩的一种有效手段。通常来说，学生的胜负欲比较强，获胜后能极大地激发学习兴趣，偶尔的失败也能促进学生寻找原因，弥补不足。竞赛有很多形式，如个人之间的竞赛、对照过去与现在的自我竞赛、团队之间的竞赛等。不同的竞赛形式对学生的学习动机都有激励作用。因为在竞赛过程中，学生的好奇心和成就动机会更加强烈，学习兴趣和克服困难的毅力会大大增强。很多学生在竞赛的情况下，学习的效率会有很大的提高。当然，有利就会有弊。过多的竞赛会失去激励作用，会造成过于紧张的气氛，加重学生的心理负担，有损学生的身心健康；况且竞赛获得成功的毕竟是少数人，胜者会受到关注、表扬，体会到成功的喜悦，而没有获得成功的学生就被忽视，也许会失去学习的兴趣和信心。所以，应适当开展竞赛活动，竞赛时最好按照能力分组进行，这样会使更多的学生都有获胜的机会，对多数的学生起到激励作用。另外应多指导学生进行自我竞赛，使他们能从自己的进步中体验成功的喜悦，增进学习的积极性。

4. 注重多元评价，强化学习动机

教师要注意评价的多元性，不能只从一个角度去评价学生。除了成果性评价外，还应该注重过程性评价，从学生的学习态度、主动性、过程中的某个点进行评价。同时，要注重学生的个体差异。只有当教师了解并尊重学生个体差异，满足了学生多样化的学习需要，才能促进学生学习的自主探索与合作交流，才能丰富学生数学活动的经验，提高思维水平，发展他们的数学才能。要想满足学生的学习需要，应尽最大的可能去激发和培养学生的学习动机，鼓励他们努力探索学习的方法与策略，保持积极的学习情感与态度，主动获得必需的知识、必要的应用技能和基本的思维方法。

学生得知自己的学习结果后，教师要引导学生既看到自己的进步，享受成功的喜悦，满足自己的求知欲，从而使学习的态度和手段得到及时的强化，产生进一步学好的欲望和愿望；又要引导学生看到自己的缺点和不足，让学生在教师的帮助下，克服缺点和不足，增强信心与决心。对自信心较弱的学生，要给予更多鼓励；对自信心本来就较强的学生，要适度给予批评并提出严格要求。

（六）激发外部学习动机容易出现的问题

1. 运用激发动机手段时可能把握不好分寸

表扬与批评、奖励与惩罚等不同的评价方式对学习动机的激发有不同的作用。一般来说，表扬、奖励与批评、惩罚相比更容易激发起学生学习的积极性，前者能使学生产生成功的喜悦感，后者更容易使学生失去学习的兴趣和积极性，挫伤学生的自尊心。但是表扬、奖励过多，甚至泛滥成灾，或使用不当，对学习动机也有一定消极作用。适当的批评、责备或是惩戒式的责罚，尤其对学习较好的学生的批评有一定的积极效果。因此，教师应在教育教学过程中，把表扬和鼓励有机结合，适当地应用，表扬时指出学生存在的不足与缺点，批评时肯定学生的优点和进步。在对学生进行评价时要努力做到客观、公正、公平，恰到好处，奖罚分明，能够以理服人。只有这样才能达到较好的教育教学效果，增强学生学习的积极性、主动性和自觉性。

2. 过度激发易导致学生学习动机过强

是否动机强度越高，学习效果越好呢？心理学家耶基斯（R.M.Yerkes）和多德森（J.D.Dodson）的研究证实，动机强度与学习效率之间并不是线性关系，而是倒 U 形的曲线关系（见图 2.2.2）。具体体现在：动机处于适宜强度时（optimal arousal），学习效率最佳（optimal performance）；动机强度过低（low arousal）时，缺乏参与活动的积极性，工作效率不可能提高；动机强度超过顶峰（high arousal）时，工作效率会随强度增加而不断下降。

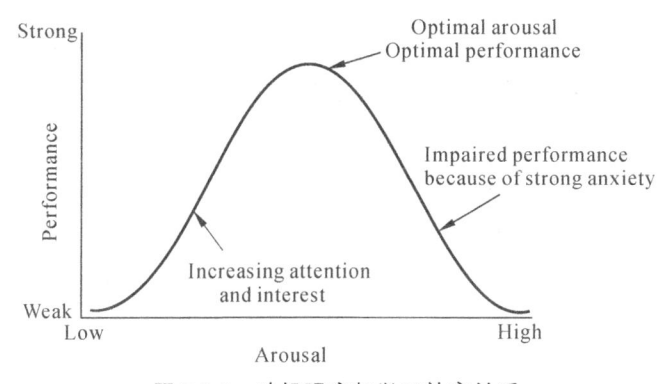

图 2.2.2　动机强度与学习效率关系

因此，过度激发学生的学习动机，可能使学生的学习动机过强，过强的动机使个体处于过度焦虑和紧张的心理状态，干扰记忆、思维等心理过程的正常活动。表现在：自我期望值过高；学习过于勤奋；争强好胜心强烈；精神高度紧张；等等。这些表现会导致学生因为达不到自身的要求而损伤自信心，不能正视自己的失败，产生自卑、压抑的心理，不利于正常人格的发展。同时，精神紧张容易引起记忆力下降、注意力降低、思维迟缓等，致使学习效率低下，甚至引发身心疾病。

（七）示　例

例1：潇潇的班上正在学习用英语说数字，在学习一段时间以后，潇潇能顺利从一背到十，但是一打乱顺序他的反应速度就变得很慢，要思考很久，还容易说错。妈妈说："我们来玩一个游戏吧。"于是拿出手机里的电话通讯录，让儿子用英文读电话号码。潇潇一开始读得很吃力，也很慢，甚至还会读错，但是一个号码读了几次后，他就越来越熟练，换了号码也渐渐可以读出来了，如此训练了三天。第二个星期，老师变换着数字问他们用英文怎么说，潇潇总是第一个报出来。只用了一个周末就进步这么快，老师很吃惊。潇潇的家长为他找到一个很好的记英文数字的方法，就是让他用英语来读电话号码。这个创设情景的方法，让潇潇迅速在中文和英文数字之间建立起联系，所以他比班上同学学得快。

例2：美国心理学家佩奇曾对74个班的2000多名学生的作文进行过研究。他把每个班的学生分成三组，分别给予三种作文记分方式。第一组的作文只给甲、乙、丙、丁一类的等级，既无评语也不指出作文中存在的问题。第二组给予特殊评语，即不仅给予等级，而且给评语，但获得同一等级的作文的评语是一样的，不同等级的评语不一样。例如，对甲等成绩，评语为"好，坚持下去"；对乙等成绩，评语为"良好，继续前进"等。第三组除评定等级外，还给予顺应性评语。例如对他们文章中写得较好的地方圈点赞扬，存在的问题加以纠正，同时还提出一些有针对性、启发性的意见和建议让他在下一次作文中采纳或改正。结果表明，三种不同的评语对学生后来的成绩有不同的影响。在开学时，学生作文水平差不多。但到期末时，学生作文水平的提高程度不一致，第三组学生的成绩明显优于其他两组。由此可见，评价在学习上的效果是很显著的，尤其是有针对性的评价。如果学生没有获得评价反馈，不知道自己的学习效果，则缺乏学习的激励，很少进步。

第三节　学习态度

学习并不仅仅是吸收知识，更是一种态度和方法。只有具备正确的学习态度，我们才能真正发挥自己的潜力，达到更好的学习效果。

一、学习态度的定义

（一）态度

态度最初出现在社会心理学相关研究中，美国社会学家威廉·托马斯（William Thomas）认为"社会心理学即态度的科学"[①]。社会心理学界普遍认同态度即个体对特定客观事物、观点或他人的评价，是一种包含认知结构、

---

① 金盛华. 社会心理学[M]. 北京：高等教育出版社，2010.

情感表达和行为倾向的持久性体系。[1]我国学者普遍认为"态度是个人对某一特定的对象所持有的评价总和与内在的反映倾向"[2]。

（二）学习态度

学习态度是态度在学习研究领域的进一步延伸与发展。很多专家学者对学习态度的定义提出了各自的看法。美国心理学家洛克奇（M. Rockeach）将学习态度定义为学习者对学习过程持有的一种较为持久的内在评价，这种评价可以是正向的，也可以是负向的。[3]李明振认为学习态度是一种通过学习形成的、指向学习对象并影响个人对学习活动作出选择的反应准备状态，是由对学习的认知、情感、行为倾向等要素组成的三位一体结构。[4]张宪尧等认为学习态度是学生在学习过程中形成的对学习的一种相对稳定的认知系统、情绪反应和行为倾向。[5]张英彦认为学习态度是指个体对自身学习所持的一种包括认知、情感、行为倾向等因素的比较稳定的心理倾向。[6]沈德立等认为学习态度是学习者对学习活动以一定态度作出反应时所持的评价性的、较稳定的内部心理倾向，包括认知成分、情感成分和行为倾向成分三大类。[7]

本书认为学习态度是指学习者对学习及其学习情景持有比较稳定、长久的积极、肯定的或消极、否定的心理反映倾向。通常可以通过学习者对待学习的自主性和自我效能感两方面加以判定和说明。

学习态度的改变动力来源于学生的"需要"。当学习事关个人"需要"时，学习者的自主性和自我效能就会得到发挥，相对的学习态度就会积极主动。

---

[1] MYERS D G. Social psychology[M]. The Mc Graw Hill Companies, Inc，1977.
[2] 陶德清. 学习态度的理论与研究[M]. 广州：广东人民出版，2001.
[3] 张鸣鸣. 初中物理学习态度的现状与改善策略的研究[D]. 苏州：苏州大学，2020.
[4] 刘在花. 中小学生学习态度研究述评[J]. 教育科学研究，2007（6）：47.
[5] 刘在花. 中小学生学习态度研究述评[J]. 教育科学研究，2007（6）：47.
[6] 刘在花. 中小学生学习态度研究述评[J]. 教育科学研究，2007（6）：47.
[7] 刘在花. 中小学生学习态度研究述评[J]. 教育科学研究，2007（6）：47.

二、自主性

(一) 自主性定义

1. 自主性

"自主性"(autonomy)一词最早来自于希腊语"autosnomos",由"autos"和"nomos"组合而成。"autos"表示"自我","nomos"指"管理"或"规则"。"autonomy"是指雅典人不愿接受斯巴达的大国统治,在政治上谋求独立。在古希腊先哲们看来,自主性是一个同时包含群体(城邦或国家)和个体的概念,它的实现需要自主权。

后来,"自主性"一词广泛应用在哲学领域、心理学领域、教育领域等,不同领域的专家学者对自主性有各种不同的理解。"我思故我在"就体现了法国哲学家笛卡尔在哲学领域对自主性的理解。

在心理学领域,自主性通常被理解为独立性、自律、自我调节和监控等,并常与动机、人格、需要等相联系,属于创造性人才的重要素养之一。

在教育学领域,新南威尔士大学教育专家 D. 布德的研究曾指出:自主性除了指哲学家们谈论的广泛意义上的个人自主,在学习上主要指教师们谈论的较窄意义上的学生自主,即要求学生有更多的机会参与课程内容的选择和学习的组织工作,让学生对自己的学习负更大的责任。[1]我国教育学者钟启泉教授认为自主性是指"自己成为自己行动的主体,不依赖他人(有时排除他人的干预)自由地作自己的判断、主张和行动";而要谋求儿童自主性的发展,应主要从其"独立需求""自我感情""自我的确立"等要素来考察。[2]本书所谈到的自主性是学习者的学习自主性。

2. 学习自主性

学习自主性从属于自主性,是现代教育领域中一个非常重要的概念。国外研究者霍尔珂(Holec H.)将学习自主性界定为"制定学习目标、明确学习内

---

[1] 李宁. 高校篮球教学中学生自主合作学习能力的培养[J]. 中国校外教育(理论), 2009(8): 493.
[2] 田雪燕. 初中数学课堂教学中学生自主性培养的研究[D]. 河北:河北师范大学, 2007.

容和材料、选择学习方法和技巧、调控学习进程、评估学习成效"的技能。[1]坎迪（Candy P.）认为学习自主性的发展应包含组织自己学习的能力、形成自我判断和自决的能力、决定自己的观点的能力和为自我立场辩护的能力这四种能力。[2]

国内学者肖永松的研究中将自主性学习的操作性定义为：自主学习是指学生在内在的或自我驱动的动机激发下，在学习活动前确定学习目标，制订学习计划，在学习活动中对学习过程、学习策略作出自我监控、自我反馈和自我调节，自我计划和管理学习时间，并能主动营造有利于学习的物质和社会条件，在学习活动后对学习结果进行自我检查、自我总结、自我评价和自我补救。[3]

本书认为学习自主性是一种重要的学习态度，是指学习者在学习过程中具有自我控制、自我调节、自我管理的能力，为实现学习目标能够主动、独立、有序、持续地进行学习，取得良好的学习效果。

学习自主性最重要的特点是主动性。学习者具有主动性，能够自发地发现学习需求，并主动地探索学习过程，不依赖他人的引导和指导。这种主动性可以激发学习者的学习兴趣和热情，使其更加积极地投入学习。

另一个重要的特点是独立性。学习者具有独立性，能够独立思考和解决学习中遇到的问题，不依赖他人的帮助和支持。这种独立性可以培养学习者的自主学习能力，让其不再依赖教师和家长，而是能够独立地完成学习任务。

学习自主性的第三个特点是有序性。学习者具有有序性，能够有目的地制订学习计划，合理地安排学习时间和学习任务，遵循学习规律，有条不紊地推进学习进程。这种有序性可以帮助学习者更好地掌握学习方法和技巧，提高学习效率和效果。

最后，学习自主性具有自我调节性。学习者具有自我调节性，能够根据自身的学习进度和学习成果，及时调整学习策略和方法，提高学习效率和效果。这种自我调节性可以让学习者更好地发现自己的不足之处，及时调整自

---

[1] 柴军应. 学生学习自主性发展研究[D]. 上海：华东师范大学，2016.
[2] 蒋娟. 班级社会心理环境对初中生学习自主性的影响研究[D]. 伊宁：伊犁师范学院，2018.
[3] 肖永松. 初中学生学习自主性及其发展的研究[D]. 重庆：西南师范大学，2002.

己的学习方法,从而提高学习效果。

(二)自主性的理论基础

1. 个性特征说

自主性是指个体在实现外在或内在目标时,独自从多角度进行分析,自行评价、反省自己的行为,为自己的行为负责的个性特征。[1]

2. 综合素养说

学生自主性是行动者在学校学习生活中发展的既联系又独立于他主性的情智行素养,包括相互作用的情意自主性、认知自主性和行为自主性三种主要元素。[2]

(三)如何运用自主性促进学习

在现代社会,随着信息和知识的爆炸式增长,学生需要具备高度的学习自主性以不断适应和更新自己的知识体系。学习自主性不仅关乎个人成长,更是实现终身学习、与时俱进的基石。所以学习自主性的重要性不言而喻。

1. 树立终身学习理念,强化自主学习意识

埃德加·富尔(Edgar Faure)指出,人越来越成为教育的主体,教育的中心应该转移到"自学"的原则上,每个人必须成为自己文化进步的主人和创造者,因此,每个人必须终身不断地学习。[3]"活到老,学到老",终身学习已成为现代社会不可或缺的一部分,而学习自主性则是支撑这一行为的关键。方仲永的故事警示我们,即使天赋异禀,若不持续学习,终将泯然众人。因此,培养学习自主性,让学生意识到学习是一生的责任与追求,至关重要。

比如,在群诗阅读中,以古代诗歌中的地名为探索点,通过"飞花令"等寓教于乐的趣味游戏,让学生们在享受诗词韵律之美的同时,也被悄然点

---

[1] 史清敏,等. 中日青少年自主性发展的比较研究[J]. 外国教育研究,2003(2):21-24.
[2] 熊川武,江玲. 论学生学习自主性[J]. 教育研究,2013(12):25-31.
[3] 联合国教科文组织国际教育发展委员会. 学会生存——教育世界的今天和明天[M]. 北京:教育科学出版社,1996.

燃了进一步挖掘地名在诗歌中多元功能与深层含义的热情之火。课后的延续思考"地名在诗歌艺术中究竟扮演着哪些独特而微妙的角色",让学生带着好奇与疑问,走出课堂的舒适区,积极运用所学的研究方法和分析工具,在课外自主探索、深掘细研。在这一过程中,学生通过对比分析不同诗歌中地名的运用,整合归纳其共性与个性,逐渐深化了对古诗中地名独特艺术魅力的理解;学会了在同中求异,异中寻同,不断拓宽自己的知识视野,构建起一套个性化、系统化的古诗阅读和鉴赏体系。这种由课内延伸至课外的深度学习循环,不仅丰富了学生的知识储备,还激发了学生的创新思维与创新品质,更成为推动学生不断前行、勇于探索的宝贵驱动力。

2. 制订个性化学习计划,实施有效时间管理

制订个性化的学习计划并实施有效时间管理,是提升学习自主性、弥补学习个体差异,进而增强学习质量的关键策略。具备自主学习能力的学习者,展现出强烈的自我意识,他们清晰地设定个人学习目标,明确学习需求,并对自己的学习状况有深刻洞察。这类学习者了解自身的优势与不足,能够区分每日、每周乃至每学期的学习任务优先级,从而制订出贴合自身实际的学习计划。他们不再依赖外部驱动,而是主动安排学习时间,实现从"要我学"到"我要学"的积极转变,高效管理学习、锻炼与娱乐的时间分配,确保各方面均衡发展。

从教育心理学的视角出发,学生间的个体差异是客观存在的,这些差异源于先天条件与后天环境的共同作用。因此,具备自主学习能力的学习者能够灵活调整学习策略,针对不同学科、内容及个人兴趣,选择最适合自己的学习方法,做好时间管理。他们培养了良好的学习习惯,如课前预习以把握要点、课堂积极参与以提升理解、课后及时复习巩固与总结反思,并重视错题的整理与分析。这些习惯不仅提高了学习效率,还促进了知识的内化与深化。

当学习者找到适合自己的学习方法并坚持实施时,他们便能在自身基础上实现最优发展。学习因此变得轻松愉快,不再是一种负担,而是一种享受。

随着学习效果的显著提升，学习者的自信心与成就感也随之增强，进一步激发了他们持续学习的动力。

通过制订个性化的学习计划并实施有效的时间管理，学习者能够充分发挥自主性，弥补个体差异，提升学习质量。这一过程不仅促进了知识的积累与能力的提升，还培养了良好的学习习惯与终身学习的意识。

3. 持续探索兴趣领域，激发内在学习动力

运用自主性促进学习，关键在于持续探索个人兴趣领域，以此激发强大的内在学习动力。这种自主性不仅赋予了学习者自由选择的权利，还鼓励他们深入探究、主动体验并自我评估学习过程，从而全面促进知识增长与人格发展。

如，在"思乡"群诗阅读的情境中，自主性学习的力量尤为显著。学习者可以根据自己的兴趣点，如诗人故乡与异乡的对比、离乡原因、思乡情感下的景物描绘、写作手法的运用、常见意象的解析等，自主选择探究方向。这种个性化的学习方式，让学习不再是枯燥的任务，而是充满乐趣的探索之旅。随着探究的深入，学习者逐渐实现从具体到一般的跨越，从对几首思乡诗歌的个别分析，上升到对整类诗歌的普遍规律与特征的把握。他们的古诗鉴赏能力在这一过程中得到显著提升，呈现出从文字解读到文学欣赏，再到文化理解的螺旋式上升。这种跨越式提升，不仅让学习者在知识上获得了丰收，更在情感上加深了对中华传统文化的认同与热爱。

因此，运用自主性促进学习，关键在于持续探索个人兴趣领域，激发内在学习动力。这种学习方式不仅能够促进知识的增长与人格的健全，还能够让学习者在探索与发现的过程中体验到学习的乐趣与成就感，为终身学习奠定坚实的基础。

（四）培养自主性能产生什么效果

1. 有利于增强学习兴趣

自主性可以让学习者自主选择学习内容和形式，更加符合学习者的兴趣爱好，从而增强学习者的学习兴趣。学生的学习积极性往往来源于外部事物

所引起的直接兴趣。当学生对学习产生兴趣，就会自主学习、主动去学。

比如学生喜欢用课本剧表演的形式学习《赫耳墨斯和雕像者》。在表演前，学生根据课文内容分析归纳出每个角色的性格特点，然后模仿文中赫耳墨斯与雕像者三问三答中的语气和表情。赫耳墨斯第一问是探询；第二问时"笑"写出他满意又得意的心态；第三问时他已经有把握胜过所有的神，显得很狂妄。通过课本剧表演，学生感知赫耳墨斯的自高自大、目空一切、妄自尊大、爱慕虚荣、自命不凡的形象，也理解了这则寓言的寓意：告诉人们要谦虚，要有自知之明，不能妄自尊大。

这种情境性的学习能启迪学生的思维，发展学生的表演能力和口头表达能力，培养学生积极主动的学习态度。

2. 有利于提高学习效率

自主性能提高学习者的学习能力，让学生更自觉、更专注地学习，提高其学习效率。学习者具有独立自主的学习意识，有相对稳定的学习计划，各学科学习普遍能得到兼顾，且学习主动性强，发现问题总期待能在最短时间内予以解决。

学习是包括"课前预习+认真听讲+课后作业练习+巩固复习+重点难点提升+测试知识掌握程度"的一个完整过程，所以每个科目的学习一般都要兼顾学习的吸收、复习、练习、归纳、预习五大环节。学生可以根据自己的学习目标和自我积极的学习态度，详细、清晰地列出每天的学习科目和学习时间段，精准到什么时间段进行什么项目的学习。

每一天所安排的时间和内容既兼顾当天的课堂学习内容，又兼顾第二天的新内容，力求使每一科都有足够的学习时间，不会出现明显的偏科现象。一个阶段后，再根据自己在学习态度、策略、方法、内容等方面的表现实施自我检查、评价等，调整、改进学习计划。

灵活地对学习活动进行积极的自我支配、自我调节和控制，充分发挥自身的潜力，以达到自己所预期的学习目标。这样有计划地自主学习，效率将会得到有效提升，学习会更加高效，更有收获。

3. 有利于培养创新能力

自主性可以让学生更加自主地思考和探究问题，从而培养学生的创新能力。在《苏州园林》的"慧眼识珠——感受苏州园林的画意美"的阅读教学部分，学生阅读苏州园林建筑与绘画艺术结合起来的句子后，会思考：这体现了中国人什么样的审美观？学生课后自己通过查找资料，延伸拓展阅读，了解并比较中国、西亚和欧洲古典园林的主要特点，认识到中国、西亚和欧洲的园林风格迥异，各自集中彰显不同的民族性格和审美取向。中国古典园林更是极富传统文化意蕴的诗，是我们民族文化的瑰宝。

进行这样的探究活动，培养学生的创新思维与创新品质，也唤醒学生文化创新的意识，使学生懂得从欣赏者的角度看待园林，懂得鉴赏中国传统艺术。通过具体的问题和有深度、有广度的话题引导学生思考探索，自主学习，在思考和学习中培养学生的自主学习能力和创新能力。

（五）如何培养自主性

1. 激发学习者自我意识，养成自主学习习惯

学习是具有自我导向性的，所以要激发学习者的自我意识，让学习者养成自主学习习惯，提高学习质量。

（1）要有自我目标意识

学生应该认识到自己的学习目标和学习需求，并且持续保持对学习的热情和兴趣。学习目标是教学要求转化为学习行为和内部需要的中介。学习者应该明确自己的学习目标、意义，以此为基础制订合理的学习计划，并不断调整和完善，以达到预期的学习效果。人生在世，所求不同。我们为谁而学？为什么而学？既要有远大目标，又要有阶段性、局部性的目标，树立理想与抱负，形成实现理想的需要，从而产生高境界的动机，那么学习的动力就会持久而强大，学习就会积极主动。

（2）要有自我管理能力

学生应该学会规划学习时间，安排学习任务，制订学习计划，以达到高

效学习的目的。学生应该清楚自己的学习能力和学习任务的需求，以此为基础制订学习计划，积极主动地不断调整自己的学习方法和策略。

比如，每次学业水平测试结束，学生可以根据试题情况进行得分分析和失分分析，分析自己的实力得分、猜测得分、马虎失分、完全不会失分等情况，再罗列出自己未弄懂的知识点，并分析未弄懂的原因，最后制订后期夺分计划和措施。基于对学习的正确理解，相应的学习态度也往往是积极上进的；相反，基于对学习的错误理解，相应的学习态度也多半是消极的、错误的、不求进取的。在学习上要找准自己的位置，才会有所收获。

（3）要有积极主动的学习态度

学习真正发生的重要前提应该是有积极主动的学习态度，它直接影响了学生学习兴趣、学习质量的提高。积极主动的学习态度与坚强、自信、智慧一样，是一个人心中贮存的一种品质。霍华德·加德纳（Howard Gardner）认为，学习态度中积极的情绪，在学习中起到很重要的作用，它会使学习者的学习成绩提高到最佳状态。学习需要不断地探索和发现，需要保持敏感和好奇心。只有当学习者意识到学习的重要性，才会更加主动地去探索和发现，才会更加认真地去学习，从而更好地掌握知识。学习过程中难免会遇到困难和挑战，只有拥有积极学习态度的人才能够在面对困难时保持冷静、沉着并寻找解决方法。

积极的学习态度还能够帮助学习者坚持下去。当学习者遇到挫折时，不要轻易放弃，而是要有信心和勇气去面对挑战，从失败中吸取教训并不断前进，不断提高自己的学习能力和学习素养。

（4）要具备自我评价能力

学生学习的自我评价是指学生依据一定的评价标准，能够对自己的学习作出分析和判断，客观地评价自己的学习情况，哪些方面有长进，需要加以巩固和发展，哪些地方不足，有待于改进。学习的自我评价是学习者对自己学习意识和行为的反思和调控。自我评价的方式除了测试型评价外，还有形成性评价、总结性评价和诊断性评价等。如，在初一半期语文质量检测后学生可以根据测试情况进行自我评价。(见表 2.3.1)学习者通过及时的自评反馈的信息,发现学习中的不足,调整自己的学习态度、学习计划,改变自己的学习方法,确定自己的学习重点,不断促使自己校正目标,向理想的目标迈进。

表 2.3.1 语文质量检测自我评价表

班级：_____ 姓名：_____ 学号：_____ 时间：_____

大题	总分	得分分析			失分分析		未弄懂知识点	未弄懂原因	后期改进措施
		实得总分	实力分	猜测分	马虎分	完全不会丢分			
A 一二	24								
A 三	6								
A 四	10								
A 五	60								
B 一	4								
B 二	12								
B 三 1	4								
B 三 2	18								
B 四	12								
总分	150					下次目标分数：			
本次考试总结：										

学习的自我评价对学生行为的塑造有非常大的作用。它可使学习者学会观察自己,并根据自己定的目标考察自己的学习活动,养成随时评价自己学习活动的习惯。

2. 营造和谐学习环境氛围,促进学习者愉快地学习

利用环境优势创设的学习情境是学生所感兴趣的,因此,学习者的学习

自主性也会被激发出来。

（1）学校环境

现代教育重视学生在学习中的主体地位，因此，学校教育应为学生创设良好的校园环境，营造积极的学习氛围，使学生能够愉悦地学习。校园的环境建设包括物质文化和精神文化建设。物质文化建设主要是学校教学资源的体现，教学设备要完善，教学用具和学生的学具也要充足。

精神文化建设则是学校隐性教育的体现，对学生起着潜移默化的教育影响，如学校举办的各种文明活动或者学习优良精神活动、开设的读书角以及校园的德育教育等都是学校的精神文化建设。校园德育教育体现在校园走廊、教室的文化布置上。校园的走廊可以是学校优秀学生作品的展示空间，也可以是学校优秀活动的宣传平台。教室的墙壁可以布置一些名人名言，起到激励学生学习的作用，也可以布置成学生优秀作品的展示墙。在这样的环境下，学生能认识到自己与其他同学的差距，从而激励自身努力。在每个教室或者是楼道一角布置读书角，图书免费供学生阅读，也可以激发学生阅读的兴趣。

良好的校园环境是学生在学校自主学习的前提，资源丰富、环境舒适，从另一方面也会唤起学生学习的动力，推动学生主动学习。

（2）家庭环境

学生作为家校教育的连接"桥梁"，是实现家庭和学校共同教育的关键。家长应悉心为孩子营造良好的家庭学习氛围。良好的家庭学习氛围是培养孩子学习自觉性和主动性的前提，也有助于提升孩子的幸福感、安全感和归属感。如父母减少看电视、玩手机、玩电脑游戏等活动，多读书看报，创造家庭学习氛围，和孩子制订学习计划，每天几点到几点集中学习、写作业，几点到几点可以休闲、娱乐。家长还要了解自己孩子的性格、兴趣、学习能力和需求，对他们的成长提出合理、正确、恰当的要求。

家庭是孩子成长过程中的重要场所之一，家庭环境的好坏对孩子的身心健康发展有着直接的影响。在为孩子创设一个良好的家庭学习环境的基础上，适时鼓励与正确引导他们，为孩子的学习助力，能让他们享受到学习的乐趣，让他们自信、快乐、积极地学习。

（3）社会环境

孟母三迁的故事告诉我们社会环境对学生的影响太大了。孟子小时候居住的地方离墓地很近，于是孟子学了些祭拜之类的事，玩起办理丧事的游戏。他的母亲说："这个地方不适合孩子居住。"于是将家搬到集市旁，但孟子又学起商人做生意的样子。母亲又想："这个地方还是不适合孩子居住。"于是又将家搬到学宫旁边。这时孟子学习会了守秩序、懂礼貌，并开始喜欢读书。孟母说："这才是孩子居住的地方。"于是就在这里定居下来了。孟母为了儿子的成长，竟然接连三次搬迁，可见孟母深知社会环境对于儿童成长的重要性。

社会环境中的积极因素对学生的成长产生积极的影响，学生处在优秀的、先进的文化环境中，他们会受到潜移默化的影响。文明的、积极向上的社区风气有利于引导学生的人际交往。社区生活秩序良好有助于中学生良好生活习惯、学习习惯的养成，社区成员间的和谐关系，社区成员的爱好、习惯、行为都会对学生思想品德的形成有很大影响。社区治安良好，社区成员安居乐业，生活安定，这样文明向上的社区环境能促进学生积极认真、自发主动地学习，促进学生的健康发展。

3. 建立和谐师生关系，增强学习自信

"亲其师，信其道。"良好的师生关系是有效学习的前提，是提高学习者学习自主性的有利条件之一。

（1）尊重学生个体差异

从教育心理学的角度来看，学生的身心发展由于先天禀赋以及后天诸多因素的影响存在差异，每个学生的知识水平、学习基础以及学习能力是有所不同的。教师要尊重学生的人格，消除师道尊严在教师行为中所产生的消极影响，建立平等的师生关系，从而让学生体验到愉悦感，为培养学生学习自主性提供前提。

平等的师生交流要注意几点要求：平等性、引导性、激励性。即以同样的态度对待在学习能力、意识水平处在不同层次的学生，因材施教，因人而异，分层教学，满足不同学生的学习需求。

比如教师在布置作业时，应该重视学生的个体差异，考虑学生良好的心理状态，采用分层作业的形式或是根据学生爱好差异布置作业，给学生提供更多的选择空间，满足不同学生在知识积累、能力培养、素养提升的需求。让不同层次的学生都能在完成作业的过程当中获得成功的体验，使每个学生在自己已有的基础和不同的起点上得到最优发展，让每位学生都能体验成功的喜悦，从而使学生的学习积极性得到保护，个性得到张扬，不同学生的能力得到展示。这样就拉近了师生间的距离，培养了师生感情，激发了学生的学习自主性，提升了教学效果。

（2）启发学生自主思考

教师应鼓励学生自主思考，引导他们发现问题，解决问题，调动学生的学习主动性。古人云："学起于思，思源于疑。"质疑也是激趣的一种方式，语文学习也不例外。要想在语文教学中达到思维训练的目的，就需要培养学生质疑的兴趣。学生有了质疑的兴趣，才能从内心深处对学习产生主动需要。教师要为学生提供有思考问题的情境，激发学生探究的欲望。

学生在探究问题中是学习的主体，学习的过程是一个建构的、社会化的综合体验过程，教师不能越俎代庖，剥夺学生的主体地位。教师应做探究的促进者和合作者，根据学生进行探究活动的需要提供有力的帮助。

学习自主性是学生必备的学习态度和行为表现，它可以激发学习者的学习兴趣和热情，使他们更加积极地投入学习。促进学习者的学习效果，提高学习质量，增强自我学习能力，促进终身学习，提高综合素质，从而为未来的发展打下坚实基础。

（六）培养自主性容易出现的问题

学习者自主性容易受各类因素的影响，自主性会表现出不稳定性。受个体、教师、家长，以及学习同伴等因素的影响，学习者在生理和心理上都容易发生巨大的变化。

1. 学习者自身不能有序、持久地学习

个体受学习能力、情境和任务难度等影响，可能无法持久学习，出现懈怠；因学习目标、学习动机不明确，可能盲目地投入自主探索当中；因意志控制水平薄弱、缺乏学习计划、时间管理能力弱，可能造成学习无序；也可能因学习动力和自律性等不足呈现热爱学习或讨厌学习的反复无常的心理表现，影响学习效率，进而影响学习效果。

2. 教师的教学管理方式、教学风格等影响学习者的主动学习能力

学习者在学校接触最多、交流最频繁的是班主任和任课教师，如果课堂上教师没有着眼于学生的学，而只注重了自己的教，学生的主观能动性和积极性就很难充分地发挥出来。长此以往采用"满堂灌"的教学方式，学生在课堂上必然会越来越懒于开口，懒于动脑。这不利于学生学习自主性的培养。

3. 家庭环境和父母教养方式会导致学习者自我管理能力差

如果家长对孩子的学习不重视、不关注，家庭学习环境不和谐，会导致部分学生没有危机感，对学习兴趣不大，会觉得学习没意思，认为自己学不学都无所谓，来学校上课是来混日子，没有心思学习。无论是课前预习、课堂参与，还是课下作业、复习等方面都没有主动性，没有养成良好的学习习惯，没有掌握一定的学习方法，在学习上更没有自主性。

4. 周围学习伙伴的不良影响会导致学习者自我控制能力差

"近朱者赤，近墨者黑。"如果学习者的同伴有贪玩，不爱学习，上课走神、分心等不良学习习惯，就会对学习者个体的学习产生负面消极的示范作用，学习者容易被"同化"，可能导致在学习上三分钟热度，没有耐心，成绩忽高忽低，不稳定；学习无计划，抓不到重点难点，不能形成自己的知识结构，消极被动学习；学习效率低，偏科，成绩差等结果，出现各种学习困难，势必会影响学习自主性。

(七) 示 例

例1：进入初中，学习内容增多，课程难度增大，小明不能很快调整适应初中的学习，学习态度出现问题。学习目的性不够明确，动力不足，没有竞争意识，学习的自主性较差。周末在家也整天任性贪玩，对学习毫无兴趣，父母很紧张也很着急，有时态度会很不好，但他就是不能自觉学习。即使是在有爸爸妈妈监督的情况下，也总是心不在焉、左顾右盼。小明成绩慢慢下滑到班级倒数。

例2：小亮一开始不能适应初中学习，也很焦虑，家长便和他一起拟定学习计划、合理规划好各科学习时间。逐渐地，小亮找到了适合自己的学习方法，懂得如何做笔记、如何融入新的课堂，在发现问题时积极向老师提问，提前预习老师没讲过的内容，复习老师已经讲过的知识……求知欲越来越强，学习自主性越来越高，成绩越来越好，上升到班级前列。

自主性是学生学习过程中不可或缺的重要品质。它不仅能帮助学生更好地应对挑战，提高学习效率，还能激发他们的学习兴趣和创造力，为未来的学习和生活奠定坚实的基础。

三、自我效能感

(一) 自我效能感定义

1. 自我效能感

自我效能感这一概念最早由美国著名心理学家班杜拉(Bandura)在1977年提出，是指个体对有效控制自己生活诸方面能力的知觉或信念[1]。帕亚雷斯(Pajares)认为自我效能感是指人们对于自己能否完成一项任务的判断，自我效能感对个人行为的选择、动机以及处理事务的方式有深远的影响。[2]杨心德认为：自我效能感是个体对自己所采取的行为影响行为结果所持的有效或无

---

[1] 边玉芳. 学习自我效能感量表的编制与应用[D]. 上海：华东师范大学，2003：1.
[2] F PAJARES. Self-efficacy beliefs in academic settings[J]. Review of Educational Research, 1996, 66 (4)：543-578.

效的自我体验。[1]郭本禹认为：自我效能感是人们对成功实施达成特定目标所需行动过程的能力的预期、感知、信心或信念。[2]在自我效能感的理论基础上，越来越多的研究开始讨论自我效能感在学习领域的重要作用。

2. 学习自我效能感

学习自我效能是教育领域中的一个重要概念。申克（D.H.Schunk）认为学习自我效能感是特殊的效能感，是个人对自己在指定水平上能成功完成给定学习任务和目标的信念。[3]我国学者路海东认为所谓学习自我效能感就是指学生在学习活动中对自己的学习和作业能力的主观评价。[4]边玉芳将学习自我效能感界定为个体的学业能力信念，是指学习者对自己能否利用所拥有的能力或技能去完成学习任务的自信程度的评价，是个体对控制自己的学习行为和学习成绩能力的一种主观判断和主观感受，它是自我效能感在学习领域内的表现。[5]

本书认为学习自我效能感是指学习者对自己在特定的学习情境中能够完成某项任务的信心和预期，即在学习中获得成功的信念和能力。学习自我效能的特点包括影响学习行为、影响学习成绩和影响情绪状态等方面。

影响学习行为是指学习自我效能对学习者的学习行为有着重要的影响，高学习自我效能的个体更加愿意投入学习，认为自己可以完成学习任务，会更加努力地学习。

影响学习成绩是指学习自我效能与学习成绩有密切关系，高学习自我效能者的学习成绩更好，因为他们有更强的信心和预期，更加努力地学习。

影响情绪状态是指学习自我效能对学习者的情绪状态也有影响，高学习自我效能者更加自信、乐观和满足，以积极向上的态度面对学习，而低学习

---

[1] 杨心德. 初中生的自我效能感及其对学习目标的影响[J]. 心理发展与教育, 1993 (3): 11-17.
[2] 郭本禹, 姜飞月. 自我效能理论及其应用[M]. 上海: 上海教育出版社, 2008.
[3] P H SCHUNK. Self-efficacy and achievement behaviors [J]. Educational Psychology Review, 1989, (1): 173-208.
[4] 路海东. 小学生学业自我效能感的培养与提高实验研究报告[J]. 现代中小学教育, 1998 (2): 57-59.
[5] 边玉芳. 学习的自我效能[M]. 杭州: 浙江教育出版社, 2004.

自我效能者更加焦虑、烦躁和沮丧，往往会产生消极学习态度。

（二）自我效能感的理论基础

1. 自我效能感理论

自我效能感理论由美国心理学家 A.班杜拉（A.Bandura）于 20 世纪 80 年代创立，在班杜拉看来，自我效能感是个体在完成任务时对自己能力的一种信念、信心，这种信念可以促使个体成功地执行一些行动、得到想要的结果。它是一种较复杂的心理素质，有生成性、动机性、动态性、情感性等性质。

2. 成就动机理论

成就动机理论创立于 20 世纪 40—50 年代，突出贡献者主要有 D.C.麦克利兰（D.C.McClelland）和 J.W.阿特金森（J.W.Atkinson），它在人的成就需要基础上产生，是激励个体乐于从事自己认为重要的或有价值的工作，并力求获得成功的一种内在驱动力。成就动机在个体的行为上，表现为努力让重要的或有价值的工作获得成功。[①]

3. 归因理论

归因理论是成就动机理论的重要发展，创建于 20 世纪 60 年代。归因是指人们对他人或自己的行为进行分析，指出其性质或推论其原因的过程，换言之，也即对他人或自己的行为原因加以解释或推测的过程。[②]

（三）如何运用自我效能感来促进学习

学习自我效能感是一个非常重要的个体因素，它通过影响学习者学习目标的设定、学习策略的有效运用、自我监控能力的发展等，进而影响学习者对待学习的态度。

1. 设置合适的学习目标

学习目标对学习活动具有激励、导向、调控作用。自我效能感是个体目标和性能的显著预测，善于确定学习目标是高效学习者的重要学习能力。在

---

① 江萍萍. 高中生语文学习自我效能感的培养研究[D]. 重庆：西南大学，2012.
② 费穗宇，张潘仕. 社会心理学辞典[M]. 石家庄：河北人民出版社，1988.

具有高效能感时,学习者的目标设定会带有更多的鼓励与自信的暗示,预测结果也会给其行为作出积极的引导;而低效能感的学习者则更多地倾向于消极的目标设定,他们往往会放大自身缺陷并怀疑自身能力、夸大问题难度等。有这样一个故事:

有个人经过一个建筑工地,看见三个工人在砌墙,就问他们在干什么,三个石匠有三种不同的回答。第一个石匠没好气地回答:"我在做养家糊口的事,混口饭吃。"第二个石匠苦笑着回答:"我在盖一栋高楼,这份工作可不轻松。"第三个石匠兴奋地回答:"我正在做整个国家最出色的石匠工作,建造一座新城市。我盖的这座大楼将成为这个城市的标志性建筑之一!"十年过去了,第一个石匠仍在砌墙,第二个石匠成了工程师,在办公室画图,第三个石匠成了前两个人的老板。同样的起点却有不同的结局,差异就在于他们的自我效能感不一样。第一个、第二个石匠虽然已具备了足够的能力,但自我效能感低,没有大的抱负,所以会限制自己的发展;第三个石匠自我效能感高,目标远大,能积极地为自己的职业追求做好准备,所以发展空间更大。

自我效能感越高的学习者越倾向于设定更具有挑战性的目标,因为他们更相信凭自己的能力,一定能完成这些高挑战性的任务。所以他们更倾向于在设定目标之后,为了实现对于自我的承诺,在目标上努力更长时间,这样就会使学习活动按预定目标前进,创造更多成功的机会。

2. 灵活运用学习策略

学习策略是学习者为了提高学习的效果和效率,有目的、有意识地制定的学习方案,它直接影响学生在学习过程中学习方法、技能的使用以及对整个学习活动的监控与调节,从而对学习成绩产生重要影响。当学生认为自己有能力有效地使用自我效能感的学习策略时,才会将之付诸实际的学习活动中。

例如,小雅同学在写作上具有高学习效能感。她在写作时,会依据作文题目及要求,列出写作提纲,确定写什么内容、选择哪些写作素材、表达出什么中心思想、围绕这次写作任务要采用什么写法,是先关键后具体,还是先整体后局部,再用上一些修辞手法,多写优美生动的句子等构思内容和结构形式。写的时候，在细节上还会注意段落开头空两个字，不写错字、病句，注意标点的规范使用等。写完后会通读整篇文章，按照语感来看一看句子是否通顺等。每次写作文都信心十足，写得很得心应手，作文也常常得高分。

所以，能否有效使用相应的学习策略已成为区分是否学会学习的重要标志。

3. 发展强化自我监控与调节能力

努力是可控的，能受到意志控制。自我监控能力是高效学习者最重要的学习能力之一。自我效能感是学生自我监控水平的重要内部制约因素。任何学习活动都是在与学习风格、学习策略、情绪状态、学习任务、动机水平、学习时间、教师、同伴、父母、社会文化背景等因素的交互作用与和共同影响下产生、进行、完成的。学习进行过程的顺利与否、完成的效率高低、学习的效果好坏直接取决于学习者能否合理、有效、协调地发挥这些因素的积极作用。

学习能力水平相当，但自我效能水平不同的学习者，高自我效能感的学习者与低自我效能感的学习者相比，越善于对学习活动和行为进行控制，能正确分配学习时间，控制自己不受外界干扰，形成系统的自我监控习惯，面对学习中的困难和挫折时，能以积极的心态去面对，主动分析原因，寻找解决方案，从中不断积累经验，增强对自我能力的信心。采取自我监控的调节行为能力越强，对学习活动的坚持时间更长，更加能够为自己设定的目标而努力，从而促进其学习的进步。

（四）培养自我效能产生什么效果

自我效能感是学习成就的良好"预测器"，对学习者的学习和终身发展有着重要的意义。

1. 有利于端正学习态度

自我效能感高的学生能端正学习态度，相信自己能够完成学习任务，对自己的学习能力和潜力有着积极的认知和评价，因此会更加自信地面对学习挑战，更加愿意主动地投入学习，提高学习积极性。

如新入初一的学生对于音乐课程的认识十分有限，大部分学生在小学并没有认真学习系统的音乐课程，这导致一大部分学生乐理基础知识差，初一接触乐理知识比较难，再加上初中阶段的音乐课程不参与中考，这就造成不同心理素质的学生在学习态度上形成了明显差异。学习效能感较高的学生，他们在学习过程中能够秉持积极向上的乐观态度，认真对待，主动学习。学习效能感较低的学生认为音乐课不重要，不学也没关系，学习热情不高，积极性不强。

2. 有利于增强学习自主性

高自我效能感的学习者学习主动性较高，对成功的期望值高，能制定合理的学习目标，能够积极地、主动地学习，并及时获得良好的学习体验。如学生对语文自主学习抱有肯定的态度，就会充满自信地学习语文，承担起自己的学习责任。学生在语文学习自我效能感的培养过程中认识到合理的学习目标在语文学习中的重要性，了解制定合理的学习目标的步骤和方法，学会结合自身的语文学习情况为自己制定合理的学习目标，从而更好地进行自我调节学习。

学习者越是在学习过程中体验到更多的成功，越能感受到语文学习的乐趣，从而激起学生语文学习的兴趣和热情，使学生在语文学习上保持较高的学习动机。同时，当自主学习遭遇困难之时，自我效能感较高的学生会表现出更高的耐挫力。

3. 有利于提高学习成绩

自我效能感高的学生更加相信自己能够完成学习任务，对学习有着积极的预期和信念，因此会更加努力地学习，更加专注于学习任务，因此，学生的学习成绩能够有效提高。如数学学习自我效能感是数学学习成绩的"预测器"，良好的数学学习效能感可以使学生对数学充满信心，在学习上能够更好地进行自我调节，保持健康积极的心理状态，在数学考试中能够避免不良情感的唤起，正常发挥自身水平，取得较好的成绩。

4. 有利于心理健康发展

自我效能高的学习者对自己的学习能力和潜力有着积极的评价和认知，进行积极正确的归因，认识到自己能够学好，因此更加自信、乐观和满足。而学习自我效能低的学生则更加焦虑、烦躁和沮丧，容易产生失败的情绪感受，影响他们的心理健康。

自我效能感对于学生的学习成效、学习积极性和心理健康都有着重要的影响。可以帮助学习者克服挫折和困难，提高学习成就感和自我满足感，从而以更加积极的态度投入学习。

（五）如何提高自我效能感

自我效能感对学习者的学习行为及成就有重要影响，要重视自我效能感的培养。

1. 合理制订学习计划，提高自我认知

学习者可以通过制订合理的学习计划，明确学习目标和计划，安排合理的学习时间和任务量，来培养自己的自律和自我管理能力。在学习过程中，一个好的学习计划是非常重要的。学生制订一个合理的学习计划，可以知道应该在哪些时间段进行何种学习活动。这样有目的地安排时间，可以避免浪费时间。在进行自主学习之前，先确定自己的学习目标和计划，定向目标可以维持我们的学习动力。同时，要注意目标还必须定得合理，只有当目标既符合学习者的自身条件，也符合学习者所在的学习环境时，学习目标才会对学习活动起最大的促进作用。

比如学习目标内容的确定要具体，包括学习程度要求、学习进度要求和学习速度要求。根据维果茨基的最近发展区理论，要设定在学习者解决问题的实际水平第一发展水平和潜在水平第二发展水平之间，然后主要通过自己的努力来实现目标。

2. 关注学习内容，培养良好学习态度

学习者应该通过关注学习内容，了解自己的学习需求和兴趣点，选择适合自己的学习方式和方法，增加学习的乐趣和成就感，从而提高自己的学习自我效能。马斯洛认为，需求心理是人类最基本的心理之一，而其中人的尊重需求、自我实现需求是较高层次的需求。学习者应积极参与课堂学习每一个环节的学习内容，抓住表现自我的机会，培养其学习兴趣。学习态度的改变动力来源于学习者对学习内容的"需要"。当学习内容事关个人"需要"时，学习者的主观能动性就会得到发挥，学习态度就会积极主动。

例如，《人民英雄永垂不朽——瞻仰首都人民英雄纪念碑》这篇课文中大碑座上的十幅浮雕意义非凡，是中国革命艰苦历程的光辉写照，学生对其中的革命文化感兴趣，在"讲好中国故事，争当历史档案解说员"环节，学生会更加关注"十幅浮雕"的内容，会认真阅读课文相关段落，积极主动扮演解说员讲述革命史迹，再现"销毁鸦片烟""金田起义"等历史画卷中革命先烈斗争牺牲的悲壮场面。

在交流活动中，学生既了解了我国革命斗争所经历的艰辛历程和人民英雄们的丰功伟业，又接受了革命传统文化教育，明白了在新时代中更要学习、继承和发扬革命先烈吃苦耐劳、勇往直前的奉献精神，为中国梦的实现而努力奋斗。良好的学习态度是一种内在驱动力，它会驱使学生对学习内容进行关注。

3. 培养学习习惯，促进学习成效

在成长过程中，学生建立良好的学习习惯是非常重要的。这不仅能够让学生更加自律，还能够为他们的成长和未来的发展奠定坚实的基础。比如培养自学的习惯。在学习的过程中，若学生善于自学，那么遇到问题，也能通过自己思考问题，或者自己查阅资料等独立地完成学习任务。

培养良好的学习习惯，还有诸如按时完成作业、复习课堂内容、积累学习资料等，以此来提高学习效率和学习成果。良好习惯养成以后，就能自然而然地合理安排时间和按照一定规划去学习，建立正确的学习态度。有了计划，也有利于锻炼克服困难、不怕失败的精神，无论碰到什么困难也要坚持完成计划，达到规定的学习目标。这些都可以让学生更加自律，让他们在未来的发展中更加稳健和有信心。

4. 注重学习方法的掌握，促进学习积极性

学习方法的灵活运用可以提高学习效率，提高学习成绩。学生应该选择适合自己的学习方法，掌握正确的学习技巧和策略，不断改进自己的学习方法，提高学习效率，培养良好学习习惯。

正确学习方法表现在：听课和记笔记要抓住要领，提高效率；注重消化理解，不死记硬背；不懂就问，有问题积极主动请教老师或同学；多看教材，先复习再做作业；重视基础知识和基本技能训练，不要侧重钻研难题；重视理论联系实际，活学活用等。有同学说："我对老师讲过的题目都比较有把握，但若是题目稍微有些变化，我就傻眼了，就不会做了，特别是做数学题的时候，如果需要用好几个公式，就怎么也算不出来。"究其原因是他不能活学活用，不能够融会贯通。

所以，自我效能感高的学生注重于知识的内在规律和联系，训练自己思维的灵活性，提高整体地运用知识的能力，想方设法完成学习任务，对自己的学习能力和潜力有着积极的认知和评价，因此会更加自信地面对学习挑战，更加愿意主动地投入学习，提高学习积极性。

5. 加强自我激励，促进心理健康发展

加强自我激励，如给自己制定奖励机制、寻求同伴的支持和鼓励、及时反馈自己的学习成果等，会让自己保持积极的情绪状态，以此来提高自信心和自我感受。比如在规定的时间内完成了学习，或者经过一段时间的学习，达到一定程度的提升，可以通过给自己奖励自己一本书或是奖励自己看一部喜欢的电影等来激励自己。

设定的奖励机制要让自己有幸福感、有满足感,让自己为了得到这件奖励而再接再厉,努力提高学习自我效能。学习者可以选择一位实力相当的竞争对手,把对手当作自己动力的源头,在学习上展开大比拼或者向比自己优秀的同学学习,把优秀的同学当作自己追逐的目标,时时激励自己,提高自己的学习信心,从而增强自己的自我效能感。

自我效能感的提高可以促进学生形成良好的自我认知、学习态度、学习积极性。因此,教师要注重培养学生的自我效能感,让学生感受到自己的学习能力和潜力,从而更加积极地投入学习,促使学生形成完善的态度体系,成为自信、积极、健康的学习者。

(六)培养学习自我效能感容易出现的问题

学习者容易受个人影响因素[包括个人生理特征(年龄、性别、年级)、个人心理特征、学习成绩]、环境影响因素[包括学校环境师生关系、课堂氛围、班级学习风气)、家庭环境(父母文化、父母期望)]等因素的影响,会产生学习自我怀疑感、学习不良环境感、学习受干扰感、学习无能为力感等负向消极学习效能感。

1. 个人因素导致的负向消极学习效能感

不同年龄和年级的学生在学习旅程中经历着各异的生理与心理成长阶段。低年级学生可能受限于较短的注意力集中时间和有限的记忆力,面临学习上的挑战。而高年级学生则可能因课程难度的急剧提升和学习压力的显著增加,遭遇焦虑、抑郁等情绪困扰,这些负面情绪如同屏障,阻碍了他们专注于学习任务。

此外,个人在学习特定科目上遇到的难题、过度的自我否定、连续的挫败经历,以及在与他人比较时产生的自卑感,都可能共同作用,削弱学习者的自信心,催生一种学习上的无力感与自我怀疑,最终形成负向消极的学习效能感。

2. 环境影响诱发的负向消极学习效能感

在学校环境中，紧张的师生关系可能成为学习不良氛围的源头，让学习者感受到压力与不适。沉闷、缺乏活力的课堂氛围则会削减学生的学习兴趣，甚至引发厌学情绪，感觉学习过程被外界因素所干扰。同时，不良的学习风气，如缺乏合作与竞争的健康平衡，可能让学习者感到孤立，丧失前进的动力，进而产生学习上的挫败感和无力感。

家庭作为另一个重要环境因素，其影响同样深远。父母的文化程度和教育方式对孩子学习自我效能感的构建起着关键作用。当父母具备较高的文化水平并能提供适切的学习支持与指导时，孩子的自信心和学习动力往往能得到显著提升。相反，若父母在教育上显得力不从心或方式不当，孩子可能会陷入迷茫与无助之中。此外，父母对孩子期望值的设定也极为微妙，过高或过低的期望都可能对学习者的自我效能感产生负面影响：前者可能导致孩子承受巨大压力，难以承受失败；后者则可能让孩子失去追求进步的动力，陷入自我怀疑的漩涡。

（七）示 例

例1：小红是一名初中生，每天都会认真听课、做笔记，课下自学也非常刻苦。她坚信自己的努力会有回报，所以每天都会保持一个积极的心态去学习。她在学习上遇到了很多困难，但她始终保持着积极的学习态度。每次遇到难题，她不会轻易放弃，而是会主动请教老师或同学，寻找解决方法。她还会在自己的错误中吸取教训，不断改进自己的学习方法。最终，她在期末考试中取得了优异的成绩，成为了班里的优秀学生。

例2：小夏的父母对正确教育孩子的方法不甚了解，常常使用消极的教养方式，只关注孩子的考试成绩，对小夏的学习期望值过高。一旦孩子没有取得家长期望的成绩，家长就打骂孩子，认为孩子笨。长期处于这样"高压"的家庭教育环境下，小夏越来越自卑，认为无论自己怎么努力都会失败，努力毫无意义，对他人的言行越来越敏感，怕得到家长否定的评价，负面情绪越来越多,在学习中自我效能感也越来越低,变得越来越紧张、焦虑、抑郁,最后辍学了。

"不积跬步无以至千里,不积细流无以成江河。"学习态度的改变不是一朝一夕的事,学习者应发挥学习的主动性,提高学习的自我效能感。

第三章

学习力能力系统

学习力能力系统包含学习认知和学习技能两大部分内容。学习认知是学习者由外向内学习内化的过程,包括观察力、注意力、记忆力、思维力、想象力等;学习技能是学习者对所学内容由内向外的运用,包括分析、评价、应用、迁移、创新等技能。学习力能力系统基于多元智能理论和智力测评技术,通过评估学生的观察力、注意力、记忆力、思维力、想象力等智力因素,详细地掌握学生学习能力结构,分析学生学习过程中的影响因素,从而挖掘学习潜能,提高学生的分析、评价、应用、迁移、创新等技能。学习力能力系统能帮助学习者在学习过程中更有效地获取知识、处理问题和应用实践,能更好地适应社会的发展和个人的成长需求。

第一节 学习认知

学习认知是指个体通过观察、注意、记忆、想象等心理过程,获取新知识或技能,改变原有认识和行为模式的过程。它是人类智能发展的基础,是人类适应环境、解决问题、实现目标的重要手段。学习认知对于学习者的学习、思维、社交等方面都具有非常重要的意义。通过不断提高学习者的认知能力,可以帮助他们在学习、生活和工作中更好地应对各种挑战和机遇,实现自我成长和发展。

一、学习观察力

(一)学习观察力定义

1. 观 察

关于"观察"的定义,《辞海》解释为仔细察看事物或现象。朱智贤认为观察是一种有意的、有计划的、比较持久的（虽然在时间上也有间歇）知觉，是知觉的高级形态。[1]

观察在我们的生活中无处不在。第一个场景：一个两岁多的小女孩，指着妈妈上课用的生物课本中的一幅插图问道："这是什么动物？"妈妈告诉她，这可不是什么动物，而是大肠杆菌，但因为她的理解能力有限，妈妈没有给她解释这幅图是放大许多倍的模式图。过了数月，这个小女孩路过一个开满花的核桃树时又很好奇，这是什么？在树下停顿数秒之后，她自顾惊叹道："树上有好多大肠杆菌啊！"

第二个场景：有个从未离开过家乡的农村老太，晚辈想让她见见世面，带她去了华东五省，游玩了一周归来，周围邻居问她是否去了杭州西湖和东方明珠电视塔，可老人什么都答不上来，不知道自己去过哪里，更无法描述旅途见闻。

可见哪怕是年幼的孩子都已经开始感知世界和观察认知事物，并力求获得事件的解释。可是观察不仅需要调动感觉器官，去看、去听、去尝、去闻、去触碰，更需要一定知识作为基础，去思考、去分析、去理解，形成一种整体的感知。如果仅仅是调动感觉器官，不去思考理解，不能称之为观察，就像那位外出旅游的农村老太，出游之后却无任何有印象的见闻。

2. 观察力

观察力是构成人类的多元智力要素之一，是发展其他能力的基础。"察"有分析思考、审视之意。因而"观察"更强调感知到了什么，即看到、想到了什么。观察不只是视觉活动，还融入了其他感觉，并伴随着积极的思维活动。"观察"是以视觉等多种感官为媒介，以一定的观察方法为手段，观看、思考并有所发现的活动。人的观察力虽然存在着个体差异，却是可以通过后天努力培养的能力。

观察力是个体认知能力和理解能力的一种综合，是智力结构的重要组成部分。个体通过长期的观察活动，掌握一定的观察方法，积累观察经验，养

---

[1] 朱智贤. 儿童心理学[M]. 6版. 北京：人民出版社，2018.

成观察习惯，然后形成一定的观察品质，就成为观察能力。[1]因此，观察力与记忆力、想象力、创造力等被看作是人的一般能力。

观察力具有以下特点[2]：

① 目的性：当人们进行观察时，首先要有明确的目的，有主动观察的意识，要掌握观察的主动性，否则只是一般的感知，不能称作观察。可以说，目的性是区分一般感知和观察力的重要特点。

② 条理性：观察还需要具有条理性，即在观察事物的过程中，要做到详细周全、条理清晰，避免漫无目的的观察。有条理的观察，会使获取的信息更加清晰、明了，方便进一步进行有效的分析与理解。

③ 理解性：观察的理解性，需要思维的参与。观察的理解性是人们在观察时运用分类、比较、分析、综合等科学思维，对所观察的事物进行处理，有利于把握事物的特点。

④ 敏锐性：观察力的敏锐性是指善于发现易被忽略的信息，它常与人的兴趣密切相关。对于感兴趣的事物，人们的观察会更敏锐，也乐于花费更多的时间和精力进行观察。

⑤ 准确性：良好的观察力代表着观察的准确。在观察过程中，既要观察整体，又要注意细节；既要注意明显的特征，又要觉察比较隐蔽的特征；既能发现相似之处，又能分辨细微差别。具有准确的观察力，不仅保证了观察的质量，也为后期的想象与创造提供了基础。

（二）学习观察力原理

1. 社会学习理论

阿尔伯特·班杜拉（Albert Bandura）社会学习理论强调通过观察他人进行学习，该理论有两个关键要素：观察学习和自我效能感。如果观察者期待榜样的特定行为会产生特定结果，而且观察者看重这些结果，那么观察者更可能注意榜样的行为，并试图再现榜样的行为。如果观察者有较高的自我效

---

[1] 尹坤玉. 初中生观察能力培养的研究[D]. 武汉：华中师范大学，2012.
[2] 丁园. 小学低段绘本阅读观察力培养策略研究[D]. 杭州：杭州师范大学，2020.

能感,也就是说如果观察者相信自己有能力做到、达到或至少能够学习到目标所需的行动,那么他更可能向榜样学习。观察是一种非常有效的学习过程,通过观察学习,我们不仅知道该如何去表现一种行为,而且还知道在特定情境中表现这一行为将会带来什么样的结果。班杜拉指出,观察学习包括注意、保持信息或印象、产生行为以及激发动作复现的动机四个阶段。[1]

2. 镜像神经元理论

20世纪90年代,贾科莫·里佐拉蒂(Giacomo Rizzolatti)等人在研究猴子前运动皮层中的单个神经元放电活动时,发现工作人员的动作呈现在猴子视野里时可以引发特定区域的神经元活动。随后,研究者发现镜像神经元不仅可以对行为学水平的动作进行镜像反应,还可以对意识层面的目的、欲望发生镜像反应。日本学者中原(Nakahara)和宫下(Miyashita)用猴子作被试,发现镜像神经元可以使猴子明白示范者的目的性行为。例如,当实验者拿的是食物,那么目的性行为是吃;而当实验者拿的是物品,那么目的性行为是用,这些可以通过猴子的镜像神经元激活反映出来[2]。另外,在人类被试中也发现了类似的现象。研究人员在婴儿头顶上设置好安全电击,利用脑电图来研究婴儿的大脑。结果显示,婴儿静静地坐着观察别人去抓取物体时,脑电波信号所呈现的规律是相似的。成年人也是如此。芭蕾舞演员在观察他人表演和自己相同的舞步时,大脑中呈现活跃的区域也是相似的。可见镜像神经系统是与观察学习、模仿学习高度相关的神经系统。在观察学习的过程中,镜像神经元处于高度活跃状态,它不仅仅局限于表面层次的观察,更为重要的是镜像神经系统在观察时也在脑区内部进行模拟。

---

[1] 安妮塔·伍尔福克. 伍尔福克教育心理学[M]. 2版. 伍新春,张军,季娇,译. 北京:中国人民大学出版社,2015.
[2] 刘聪慧,王永梅,俞国良,等. 共情的相关理论评述及动态模型探新[J]. 心理科学进展,2009,17(5):964-972.

（三）如何运用观察力来促进学习

1. 在学习环境中添加观察元素

通过观察学习，我们不仅能学会如何表现行为，而且知道在特定情境下表现这个行为会发生什么。观察是非常有效的学习过程，儿童第一次拿起梳子、勺子或者手推车，通常是为了模仿梳头、吃饭或者推拉动作，这促进了他们的肌肉发展和动作协调。成年人也有这样的经验：当发现自己在不熟悉的情境中时，我们会观察他人行为，从他人那里寻找线索，比如第一次乘坐地铁时我们会通过观察模仿别人的操作去购买车票。

在不同文化中，通过观察来学习的方法也扮演着不同的地位和角色。在一些文化群体中，孩子们会一同参与大人们的日常事务，比如照顾年幼的婴儿、日常家务、烹饪、剪裁衣物等。不管种族、社会经济地位或性别有什么差异，了解并模仿与我们相像的人的适宜的行为，都是必不可少的学习行为。我们可以在学习环境中添加一些观察学习的元素，让观察学习成为一种风气，与其总是等着别人给出明确的指导，不如学会做一名安静的学习者，在观察中进步。

2. 学习过程可视化

在学校教育中，提升学生的观察力是优化学习效率的重要方法，在多数课程标准中，都强调了培养学生观察力的重要性。观察也是重要的科学探究能力，科学研究从业者都十分重视观察，并具有敏锐的观察力。如俄国著名生理学家巴甫洛夫在实验室中写着"观察、观察、再观察"的座右铭；进化论创始人达尔文在谈到自己的成就时曾说过："既没有突出的理解力，也没有过人的机智，只是在观察那些稍纵即逝的事物，并对其进行精细观察的能力上，我可能在他人之上。"

根据镜像神经元理论，"看得见"的知识更容易激活镜像神经元。通过外部"看得见"的知识来激发学生内部潜在的学习机制，更有助于学生亲身体验学习。从某种意义上讲，如何"呈现"知识——让知识变成"看得见的"，比如何"讲解"知识更重要。把视觉材料的呈现放在优先的、更为突出的位置，对促进学生体验式学习具有重要作用，呈现方式包括图形、图像、视频、电影及音乐背景和声音的配合等。比如在生物学知识的教学过程中，教师要根据相关的教学内容适当选择"视觉化"的方式进行呈现。比如教师在讲授细胞膜的内容时，可以运用视频或者模型等方法展示流动镶嵌模型，教师引导学生进行观察学习。在认真观察的基础上，学生对细胞膜的结构会有更深的认识。[①]

（四）培养观察力能产生什么效果

1. 观察力有利于培养学习兴趣

观察活动是在不断地发现问题、探究问题与解决问题的过程中进行的。在观察的过程中，学生对客观对象的认识可以更形象直观，还能够通过自身的实践得到比教材上更详细、更全面的认识。学生往往对自己观察得到的认识更有兴趣，这也使知识理解起来更加容易，印象也更加深刻。学生一旦对某门学科感兴趣，就会集中精力投入这门学科的学习中来。

2. 观察力的培养有利于发展智力

观察能力的培养能引导学生通过多感官的配合来观察事物或现象的细微变化，由浅入深、由表及里地探索事物的客观规律，让学生由此获得新知识，提出新问题，并提高分析和解决问题的能力，调动自己主动进行探索的积极性，发展出丰富的想象力和灵活的创新性思维，从而有利于智力发展。

3. 观察力可用于发展心智技能

长期以来，人们一直使用示范来教授舞蹈、体育和工艺学科技能以及烘焙、焊接等操作技能。实际上，复杂的心智技能、开阔视野的新思维方式同样可以采用示范来教授。比如复杂题目的解题步骤、学科模型的构建修正过程等。班杜拉认为观察学习包括注意、保持信息或印象、产生行为以及激发

---

① 王全. 基于镜像神经机制的高中生物学体验式教学策略研究与实践[D]. 济南：山东师范大学，2023.

动作复现的动机四个阶段。在产生行为的练习阶段，示范是最有效的教学方法。研究还发现，同龄榜样对学生的示范作用会更强。

（五）如何培养学习观察力

1. 明确观察目标

明确观察目标有助于集中注意力，取得良好的观察效果，也有助于培养良好的观察习惯。不能在观察时只观察自己感兴趣的对象，而没有明确的观察目的。有序观察的目的是获得一个完整、清晰的观察印象。观察顺序可以是从上到下、从左到右、由远及近、由内至外等。若一个物体能同时给几个感官留下印象，那么它就可以与这几种感官接触。同时要对整个观察过程进行监督和引导，并在过程中及时给予反馈，以加强观察效果。观察完成后，还应总结观察结果，对观察过程进行一定的反思，并对学生的观察给出恰当的评价，从而不断修正观察，不断进步。

观察力的培养也应该与日常生活相联系，不能忽视日常生活中的观察，需要注重强调生活性，要求联系生活实际，反映学生在生活中可能遇到的各种现象和事件。强调日常中的观察可以通过写观察日记，培养观察的恒久性，养成良好的观察习惯，同时将学习内容和观察相结合。

2. 提高学习者观察与分析行为的能力

汉森（Hanson）提出的"观察渗透理论"认为观察是建立在某种预备知识的基础上的，而这些预备知识是通过理论和方法来实现的。我们总是通过理论来观察、体验和解释事物，任何观察的过程都伴随理论的渗透，理论指导着观察的实施。首先，在"观察渗透理论"中，观察并非经验式的日常活动，而是有着科学规范的研究活动的。汉森指出："物理学中的观察与其说是与一些不熟悉的、无关联的闪光、声音和碰撞的偶然相遇，毋宁说是与这些特定种类的事物经过计算的相遇。"[1]这种"经过计算的相遇"，说明了观察需

---

[1] 汉森. 发现的模式[M]. 北京：中国国际广播出版社，1998.

要有明确的计划性和规范性。对教师来说，也应突破经验式的观察，有必要在理论的指导下把观察作为一项科学规范的专业活动。不仅仅是简单地朝某个事物看，而是运用一种经过训练的、科学的观察方式去搜寻事物。观察需要提前制订详细的观察计划，事先明确要观察什么、在哪里观察以及打算怎样观察，对观察目的、内容、方法与工具等做好系统规划与设计。[1]留心观察周围事物、有意识地丰富自己的见闻以及运用恰当的观察技法都有利于培养观察能力。

（六）学习观察力容易出现的问题

观察力培养的问题主要表现为不明确、不得法。很多时候观察并不成为重要的学习目标。不明确，指虽然部分课程目标中提及"观察"，但都比较笼统，没有细化为对各个年龄段学生观察力培养的具体要求，因此学生的观察特点和观察力训练的侧重点不明确，这导致观察力的培养缺少系统性和层次性。不得法，即在观察力的培养上缺乏科学有效的方法，没有统筹规划如何培养，随意性较大。由于缺少指引和框架，学生多倾向于自然状态下的随机观察，缺乏系统性的有意观察，仅能对观察现象粗浅描述，缺乏对观察结果分析和推理的深度解读。观察力不能反作为技巧方法进行培养，观察力与其他能力是相互交织，共同发展的。

（七）示　例

例1：细胞的结构模型是高中阶段生物学中一个很重要的内容，是理解细胞膜功能的结构基础。由于模型图较为抽象，学生在观察图形阐述模型内容时较为困难。教师在教学时可以采用观察力培养的原理，根据细胞膜是将细胞与外界环境分隔开的屏障这一功能设问：什么生物分子能实现屏障的功能？随后提供给学生用磁铁和锡箔纸制作而成的磷脂分子的物理模型，要求

---

[1] 高宏钰，霍力岩. 教师专业观察力及其提升策略："观察渗透理论"的视角[J]. 当代教育科学，2020（4）：33-37.

学生根据磷脂分子的特点，构建出磷脂分子在水-空气界面上的排布方式，继续构建出磷脂分子在水环境中的排布方式（见图 3.1.1），分析推测得出细胞膜中磷脂分子的排布情况，再推测蛋白质在双层磷脂分子上的排布方式。学生对分子特性有充分的理解，又有构建模型的活动基础，就可以更加全面系统地观察细胞膜流动镶嵌模型图。

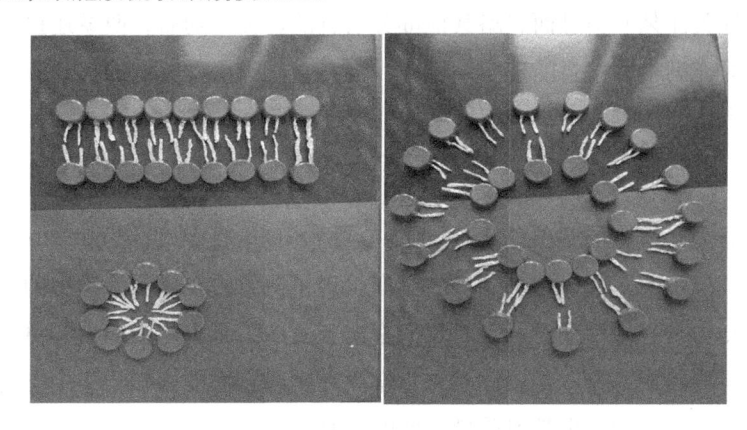

图 3.1.1　磷脂分子在水中的排布方式

例 2：一次习作公开课的主题是"我们眼中的缤纷世界"，教材中出现了几幅插图，目的是引导学生在细致观察中有所发现，从而对画面有更深入的了解。教师出示"秋日鸟归图"并提问："这幅图画的是什么呢？"生 1："有一棵大树，树上有一个鸟窝，旁边还有三只鸟，可能是觅食回来了。后面有很多房子和其他的树……"生 2 在教师引导下，聚焦于树，看到了飘落而下的树叶，联想到是秋天。最后，教师总结图意：鸟儿不是觅食回家，而是向南飞了。[1]

由于教师缺乏有效的指导，导致学生观察事物时较为笼统和主观，树叶的状态等细微事物易被学生忽视，学生判断鸟儿飞行的方向时全凭主观臆断，缺乏推测，学生只会"观看"而不会"观察"。

---

[1] 谢静怡，马利云. 以夸美纽斯感官教学法培养儿童观察力的研究[J]. 教师，2022（8）：120-122.

二、学习注意力

（一）学习注意力的定义

1. 注意力的提出

H.A.西蒙（H.A.Simon）最早提出注意力这一概念，他将注意力定义为个体选择性关注某些信息而忽略其他部分信息的过程。随后，西蒙还提出，个体在面对充满丰富信息的现实环境时，注意力作为一种关键的稀缺资源，有必要对个体的注意力进行管理。[①]

2. 注意力概述

注意力是智力的基础要素，被称为心灵的窗户。在 20 世纪 60—70 年代，认知心理学不断兴起，越来越多的学者发现了注意力在学习活动中的重要作用。注意力是心理活动对一定对象的指向和集中于某事物的能力，更是心理活动的重要组成部分。学习注意力指学生在学习方面的感知觉集中指向学习的能力，它是影响学生学习质量高低的重要心理因素。

注意力有四种特质，即注意力的广度、注意力的稳定性、注意力的分配性和注意力的转移性。

（1）注意力的广度

注意力的广度即人们在非常短暂的时间内所记住的事物的数量。从信息加工理论来解释的话，就是一个人在非常短暂的时间内能够感知信息的数量。进入眼球的对象越多，注意的广度也就越大。

影响注意力广度的因素有很多，例如学习目的、个人的经验、学习对象的特点以及任务难易程度等。任务简洁、目标明确会使注意的广度增大；同时个人经验丰富、整体性知觉较强，注意力的广度也会更大。

（2）注意力的稳定性

注意力的稳定性在《心理学大辞典》中被解释为"能够持续关注某一对

---

① SINON H A. Administrative behavior: A study of decision-making processes in administrative organizations [M]. New York: Macmillan, 1947.

象或者能够持续进行某一件事物的能力，或者说是在一段时间内保持较高的注意"[1]。

注意力的稳定性表现了注意的时间特征，注意力一方面会受到外界事物本身特征的影响，另一方面也会受到学习者自身状态的影响。如果学习者身心处于一种精神饱满的状态，他就会积极地从不同的角度思考，这样可以保持注意的持续性。并且人的注意力是会像水波一样不断变化的，不断增强直至出现波峰，又会不断减弱直至波谷，这是一种连续的周期性变化，也叫注意力的起伏或者摇摆。

（3）注意力的分配性

注意力的分配性即指学习者在学习或工作中同时关注两个或多个任务时，会根据任务的性质来分配注意。学习者只能根据自己的能力来选择性地注意某一些事物，由于信息过于繁多，学习者无法关注到所有信息。但是，当眼前的问题符合学习者的能力范围，学习者就可以同时关注几个问题，并将资源分配好以解决不同的问题。

注意力的分配是完成复杂任务的重要条件，而影响注意力分配的因素有很多，例如学习者对不同任务或对象的了解程度、不同任务之间的关系等。学习者在同时进行多项活动的时候，可能会将更多的注意力分配到不熟悉的任务上，较熟悉的任务需要较少的注意力就可做到。

（4）注意力的转移性

注意的转移性是指一个人能够主动、有目的地及时将注意从一个对象或者活动调整到另一个对象或者活动上。注意力转移的速度是思维灵活性的体现，也是快速加工信息形成判断的基本保证。在生活中，随着活动的变化、任务的更新，需要人们的注意能够及时迅速地转移来完成新的任务。

人们常说"万事开头难"，这也是注意力转移性的表达，指学习者的注意很难完全从之前的活动转移到新的事情上。注意转移的速度和难度常常会受前一活动的性质影响，若在前一活动中沉浸度过高，注意的转移就会变得很

---

[1] 林崇德. 心理学大辞典[M]. 上海：上海教育出版社，2003.

困难。此外，注意力的转移性还会受到人们的神经类型和已有习惯的影响[①]，神经类型灵活的人比非灵活性的人注意转移要更迅速且容易。

（二）注意力的原理

1. 注意力过程理论

在西蒙（H. A. Simon）提出注意力这一概念的基础上，学者们不断深化对注意力的研究，并从注意力的内容、形成过程等方面进行剖析。从注意力过程角度看，注意力是对某特定信息的精神集中，当各种信息进入人的意识范围，个体关注其中特定的一条，然后决定是否采取行动。注意力过程是由相对潜意识的搜索阶段和决策阶段构成：潜意识的搜索是个体对周围摄入大量信息进行的筛选，是决策者将有限的信息处理能力配置给相关刺激因素的过程，主要包括对信息的关注、编码、聚焦等过程；决策阶段是个体决定是否对吸引注意力的信息采取行动，是决策者解释聚焦的信息，并在这些筛选信息的影响下实施具体行为的过程。[②]（见图 3.2.1）

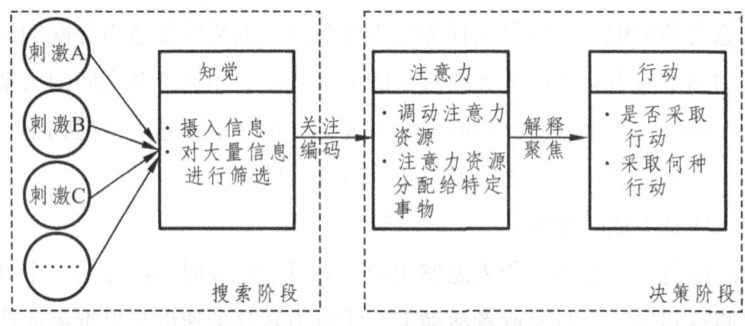

图 3.1.2　注意力过程

2. 认知资源理论

根据这个理论，注意力被视为一种有限的认知资源，用于对输入的刺激进行加工和识别。刺激的复杂度越高，所需的认知资源就越多。当认知资源全部被占用时，新的刺激将无法得到加工，也就无法被注意到。这可以解释

[①] 杨善堂. 心理学[M]. 北京：人民教育出版社，2005.

[②] R l DAFT, K E WEICK. Toward a model of organizations as interpretation systems [J]. Academy of Management Review，1984，9（2）：284-295.

为什么当人们集中精力在一件事情上时，很难同时处理其他任务。

3. 注意力模型理论

（1）过滤器模型理论

过滤器模型是一种早期的注意力理论模型，主张大脑通过一个过滤器来快速地识别和处理某些信息，同时将其他信息过滤掉。这个过滤器可以根据不同的特征（如声音、颜色、大小等）进行调整。过滤器模型假设了一个严格的选择过程，按照"全或无"的原则，只允许一条通道上的信息经过并进行加工，其余通道则全部关闭。

（2）衰减模型理论

衰减模型是由美国心理学家 Treisman 提出，她认为所有的感觉输入都会被处理，但每个输入信号都具有不同的重要程度。在这个模型中，所有的感觉输入都被接收，但对于那些不重要的信息，其处理的程度会逐渐降低，直至完全忽略。相比于过滤器模型，衰减器模型更加注重信息处理的深度和质量。

（3）后期选择理论

后期选择理论认为，所有输入的信息在进入过滤或者衰减装置之前就已受到"充分的分析"，然后才进入过滤或者衰减装置，因为对信息的选择发生在加工后期的反应阶段。这个模型中，我们同时接收所有的外界信息并且加工信息的含义，随后再选择与我们自己相关的信息，并由我们的大脑决定相关信息被我们注意到或引起相应的行为，不相关的信息因此被过滤。[1]

过滤器模型和衰减器模型强调早期信息处理的选择和过滤，而后期选择理论则更注重晚期信息处理的选择和调整。此外，三个模型也存在一些共性，比如它们都认为注意力的过程是有限的，只有少量的信息能够被加工和处理。

---

[1] 彭聃龄. 普通心理学（修订版）[M]. 北京：北京师范大学出版社，2001.

（三）如何运用注意力来提升学习

1. 认知资源分配

注意力是有限的认知资源，它决定了学习者能够在工作记忆中保持多少信息。提升注意力可以帮助学习者更有效地利用工作记忆，处理和存储更多的学习信息，同时注意力又是信息从短期记忆转移到长期记忆的关键因素，集中注意力有助于加强记忆编码过程，促进知识的长期存储。当学习者专注于学习时，能够排除外界的干扰，更深入地思考和理解所学的内容。这种集中注意力的状态能够使学习者更快地掌握知识，提高学习效率。同时，集中注意力还能培养学习者的逻辑思维和分析能力，使学习者在解决问题时更加条理清晰、思维敏捷。

2. 神经可塑性

研究表明，集中注意力能够促进大脑神经元之间的连接，促进学习和记忆的形成。注意力系统的本质是一个神经回路，它将蓝斑（负责觉醒）、伏隔核（负责奖励）、杏仁核（负责情绪）、前额叶（负责记忆、判断、思考、操作等）等功能区域连接在一起。当外界的信息被反馈进神经回路后，如果奖励中枢（伏隔核）发出的信号强到足以引起前额叶的回应，前额叶就会驱动整个注意力系统高速运转，使人进入高度专注的状态。因此，良好的注意力是大脑进行感知、记忆、思维等认识活动的基本条件。

3. 自我调控

注意力与执行功能密切相关，后者包括自我控制、规划和抑制行为等。提升注意力有助于增强自我控制能力，更好地管理学习时间和任务，提高学习效率。同时，动机也是驱动学习者集中注意力的关键因素之一。当学习者对某个学习任务有强烈的动机时，学习者会更容易地集中注意力去完成它。因此，通过设定明确的学习目标、激发学习兴趣等方式来增强学习动机，有助于提升学习者的注意力水平。

（四）培养注意力能产生什么效果

很多的观察和实验表明，孩子智力的发展和他们的注意力水平有很大的关系：注意力集中、稳定的孩子，智力一般都发展得比较好；而注意力不集中、不稳定的孩子，则智力会发展得比较差。同时，注意力的发展也会影响孩子对新知识的接受效果。学习注意力与学习的效率是呈正相关的，一旦学习注意力得到提高，学习的效率就会达到事半功倍的效果。

通过培养注意力，能够帮助孩子逐渐养成良好的行为习惯。利用感觉统合规避孩子注意力方面的不足，可以让他们获得更好的自我控制能力。

培养注意力可以让学习者的专注程度在一定程度上得到提高并花更多的资源在当前的学习任务上，他们做事的效率就会更高。

（五）如何培养运用注意力的能力

1. 分析自己注意力不集中的原因

在平时的学习或工作中，当出现注意力不集中或者分心的时候，可以随身带一个小笔记本或者用手机记录下以下内容：在什么地方分心的、是什么引起注意力不集中的、是因为什么事情分心的、分心的时间大致有多长等。当进行了一段时间的观察和记录之后，基本都可以明确导致注意力不集中的原因了。这个时候，学习者应该有意识地努力改变自己所关注的东西。当学习者发现自己陷入某种思维模式，或者被某一个不相关的物体、事情所影响的时候，要及时地停住，尝试用想关注的事情来代替。刚开始的时候可能有一定的难度，但当这样做得越多，就越容易做到。长时间这样做，即便学习者本身是一个注意力很容易不集中的人，也可以快速地把自己拉回正轨。

2. 确立明确的目标

为了能专心致志地学习，明确目标是很有帮助的。因为具体明确的目标可以产生具体的结果，也就是说目标具有结果导向性。只有学习者很清楚地知道自己接下来要做什么，大脑才会提前做好准备并调整好状态去面对接下来要做的事情。

要注意的是，这个目标不能是长期目标，它的时间间隔一定要合适，因为注意力的集中程度会随着时间的间隔产生松动和减弱。如果设定的目标是计划今天要做什么，而没有明确早上要做什么，或者接下来一个小时要做什么，刚开始注意力可能是集中的，但一定不会长久，过一会儿注意力可能就开始涣散了。所以一定要把目标分解成小块目标，用具体的时间段来完成这一个个的小块内容，这样学习者的注意力会更容易集中。在一个小目标完成后转换到下一个小目标的时候，可以休息三五分钟，站起来简单地活动一下。

3. 确保充足的睡眠

充足的睡眠可以让大脑充满活力，也更容易把精神集中在学习和工作上。尽量利用白天的时间来学习或者工作，提高单位时间的效率，并保证充足的睡眠。但现在部分年轻人都存在睡眠时间不足，睡眠质量差的问题，因此，制定一个合理的睡眠时间十分必要。

设定一个最晚上床睡觉的时间，比如晚上 11 点，然后在睡前至少 30 分钟关闭电脑和手机等电子产品。早上给自己设一个闹钟，每天至少保证 7~8 小时的睡眠。如果早上必须早起，晚上就要把睡觉时间提早一点。只要坚持践行时间表 1~2 周后就会发现，自己的精力更加充沛，精神状态和身体状况也会越来越好，甚至早上起床都可以不用闹钟了。

4. 冥想练习

冥想已经被很多人关注并学习，因为冥想确实对学习、工作、生活等很多方面都有益处，保持注意力的集中就是其中的一个好处。冥想可以增加感知力，提高心无旁骛的能力。从注意力方面来讲，冥想就是通过冥想训练使注意力更好地集中在自己的身体上从而使学习者更容易保持专注的状态的一种方式。

5. 保持运动

学习不仅仅只有脑力劳动，还有身体能量的消耗，比如保持一个规范的坐姿就需要消耗身体能量。很多科学研究表明：有规律的锻炼可以帮助改善生活状态，除了对肌肉产生影响，对记忆力、心理健康、注意力同样具有重要影响。锻炼可以提高大脑的多巴胺和血清素水平，从而提高注意力。经常锻炼的人生活更有规律，饮食更加健康，对自己的生活有更高的规划和积极性，能够随时保持最佳状态。

6. 减少干扰源

如果在学习环境中存在很多吸引你注意力的人或物，那么最好离开那个环境或者拿走物品。人类的自控力和肌肉的耐力一样有限度的，用完了就没有了，需要稍加休息才能恢复。如果将自控力用在抵抗不必要的诱惑或者干扰上，自控力就被浪费了。所以，如果在学习时身旁有电脑、手机、游戏机、美食，抑或是有人在大吵大闹，那么应换个环境或者清除掉干扰源，而不是一味地消耗自己的自控力，这会导致频繁分心。

7. 良好的饮食习惯

保持高效率的学习，仅仅只有注意力是不够的，还需要有足够的身体能量。有些人不吃早饭便开始一天的学习或工作，但往往在饥饿状态强迫自己学习，学习效率是不可能高的。纵使学习者现在有十足的精力，但是身体的能量不够也无济于事。所以，要保持高效率，除了要有足够的心理能量外，还需要有足够的身体能量。当然，一天中最好的就餐方式是"少食多餐"，这样可以保证身体的能量在一天之中一直处于一个比较高的水平状态，而不会出现刚吃完饭时由于胃部消化食物需要能量而容易犯困，而一段时间以后由于身体能量耗尽又觉得肚子饿的情况。

8. 避免一心多用

大脑并不是多线程的，而是单线程的，人没有办法一边学习一边打游戏。之所以自我感觉可以同时完成多项任务，其实是大脑在多个任务之间频繁切换而已。这种切换会造成资源的浪费，因为切换也需要化费时间。总体来看，专注地完成一件事总耗时要少得多，效率也更高。所以尽量不要在学习时听歌、吃东西、聊天等。当出现这些行为时，其实学习者已经分心了，只是并未察觉而已。

（六）培养注意力容易出现的问题

1. 信息超载

信息加工理论认为对信息的过滤、控制、保持和加工都需要消耗认知资源，认知资源的有限性将直接决定个体可以处理信息的复杂性及信息数量。[1]当信息超载时，持续不断出现的信息将竞争有限的加工资源，短时间内完成一系列认知操作是非常困难的[2]，人的认知资源会快速耗尽，导致决策绩效降低。并且有限注意力资源一直是认知心理以及相关应用学科所关注的核心概念，通常用注意力资源池来比喻注意力资源的有限性[3]。

由此，信息超载会加速注意力资源损耗、损害注意力资源的分配、损害注意力资源的利用效率。

2. 学习注意力失控

（1）指向失控

注意指向失控的学生，无法按预定的目的把注意指向特定的对象上，他们明明知道应该专心听讲、学习，却控制不住自己，比如在上课时将注意力放在窗外的汽车声上，导致学不好、成绩差。

（2）动作失控

这类学生在课堂上会控制不住自己，经常扭动身体，无故站立或离开座位。他们会不停地做小动作，玩铅笔、橡皮、纸片，甚至敲桌子、大声尖叫等。

（3）行为失控

这类学生在行动前缺乏思考，不会考虑行为的后果，并且也不会对自己的过去行为进行反思、吸取教训。他们懂得一些规则和道理，但在实际活动中无法控制自己的行动。

---

[1] FRANCONERI S I. Flexible cognitive resources: Competitive content maps for attention and memory[J]. Trends in Cognitive Sciences，2013，17（3）：134-141.

[2] FRANCONERI S I. Rationality as process and as product of thought[J]. The American Economic Review，1978，68（2），1-16.

[3] FRANCONERI S I. Attention and effort [M]. Englewood Cliffs, NJ: Prentice-Hall，1973.

(4)情绪失控

这类学生情绪不稳定,幼稚、任性,他们想要什么立刻就要得到满足,一不顺心就发脾气,抗挫折能力较弱,经常违反纪律、不守规则。

(5)状态失控

这类学生对游戏能够长时间地投入,但对学习活动则表现出倦怠、懒散,常常半途而废。越是需要克服干扰、战胜困难的活动,越容易厌烦、疲倦,总是拖延。

(6)集中性失控

注意集中性差有两种表现:一是外在表现明显分心,东张西望、缺乏耐心;二是表面看起来安静,两眼盯着黑板,一动不动,实际上思想却在"开小差",根本没注意老师在讲什么。

(七)示　例

例1:注意力在教育教学中的影响非常重要,例如集中的注意力可以提高学生的学习效果、提升教师的教学效果以及促进学生的学习自主性等。注意力集中的学生可能会有如表3.1.1所示的行为表现。

表3.1.1　注意力集中的表现

课前	预习教材或教师将要讲解的内容,提前了解相关知识
	准备好相关的学习工具和资料并且清理无关的物品
课中	保持专注,认真听讲
	积极参与课堂讨论和活动,与教师和同学互动
	主动思考问题,积极回答问题或提出疑问
	及时记录和总结重要的知识点和信息
课后	及时复习课堂所学知识
	认真完成老师布置的作业和任务
	积极参与学习小组或课外活动

总之,注意力集中的学生能够积极参与课堂学习过程,及时巩固和扩展

知识，从而提高学习效果和成绩。同时，他们也能更好地发挥自主学习的能力，主动探索和发现新的知识和技能。

例2：一些学生在课堂或自习时无法集中注意力，很容易受到他人的干扰，导致无法将注意力集中在当前的任务上，一般会存在如表 3.1.2 所示的行为表现。

表 3.1.2 注意力不集中的表现

课前	睡觉或者进行深度休息
	在走廊或者室外过度玩闹
	忽略预习教材，看一些课外小说
课中	频繁做与课堂无关的事，比如转笔、玩文具等
	发呆，频繁看窗外
课后	忘记或忽略作业和练习
	不及时复习，将课堂讲的内容丢到一边
	对学习失去兴趣和动力，不愿做与学习有关的事

注意力不集中的学生会影响学习效果和成绩，也会影响他们对于知识的理解和掌握程度。因此，学生应该注重注意力的培养和运用，以提高学习效果。同时，家长和教师也应该关注学生的注意力问题，提供必要的支持和帮助。

三、学习记忆力

学习记忆力的重要性在教育学和心理学领域都被充分证明，教师掌握学习记忆力技巧不仅能够显著提高教学效果，还能激发学生学习各科的兴趣并增强学生学习的信心。

（一）学习记忆力的定义

学习记忆力是使人类掌握知识技能和发展智力的重要基础之一。学习记忆力是指个体在学习新知识时，通过认知和感官接收各种信息，再用联想、重复、记忆等多种方式将其保存、加工和提取出来的能力。在人类大脑中，记忆会通过神经元之间的连接来达成，这种连接可以通过不断练习和重复记忆等方法在大脑中形成更为牢固的长久记忆痕迹。

（二）学习记忆力的原理

学习记忆力的原理以人类神经系统的工作方式为基础。当学习者从外界环境中接收到学习刺激时，大脑会对这种刺激进行处理、整合和存储。这个过程依赖于大脑内部的神经元连接和突触的变化以及神经传导的相互配合，并在大脑神经元和突触各细胞组织的通力配合下形成瞬时记忆，在此之后重复练习、加深记忆就会使这种学习刺激变成长久记忆。

1. 联想原理

人类的记忆具有关联性和联想性。因此，在各种学习过程中，将新学内容与已经掌握的知识完美结合，有助于加深新学内容和已学知识的记忆痕迹。例如，在教授课程时，可以将某个事件和与此相关的文化、背景、历史意义、现代评价等联系起来，从而帮助学生更好地记忆相关知识。

2. 重复原理

人类的记忆会随着时间的流逝而逐渐消失，这就是瞬时记忆，只有将新知识变成永久记忆才能记忆牢固。因此，在学习过程中，可以通过反复练习、记忆、书写等方式使记忆更牢固。例如，在记忆重要日期或事件时，可以利用不同的方式，如书写、背诵、联想和多次的练习来加深对此知识点的记忆，让此知识点变成永久记忆。

3. 情感原理

情感对于人类记忆的形成起着决定性作用。因此，在学习时，将学习内容融入自身的情感体验中，将有助于增强记忆效果。例如，在讲述故事时，可以通过创设与学生现实生活相关的情境吸引学生的注意力，从而提高学生对故事情节和人物的印象，同时增强对知识的记忆。[1]

---

[1] 郭小玉. 快乐阅读让文本伴我们同行——关于小学语文高年级阅读整本书的教学策略[J]. 文渊（小学版），2019：105.

(三) 如何运用学习记忆力来促进学习

1. 制订合理的学习计划

在学习之前,制订一个合理的学习计划,包括预习、复习以及总结等环节。此外,在学习复杂或难懂的知识点时,可以采用分阶段的学习方法,逐步深入理解和记忆。

2. 制作思维导图巩固记忆

想要让更多的知识点留在脑袋里,要学会把零散的知识点进行整合并对重要内容进行提炼。按照自己的理解方式制作思维导图的过程就是自己梳理知识结构、建立知识框架的过程。把握重点和重点之间的逻辑关系,通过对整张思维导图的架构,清晰地厘清关键词的重要性和层次关系,有助于强化记忆。[1]

3. 提取关键词强化学习

记忆主体是对某些关键概念的组合。关键词是记忆的关键,相比于长难句,更容易被记忆和提取。在课后记忆过程中要学会关键词记忆方法:迅速浏览一个小节的知识点,同时把重点内容以关键词的形式写在纸上。对照着关键词在心中重述刚刚学过的内容。这一步是为了检验学习者是不是真的理解了,如果此时看着关键词能复原的话,考场上也大概率会记得。记住这些关键词并在睡觉前复习这些关键词有助于加深记忆。

4. 学会分类归纳

在学习过程中,善于分类和归纳可以帮助加深对知识的理解和记忆。例如,在学习知识点时,可以通过制作图表或笔记来分类归纳所学知识。

5. 运用各种技巧和方法

在学习过程中,可以利用联想、重复等原则来加强记忆效果,同时辅以多种方式来学习。如前面提到的在教学过程中穿插视频播放可以充分调动学

---

[1] 舒曼. 提高记忆力的技巧[J]. 江西教育, 2022 (12): 56-58.

生的视觉功能来提高记忆能力，也可以用幽默的语言加强记忆。记忆内容越幽默有趣，就越容易激活脑细胞。脑细胞若能处在兴奋的状态，就会增强记忆效果。假如记忆的内容本身比较抽象、枯燥，那么就可以通过幽默联想的方式把要记忆的内容变得奇特、幽默、有趣，这样就容易记忆了。[1]

6. 运用意义相关联的信息

将要记忆的事物与个人经验或背景联系起来，或寻找与之相关的其他知识点，有助于形成关联记忆。把当下学习的内容与记忆中已有的认知联系起来，有助于加强知识点的记忆，由点到面扩大知识面。

7. 培养兴趣、好奇心和信心

在教学中，提高学生的学习兴趣，学生对所讲的知识感兴趣或认为重要，注意力就会集中。注意力集中对提高记忆水平至关重要。同时，在学习过程中，保持积极、主动的态度，鼓励自己探索和研究新知识，保持对知识的好奇心，有助于提高记忆水平。此外，增强信心也至关重要。学生如果没有信心，效率就会大大降低。因此，可以用增强学生信心的方式来调动学生的积极情绪并强化记忆，从而提升学生的学习力。

8. 拥有好的学习习惯和睡眠习惯

经常复习、做笔记、利用空余时间温习等，并能安排好记忆的时间和内容，能使长期记忆更加牢固。良好的睡眠习惯不仅能提升学生的记忆力，更为重要的是调整了学生的情绪，让他们建立起强烈的学习自信，改变他们对记忆的恐惧心理，让他们的思维在良好的情绪状态下活跃起来。

9. 因材施教的个性化教学

记忆力教学也要因人而异，求大同存小异，注重个性化的发展。因为不同个体的知识结构也不一样，记忆力训练也要考虑到个体之间的差异，

---

[1] 张振令. 农村初中历史教学中学生记忆力的培养[J]. 考试周刊，2010（2）：163.

并最终形成具有不同优势的记忆类型。[1]在教学中可以根据学生所长来发挥学生的主动性并加深对知识点的记忆。比如：喜欢做题但基础知识不够扎实的同学，可以要求他们找出与题目相关的知识点对应复习；喜欢背书但做题效果欠佳的同学，可以要求他们增加做题量。

10. 巧用艾宾浩斯遗忘曲线

德国心理学家艾宾浩斯研究发现，遗忘在学习之后立即开始，但其遗忘率是不均衡的。最初遗忘速度很快，以后逐渐缓慢。遵循这一记忆规律，学习者可以对所学知识进行及时复习和自测。

（四）运用学习记忆力能产生什么效果

1. 提高记忆力

使用学习记忆力技巧，有助于增强人类记忆能力。运用学习记忆力可以提高信息的记忆效率和准确性，提升学习者的综合知识能力并提高其创造性和发散性思维的能力。

2. 增强理解力

在学习过程中，通过运用学习记忆力技巧，可以深入理解所学的知识点，从而更好地理解相关概念和规律，提高学习效果。

3. 促进创造性思维

学习记忆力技巧可以帮助学习者更好地理解和记忆知识，并将它们融入自身的思维模式中，产生新的想法。

4. 提高学习效率

通过运用学习记忆力技巧，可以加强对知识的记忆和理解，提高学习效率和质量。

---

[1] 姜娜. 记忆力教学的方法与策略[J]. 时代教育，2018（2）：2.

（五）如何培养运用学习记忆力的能力

培养和运用学习记忆力的能力需要在日常生活中进行长期的训练。首先，要保持对学习材料的兴趣和好奇心，这将帮助学习者更自然地吸收和记忆信息。其次，可以选择适合自己的记忆方法，并坚持使用。比如，一位视觉学习者可能更适合用可视化方法和图像来辅助记忆。此外，还需要注意保持良好的生活习惯，比如充足的睡眠和适度的锻炼等。

培养运用学习记忆力的具体方法如下：

① 提醒自己：在学习中，可以通过定目标、制订计划等方式，对自己进行提醒和激励，以提高注意力和积极性。

② 练习记忆：通过反复背诵、朗读等方式，增强对知识的记忆和理解。

③ 利用联想：将新学知识与已经掌握的知识联系起来，增强记忆效果。

④ 采取分步学习法：通过逐步深入的学习方法，加强对知识的理解和记忆。

⑤ 使用多种方式学习：通过多种方式学习，如听讲、观察、阅读等，有助于促进对知识的全面理解和记忆。

⑥ 训练大脑的注意力和集中力：通过专注于某个任务或游戏，可以训练大脑的注意力和集中力，从而有效地提高学习记忆能力。

⑦ 掌握更多的记忆技巧：例如拓展联想、空间记忆等技巧都能够帮助学习者更好地保存信息。

⑧ 保持积极乐观的态度：学习记忆需要长期的训练和努力，所以学习者需要保持积极、自信和耐心的态度。

⑨ 适当休息放松：适当的休息和放松有助于大脑得到完全的休息，从而更好地存储和提取知识。

（六）培养学习记忆力容易出现的问题

1. 学习者经常忘记或无法正确地提取存储的信息

这通常是由于记忆不牢固或者没有充分理解学习材料所导致。

2. 学习者过度依赖记忆技巧而影响基础知识的掌握和理解

学习者过度依赖记忆技巧，可能影响基础知识的掌握和理解。如在高中历史学习中，学习者可能会把记忆朝代或知识点作为学习历史的全部内容，而忽略了历史时空观，这样无法真正掌握和理解知识。

3. 学习方法不正确

如果学习方法不当，会导致学习效率低下，从而影响对知识的记忆和理解。

4. 注意力不集中

注意力难以集中会影响学习效果，因此，在学习过程中需要减少干扰因素，提高自我调节能力。

5. 焦虑和压力过大

焦虑和压力会导致学习心态不佳，从而影响对知识的记忆和理解。因此，在学习过程中，应保持良好的心态并有合理的时间规划。

（七）示　例

例1：小明是一名高中生，他拥有良好的学习习惯，课前主动预习、做导学案，保持对学习的好奇心和兴趣。课上注意力集中，经常使用联想、重复等方法来加强记忆效果，在学习过程中注重分类归纳，同时保持良好的心态和探索学习的兴趣。在课后经常复习，睡觉前利用关键词复习当天内容。这种学习方式帮助他在学习时轻松应对同时取得了良好的成绩。

例2：小红刚上高中，她在学习过程中不注重前期准备和计划，缺乏对知识的理解和记忆方法。同时，她对学习没有兴趣和热情，并且容易受到外界干扰，在上课时经常走神。下课后花大量的时间学习，甚至每天晚上学习到十二点，第二天学习注意力分散，导致学习效率较低，对知识掌握不深，期末考试总是不如意。

学习记忆力对于每一个人的学习和个人发展非常重要，不仅是提高学习成绩的关键，而且对任何人的生活和工作都具有重要影响，它可以提高个人的知识能力和创造力，同时也是掌握其他学科和实践技能的基础。通过运用学习记忆力的技巧和方法，可以更容易地掌握知识和技能，并更加自信和独立地处理日常问题。因此，应该学习和掌握更多的学习记忆技巧，以便更好地应对未来的挑战。

四、学习思维力

（一）学习思维力定义

学习思维力是指人们在学习、工作中遇到问题或困难时思考解决方法的能力，它是通过分析、综合、概括、抽象、比较、具体化和系统化等一系列过程，对感性材料进行加工并转化为理性认识来解决问题的。思维能力包含形象和抽象思维能力、发散和聚合思维能力以及批判思维能力等。

1. 形象思维

形象思维又被称为"直感思维"，是指以具体的事物形象为思维内容的一种思维形式，是人的一种本能思维，是每个人在出生时就具有的一种用来解决问题的能力。朱智贤在《心理学大词典》中把形象思维表述为借助直观形象和表象解决问题的思维。[1]燕国材将形象思维定义为"以事物的客观原型或大脑中已有的表象为基础，并按照描述逻辑的规律而进行的一种思维"[2]。形象思维所反映的对象是事物的形象，思维形式是意象、直感、想象等形象性的观念，其表达的工具和手段是能为感官所感知的图形、图象、图式和形象性的符号。形象思维的形象性使它具有生动性、直观性和整体性的优点。

2. 抽象思维

抽象思维和形象思维是两个相互辩证的基本思维元素。抽象就是人们透过事物的各种现象，运用理性思维，舍弃个别的、非本质的内容，抽取

---

[1] 宋世花. 培养高中生物理形象思维的教学策略研究[D]. 兰州：西北师范大学，2011.
[2] 燕国材. 智力因素与学校教育[M]. 西安：陕西人民教育出版社，1997.

共同的、本质的内容。[1]因此，抽象的过程就是从复杂、繁琐的各种现象中抽出本质因素将其理想化的过程。[2]抽象思维是通过大量的实际现象提炼出本质的东西，是一些概念、公式之类的总结性的东西。抽象思维概括性非常强，暂时撇开偶然的、具体的、繁杂的、零散的事物的表象，脱离感官抽取事物的本质和共性，形成概念，才具备了进一步推理、判断的条件。抽象思维是人类通过学习、训练所具有的，这也是人和动物思维的差别之处。

3. 发散思维

美国心理学家吉尔福特（J. P. Guilforo）在19世纪50年代提出发散思维的定义：一种打破定式、可灵活变化、从多方面寻求解决问题答案的思维形式。[3]他构建的著名的智力结构模型对发散思维的定义进行了完善：依据已有的知识储备，通过精确、修正或构建，衍生出更多的信息和资料满足解决问题的需要。吉尔福特（Guilforo）J. P.对发散思维的特征进行了细化，将其概括为流畅性、变通性和独特性，并指出这三个特征各有差异。[4]基于此，本书界定发散思维为以一个核心问题为中心，打破思维定式，将核心问题向各个方面发散、延伸，从不同的角度和方向思考解决问题的方法的思维方式。

4. 聚合思维

叶奕乾等在《普通心理学》中认为："聚合思维又叫求同思维、集中思维、辐合思维、会聚思维，是指把问题所提供的各种信息聚合起来，朝着同一个方向得出一个正确答案的思维，其主要特点是求同。这种思维是利用已有的知识经验或传统方法来解决问题的一种有方向、有范围、有组织、有条理的思维形式。"[5]黄希庭在《心理学导论》中指出："聚合思维是把问题所提供的各种信息聚合起来得出一个正确的答案（或一个最好的解决方案）。"[6]这种思

---

[1] 封小超，王立邦. 物理课程与教学论[M]. 北京：科学出版社，2005.
[2] 胡卫平，冯国雷. 高中生物理抽象思维能力发展研究[J]. 心理发展与教育，1999（2）：44-47.
[3] J P GUILFORO.Creativity: American psychologist[M]. New York: Me Graw Hill，1950.
[4] J P GUILFORO.The nature of human intelligence[M]. New York: Me Graw Hill，1967.
[5] 叶奕乾，何存道，等. 普通心理学[M]. 上海：华东师范大学出版社，2004.
[6] 黄希庭. 心理学导论[M]. 北京：人民教育出版社，1991.

维的特点就是思维的"求同"和"会聚",以解决一个问题为目的。

5. 批判思维

著名教育家、哲学家、心理学家杜威(Dewey)在1933年出版的《我们怎样思维》一书中提出的"反省思维"是批判性思维的起源。杜威视"反省思维"为"对某个问题进行反复的、严肃的、持续不断的深思"[1],这应当是有关批判性思维较早的定义,杜威因此被称为"现代批判性思维之父"。此后美国教育学家、心理学家E.格拉泽(E.Glaser)在杜威的基础上深入研究,首次正式提出了"批判性思维"这一概念并作为术语被确定下来。[2]基于此,可以认为批判性思维是指能从多个角度、辩证性思考问题的思维方式。

本章将以抽象思维与形象思维为例,探讨如何运用思维能力来促进学习,会产生怎样的效果,如何培养思维能力以及在培养思维能力过程中容易出现的问题等,并给出两个例子。

(二)学习思维力原理

1. 行为主义学习理论

行为主义的代表人物华生(John B. Waston)认为人类的行为都是后天习得的。[3]环境决定了一个人的行为模式,无论是正常的行为还是病态的行为都是经过学习而获得的,也可以通过学习而更改、增加或消除。他认为查明了环境刺激与行为反应之间的规律性关系,就能根据刺激预知反应,或根据反应推断刺激,达到预测并控制动物和人的行为的目的。在他看来,行为就是有机体用以适应环境刺激的各种躯体反应的组合,有的表现在外表,有的隐藏在内部。在他眼里人和动物没什么差异,都遵循同样的规律。形象思维的建立离不开行为的建立,抽象思维也一定程度建立在此基础上。

---

[1] 约翰·杜威. 我们怎样思维·经验与教育[M]. 北京:人民教育出版社,2005.
[2] 卫晓萍. 国外批判性思维研究概述[J]. 科教文汇,2014(2):42.
[3] 约翰·华生. 行为主义[M]. 北京:北京大学出版社,2015.

2. 智力结构理论

吉尔福特的智力结构模型设想智力活动有 3 个维度：操作、内容和成果。操作即智力活动的过程，包括认知、记忆、发散式思维、聚合式思维和评价。这些操作的内容可能是图形、符号、语义或行为，而成果可能有单位、门类、关系、系统、转化或含蕴。所以整个模型包括 120 种组合（5 种操作×4 种内容×6 种成果），每一组合代表一种独特的因素。培养学生思维能力同时也是对学生智力的一种培养。

（三）如何运用抽象思维与形象思维来促进学习

抽象思维与形象思维这两种思维方式是相互配合的，缺一不可。从生理学的角度看，就好像人类的思维方式是由左脑和右脑控制的一样，一个控制抽象，一个控制形象，如果用更加通俗的词语来表示那就是理性与感性。运用好形象思维与抽象思维可以帮助学习者认清事物并探索出其本质。

1. 在学习环境中用好形象思维与抽象思维需要主动提问，发现问题所在

发现问题的过程就是思维碰撞和思维交换的过程。生活中并不缺乏问题，与生活息息相关的物价、房价、利息等问题可以通过形象思维的思考建立抽象的数学模型。在实际情境中发现问题、提出问题、解决问题的过程就是形象思维与抽象思维的运用过程，并且在发现问题的过程中能够产生更多的感悟与体会，形成更多的思考与问题。死记硬背式的学习方式只会让学习者的思维固化，若想让自己的思维变得灵活，则需要有意识地去训练。只有通过不断地问题式的学习，才能让自己的思维能力得到提升，让自己的学习能力得到提升。

2. 在学习环境中用好形象思维与抽象思维需要多角度看待事物，全方面归纳总结

古希腊神殿中的雅努斯具有前后两副面孔，国外的思维科学研究者便由此引申出"两面神思维"。这种思维包括运用"矛盾的对立面相互依存"的原

理进行思考，如电生磁、磁生电，几何、非欧几何，精确化—模糊数学等。用形象思维看待事物是一种量的积累，用抽象思维归纳出事物本质是质的变化。只是简单看到事物的特质，不做任何归纳总结，学习能力也难以得到提升。

（四）运用形象思维与抽象思维能产生什么效果

在学习的过程中，抽象思维和形象思维是相辅相成、相互转变的，不同的思维方式可以对学习产生不同的效果。

1. 运用形象思维思考问题会让复杂问题简单化

简单举个例子，光具有波粒二象性，高中生在学习爱因斯坦的光电效应方程时，如果单纯以抽象思维去看待这个方程会很难理解。为了便于理解，初学者可将光形象化，看成一个一个的实物粒子，也就是光子。每个光子都是具有一定能量的，这些光子在与电子作用的过程中，每个电子吸收一个光子的能量，能量得以一份一份进行转化。在此过程中发生的能量吸收与转化满足爱因斯坦的光电效应方程。又比如在学习数学的过程中，数字也是抽象的，在学习数字运算的过程中学习者会感到困难、痛苦，往往会采用举例子的方式进行运算。十以内的加减法小孩会用手指去运算，把抽象的数字变成形象的物体。将无法用肉眼看见的过程用形象思维转换成生活中能接触到的过程，会让接触到的新问题变得容易理解。

2. 运用抽象思维思考问题会让问题系统化，得到的最终答案具有普遍性和推广性

以物理学科为例，自然的万物以形象思维去观察是各不相同的，但是物理规律却适用于不同的物体。物理规律是通过真实情境和真实物体建立物理模型得出的。从真实情境和物体发现问题是形象思维的一种体现，进而建立物理模型就是抽象思维的运用。在建立模型过程中需要抽象概括、简化一些因素，这是大脑对具体形象物体的进一步加工，最后得出具有普适性的规律。在学习的过程中，如果学习者养成利用抽象思维去概况、归纳、总结的习惯，那么学习者得到的知识就不会是碎片化的，而是具有系统性的，这也是为什

么在学习的过程中要善于利用思维导图去梳理知识。系统化的知识以思维导图的模式储存于脑海中，相较于零散的知识点更不容易遗忘。并且在利用抽象思维得出一般规律的过程中，所用到的解决方法也是具有普适性的。简化真实情境，建立抽象模型就是解决物理问题的一种普适性方法。长期训练自己建立模型，有助于学科思维能力的提升。

（五）如何培养运用形象思维与抽象思维的能力

通过培养观察力和感知力、联想和想象力、抽象化和概括能力以及创造性思维，个体可以提升运用形象思维和抽象思维的能力。这些能力的培养不仅对于个体在学术研究、艺术创作和问题解决等方面具有重要意义，也对于个人的综合素质和职业发展具有积极影响。因此，学习者应该重视并积极培养这些思维能力，为个体的成长和发展提供有力支持。

在当今社会，随着信息技术的快速发展和知识经济的崛起，形象思维和抽象思维的重要性变得愈发明显。形象思维能够帮助个体通过感知和直观的方式理解事物，提取出关键信息，而抽象思维则能够帮助个体抓住事物的本质和共性，形成概念和理论。这两种思维方式在许多领域都扮演着重要角色，如科学研究、工程设计、创意产业等。因此，培养运用形象思维和抽象思维的能力对于个体的学术和职业发展至关重要。

1. 观察力和感知力是提升形象思维和抽象思维的关键

观察力和感知力是个体感知外界事物的能力，它们直接影响着个体对事物的准确理解和抽象能力的发展。为了培养这一能力，个体可以从以下两个方面进行训练。首先，多样化的感官体验可以帮助个体更全面地感知事物，拓宽感知边界。个体可以参与各种艺术、文化和自然活动，如欣赏艺术作品、观赏自然景观等，从而扩展感官体验，增强对事物的观察和感知能力。其次，反思和记录是培养观察力和感知力的重要方法。个体可以养成反思自身感知和观察的习惯，通过写日记、画画、拍照等方式记录自己的观察和感受，进一步促进对事物的深入思考。

2. 联想和想象力是运用形象思维和抽象思维的基础

联想和想象力是个体将已有知识和经验进行连接和组合，生成新的观点和创造性解决方案的能力。为了培养这一能力，个体可以尝试以下方法。首先，广泛阅读和学习是培养联想和想象力的重要途径。个体可以阅读各种领域的书籍和文章，学习不同的知识和观点，从而扩展思维的广度和深度。其次，培养开放的思维态度和跨领域思考的能力。个体可以学习关注不同领域的问题，将已有的知识和经验应用到新的领域中，进行跨领域思考和创新。此外，创造性的活动和训练可以进一步激发联想和想象力的发展，如头脑风暴、角色扮演等。

3. 抽象化和概括能力是个体进行抽象思维和概括的关键能力

抽象化是指将具体的事物抽象为一般概念或模型的能力，而概括则是将具体的事物归纳为一般规律的能力。为了培养这两种能力，个体可以采取以下方法。首先，学习和掌握系统性的知识框架和理论模型。个体可以通过学习学科知识和理论，掌握抽象化和概括的方法和原则，培养运用抽象思维的能力。其次，进行归纳和总结是培养抽象化和概括能力的有效途径。个体可以通过总结和归纳已有的知识和经验，提炼出共性和规律，进一步提升抽象化和概括能力。最后，参与实际问题的解决和项目的设计可以帮助个体将抽象概念和理论应用到具体的实践中，加深对抽象化和概括的理解和掌握。

4. 创造性思维是提升形象思维和抽象思维能力的关键一环

创造性思维是个体运用形象思维和抽象思维创造出新颖观点和解决方案的能力。为了培养这一能力，个体可以采取以下方法。首先，促进自由思考是培养创造性思维的重要途径。个体可以给予自己自由思考的空间，鼓励自己提出各种不同的观点和想法，不拘泥于常规和传统思维模式。其次，鼓励创新和实践是培养创造性思维的有效手段。个体可以尝试新颖的方法和策略，通过实践来验证和完善自己的创意和想法。最后，与他人的合作和交流也是培养创造性思维的重要途径。个体可以与他人分享自己的想法，倾听他人的观点和建议，通过合作和讨论产生更多创造性的思考。

（六）培养形象思维与抽象思维容易出现的问题

形象思维与抽象思维是相辅相成、缺一不可的，在培养形象思维与抽象思维的过程中切勿出现走极端现象，太过于重视形象思维或者太过于重视抽象思维的培养都可能会适得其反。

1. 从抽象思维到形象思维——警惕思维降级

抽象思维是需要后期训练的，形象思维在人的出生阶段就存在了，新生儿会看到不同的事物，对不同的事物产生自己的认识。所以对于大多数人来说用形象思维思考问题更容易。在学习的过程中也有体现，学生在学习数学、物理这类更加需要抽象思维的学科时会稍显吃力。所以在学习需要较强抽象思维能力的知识时，为了更好理解，人们习惯于将抽象概念形象化、生活化从而变成形象概念，这对于一些思维需求不高的抽象概念不失为一种好方法。但是从抽象思维到形象思维转换实质上是一种思维降级，长期使用这样的思维模式会使人思维固化，对于一些更高层次的抽象化的概念理解起来将会存在一定的困难，这或许就是大部分学生在学习数学和物理时会觉得越来越困难的原因。

2. 训练形象思维向抽象思维转变的过程要循序渐进

形象思维向抽象思维的转变是一个思维升级过程，需要尝试用并不熟悉的思维方式去认识事物本质，在这个过程中如果拔苗助长反而会让学习者产生畏难情绪，一旦开始抵触就会对思维的训练产生负面影响，导致学习者不仅失去了学习兴趣，也失去了思考的兴趣。以物理学科为例，在学习的过程中通常都会让初学者从力学开启物理学科的学习，因为相较于电磁学、热学、量子力学等知识板块，力学虽然也比较抽象，但是教师能够以力学知识为基础建立力学模型的情境，即使学生看不见、摸不着"力"，但是知道它会存在于哪些地方，能够在生活中的哪些场景中接触到，所以初学者从力学板块入门可以降低思维难度。在此基础上循序渐进，随着思维层次的提升，接触到比较抽象的物理概念时，学习者已经形成了一定的抽象思维能力，对于抽象问题的解决会更有经验，不会不知所措。如果一位物理初学者直接从量子力学开始学习物理，不仅学不懂，还可能对物理产生厌恶情绪。此外，思维的提升不是立竿见影的，思维能力的训练是一个漫长的过程，需要受训者与施训者有持之以恒的决心，短期内达不到效果可能会打击受训者与施训者的自信。

（七）示　例

例1：抽象思维与形象思维的过渡——法拉第引入电场线。

物理学中存在着很多难以理解的抽象概念，例如电场就是一种非常特殊的物质，看不见、摸不着，导致在学习电场的过程中对于电场以及电场中的一些概念：电场强度、电势、电势能等的理解十分困难，无从下手。怎样去研究这种看不见又摸不着的物质呢？法拉第在电场中画了一些线，使这些线上每一点的切线方向都与该点的电场方向一致，并用线的疏密程度表示电场强度的大小，这些线就被称为电场线（如图3.1.3所示）。

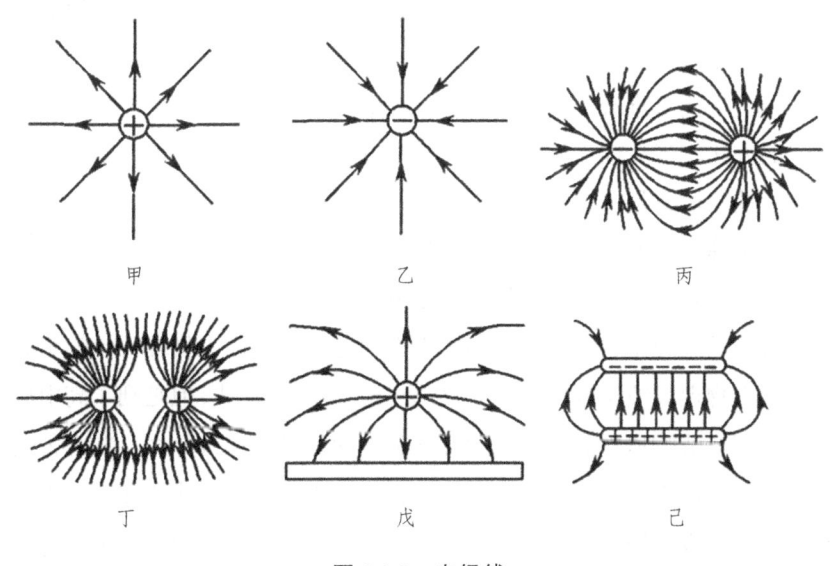

图3.1.3　电场线

电场线的引入使原本抽象的物体可视化了，变得形象了起来。在解决电场的问题时，可以通过观察电场线的分布情况得到清晰的判断。但是电场线的提出也不是完全凭空想象出来的，而是基于实验基础的。在 2023 版教育科学出版社出版发行的物理教材必修三中出现了下面的图片（见图 3.1.4、图 3.1.5）。

图 3.1.4　模拟点电荷电场的电场线　　　图 3.1.5　模拟均匀电场的电场线

在木屑受到电场作用力后，木屑的分布情况与法拉第提出的电场线的形状几乎一致。电场线的提出也是从形象到抽象的一个过程，并且抽象出了新的、适用性更强的概念，同时对于看不见摸不着的电场而言，抽象的电场线也变得形象起来。

从以上案例不难看出，抽象问题难以解决时，将抽象物体形象化不失为一种好的方法。当然抽象概念的提出也是以一切形象化的物体为基础而概括产生的，抽象形象是共存的，缺少任何一种思维方式都将让问题的解决变得困难，运用抽象形象交替思维看待问题会让复杂的问题变得简单起来。

例 2：形象思维与抽象思维的隔阂——死记硬背。

在教学的过程中曾遇到一个学生来询问怎样学习高中物理，该学生表示自己在初中物理成绩还过得去，中考分数线达到了重高线，但是到了高中后，物理成绩却节节败退，甚至上课的时候都不知道老师在讲什么，非常苦恼。通过交谈得知该生在学习物理的过程中喜欢把出现过的公式全部背下来，即使理解不了的也采用背的方式记下来，做题的时候再去套用背下来的公式。初中公式少，题目比较简单，只要肯努力把公式背下来，分数就挺可观。到了高中却发现一个章节出现的公式就有好多个，还会有公式之外延伸出的规律，并且高中题目情境比初中情境复杂，在套用公式的时候不知道用哪一个，导致学生经常拿不到分，物理成绩逐渐下降。不仅物理成绩不理想，该生的数学成绩也不理想，在学习数学的过程中也喜欢死记硬背。

通过分析可知，该生过度依赖于形象思维，导致其对学习缺乏足够的理解和抽象思考，公式中的字母、符号等即使能够写出来也不能理解它们各自的含义。如果学生过于倚重形象思维，没有进行抽象思考，那么在面对复杂的物理和数学问题时，就会感到非常吃力。如果学生能够发挥抽象思维的优势，结合形象思维，就能更容易理解物理和数学公式以及规律的本质，从而更好地运用它们来解决实际问题。

综上所述，抽象思维和形象思维都具有各自的特点和优势，任何一种思维方式的单独应用都可能导致不好的结果。在日常学习实践中，学习者应该充分利用两种思维方式，有机地结合它们来解决实际问题，这才是最为理性、合适、高效的方式。

五、学习想象力

（一）想象力的定义

1. 想象力

2018年11月，刘慈欣在美国华盛顿被授予克拉克想象力服务社会奖。作为获此殊荣的第一位中国人，他在随后的获奖演讲中，用诗意和深沉的文字表达了自己对于"想象力"（imagination）的理解以及对宇宙和星辰大海的向往。他说道："有历史学家说过，人类之所以能够超越地球上的其他物种建立文明，主要是因为他们能够在自己的大脑中创造出现实中不存在的东西。在未来，当人工智能拥有超过人类的智力时，想象力也许是我们对于它们所拥有的唯一优势。"[1]为什么说人类的核心优势是想象力？要弄清这个问题，首先要知道什么是想象力。

---

[1] 刘慈欣. 没有太空航行的未来是暗淡的[EB/OL].（2019-02-13）. http://www.chinawriter.com.cn/n1/2019/0213/c404081-30641763.html.

首先，想象力是在大脑里对已有的表象进行加工改造形成新形象的心理活动。例如，当我们说到"日出江花红胜火，春来江水绿如蓝"的诗句时，我们脑海中会浮现出一幅色彩缤纷的江南美景。当我们听到老师讲解知识时，会在脑中形成相应的图像或表象。其次，想象力不仅仅是对感知过的表象进行重新组合的过程，更是一种基于一定知识和经验的创新性思维能力。例如造汽车，最早人类的造车想法来自他们对车马的使用经验，后来逐渐发展出现代汽车。最后，想象力是在头脑中创造出一个基于现实但超越现实的新形象的能力。这种能力使得人类能够在头脑中生成表象力、语言片语或知识结构等，实际上是一个人观察能力、理解能力、记忆能力、分析能力以及创造能力的综合外化。[1]

按照想象活动是否具有目的性，可以分为无意想象和有意想象。

无意想象，也称不随意想象，是指没有预定目的，不自觉地产生的想象。它是人们的意识减弱时，在某种刺激的作用下，不由自主地想象某种事物的过程。比如听收音机时，会情不自禁地想象所描绘的情景；与朋友聊天时，谈到以前发生的事，大脑里就会形成当时的场景。这种没有目的也无需努力的想象，就属于无意想象。

有意想象是按一定目的、自觉进行的想象。比如老师让大家想象一只红色的大象，这种预先有目的，也需要大家花费努力才能进行的想象过程属于有意想象。

根据想象的内容、新颖程度和形成方式的不同，可分为再造想象、创造想象和幻想。[2]

再造想象是根据言语的描述或图像的示意，在头脑中再造出相应形象的过程。比如精彩的小说故事，作者把其中的人物和自然景色描写得栩栩如生，不同的读者会运用自己所积累的图像材料和知识，再造出相应的形象。

创造想象则是根据一定的目的任务，在头脑中独立创造新形象的过程。

---

[1] 格林. 怎样提高智力[M]. 北京：新世界出版社，2006.
[2] 俞国良，戴斌荣. 基础心理学[M]. 武汉：武汉大学出版社，2007.

比方说一些作家在构思自己的作品中人、事、物的形象时，大多都属于创造想象，一般都是自己独立思考、创造出来的属于自己的想象产物。如法国雕塑家罗丹，当别人问他为什么能雕刻出如此优秀的作品，他说他只是将他脑海中看到的雕像刻了出来。可见，罗丹在作品完成前先进行了创造想象。

幻想是指向未来，并与个人愿望相联系的想象，是创造想象的特殊形式。如果幻想是以现实为依据，并指向行动，经过努力最终可以实现，那么它就变成理想。如果幻想完全脱离现实，毫无实现的可能，就成为空想。① 比如，小孩幻想长大之后当宇航员，这种幻想就是属于可以经过努力学习得以实现的理想；若幻想自己能够长出一双像大鹏一样的翅膀，这就是脱离现实，无法实现的空想。

2. 学习想象力

"学习想象力"是指在获取知识、理解概念和解决问题时，能够运用创造性思维和想象力的能力。它广泛运用于概念扩展、创新思考、情境模拟、想象辅助记忆、问题提出、模拟实验、创造性作品等场景中。"学习想象力"鼓励学习者超越传统方法思考，建立独特的联系，并探索不同的视角，以加深他们对材料的理解和参与。

（二）想象力的原理

我们花几秒钟想象一下这些场景：机器人驾驶宇宙飞船潜入外太空星系；我们穿越虫洞回到了唐朝；等等。我们也许从没看过这些场景中的任何一样东西，但我们可以立刻想象出这些场景。那么，我们的大脑是怎么产生出一幅幅我们从未见过事物的画面的呢？

实际上，这是个复杂的脑科学问题。1949 年，加拿大心理学家唐纳德·赫布（Donald Hebb）在 *The Organization of Behavior* 中首次提出了"赫布理论"，用来解释在学习过程中大脑中的神经细胞是如何改变和调整的。该理论描述了突触可塑性的基本原理，即突触前神经元向突触后神经元的持续重复的刺

---

① 叶奕乾，梁宁建. 心理学自学指要[M]. 上海：华东师范大学出版社，1990.

激，可以导致突触传递效能的增加。[1]具体来说，我们要想在同一画面中感知到不同物品，必须由大脑中的某样东西来协调这样的激发，最有可能的角色就是前额皮质。前额皮质中的神经元与后皮质连结在一起，借由长且纤细的细胞（神经纤维）延伸。如同木偶师操纵着绳子，前额皮质神经元传送出电子信号，沿着神经纤维，抵达数个后皮质中的神经元集群，使得它们行为一致。若神经元群集能够在同时受到激发，我们就如同真的看见一般想象出了从未见过的画面。这里有个前提条件，即讯号必须同时抵达神经元集群，大脑才能产生"合成画面"。有人会产生这样的疑虑：有些神经元比其他前额皮质中的神经元远得多，如果讯号以同样速度在神经纤维中传输，它们是如何同时到达的呢？

事实上，人类的大脑，特别是在孩童发展阶段，电子讯号的传送速度是可以改变的。脑科学专家通过长期观察发现，神经纤维外层包裹着富含脂肪的物质称为髓鞘。它是一种绝缘体，可以加快电子讯号在神经纤维中的传送速度。有些神经纤维外甚至包着100层之多的髓鞘，其他的则数量较少。那些包裹着较厚髓鞘层的神经纤维，相较于没那么厚的神经纤维，传导速度可达到或超过100倍。部分科学家开始认为，这些髓鞘层的厚薄程度，也许就是平衡大脑中传导时间的关键。由于大部分的髓鞘生长于孩童时期，这也解释了为什么小时候的想象力相较于成年之后更加丰富。

除此之外，我们还可以从认知心理学的角度来解释为什么小时候的想象力比成年之后更加丰富。

1. 大脑的可塑性

儿童的大脑在发展过程中具有高度的可塑性，神经连接的形成和修剪速度非常快。这种高度的可塑性使得儿童能够更容易地建立新的神经连接，快速吸收和整合新信息。这种能力随着年龄的增长逐渐减弱，使得儿童在早期阶段更具创造性和灵活性。

---

[1] 殷明慧，杨玉超，黄如. 神经形态器件现状与未来[J]. 国防科技，2016, 37（6）：23-29.

2. 知识和经验的积累

儿童处于不断学习和探索的阶段，他们的知识和经验相对较少，这使得他们对新信息和新体验更加开放和敏感。没有太多既定的观念和框架限制他们的思维，使他们能够以更开放的心态进行想象和创新。而成人的知识和经验更多，这在某种程度上也限制了他们的想象力，因为他们更倾向于依赖已有的知识结构和经验进行思考。

3. 好奇心和探索欲望

儿童天生具有强烈的好奇心和探索欲望，他们乐于发现和尝试新事物。这种内在的驱动力促使他们不断地提问、探索和试验，从而激发出更多的想象力和创造力。随着年龄的增长，许多人逐渐失去了这种强烈的好奇心和探索欲望，导致想象力的衰退。

4. 语言和认知发展的阶段

在儿童早期，他们的语言和认知能力正在快速发展，并通过语言学习和认知活动不断拓展自己的世界观。语言的发展不仅帮助儿童表达他们的想象，还能促进他们在思维和认知上的复杂性和深度。这一时期的大脑对语言和新知识的高度敏感性，使得他们的想象力和分辨能力特别突出。

综上所述，儿童在认知发展的早期阶段，由于大脑的高度可塑性、强烈的好奇心、开放的心态以及语言和认知能力的快速发展，使得他们的想象力和分辨能力尤为突出。理解这些认知原理，有助于我们更好地培养和保护儿童的创造力，并在教育过程中提供适当的支持和引导。

（三）如何运用想象力来促进学习

想象是创造的向导，也是学习的向导。想象力是学习力的重要组成部分，提升想象力是提升学习力的重要途径。那么，如何运用想象力来促进学习呢？

1. 创设启发性学习环境

创建一个充满刺激和激发想象力的学习环境。提供多样化的学习资源和材料，包括图书、艺术作品、实验器材、多媒体内容等，以激发学习者的好奇心和创造力。创设具有挑战性的任务和问题，鼓励学习者尝试新的思考方式和解决问题的策略。

2. 引导学习者进行想象力练习

通过各种练习和活动来培养学习者的想象力。例如，请学习者设想一个未来的场景、创作一个故事、进行角色扮演、头脑风暴或设计项目等。这些练习可以激发学习者的创造力和创新思维，培养他们在思考和解决问题时灵活运用想象力的能力。

3. 跨学科学习

鼓励学习者在不同学科领域之间建立联系和联想。帮助他们认识到不同学科之间的相互关系，并培养他们将不同学科的概念和思维模式融合起来解决问题的能力。跨学科学习可以激发学习者的创造性思维，拓宽他们的知识领域，并促进综合性思考。

4. 探索多样化的学习资源

提供学习者多样化的学习资源，如文学作品、艺术作品、科学实验、历史案例等，以激发他们的想象力。通过观察和分析这些资源，学习者可以探索和发展自己的想象力，并将其应用于学习和理解的过程中。

5. 鼓励自主学习和研究

培养学习者的自主学习能力，让他们自己提出问题、寻找答案和探索知识。鼓励他们独立思考，提供他们发展想象力的机会。提供良好的反馈和指导，帮助他们不断调整和完善创造性思维。

6. 利用技术工具和创新方法

利用现代技术工具和创新的学习方法来促进学习者的想象力。例如，使用虚拟现实、增强现实、模拟器等技术，让学习者身临其境地进行学习体验；采用协作学习、设计思维等方法，鼓励学习者合作创新和解决问题。

（四）运用想象力能产生什么效果

想象力在学习中起着连接知识、拓展视野、培养创造力、丰富情感体验和形成直觉等重要作用。想象力的运用可以使学习变得更主动、更有层次和更富有成效。具体来说，有以下这些效果：

1. 提升创造性思维能力和激发创新精神

学习想象力能提升学习者的创造性思维能力和激发他们的创新精神。它使学习者能够以非传统的方式思考和解决问题，突破常规思维，构想新的解决方案。他们不仅能发掘新的创造和构想，还能将这些创造转化为实际行动，并寻找创新的、独特的解决方案。通过将不同的概念和思维模式进行联想和融合，学习者可以提升解决问题的能力，并在未来的职业生涯中具备竞争力和适应力。

2. 扩展知识和认知领域

学习想象力鼓励学习者跨越学科界限，将不同领域的知识和思想相互关联。这样可以帮助他们建立更加综合和深入的知识体系，拓宽认知边界，并能够将各种学科的概念和方法应用于实际问题的解决中。

3. 增强问题解决能力和学习能力

学习想象力鼓励学习者探索多样的解决路径和方法。这样的方法使学习者不局限于传统的解决方式，而是能够运用想象力提出多种可能性，并尝试不同的途径解决问题。这种灵活性和多样性的思维方式可以帮助学习者更好地应对复杂和未知的问题，从而进一步提升学习者解决复杂问题的能力，从而提升学习者的学习能力。

（五）如何培养运用想象力的能力

《存在主义心理治疗》一书曾提到：当一个人着眼于事物应该的样子时，他的想象力就会下降；而当一个人着眼于事物本来的样子时，他的想象力就会被激发。[1]因此，想象力的提高需要不断阅读、练习与应用，要在学习各个环节发散思维，避免思维定式，这样才能真正发挥想象力在学习中的重要作用，实现创造性学习与知识的创新运用。

培养运用想象力的能力的途径和方式如下：

1. 提供启发性学习材料和资源

提供多样化的学习材料，如文学作品、艺术作品、科学实验等，以激发学习者的好奇心和想象力。这些材料可以为学习者提供创造性的触发点和思考材料。

2. 引导学习者进行想象力练习

设计练习和活动，鼓励学习者进行想象力的锻炼。例如，要求学习者创作故事、设想未来的场景、进行头脑风暴、设计创新产品等。这些练习可以帮助学习者锻炼想象力，激发他们的创造性思维。

3. 鼓励多领域交叉学习

促使学习者在不同学科之间建立联系和联想，培养他们将不同领域的概念和思维模式进行融合的能力。通过跨学科学习，学习者可以开阔他们的知识视野，培养综合性思维，从而促进学习者思维能力的综合提升。

4. 培养好奇心和求知欲

激发学习者的好奇心，鼓励他们主动探索和发现新的知识领域。提供挑战性的问题和任务，鼓励学习者主动寻找解决方案。通过培养好奇心和求知欲，学习者能够更加积极地运用想象力进行学习，这也同时增强了学习者的学习自主性。

5. 提供开放性讨论和合作学习的机会

组织开放性的讨论和合作学习活动，鼓励学习者分享和交流他们的想法和观点。通过与他人的合作和讨论，学习者可以从不同的角度获得启发，拓

---

[1] 欧文·D. 亚隆. 存在主义心理治疗[M]. 北京：商务印书馆，2015.

展他们的思维。

6. 鼓励自主学习和实践

给予学习者一定的自主权,让他们自主选择学习内容和学习方式。鼓励学习者进行实践和实验,从中获取经验和洞察力。提供及时的反馈和指导,帮助学习者不断调整和完善他们的创造性思维。

(六)培养想象力容易出现的问题

在培养学习想象力的过程中,由于各种主客观因素的影响,学习想象力培养的过程本身也具有一定的不确定性,可能会出现以下问题:

1. 学习者缺乏足够的学习自信

有些学习者可能缺乏自信,不敢展示自己的想象力或担心被评判。他们可能害怕犯错或害怕他人的反应,因此不愿意尝试新的想法或创意。

2. 受限于传统思维模式

一些学习者可能受到传统思维模式的限制,习惯于按部就班地学习和思考。他们可能难以脱离固定的思维模式,缺乏创新和灵活性,从而限制了他们想象力的发展。

3. 缺乏启发性学习环境

学习环境缺乏刺激和激发想象力的因素,可能限制学习者的想象力发展。缺乏多样化的学习资源和材料、缺乏启发性的教学方法等都可能影响学习者的创造性思维和想象力的培养。

4. 缺乏培养想象力的指导和支持

一些学习者可能没有得到充分的指导和支持来培养他们的想象力。他们可能不知道如何进行想象力的训练和练习,或者缺乏对想象力重要性的认识。

5. 缺乏跨学科学习机会

学习者可能没有机会进行跨学科学习,无法将不同学科的概念和思维模式相互关联和应用。这可能导致学习者在解决问题和创造性思考时受到学科界限的限制。

6. 缺乏时间和机会

学习者可能面临时间紧张和课程压力，没有足够的时间和机会进行深入的想象力培养。他们可能被迫以完成任务为主，而忽视了发展想象力的机会。

（七）示 例

例1：学生A在一堂历史课上学习了古埃及文明。教师鼓励学生运用学习想象力，让他们想象自己是古埃及的建筑师，设计一座金字塔。学生A积极参与，展开了想象力的翅膀。他利用所学的知识和想象力，设想了一座巨大的金字塔，不仅保留了古埃及建筑的特色，还加入了现代科技的元素。他通过绘图和模型制作，展示了他对金字塔的创新构想。这个例子展示了学习想象力的效果能力，学习者通过运用想象力，不仅提升了对古埃及文明的理解，还展示了创新的思维和解决问题的能力。

例2：学生B参加了一堂生物学课程，学习了不同动物的适应性特征。教师鼓励学生运用学习想象力，想象自己是一个新的物种，设计适应不同环境的特征。然而，学生B对这个任务缺乏兴趣和自信，他觉得自己无法进行创造性的思考。他只是简单地复制了几个已知的动物的特征，缺乏原创性和创新性。他没有真正利用学习想象力，而只是机械地完成了任务。这个例子显示了学习想象力容易出现的问题之一，即学习者缺乏自信和创新思维，导致他们无法充分发挥想象力的潜力。

第二节　学习技能

学习技能是指通过学习和实践，掌握分析、评价、应用、迁移、创新等技能或知识，并能够熟练运用这些技能或知识来解决问题或完成任务的过程。一方面，学习技能可以帮助学习者更好地适应学习环境，提高学习效率；另一方面，也可以帮助学习者提高学习竞争力，更好地实现个人目标和梦想。

一、分析技能

分析技能是大脑进行分辨、思考等思维活动的一项基本能力。在学习、工作和生活中，分析几乎无处不在。分析技能是学习所有学科时必备的学习技能，不论是学文科还是理科，要想提高学习效率和学习效果，学习者都需要较强的分析技能。分析技能之所以越来越受到重视，一个很重要的原因就是分析技能越强的人思维越活跃、思维水平越高，应变能力、创新能力和领导能力等也越强。拥有卓越分析技能的人，在学习、工作和生活中都有优秀的表现。一般而言，个人的分析技能不是一成不变的，在掌握基本理论与技巧的基础上，加上适当的科学训练，每个人的分析技能都能获得不同程度的提升。

（一）分析技能的定义

1. 分 析

关于"分析"的定义，《辞海》解释为"在哲学上与'综合'相对，是思维的基本过程和方法。分析是把事物分解为各个部分加以考察的方法，综合是把事物的各个部分联结成整体加以考察的方法。二者是辩证的统一，互相依存、互相渗透和转化。分析的核心是矛盾分析。西方哲学史上，有的经验论者片面强调分析，有的唯理论者片面强调综合。分析与综合的统一，是辩证逻辑的基本方法之一。"[1]简言之，分析是指把一件事物、一种现象或一个概念等分成较简单的组成部分，找出这些部分的本质属性和彼此之间的关系，它是与综合相对的一个概念。

2. 分析技能

分析技能是指具有根据已有知识和经验对事物、现象或问题进行判断、辨别、总结或推理的能力。分析技能与个人的学习、工作和生活密切相关，

---

[1] 夏征农. 辞海[M]. 上海：上海辞书出版社，1999.

是个人必备的关键能力。

分析技能的核心是分析能力。分析能力是人把客观对象分解成若干部分后进行研究、认识的一种思维活动，也是一种从纷繁复杂中提取、分拣资料或数据的能力。客观对象是一个由不同要素、不同层次和不同规定性组成的统一整体，通过思维活动把这一整体的每个要素、层次和规定性暂时分割开来进行考察和研究，搞清楚每个局部的性质、局部间的相互关系以及局部与整体的关系可以加深对客观对象的认识。借助分析能力，这一对客观对象的认识过程就可以由现象到本质、由浅显到深入、由困难到容易、由繁杂到简单，从而把握客观对象的本质，得出准确而全面的结论。

(二) 分析技能的原理

在《纯粹理性批判》一书的"导言"中，康德明确定义和区别了逻辑学意义上的分析和综合概念，他说："在一切判断中，考虑到其中主词和谓词的关系，有两种可能的关系样式。要么谓词 B 属于主词 A，它被包含在 A 这个概念里；要么 B 处在概念 A 之外，尽管它与 A 处在连接中。在第一种情况下我称判断为分析的，在第二种情况下我称判断为综合的。"[①]

分析其实包含"分"和"析"两个动作。"分"就是将问题中所包含的信息进行分类，其执行过程相对容易，但要进行分类需要足够的依据，不同的依据会导致所分结果的巨大差异。这些依据有两个不同的来源：一个是自有的，也就是自身已经掌握的信息，如常识、定理、规律、经验、专业知识等；另外一个是收集的，也就是针对该问题特意去查找的信息。"析"在这里指的就是解析，就是将上一步分好类的信息再进行解析，目的是去识别其中所包含的关系，发现其中的关系和规律。其中要识别的关系或规律可能有很多种，如因果关系、先后次序、线性关系、相关性等，而且关系与关系之间可能还存在一定的交叉关系，结果可能会非常复杂。最后通过发现的结果来对原问题进行解答。

---

① 伊曼努尔·康德. 纯粹理性批判[M]. 李秋霞, 译. 北京：中国人民大学出版社, 2004.

具体来讲，分析技能由以下三要素构成：

1. 已有的知识和经验

已有的知识和经验是运用分析技能的基础。已有的知识和经验即运用分析技能必须具备的知识和经验，例如要写一篇作文，除了会写常用汉字外，还需要一定的写作技巧，这里的会写字就是写作文的知识基础，写作技巧可以认为是写作文的经验基础。

2. 信息的感知

信息的感知是运用分析技能的前提。感知的信息根据获取途径的不同可分为视觉信息、听觉信息、嗅觉信息、味觉信息和触觉信息。

视觉信息即通过眼睛观察到的信息，例如美丽的风景、书本上的文字、图片等；听觉信息即通过耳朵听到的信息，例如学生之间的对话、广播播放的英语听力等；嗅觉信息即通过鼻子闻到的信息，例如鲜花散发的香味、橡胶燃烧发出的臭味等；味觉信息主要是通过舌头和口腔尝到的信息，例如糖的甜味、盐的咸味等；触觉信息主要是通过皮肤感知到的信息，例如用手感知物体的材质和温度、打针时的疼痛等。

通常信息的感知不是单一的，而是多渠道、多感官的综合。例如上课时，既看到了课本，又听到了老师的讲解，既有视觉信息，又有听觉信息；又如炒菜时，既看到了操作过程，又听到了声音，还闻到了香味，既有视觉信息，又有听觉信息，还有嗅觉信息，如果再尝一下炒好没有、味道如何，又会得到味觉信息。

3. 分析的方法

分析的方法主要包括判断、辨别、总结和推理。

（1）判断

"思维对象"是一个外延极为宽泛的概念，因为人们既能对客观世界已经出现或可能会出现的事物进行思考，也能对客观世界根本不可能出现的事物进行思考；既能对物质世界的东西进行思考，也能对精神世界的东西进行思考。判断就是指对思维对象有所断定的思维形式。①

例如,"珠穆朗玛峰"是一个思维对象,当张三对李四说出"珠穆朗玛峰"这个词的时候,实际上他表达了一个概念,但是如果不结合特定的上下文或说话人的特殊语调,李四并不理解张三想要表达的确切意义,因为张三并未对"珠穆朗玛峰"作出任何断定。但是,当张三说出"珠穆朗玛峰是世界最高峰"这句话的时候,李四就完全能够理解他的意思,因为这句话表达的是一个判断,它对思维对象"珠穆朗玛峰"作出了明确的断定。

判断是一种重要的思维形式,判断语句就是对思维对象的肯定或否定,任何判断语句都有真有假。在人们的认识活动中,不论是描述日常生活中的具体事实,还是揭示自然界或人类社会的某些重要规律,都必须借助判断来完成。

(2)辨别

辨别指对不同的事物在认识上加以区别。辨别的关键是对事物的本质属性有深刻的认识,而不是仅从外在和表象方面进行区分。例如,在有关古希腊哲学家柏拉图的传说中,有这样一则趣闻:

一天,柏拉图的学生向柏拉图提了一个问题:"人是什么?"柏拉图回答:"人就是两条腿直立而没有羽毛的动物。"于是他的学生就抓了一只鸡,把鸡的羽毛全部拔光,反问柏拉图:"难道它也是人吗?"柏拉图一时涨红了脸,说不出话来。

显然,柏拉图对人的定义并没有反映出人的本质属性,只是指出了一些外在形式上的区别。

(3)总结

"总结"在《辞海》中有两种解释:一是指把一阶段内的工作、学习或思想中的各种经验或情况分析研究,做出有指导性的结论,比如总结经验;二是指概括出来的结论,比如年终总结。②"总结"在学习中也十分常见,比如语文阅读中的总结中心思想和段落大意,数学新课学习中的课堂总结、解题

---

① 达夫. 简单的逻辑学:逻辑学入门很简单[M]. 北京:中国华侨出版社,2019.
② 夏征农. 辞海[M]. 上海:上海辞书出版社,1999.

思想方法总结等。至于如何做"总结",则要根据具体的对象来定,大致做法是首先回顾整个过程或全面了解研究对象,再对过程或对象的关键信息进行提炼和概括,最终形成简明扼要、揭示本质、具有概括性的结论。

(4)推理

推理就是由一个或几个已知判断推出新判断的一种思维形式。[①]推理的依据是已有知识、经验或已知判断,推理的效果是得出一个新的结论。推理有多种分类方式,在学习中用得最多的分类方式是根据从前提到结论思维活动进程的不同而进行的分类,即将推理分为演绎推理和合情推理,其中合情推理又包括归纳推理和类比推理。

演绎推理是由普遍性前提推出特殊性结论的推理,有三段论、假言推理和选言推理等形式。归纳推理是由个别到一般、由特殊性前提推出普遍性结论的推理,有完全归纳法、不完全归纳法、科学归纳法等类型。类比推理是根据两个对象在某些属性上相同或相似,进而推断出它们在其余某些属性上也相同或相似的推理。

因此,分析技能的原理可以概括为对感知的信息根据已有知识和经验进行分析并得出结论。举一个生活中的例子:儿子一人在家,父亲回家时,摸了一下电视机,发现是烫的,马上把儿子叫来批评了一番,说他不认真做作业,就知道看电视。父亲是怎么知道儿子在看电视的呢?这个情境中,电视机开机时间长会发烫是已有的生活经验,电视机发烫是对触觉信息的感知。基于这两者,便可进行推理分析,因为只有儿子一人在家,所以得出儿子看了很长时间的电视这一结论。

(三)如何运用分析技能来促进学习

这里所讨论的学习是中小学生的学习,而学生的学习可分为课内学习和课外学习。课内学习中,学生可运用分析技能来进行听课、探究、自主学习和合作学习等;课外学习中,学生可运用分析技能来解题、复习和自学等。总之,运用分析技能促进学习就是要掌握基本的分析方法,通过判断、辨别、

---

① 达夫.简单的逻辑学:逻辑学入门很简单[M].北京:中国华侨出版社,2019.

总结和推理来解决学习中的问题。

1. 运用分析技能促进学生掌握知识和学习方法

在学习过程中,总结的表现主要有两方面:一是对学习内容及时的、不断的总结,有利于学生的知识结构化和关联化。例如一个单元的内容学完了,可以用思维导图的形式将本单元的主要内容进行梳理,理清知识脉络以及知识之间的关联,这有助于掌握知识并形成知识体系;二是对学习过程的总结,有利于学生掌握学习方法。例如在学完一个知识时,应及时回顾整个学习过程:我是怎样得到这个知识的?在新知的探索过程中都用到了哪些方法?这些方法具有普适性吗?能为以后的学习提供哪些帮助?因此,分析技能能有效地促进学生对知识和学习方法的掌握。

2. 运用分析技能促进学生提升学习能力

首先,在学习过程中,判断的主要对象是概念、定义、性质等,对其进行判断能使学生的认识更深刻,促进学生对知识的理解,从而促进学生学习能力的提升。那么如何进行判断呢?学习中的判断以抽象判断为主,并且还可细分为直接判断和间接判断。例如,《红楼梦》的作者是曹雪芹,这是直接判断,概念(《红楼梦》)与概念(曹雪芹)的联系便构成了直接判断,如果这个联系成立,则这句话就是正确的。直接判断不需要进行复杂的思维活动,只要掌握基本事实或相关的知识就能作出判断。又如《红楼梦》的作者还写了《水浒传》,这是间接判断,首先需要知道两部著作的作者(两个直接判断),再进行比对,比对后作出这句话是错误的判断。间接判断通常需要进行推理,从一个或多个已知判断推出新的判断,对学生思维的要求比直接判断高。

其次,由于判断的对象主要是概念、定义和性质等,通过判断学生能区分不同知识,找到它们之间的区别与联系,这能促进学生对知识的深刻认识,从而促进学生学习能力的提升。

例如,请将 $2,\sqrt{3},-3.4,\pi$ 按有理数和无理数进行分类,其实质就是判断哪些是有理数，哪些是无理数。判断的基础是知道两类数的定义，通过定义加以区分，发现二者的区别，而有理数和无理数都是实数，体现了二者的联系。

推理的应用比较广泛，学生在学习知识、分析问题、解决问题等方面都会用到推理。例如：诗人都会作诗，李白是诗人，所以李白会作诗。这是演绎推理中的三段论，其大前提是"诗人都会作诗"，小前提是"李白是诗人"，这两个普遍性前提条件以"诗人"作为关联，从而推出新的特殊性结论"李白会作诗"。又如：在同一平面内，锐角三角形的内角和是180°；直角三角形的内角和是180°；钝角三角形的内角和是180°，所以平面内的一切三角形内角和都是180°。这个例子从锐角三角形、直角三角形和钝角三角形内角和分别都是180°的特殊结论，推出了一切三角形内角和都是180°这样的普遍性结论，并且三角形就只分这三类，所以属于归纳推理中的完全归纳法。再如：矩形的四个内角都是直角，对角线相等且互相平分，正方形的四个内角也都是直角，所以正方形的对角线也相等且互相平分。这个推理通过正方形与矩形相关性质的类比得出结论，是典型的类比推理。推理能力是学生必备的学习能力之一，通过推理训练，有利于学生思维品质的提升和核心素养的发展，对学习能力的提升有较强的促进作用。

（四）培养分析技能能产生什么效果

分析技能就像是打开房门的钥匙，是一种解决问题的手段和途径。拥有分析技能的人，学习起来事半功倍，学习效率大大提高，因为分析技能会使学习从表面而肤浅的状态变得有深度。拥有分析技能，学习者更容易揭示所学内容或问题的本质，从而更容易掌握所学知识或解决问题。并且，学习不能脱离思维而独自存在，分析技能能有效地促进思维品质的提升，从而促进学习者的学习。

例如：学习课文时要背得快、记得牢，一定是在理解的基础上记忆，这里的理解实质上就是分析技能的运用。比如小学课文《记金华的双龙洞》是按地点的转换先后写了在路上、外洞、孔隙、由孔隙到内洞、内洞、出洞的所见所闻。这篇课文记忆的关键是抓住重点、理清脉络，记住文中表示时间、地点顺序的词语，文章的大致内容就了然于胸。如果不善于分析，死记硬背，则是一种肤浅的、机械的、缺乏思维的学习，记忆的效果和效率也会十分低下。

又如：英语词汇的记忆一直是学生学习英语的一大难点，很多学生记单词喜欢一个字母一个字母地拼读，比如把"carelessness"记成"c-a-r-e-l-e-s-s-n-e-s-s"，如果这样记，这个单词就出现了12个记忆单位，学生读很久都很难记住。这时如果通过构词法去分析就会发现，这个单词实际上是在"care"后面添加了"-less"和"-ness"这样两个后缀，"-less"表示"不，无"的意思，一般加在名词后构成形容词，而"-ness"是名词后缀，加在形容词之后构成抽象名词，表示性质、情况、动作、质量或状态等。这样分析后，这个单词的名词词性和"粗心大意"的词意也就显而易见了。学会用构词法去分析复杂单词的构成规律会极大地提高单词记忆效率。

（五）如何培养运用分析技能的能力

分析技能的提升应从两个方面入手：一是积累丰富的知识和经验，正所谓见多识广，丰富的知识和经验储备是做出正确和精准分析的前提；二是锻炼分析能力，即通过大量的实例，训练判断能力、辨别能力、总结能力和推理能力。

培养运用分析技能的能力应做到以下四个方面：

1. 增加信息的广度、深度、准确度，尽可能准确、全面地获取信息

如果获取的信息不准确或者不全面，往往会得出错误的结论或者不能得出结论。例如：他是一位唐代诗人，你知道这位诗人是谁吗？显然不能，因为获取的信息不足，不能做出准确的判断。又如：下午放学你背着书包回家，走到小区遇见熟人，他和你打招呼说："放学啦？"他为什么问你"放学啦"而不是"上学啦"或"下班啦"，其实，这么问是结合了时间得出的一种判断。这个例子中的信息有：时间（下午）、你的身份（学生）、学生的明显特征（背

着书包），在信息准确而全面的前提下，不难得出"放学"的结论。

2. 具备分析问题的知识和经验基础

丰富的理论知识使学习者能够理解问题的本质，洞察其背后隐藏的规律和逻辑。而经验则是宝贵的实践积累，它是学习者在无数次面对问题并尝试解决的过程中所沉淀下来的智慧结晶。拥有扎实的知识和丰富的经验基础，学习者就能更全面、更深入地剖析问题，从而找到最为恰当、有效的解决方案，避免在解决问题的道路上盲目摸索，提高处理问题的效率和质量。例如：已知三角形的两直角边分别是 5 cm 和 6 cm，你知道该三角形的斜边有多长吗？此问题的知识基础是"勾股定理"，如果你没学过"勾股定理"，那么几乎不可能解决该问题。因为该问题的结果是一个无理数，就算你按照题目给的数据做了一个十分精确的直角三角形，你量得的结果也是一个有限小数（有理数）。

3. 多角度多层次分析，全面整体看问题

通过多角度多层次的分析，学习者才能摆脱狭隘和短视，以更加全面、整体的眼光看待问题。例如，在学习"犯罪的基本特征"后，学生常会作出"凡是某人的行为具备犯罪的三个基本特征之一就属于犯罪行为"的错误判断。其原因是学生在分析具体问题时，忽略了犯罪的三个基本特征必须同时具备，才构成犯罪行为。分析问题的片面性是导致该问题结论出错的主要原因。

4. 分类梳理，系统思考，从整体到局部，注重关键节点之间的逻辑关系和相互影响

来看一个逻辑推理问题：有三个小朋友，他们的姓氏都不一样，他们当中有人姓赵，有人姓周，有人姓陈。根据下面 4 个事实来推断一下他们各自都姓什么？①甲不姓赵；②姓周的不是丙；③甲和乙正在听姓陈的小朋友唱歌；④甲乙丙三人都没有听自己唱歌的习惯。请问：甲姓什么？乙姓什么？丙姓什么？

分析：突破点就在第三条"甲和乙正在听姓陈的小朋友唱歌"，换言之就

是：甲和乙肯定都不姓陈，因为姓氏就3个，赵、周、陈，而且甲和乙正在听别人唱歌，再加上"甲乙丙三人都没有听自己唱歌的习惯"，说明甲和乙肯定是在听别人（丙）唱歌，因为这里就3个人，然后根据"听姓陈的小朋友唱歌"得出唱歌的这个人肯定就姓陈，再结合上面的推论得出：丙肯定姓陈。根据"甲不姓赵"可以推断出甲只能姓周了，剩下的乙肯定就是姓赵的了。

（六）培养分析技能容易出现的问题

掌握了分析技能的原理及方法，并不意味着得出的结论就是正确的。培养分析技能容易出现的问题主要有以下三方面：

1. 主观臆断

假设一位演讲者正在演讲而且讲得分外精彩，此时却察觉到前排有个人在打盹。这可能会让他认为自己的演讲对听众毫无吸引力。但事实上，听众是因为前一天晚上工作太晚，没睡好觉。这种分析明显存在主观臆断。

2. 经验主义

《伊索寓言》中有一则驴子过河的故事。一头驴子驮盐过河时不小心滑倒在水里，部分盐被水溶解了，当驴子挣扎着站起来时感觉盐轻了，它很高兴自己获得了减轻背负重量的宝贵经验。后来，它驮着两大包棉花过河时，就故意往水里倒，结果棉花吸水后变得更重了，这次驴子连站都站不起来了！这头驴子的悲剧就在于死板套用过去的经验来解决情况已发生根本变化的新问题。由此可见，"经验主义害死人"这句俗话也是有一定道理的。

3. 理论脱离实际

两部电梯一部停在15楼，一部停在18楼，若我们要从1楼乘坐电梯，一般会选择停在15楼的电梯，即离自己近的电梯。这个判断通常是基于经验得出的。从理论层面，可用行程问题基本原理（时间＝路程÷速度）来解释，在两部电梯运行速度相同的情况下，距离越近，到达时间越快。但如果电梯下降途中，有人在7楼也按了那部最初停在15楼的电梯，则电梯会在7楼停下，这时最初停在15楼的电梯不一定会比最初停在18楼的电梯先到1楼。

这个例子中，我们的分析并没有错，但结果与分析的不一样，原因是出现了改变预期结果的新情况。因此，理论分析应与实际相结合，考虑问题应尽可能全面一些。

（七）示　例

在关于分析技能的应用中，往往因为分析方式或方法的选择出现问题，导致结论的正确性值得怀疑，而学习者却很难从一开始就做出正确的分析。这种情况下，教师的引领和指导就显得特别重要。

例：学生第一次考试成绩不理想，他可能会把问题归结为试题太难，结果在评讲中，老师却通过条分缕析让学生明白了该题的知识覆盖面和能力要求均在学生应掌握范围之内，学生缺乏的是熟练运用。第二次学生考试成绩可能又不理想，这时他可能会想到练习量的问题，但老师在分析中指出这次是答题规范性上出了问题，解题不严谨。第三次学生考试成绩又不太好，分析的结果可能是时间安排不当，导致难题没做出，而易题又没时间做。还有应试的身体状况、心理状态等都有可能成为学生考试发挥不理想的原因。每次学生对自己问题的分析都有可能不是很准确，因为每次分析用的都是分析技能中的不完全归纳法。只有通过一次次的分析、归纳和总结，用完全归纳法最终把导致自己考试出问题的所有因素都找出来，才会得出正确结论，也才能最终解决问题。

二、评价技能

（一）评价技能定义

1. 评　价

关于"评价"的定义，《辞海》解释为"评估价值；对人或事物所评定的价值"[1]，这可以包括对个人产品、表现、结果或行为的全面评估。

广义的评价主要是指评价者依据评价标准，运用现代教育评价的技术和

---

[1] 陈至立，等. 辞海[M]. 7版. 上海：上海辞书出版社，2022.

方法对评价对象的各个方面进行判断,最终得出一个符合事实的结论。结论可以以量化的分数形式呈现,也可以是非量化的定性描述。

本书所谈论的主体是中小学生,评价即是在教育过程中评价者将教育信息进行收集、整理后,应用到具体的教学过程中,对评价主体进行价值上的评定和判断的过程。

2. 评价技能

在教学过程中,对学生的学习情况进行检查和评价,对于提高教学质量和学生的学习效果至关重要。合理而有效的学生评价一般包含以下几个环节:①学生评价的意图和目标是什么→②评价什么→③学生自身正在展露或形成的发展与熟练是如何展示的→④将采用哪些策略和技术→⑤谁将参与评价过程→⑥实施评价的时间和地点→⑦如何记录、收集及评估评价数据→⑧用哪种标准对结果进行评估。[1]

常见的评价方式有形成性学习评价及终结性学习评价、量化学习评价与质性学习评价、即时性学习评价与延时性学习评价、自评性学习评价与他评性学习评价。

联合国教科文组织 1996 年发表的"国际二十一世纪教育委员会"《学习:财富蕴藏其中》(*Learning: the Treasure Within*)报告强调了联合国教科文组织对教育目标认识的重大转变,即从"工具性目标"——把学习者培养成提高生产率的工具,转变为"人本性目标"——使学习者的情感、智力、身体、心理诸方面的潜能和素质都能通过学习得以发展。评价理论也从"一元智力"理论过渡到"多元智力"理论,强调应该从多个维度、多种形式展开评价,不仅关注学生目前的学习成绩,更在一定程度上预测学生未来的发展。

《美国 21 世纪学习框架》认为,21 世纪能力是孩子能够面对 21 世纪工作和生活的挑战的特定能力,分为三类:学习和创新能力,信息、媒体和技

---

[1] BLACK J, PUCKETT M B. Authentic assessment of the young child: celebrating development and learning[M]. New Jerscy:Merrill,2000.

术能力，生活和职业技能。其中学习和创新能力越来越多地被认为是评价一个人能否处理复杂问题的标准。

（二）评价技能的原理

评价技能的原理主要基于以下几个方面：

① 目标导向：评价技能首先要有明确的目标，即知道要评价什么。这涉及设定评价标准和指标，确保评价活动有明确的方向和依据。

② 量化与质化结合：评价技能不仅包括量化数据（如分数、排名等），也包括质化描述（如评语、反馈等）。量化数据提供了客观的衡量标准，而质化描述则能提供更深入、细致的评价信息。

③ 系统性：评价技能要求全面、系统地收集和分析信息。这意味着评价不仅要关注结果，也要关注过程，以及影响结果的各种因素。

④ 反馈与改进：评价的目的不仅仅是判断，更重要的是提供反馈和促进改进。有效的评价技能能够提供具体、建设性的反馈，帮助被评价者识别优点和不足，并指明改进方向。

⑤ 公正性与客观性：评价技能要求在评价过程中保持公正性和客观性，避免个人偏见和主观判断的影响。这需要评价者具备良好的职业道德和评价素养。

⑥ 持续学习：评价技能不是一成不变的，它需要随着时间、情境和被评价对象的变化而不断发展和完善。因此，评价者需要持续学习和实践，不断提高自己的评价能力。

总之，评价技能的原理涉及目标设定、数据收集与分析、反馈与改进等多个方面，它要求评价者在保持客观性和公正性的同时，能够提供有价值的反馈，以促进个人或组织的持续改进和发展。

调查发现，我国中小学生的学习动力主要来源于外部动机，普遍存在动力不足的问题，学习策略水平也只处于中等偏上水平，需要进一步提高。一项跨文化的研究显示，美国的学生课堂问题行为主要是上课随便说话，而我国反应最多的学生课堂问题行为是上课注意力不集中，容易走神。学生对课堂内容不感兴趣，表面上投入学习，内心却讨厌做作业以及长时间的学习。

提到学习评价,在我国首先想到的就是各种考试、成绩、排名等终结性评价,而与终结性评价相对应的旨在促进学生学习的形成性评价却存在不被重视、关注度不够的现象。形成性评价是伴随着教学活动进行的,在评价过程中,更注重学习的个体差异,并能通过学生目前的发展状态,给予他们快速恰当的学习评价。

心理学通常采用冰山模型来阐述对知识结构的认识。知识的冰山模型强调知识分为外显知识和内隐知识。学习的冰山模型认为学习评价要回答两个问题:一是为什么开展学习评价,而是学习评价具体评价什么。

国际学生评价项目PISA2015列举了目前存在的11种评价学生的目的:①指导学生的学习;②把孩子的进步告诉家长;③决定学生的升留级;④能够按照教学目的对学生进行分组;⑤把学校与区县、全市、全省或全国的成绩相比较;⑥监测学校每年的进步;⑦评判教师的效能;⑧发现教学或课程中可以改进的地方;⑨改进教学以适应学生的需求;⑩把本校与其他学校相比较;⑪给学生颁发证书。由于时代的飞速发展,现在学生的学习重点必须从学习知识转变为学习如何思考,从培养掌握知识的人转变为自主学习的人。学习评价的目的也需要作出相应的改变,即从对学习的评价转变为促进学习的评价。

以往对学生的学习评价,主要是通过考试和出勤率的考评来判断学生对知识的掌握情况及学习态度。基于学习重点发生了改变,学习评价的内容也作出了相应的调整,主要包含以下几个方面的内容:①学习者在学习过程中的行为表现即学习行为;②学习者对学习的动力倾向,包括学习的意志力、自信心以及学习兴趣等;③学习者在现实问题情境中合作解决问题表现出的学习潜能。

这些学习评价内容重点关注学生的终身学习,关注适应未来社会发展的具有前瞻性的学生学习目标的评价与培养,全面考虑影响学生发展的相关因素,为提升学生学习与发展质量提供了理论依据。

（三）如何运用评价技能来促进学习

1. 确定发展目标，激发学习兴趣

有效的评价可以激发学生的学习动机，成为学生全面发展的助推剂。这个评价既可以是教师对于学生的积极评价，也可以是来自学生的自我评价，是学生依据一定的标准，对自己的期望、品德、发展状况、学习行为与结果及个性特征进行判断，是学生自我分析、自我认识、自我提高的过程。① 这就是我们常说的反思性学习。

古人有云，"学而不思则罔""学然后知不足"。养成反思的习惯可以让学生对自己的行为习惯作出总结和调整，是学生不断认识自我、发展自我的一种有效手段，学生可以根据自己的不足及时做出规划并纠正。"有效的自评性学习评价有利于学生和教师共同承担评价的责任，使评价成为学生自己的事，帮助学生成为独立的终身学习者。所以，学生的自我评价是学生自我诊断、自我矫正、自我完善和自我实现的过程。"② 在这个过程中，学生的自我教育能力不断提高，并且能在进步和优势中认识到不足，从而根据自身情况制定未来的发展目标。

2. 进行正向引导，帮助学生树立信心

当教师发现所教班级中有部分学生出现高估自己学习能力的情况时，可以在课堂上特意开展一些自评活动。第一种是通过书写知识清单，然后让学生自己先批改，找出做得好的和做得有问题的地方。遇到有些概念题学生难以判断自己是否做得正确时，可以让他们先打上特殊符号，然后在知识清单的最后，根据自己的完成情况，初步判断自己是否过关，再交给老师批改。在批改时，老师要认真查看学生批改得正确与否。如果批改准确度高，并且自评也合理，说明这个学生能正确地认识自己，老师就可以奖励他五角星。每次发下去，学生会先看自己是否过关，再看自己得了几颗五角星奖励，并相互交流各自获得的评价情况。这种方式充分调动了学

---

① 张占巧. 小学高年级学生自我评价的问题与对策研究[D]. 重庆：西南大学，2009.
② 王文静. 学生自我评价流程分析[J]. 中国教育学刊，2005（3）：50-52，56.

生学习的积极性，也给他们提供了认识自我的机会。另外，在课堂上要经常开展自评与互评。当一个同学回答完教师所提出的问题后，教师可先让他评价一下自己回答的知识点是否正确，并请其他同学对他的观点作出判断。通过这些措施，学生能够更加正确地认识到自己的优点和不足，并能及时发现学习中存在的问题，然后不断完善，慢慢进步，逐渐掌握正确的学习方法，自信心也会越来越足。

即时性评价往往是积极的评价，可以帮助学生树立学习的信心，同时激发学习的兴趣。心理学研究表明：当学生的某种良好行为出现时，如果能够及时得到相应的认可，就会产生一定的心理满足，形成愉悦的心境，并使同类行为继续向更高层次作出积极的努力。[1]比如，当一个缺乏自信的学生突然在某堂课上发现教师讲解的内容存在问题并大声指出来时，教师不仅没有生气，反而开玩笑似的说正是因为老师的错误讲解才显示了学生的聪明才智，这时同学们一起鼓起掌来，相信这名同学受到的鼓舞是无法衡量的。

（四）运用评价技能能产生什么效果

1. 有利于学习者及时调整学习状态

教学评价针对不同年龄段的孩子会产生不同的效果。低龄段的学生相对更适合即时性评价和质性评价，一个认知和人格健康发展的学生离不开教师的时时关注和家长的及时鼓励。高龄段的学生需要充分认识自己的优势与不足，可以运用教师主导、学生主体的方式，通过量化学习评价及自评性和他评性评价相结合的方法，让学生能通过数据客观真实地了解自己，并及时调整状态。

2. 可以提高学习者的学习信心

有效的教学评价可以助力学习者向更高层次发展，而不恰当的教学评价可能会阻碍学生的发展，成为他一生中难以忘记的阴影。苏霍姆林斯基认为：

---

[1] 方如放. 从即时性评价看语文教学的有效性[J]. 语文学刊，2010（5）：152-154.

"渴望被人赏识是人的内心深处都有的一种根深蒂固的需要。"每个人在内心深处都渴望被认可，期待得到别人的肯定和赞赏。课堂上教师不经意的一句赞扬可能让某个学生带着微笑和自信投入到接下来的学习中，而一句不经意的批评或无意的忽视，可能会让学生放大自己的问题，怀疑自己的能力，进而影响到其品格和自信的发展。

3. 有利于学生养成反思的习惯

传统的教学评价更注重关注结果，而新课程教育改革提倡不仅要注重结果，也要关注发展变化的过程。成长记录袋是运用发展的眼光来评价学生的一种质性评价工具。它的评价主体是多元性的，可以是教师、学生或者是同伴和家长。学生在制作成长记录袋的过程中，能够针对自己整理、收集、展示的表现进行反思，主动评价自己。对于教师而言，在学生作品的收集过程中，一方面引导学生选取适合的材料放入记录袋中，另一方面对选取的材料及学生在制作记录袋的过程中的表现进行评价，利于学生在学习中自我评价，在自我反思中进步。

学会评价技能，能调动学生积极参与学习过程，促进学生多种能力的发展，实现真正的"以人为本"。

（五）如何培养运用评价技能的能力

2002年《教育部关于积极推进中小学评价与考试制度改革的通知》中指出，中小学评价与考试制度改革应坚持内容全面、评价方法多样、关注过程和主体多元参与等原则，学生评价目标体系包括基础性发展目标和学科发展目标等，要求中小学评价要体现评价的发展性与教育性。[①]《中小学教师专业标准（试行）》中要求教师要灵活使用多元评价方式，多视角、全过程地评价并引导学生进行积极的自我评价。

21世纪是全面"学习化"的时代，学校教育工作的重心也发生了变化，不再是教授给学生固有的知识，而是促进学生的全面发展。在全面发展的过

---

① 王秀敏. 指向深度学习的课堂即时评价研究[D]. 重庆：西南大学，2019.

程中，评价技能的培养变得越来越重要，并广泛受到教育领域专业人士的关注。培养和应用评价技能的前提是充分了解我们的培养对象是青少年学生。国内外多项研究表明，青少年学生的自我评价在发展过程中一般会经历三个转变：第一个转变发生在进入小学时，第二个转变出现在进入小学高年级和初中一年级时，第三个转变则发生在进入高中时。

例如，初三要升高中的学生正处于教育、发展和认知的转折点。进入初三后，学生们开始为进入高中做好学习方法、态度或价值观方面的准备。随着生理变化的出现，他们的心理也开始发生相应的变化。

根据皮亚杰的认知发展论，青少年儿童的智力正处于形式运算阶段，抽象逻辑的思维方式已经形成，他们的自我评价正在由依赖性向独立性过渡。学生开始摆脱对外部评价尺度的依赖，试图用内在的判断标准来监督和调节个人的行为，从对外在表现的初步认识转向对内部品质的深刻评价。[①]

长期以来，学生的自我评价一直被教师评价所代替。学生自我评价意识较弱，不习惯评价自己的练习，也不善于对他人的演讲和练习给予适当的评价。作为教师，我们应该结合教学实践，有意识地全面引导学生进行自我评价，使学生逐渐养成自我评价的习惯，提高自我评价能力。教师应该从以下几个角度引导学生，培养其评价技能能力（见图3.2.1）：

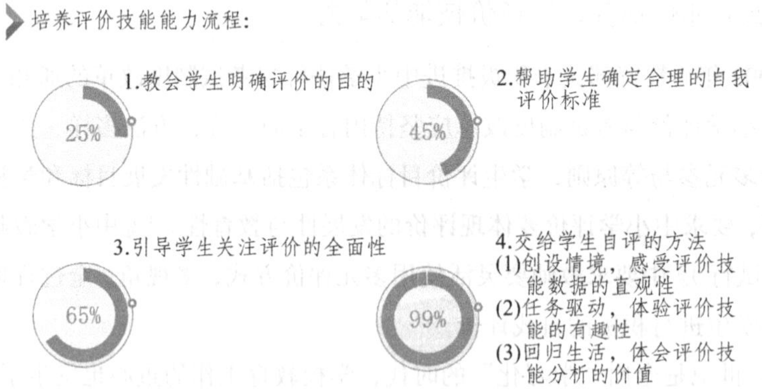

▶ 培养评价技能能力流程：

1. 教会学生明确评价的目的 25%

2. 帮助学生确定合理的自我评价标准 45%

3. 引导学生关注评价的全面性 65%

4. 交给学生自评的方法 99%
   (1) 创设情境，感受评价技能数据的直观性
   (2) 任务驱动，体验评价技能的有趣性
   (3) 回归生活，体会评价技能分析的价值

图3.2.1 培养评价技能能力流程

---

① 王耘，叶忠根，林崇德. 小学生心理学[M]. 浙江教育出版社，1993.

1. 教会学生明确评价的目的

明确自我评价的目标，是开展高质量自我评价活动的重要指南，也是成功提高学生自我评价技能的关键。

2. 帮助学生确定合理的自我评价标准

教师应引导不同层次的学生，根据自己的具体情况，制定阶段性或批判性的自我评价目标，明确评价标准，鼓励学生将评价标准转化为评价能力。

3. 引导学生关注评价的全面性

注重学生在学习过程中的情感体验与价值观的形成，对学科核心素养进行全面发展。

4. 交给学生自评的方法

美国学者奥博托（Alberto）和卓逊曼（Troutman）的一些研究结果表明对平时作业的自我分析、对各种学习作品的自我评判、对日常行为表现的自我检查、对自己的进步与变化等作出及时的记录与反思都是学生开展自我评价的有效途径。[①]所以教师要多教给学生一些自我评价的方法，让学生运用自己喜欢的方式进行自我评价。

（1）创设情境，感受评价技能数据的直观性

在教学中，教师创设真实的问题情境呈现数据，渗透数据分析观念，能调动学生学习的积极性，促进学生主动学习，初步感受数据的直观性，产生自我评价和获得他人评价的需求以及获得评价以后的成就感。

（2）任务驱动，体验评价技能的有趣性

在教学中，教师精心设计具有挑战性的任务能激发学生的探究欲望和评价需求，使其在自主探索和合作学习的过程中积累数据并分析数据，及时进行自我鉴定和小组评价。采用实时自我评价与阶段自我评价相结合，能使他们从细节点滴入手进行自我教育，并通过总结自己的表现形成自我评价

---

① ALBERTO P A, TROUMAN A C. Applied behavior analysis for teachers[M]. Upper Saddle River, NY: Merill Prentice Hall，2003.

能力。①

（3）回归生活，体会评价技能分析的价值

评价源于生活，又高于生活。评价技能中统计的数据，与学生的日常生活紧密联系。在教学中，教师应有意识地渗透数据分析与评价技能相结合的观念，让学生感悟数据和评价源于生活，并应用于生活，体会评价技能在生活中的应用价值。

（六）培养评价技能容易出现的问题

调查发现，培养评价技能最容易出现以下问题（见图3.2.2）：

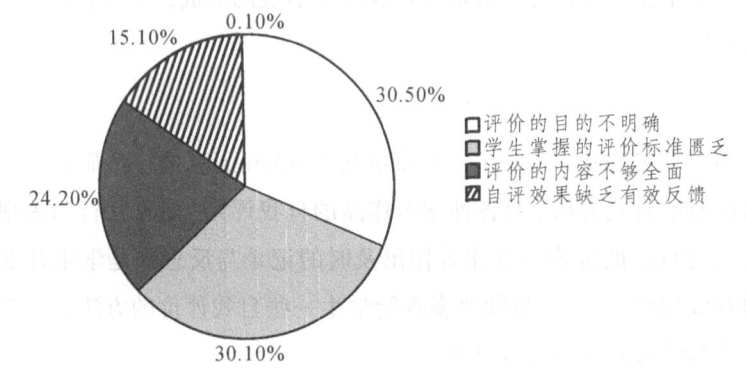

图 3.2.2　出现问题及所占比例

饼图数据：
- 评价的目的不明确：30.50%
- 学生掌握的评价标准匮乏：30.10%
- 评价的内容不够全面：24.20%
- 自评效果缺乏有效反馈：15.10%
- 0.10%

1. 评价的目的不明确

学生作为课堂教学的对象，其评价能力尚在不断提高之中。学生经常以老师和同学作为自我评价的参考，而每个人的基础条件各不相同，如果让学生自己来制定评价对象、内容和目标，效果往往不好，目标也不够明确。因此，教师应该提供指导，引导学生明确自我评价目的。此外，由于教师对学生的评价往往只注重学习成绩，经常赞扬学习进步的同学，这就可能让其他同学把被表扬的同学当作榜样，成为自己的进步目标。当学生进行自我评价时，他们经常将自己与其他同学进行比较，而忽略掉自己的进步。所以，教

---

① 张占巧. 小学高年级学生自我评价的问题与对策研究[D]. 西南大学，2009：24.

师必须引导学生意识到自我评价的目的是实现自我发展,只要他们比以前有所进步,他们就是成功的。

2. 学生掌握的评价标准匮乏

人本主义心理学家罗杰斯(C. R. Rogers)认为"当一个学习者能够自己确定评价的标准、学习的目的和实现目标的程度时,他就真正在学习,并可以对自己学习的各个方面负责"[1]。由于学生还处于自我评价的形成阶段,评价标准主要依赖于教师的指导。但学生应参照这些标准对自己的学习进行评价,并逐渐将这些标准内化为自己的标准,在此基础上形成自己的标准。然而,根据调查显示,学生掌握的评估标准相当匮乏,许多学习标准并没有成为学生的评估标准,这使得他们很难从各个方面评估自己。学生对自己的评价往往是比较粗糙的,在评价内容上出现了特别明显的优缺点。学生不知道从哪些方面来综合评价自己,评价往往停留在肤浅的层面,无法深刻理解问题产生的原因。

3. 评价的内容不够全面

自我评价的内容是学生能否实现自我评价的关键,也是学生全面分析自我的基础。自我评价不全面表现为两种情况:一是自我评价内容单一,过于注重知识和技能;二是自我评价内容缺乏深度。受传统评价观念的影响,学生对自身的评价往往局限于已获得的学习知识,对情感方面的评价没有得到充分体现。

4. 自评效果缺乏有效反馈

教师在评价过程中可能会出现偏差,比如我们经常提起的第一印象很重要,它也被称为"首因效应",起着先入为主的效果,会干扰教师全面了解学生的情况。研究表明,第一印象的好坏很容易在某些教师的心理上形成刻板印象,从而形成判断某些学生的主要依据。一个开始表现好的学生,教师可能因为首因效应忽视他存在的坏习惯,始终对其保持着该生是好学生

---

[1] 张占巧. 小学高年级学生自我评价的问题与对策研究[D]. 重庆:西南大学,2009.

的印象。而一个开始表现差的学生，教师可能因为首因效应看不到他的优点与进步，在头脑里将其固化为坏学生的形象。又例如一个字体漂亮的学生，教师会定义为他是一个学习习惯好且自律的学生，而字体潦草的学生，教师会认为他行为习惯差且懒散，这样就形成了以局部判断整体的现象，这也可以称之为晕轮效应。评价者出现了以偏概全的行为，客观评价受到了情感的影响，从而影响了教师对于学生其他方面做出准确的评价。

教师应及时对学生的自我评价进行总结和有效反馈。教师经常组织学生进行互评，有助于学生之间更深层次地认识彼此，形成良好的评价气氛。[1]学生客观准确的评价应该受到赞扬，教师对不符合事实的评价应该给予相应的指导。在教师评价过程中，教师应该优先表扬和指导，批评作为补充。这样，才有利于学生主动进行自我评价，进而带来良好的评价结果。在同伴评价过程中，教师应引导学生以稳定、耐心、乐观的态度，公平公正地评价，并把互评带来的正面信息告知被评价者，这样可以给彼此带来更多成效。

(七) 示 例

例1：化学方程式书写教学的自我评价与互评。

化学老师在课堂默写化学方程式的巡视指导中发现，学生书写方程式的热情不高，错误率却非常高，最终导致学生的学习热情下降了很多。为了解决这个教学难点，该教师采用了学生自评和同桌互评的方法。首先，该教师在批改作业时对方程式中的特殊符号加以批注，并利用晚自习的时间当面批改学生的方程式，逐个询问写错的原因，然后让学生对最近的方程式进行分类梳理，对自己本节知识的理解程度进行等级评价。同时，教师按照学生写对的个数进行量化评分，如全对100分，错一个90分，扣完为止。批改完后在班上的小黑板上列出本周书写前三名的同学并标小红旗表扬。看到学生们拿到默写本，数自己得了多少小红旗并互相询问"你这次得了多少个？"并互相较劲，再各自努力时，评价的激励作用就凸显出来了。在晚自习前的小

---

[1] 金娣，王钢. 教育平评价与测量[M]. 北京：教育科学出版社，2007.

组讨论中，该教师让学生互相抽背或书写方程式，并进行小组互评。在学生的热烈讨论中，他们学习化学的热情逐步提升，对背诵方程式的抵触情绪逐渐消退。在课前的十分钟，该教师还灵活地改编游戏"成语接龙"为"化学方程式接龙"，提升学生活力，让学生获得成就感。

从上面的案例可以看出，教师通过学生对不同评价的反馈，认识到学生自身存在的不足与问题，并及时地对学生的问题给予关注和回应，让学生真正在学习方式上获得进步，从而增强学生的学习热情，带给学生实实在在的成就感，也让学生喜欢通过这些方式来进行自我评价，从而提高学生的自我评价能力，实现自我全面发展。

例2：某教师组织学生填"'水溶液中的离子平衡'章后学习质量评价表"，该表内容包括"概念的熟练度""方法的熟练度""计算的熟练度"三大项，其中又分几个小项，让学生结合自身情况来评定合适的等级。该班一位学习成绩及平时表现都非常良好的学生在评价自己时，各项全选为最差的"D"选项。诧异之余，该教师在课前问其原因，该生只是低头说自己不是好学生，就应该选 D。在教师的再三追问之下，该生才说明原因：在前一天晚上的作业中，有一道题他想了很久都想不出答案，是全班最后一个交作业的，他的心情很糟糕，由此他认定自己糟透了。

以上案例中该学生的这一次自评是无效的，受自身主观情绪因素的影响很大。这种情况也很容易发生。学生的评价技能还不成熟，学习也容易受到其他因素的影响，这时就需要依靠教师的指导，所以教师恰当的指导也会影响学生自我评价能力的发展。教师不要把所有的精力都只放在知识的传授上，也不应该以某一个时间的成绩来肯定或者否定学生，而要把更多的精力放在学生各种能力的培养上，要注重过程性评价，注重学生在多角度评价过程中各种能力的锻炼和提高。[1]

---

[1] 冯桂凤. 高中化学学生多角度评价的初步实践研究[M]. 贵阳：贵州师范大学，2014.

三、应用技能

(一) 应用技能的定义

1. 技　能

技能指个体运用已有的知识经验，通过练习而形成的动作方式或智力活动方式[1]，指掌握并能运用专门技术的能力。

2. 应用技能

目前学术界对此无统一定义。应用指将理论应用于实践，以解决实际问题或提高工作效率的过程。结合前面关于技能的定义，应用技能即指学生将某种理论、方法或工具等应用于实践而形成的解决实际问题或提高工作效率的能力。

(二) 应用技能原理

1. 实践性原理

实践性原理是一种基于实践的理论，强调实践在知识获取、经验积累、创新改进和现实问题解决中的重要作用。该原理认为，实践不仅是理论的基础，同时也是理论的归宿和目的。实践性原理强调实践在知识获取、经验积累、创新改进和现实问题解决中的重要作用。它以实践为基础，注重实践的实际效果和实践经验的积累，同时强调不断改进和创新，注重与现实生活的联系以及实践者与理论者之间的互动和合作，以实现理论与实践的结合，推动实践的不断发展和理论的不断创新。

2. 系统性原理

系统性原理是管理学原理中的一种，它是对管理物件所进行的分析，并引申出基本原理。管理物件是由人、财物、时空、资讯以及组织按一定目的所组成的整体。系统性原理可以看作是一种观念，它强调整体与局部的关系，

---

[1] 车文博. 心理咨询大百科全书[M]. 杭州：浙江科学技术出版社，2001.

以及系统的平衡和稳定。在管理中，管理者需要从整体出发，考虑各个部分之间的相互关系，以达成管理目标。在教学中，教师要考虑知识的系统性原则，整体设计，逐个突破。

3. 个性化原理

个性化原理是考虑每个用户的独特需求和偏好，以提供个性化的推荐和服务的原理。注重学生个性差异是非常重要的。每个学生都有其独特的学习方式和进度，因此，个性化的指导可以更好地满足他们的需求，帮助他们更好地掌握技能。个性化原理是一种考虑每个学生的独特需求和偏好，以提供个性化、差异化学习指导的原理。

4. 反馈原理

反馈原理是控制论中的术语，指的是在一个系统中，输出信号会反馈回输入端，从而影响系统的行为。反馈原理是一个非常重要的概念，在教育领域有着广泛的应用。教学确实需要及时的反馈，这有助于学生了解他们的操作是否正确，是否有需要改进的地方。通过及时的反馈，学生可以更快地纠正错误，改进技能，提高水平。及时给予反馈是教学的重要环节。通过观察、示范、口头指导和书面反馈等方法，教师可以帮助学生更快地掌握知识和技能。同时，教师也需要给予学生足够的鼓励和支持，以激发他们的学习热情和动力。

5. 强化原理

强化原理是心理学中的一个重要原理，它是指在特定的情境中，通过给予某种刺激来增强某种行为出现频率的过程。在强化原理中，有两种主要的强化方式，即正向强化和负向强化。正向强化是指通过给予一个积极的奖励来增强某种行为的出现频率。例如，一个孩子在学习中取得了好的成绩，父母可以给予他一些奖励，如玩具、美食或赞扬，以鼓励他在学习中继续努力。这种正向的强化方式可以激发孩子的积极性和动力，让他更加努力地学习和表现。负向强化是指通过消除负面刺激来增强某种行为的出现频率。例如，一个孩子非常害怕黑暗，那么父母可以通过消除这种恐惧来鼓励他勇敢地面对黑暗。这种负向的强化方式可以帮助孩子克服恐惧和其他负面情绪，增强他的自信心和勇气。在实际应用中，需要注意强化的方式和强度，以避免过度依赖或滥用强化方式，造成不良后果。

（三）如何运用应用技能来促进学习

当今社会飞速发展，具备应用技能对于中小学生的学习和成长都至关重要，它不仅可以提高学生个人的学习效率，还可以帮助他们在未来的职业发展中取得成功。下面介绍几种常用的应用技能，并探讨如何应用这些技能来促进学习。

1. 计划和管理时间

计划和管理时间是成功学习和工作的关键。制订一份详细的时间计划，包括每天、每周、每月的学习计划以及自己的休息和娱乐时间，有助于使学习和生活更加有序。合理地安排时间可以避免拖延症，提高学习效率，同时保证足够的休息时间，以保持身体和精神的健康。

2. 制定清晰的目标和计划

制定清晰的目标和计划对于学习和工作的成功至关重要。设定明确、具体的学习目标，并将它们分解为可行的小目标，有助于在学习过程中保持动力和聚焦重点。制订详细的计划可以确保在学习过程中有明确的指导，以便按时完成学习任务。

3. 监控和评估进展

持续监控和评估学习进展对于提升学习效果非常重要。建立一个进度表，跟踪学习的进度和状况，有助于及时了解自己的学习状况，发现并解决问题。定期检查计划进展情况并对自己的学习进行评估，就可以及时调整学习策略，以确保学习目标的实现。

4. 保持注意力和专注力

保持注意力和专注力是学习和工作成功的重要条件。在学习过程中要采取有效的方法来保持注意力和专注力，例如，保证充足的睡眠和营养摄入，避免分心和干扰，保持环境的整洁和安静等。同时，采取有效的学习方式，如阅读、写作、听讲等，可以提高注意力和专注度，提高学习效率。

5. 良好的沟通技巧

良好的沟通技巧对于学习、工作和人际关系都至关重要。在学习中，与同学、老师积极交流，分享想法和问题，可以加深自己对学习内容的理解，提高学习效果。同时，在工作中，良好的沟通技巧可以促进团队的合作和协作，增强工作效率。通过练习而获得的好的沟通技巧，如倾听、表达清晰、理解他人的观点和需求等，可以提高自己的沟通能力和人际交往能力。

6. 主动学习和自我激励

主动学习和自我激励是学习和工作成功的重要因素。在学习中，学习者应积极参与学习活动，尝试新的知识和技能，主动寻求反馈和建议，以提高自己的学习效果。在工作中，学习者应不断学习和提升自己的技能和能力，尝试新的工作方法和思维方式，以适应不断变化的工作环境。同时，学习者应不断鼓励自己，设立目标并努力去实现，这样可以提高自己的自我激励能力和自信心。

7. 问题解决和决策能力

问题解决和决策能力是学习和工作成功的重要保障。在学习中，遇到问题时采取积极的解决方法，如寻找答案、咨询专家或同学、尝试不同的解决方法等，可以帮助自己更好地掌握知识和技能。在工作中，面对复杂的问题和挑战时，具备快速、准确地进行决策的能力，可以提高工作效率和质量。通过培养问题解决和决策的能力，可以提高自己的适应性和竞争力。

8. 创新思维和批判性思考

创新思维和批判性思考对学习和工作的成功有着至关重要的影响。在学习中，采取创新的思维方式，探索新的知识和解决问题的方法，可以提高自己的学习效果。在工作中，批判性思考可以帮助自己更好地理解问题、分析利弊、提出创新的解决方案。通过培养创新思维和批判性思考的能力，可以提高自己的创造力和解决问题的能力。

9. 团队合作和领导能力

团队合作和领导能力是学习和工作成功的保障。在学习中，与同学组成小组、参与团队项目等可以增强团队合作能力，同时提高自己的学习效果。在工作中，具备领导能力可以帮助自己更好地组织团队、分配任务和管理项目。通过培养团队合作和领导能力，可以提高自己的组织能力和领导力，为未来的职业发展打下坚实的基础。

在应用这些技能时，要注意灵活性和适应性，根据不同的情境和学习任务来选择合适的技能和方法。同时，也要注意持续学习和提升自己的技能和能力，不断探索和学习新的知识和技能。

（四）培养应用技能会产生什么效果

应用技能的培养对于个人成长和职业发展都具有非常重要的意义。能合理运用应用技能的人，不仅在学习上容易脱颖而出，而且在职业发展和个人成长方面都具有较大的优势，能够保持较高的竞争力和适应性。在当今社会，应用技能的培养已经成为中小学教育的重要组成部分。

1. 增强学习能力

有较强运用应用技能能力的中小学生，可以通过制订学习计划、养成良好的学习习惯、采用多种学习方法、培养阅读习惯、多动手实践和寻求帮助等方式增强自己的学习能力。这些方法可以帮助中小学生更好地理解知识，提高记忆力和理解能力，从而提高学习效率和成绩，为未来的学习和职业生涯打下坚实的基础。

2. 增强实践能力

通过提升应用技能，学生可以更好地将所学知识应用于实际生活中，增强他们的实践能力。例如，通过学习烹饪技能，学生可以更好地理解食品的营养成分和烹饪技巧，这有助于他们在日常生活中做出更健康和美味的食品。

3. 培养创新思维

提升应用技能可以激发学生的创造力，培养他们的创新思维。例如，通过学习设计和制作海报，学生可以学习到设计思维和解决问题的能力，这有助于他们在未来的学习和工作生活中更好地应对挑战。

4. 提高竞争力

在竞争激烈的今天，拥有一定的应用技能可以提高学生的竞争力。例如，掌握一定的计算机技能可以为学生在未来的职业发展中提供更多的机会。

5. 促进自我发展

提升应用技能可以为学生提供更多的自我发展机会。例如，通过学习一门语言，学生可以更好地了解其他文化，这有助于他们拓宽自己的视野和知识面。

6. 优化综合素质

提升应用技能可以优化学生的综合素质，使他们更加全面和多能。例如，通过学习音乐或舞蹈，学生可以增强自己的艺术修养和身体协调能力。

7. 适应社会需求

随着社会的发展和变化，对人才的需求也在不断变化。提升应用技能可以让学生更好地适应社会的需求。例如，通过学习环保知识，学生可以了解到环保的重要性，并采取实际行动保护环境，这有助于他们成为社会的有用之才。

应用技能的培养不仅可以提高中小学生的学习成绩，增强实践能力，培养创新思维，提高就业竞争力，促进自我发展，优化综合素质，适应社会需求，还可以为学生个人的全面发展提供支持。

（五）培养学生应用技能的策略

在当今竞争激烈的社会中，具备实际应用技能的人才越来越受到重视。对于中小学生来说，提升应用技能是增强自身竞争力和未来职业发展的关键。为了帮助学生们更好地提升应用技能，可以从以下几个策略着手。

1. 加强理论学习

理论学习是提升学生应用技能的基础。学生需要通过课堂学习和自主学习，掌握相关理论知识和基本原理。例如，在中职计算机相关专业的学习中，学生需要掌握计算机基础知识、编程语言和算法等理论，为未来的实践操作和应用奠定基础。

2. 参与实践操作

实践操作是提升学生应用技能的关键。学生需要通过参与实际项目、任务和活动等，将理论知识转化为实践操作，提高自己的技能水平。例如，在中职机械相关专业的学习中，学生可以通过参与机械设计、制造等实践操作，增强自己的动手能力和技能水平。

3. 寻求项目合作

项目合作是提升学生应用技能的重要途径。通过与同学、老师或企业合作完成实际项目，学生可以学习到团队协作和项目管理的经验，同时提高自己的技能水平。

4. 强化自我学习

自我学习是提升学生应用技能的重要补充。学生可以通过阅读、观察、交流等方式，不断获取新知识和技能，扩大自己的知识面和技能领域。例如，在互联网时代，学生可以通过在线课程、博客、论坛等方式进行自我学习，提高自己的自学能力和技能水平。

5. 参加社交交流

社交交流是提升学生应用技能的重要补充。学生可以通过与同学、老师、企业人士的交流和互动，获取更多的知识和技能，同时提高自己的人际交往能力。例如，学生可以参加学术讲座、社团活动、职业交流会等社交活动，拓展自己的社交圈子，提高自己的综合素质。

6. 及时反思改进

反思改进是提升学生应用技能的重要保障。学生需要通过不断反思和修正自己的学习方法和策略来不断完善自己的技能和知识结构。例如，学生可以通过定期回顾自己的学习历程，分析自己的优缺点，制订针对性的改进计划，不断提高自己的学习效率和技能水平。

（六）学生应用技能培养中的问题

在应用技能培养的过程中，存在一些常见问题，需要我们加以关注和解决。

1. 应用技能质量不高

学校的师资力量不足、教学设施不完善、课程设置不合理等因素导致应用技能培训质量不高。为了改善这个问题，我们需要加强对培训机构和学校的评估和监管，提高培训标准和要求，同时鼓励优秀的培训机构和学校发挥示范作用，分享经验和资源。

2. 学习动力不足

学习动力不足也是应用技能培养中的常见问题之一。由于学习过程中需要付出很多努力和时间，一些学生可能会失去学习动力，导致学习效果不佳。为了增强学生的学习动力，我们可以采取多种激励措施来激发学生的兴趣和热情，如设立奖学金、开展职业生涯规划、组织经验分享会等。

3. 技能培训更新速度慢

技能培训更新速度慢是应用技能培养面临的一个重要问题。鉴于技术持续快速发展，技能的更新速度也相应加快。然而，部分培训机构和学校可能因课程更新滞后，导致学生所学的技能在毕业时已经过时。为了应对这一挑战，我们必须紧密关注技术发展的最新趋势，及时更新课程和教学内容，以确保学生掌握的是最新、最实用的知识和技能。

4. 技能评估标准不明确

技能评估标准不明确是应用技能培养中的最后一个问题。由于缺乏明确的评估标准，学生的技能水平难以得到准确评估和认证。这不仅影响了学生的职业发展，也影响了行业的健康发展。为了解决这个问题，我们需要制定明确的技能评估标准，建立完善的评估体系，同时加强评估监管，确保评估结果的公正性和准确性。

（七）示　例

例如，学习不迷路：费曼学习法助你提升应用技能。

在学习过程中，很多时候学生都以为自己看懂了、听懂了、学会了、掌握了，但一到运用的时候，就会发现自己根本没有掌握这部分知识，无法运用这些知识来解决实际问题或者在运用过程中使用错误。比如给他人讲授的时候发现自己讲不清楚，或者被别人提出的问题难倒时才醒悟自己根本就没有真正学透知识。下面介绍用费曼学习法掌握编程中的复杂概念的一个典型应用。

费曼学习法的倡导者是理论物理学著名学者、诺贝尔奖得主理查德·菲利普斯·费曼（Richard Phillips Feynman）。该学习法认为：对所学知识掌握程度的终极测试，是传授给他人的能力。其核心是用自己简单的语言把复杂的观点表述出来，能够让外行人清楚这个观点或者概念。

费曼学习法是一种高效的学习方法，主要与"学习金字塔"理论有关。

如图 3.2.3 所示；学习金字塔揭示了采用不同的方式学习两周后的"信息留存率"不同：

学习内容
平均留存率

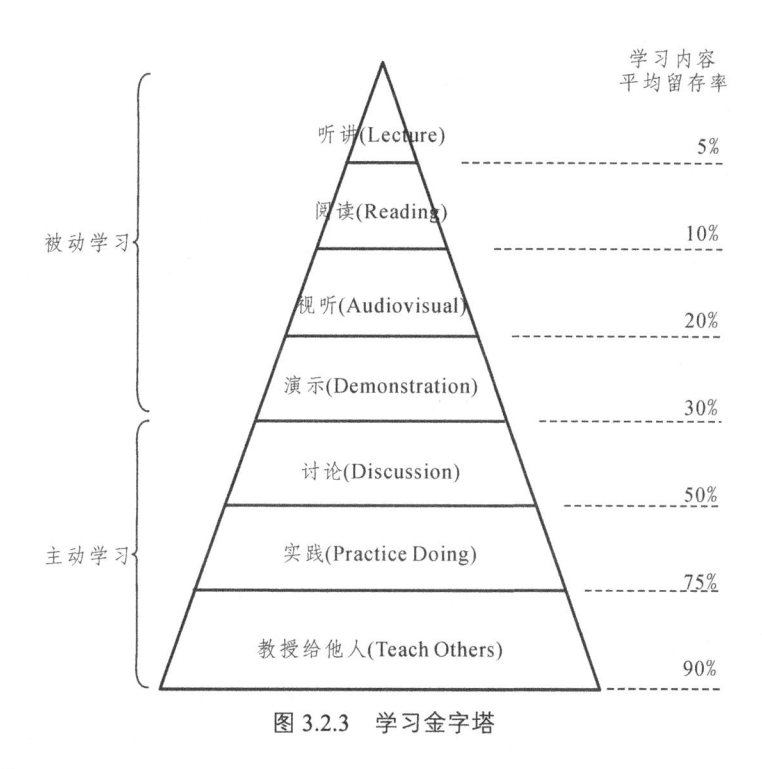

被动学习:
- 听讲(Lecture) 5%
- 阅读(Reading) 10%
- 视听(Audiovisual) 20%
- 演示(Demonstration) 30%

主动学习:
- 讨论(Discussion) 50%
- 实践(Practice Doing) 75%
- 教授给他人(Teach Others) 90%

图 3.2.3　学习金字塔

① 学完之后立刻教授他人或使用技能，可以保留 90%的所学内容；

② 学完之后立即实践，可以保留 75%的所学内容；

③ 参与小组讨论，可以保留 50%的所学内容；

④ 观看他人的演示，可以保留 30%的所学内容；

⑤ 视听结合学习，可以保留 20%所学的内容；

⑥ 通过阅读学习，可以保留 10%的所学内容；

⑦ 听讲座学习，可以保留约 5%的所学内容。

学习金字塔说明学完之后教授给他人的这种方式，是最好的学习方式。因此，通过费曼学习法掌握编程中的概念步骤如下：

① 明确目标：明确要学习的编程概念，例如面向对象编程、文件操作、网络编程等。将目标具体化，明确要掌握的概念和技能。

② 理解概念：在理解概念的过程中，需要深入阅读相关文档、教程和书籍，并尝试用自己的话简述概念。可以将概念写下来或分享给他人，以便加

深自己的理解。

③ 教授他人：为了更好地掌握概念，可以尝试将概念教授给他人，可以创建教程、向同学或朋友解释概念。在教授他人的过程中，需要用简单明了的语言来解释复杂的概念，这有助于更好地理解和掌握概念。

④ 简化表达：在解释概念时，尽量使用简单易懂的语言，避免使用过于专业的术语和技术性语言。简化表达有助于更好地理解概念，同时让其他人更容易理解教授的内容。

⑤ 纠正错误：在学习的过程中，尝试编写相关的代码并运行，但难免会遇到错误。当遇到错误时，不要害怕寻求帮助，无论是在线上或线下寻求帮助，都要尝试找出问题并解决它。通过纠正错误可以更好地理解概念并提高自己的编程技能。

⑥ 总结归纳：在学习的过程中，要将所学知识进行总结和归纳。可以制作笔记、绘制图表，并将这些笔记和图表整合成一个完整的知识体系。通过总结归纳，可以更好地理解概念之间的关系并将它们牢记于心。

⑦ 实践应用：最后，要通过实践应用来巩固所学的知识。可以选择一些小型项目，如编写一个简单的网站、游戏或工具等，并将所学的复杂概念应用到实际项目中。通过实践应用，将所学的知识转化为技能并不断提高自己的编程水平。

通过明确目标、理解概念、教授他人、简化表达、纠正错误、总结归纳和实践应用等步骤，学生可以更好地掌握编程中的复杂概念。

四、迁移技能

(一) 迁移技能定义

1. 迁　移

《现代汉语词典（第7版）》对"迁移"一词作出了这样的解释："从原来所在的地方搬迁到另外一个地方。"[1]此处是将"迁移"作为一动词来讲。《教

---

[1] 中国社会科学院语言研究所词典编辑室. 现代汉语词典[M]. 7版. 北京：商务印书馆，2016.

育词典》将"学习迁移"定义为"现在学习的某一事项将影响以后对某一事项的学习"①。《心理学词典》中认为"迁移"是已有经验的具体化和新课题的类化过程。②

综合众多迁移概念表述：迁移即两种学习之间包括知识、技能、学习态度和方法等方面的相互影响，运用已有的经验解决问题也是迁移。迁移即通过学习和实践，将所学到的知识和技能应用到解决与之相关、相似、相联的领域中，将原本孤立的知识和能力融合在一起，形成一个完整的体系，从而提升学习效果。

2. 迁移技能

建构主义学者维特罗克（Wittrock）认为，"当前学习的知识受到先前学习的知识的影响，或者目前解决问题的方式受到先前解决问题的方式的影响，迁移就产生了"③。而在教育心理学中，迁移技能指的是"一个人在一种情况中的学习对他在其他情境中的学习和行为的影响"。

迁移技能是一种情境中获得的知识、技能形成的情感、态度、价值观对另一种情境中获得的知识、技能、形成的情感、态度、价值观的影响。其最终目的是用在一个领域活动中获得的知识和技能去解决另一个相似、相近、相通、相连领域活动的各层面问题。

迁移技能不仅存在于某种经验内部，而且也存在于不同的经验之间。迁移可以在本学科之中，比如，学习者理解了减数分裂，就会促进学生对孟德尔遗传定律的学习。迁移也可以在学科之间，比如，学习者在数学学习中审题技能的掌握可能会促进物理等其他学科审题技能的应用。迁移更可以发生在知识与能力之间，比如，语言学习中丰富的词汇知识的掌握会促进阅读技能的提高，而阅读技能的提高又可以促进更多的词汇知识的获得。

---

① 李诚忠. 教育词典[M]. 哈尔滨：黑龙江科学技术出版社，1989.
② 林传鼎，等. 心理学词典[M]. 南昌：江西科学技术出版社，1986.
③ 龚少英. 学习迁移研究的历史与发展[M]. 内蒙古大学报，2001（4）：47.

3. 迁移技能的分类

根据迁移性质的不同可以分为正迁移和负迁移；根据迁移方向的不同可以分为顺向迁移和逆向迁移[1]；根据原有知识在新情境中应用的难度和结果可以分为水平迁移和垂直迁移；根据迁移范围的大小可以分为一般迁移和具体迁移；根据迁移的内容可以分为同化性迁移、顺应性迁移与重组性迁移[2]；根据迁移的难易程度可以分为低路径迁移和高路径迁移。

（二）迁移技能原理

1. 形式训练理论

"形式训练说"是迁移理论中最早的学说，它认为迁移是通过官能训练来实现提高各种能力的目的。[3]在学习过程中，记忆、思维、想象等通过训练就可以形成各种能力。例如，记忆的官能可以通过强化训练来得到增强并且可以在新的学习中产生迁移。该学说强调的是以训练官能为核心并且要经历长期的训练过程才能在学习上获得迁移的效果。

2. 共同要素理论

美国的心理学家爱德华·桑代克（Edward Thomdike）通过在形状知觉方面进行的迁移训练的相关实验，归纳出两种学习之间具有相同的要素时迁移才会发生。桑代克所指的相同要素，不仅包括学习内容的相同，还包括学习过程中表现出的习惯、态度、情绪等的相同，它们都是学习迁移产生的原因。[4]例如由于骑自行车与骑摩托车在协调和操作方式上有相同因素，所以迁移就发生了。

3. 概括化理论

美国心理学家查尔斯·霍顿·贾德（Charles Horton Jodd）强调原理、原

---

[1] 李伯黍. 教育心理学[M]. 上海：华东师范大学出版社，2003.
[2] 吴庆麟. 认知教学心理学[M]. 上海：上海科学技术出版社，2000.
[3] 施良方. 学习论[M]. 北京：人民教育出版社，2006.
[4] 李小融. 教育心理学新编[M]. 成都：四川教育出版社，2005.

则的概括对于迁移的作用。他认为，前一种学习中获得的东西之所以能迁移到以后的学习中去，是因为在前一种学习中获得了一般原理，然后这种原理可以运用到后面的学习中。他在1908年设计水的下击靶实验中发现，迁移不是因为两种学习之间具有相同要素，而是因为学习者在学习过程中获得了一般原理和原则。学习者对原理掌握得越好、越透彻，对新情境的适应性就越强，迁移就越好。[①]概括说不仅要讲解原理性知识，还要结合实际情况来讲解原理。这就提示教师在教学实践中应兼顾教学内容和教学手段，只有这样才能让学生在理解和掌握原理的前提下总结经验，并把它们运用到今后的学习活动中。

4. 关系转换原理

关系转换原理认为迁移的关键不在于两种学习情境中具有相同的要素，也不在于掌握原理，而是学习者顿悟了两种学习情景中的要素之间或原理之间的关系。德国心理学家W.科勒（W. Kohler）在1919年设计的"小鸡觅食"实验是支持关系转换说的经典实验。[②]关系转换说可以看作概括说的深化，即学习者概括出学习情境之间的关系。学习者能顿悟学习情境的内部联系，那么概括化的可能性也就越大，就越有可能实现两种学习之间的迁移。

关系转换理论告诉我们，产生迁移有两个关键点，即关系和顿悟。

关系是客观存在的，它要靠顿悟来发现。基于这一点，第一，教师教学时首先要注意两则学习材料之间的关系的分析，或是教师的分析让学生了解这层关系，或是通过训练培养学生的推理概括能力，从而提高他们自己发现关系的能力。第二，教师要注意教学内容的系统性和完整性，以便学生能更好地产生顿悟。第三，教师要关注学生对原先学习课题的掌握程度。关系转换理论还发现，转换现象会受到学习课题的难度、原先学习课题的掌握程度和学习者的智力水平等因素的影响。所以要想通过对关系的顿悟产生迁移，对原先知识的学习必须要达到较好的理解程度。

[①] 毛晋平，薛剑刚. 中学教育心理学[M]. 长沙：湖南人民出版社，2007.
[②] 曹宝龙. 学习与迁移[M]. 杭州：浙江大学出版社，2009.

（三）如何运用迁移技能来促进学习

1. 优化教学内容、改进学习方法，提高学生的迁移意识

（1）创设有意义的问题情境，激发迁移的产生

以格林诺（Greeno）、摩尔（Moore）和史密斯（Smith）为代表的学者提出了迁移的情境性理论（situated theory）。他们认为迁移问题主要是说明在一种情境中学习去参与某种活动将如何影响在不同情境中参与另一种活动的能力。学习是个体与环境中的事件的相互作用，是对情境中所具有的特征的一种适应。通过相互作用而形成的是动作图式，是活动的组织原则，而不是符号性的认知表征。[①]

所有的学习行为都是在一定的背景环境下发生的，研究相同情境中的不同因素的影响和不同情境中相同因素的影响，对教师在教学过程中创设有利于迁移的情境、控制影响迁移的因素和提高迁移的效果有积极意义。因而教师在教学中要积极创设情境，激发学生学习兴趣，充分发挥学生的主观能动性，使他们在独立思考中积极主动地获得知识，增强自信心，对知识的应用迁移处于积极准备状态，为迁移的发生创造良好的内部条件。

（2）处理新旧知识间的联系，引导学生迁移

学习的迁移是已有经验的具体化或新、旧经验的协调过程，而内化及协调的基础是新旧知识经验间的共同要素及联系。从宏观上看，知识是一种经验系统，系统中的各种经验是相互依存的，先学的经验为后学的经验作准备，后学的经验则在新的水平上使先学经验不断改善、充实。这些经验相辅相成，相互促进，使知识经验逐步形成一种符合客观规律的科学体系。这种体系中的知识联系越紧密，结构越合理，越有利于适应新的情境和解决现实中的问题。从微观上看，学习的迁移都要通过对新旧学习中的经验进行分析、抽象，概括出其共同的经验成分才能实现。在已有经验的基础上，关键在于是否具备将新的知识融入其中的适当观念，以及学习者能否准确区分新旧经验之间的相似与差异。可见，新、旧知识经验之间的联系及共同要

---

① 张庆林，王永明.类比迁移的三种理论[J].心理科学，1998（6）：35-36.

素是影响学习迁移的基本条件。[1]

迁移理论认为,学生掌握的基础知识越扎实,理解越深刻,对新问题的适应性就越强,越容易引起广泛的迁移,越容易促进对新知识的理解和掌握。因此,教师要重视原有基础知识的教学,夯实基础,并促使学生在原有知识与新知识之间建立有效联系,以揭示教学内容的内在联系,突出新、旧知识的共同因素,促进正迁移的实现。

加强基础知识教学,例如加减法运算,当学生掌握了整数的加、减要"数位对齐,满十进一,借一当十"的运算法则以后,在学习小数加减法时,为什么要"小数点对齐"就会顺利地完成知识的迁移。当学生掌握了整数和小数加减法的本质是"相同的数位相加减"时,在学习分数加减法时就会明白"先通分,分子相加减做分子,分母不变"和"相同的单位相加减"的本质是不变的。新知识的"新",离不开旧知识的"旧"。如果能抓住新、旧知识的内在联系,就不会觉得新知识新、新知识难。如果学生对旧知识的掌握不深刻,就会觉得新知识难,在学习新知的时候,知识也很难进行迁移。

2. 构建认知结构,促进迁移技能

(1)采用变式练习,提高知识迁移能力

"变式"是将问题变换样式,"变式"的目的是转换问题的呈现情境和样式,以使其与学生已有的认知结构相接近。研究表明"变式"与原有的认知结构越接近,就越有利于知识的迁移和运用。如果变换的问题样式和情境无法被吸纳入认知结构或原有的认知结构,无法同化这个问题,就要求教师对这个问题进行再处理,再变换或尝试与另一认知结构对接,形成从不同角度分析、解决问题的意识和能力。[2]

(2)提高概括水平,促进学习迁移

心理学实验和教学实践表明,学生的概括水平是影响迁移的重要因素之一。已有认知结构的概括水平越高,思维就越活跃,越能更好地理解、掌握某些抽

---

[1] 涂荣豹. 教学学习与数学迁移[J]. 数学教育学报, 2006, 15(4): 1-4.
[2] 孟黎辉. 协助构建式教学的应用[A]. 基础教育理论与实践研究. 天津: 天津教育出版社, 2008.

象的新知识,越能揭示某些同类新事物的实质并把新知识纳入已有的认知结构之中,从而形成更为良好的认知结构,也就产生更好的迁移效果。[①]正是由于这种对知识的概括、综合,才能产生思维的迁移,提高学生的学习能力。

(3)培养坚强品质,帮助学生迁移

在学习中,学生大都会在面对新问题的时候产生畏惧的情绪而导致错误的发生。学生在不断学习、不断总结、不断练习的过程中,最终形成了技能并达到了对知识的理解。教师往往看重的是学生的学习成绩以及对问题的解决情况,这恰恰影响了学生对知识的理解和迁移能力的发展。在学习中,情感态度与价值观越来越被重视,学生能力的培养和情感的获得越来越被关注。培养学生坚强的品质和在学习中不畏困难的精神,在面对新的问题的时候,学生才能勇于探索,寻求办法,联想旧知,为解决新问题找方法、找出路,也更容易在学习过程中连续地学习、不断地创新。

(4)提供学习氛围,影响迁移能力

社会环境也是影响迁移的外部因素。由于迁移是一种心理现象,每个学生都是独立的个体,学生学习知识时所处的学习环境和学生对教师与其他学生的态度都影响着学习迁移的产生。[②]如果学生在一种轻松、愉悦、和谐的学习环境中,有积极的情感体验,和老师建立了融洽的关系并与同学有着友好的合作状态,这将对他的学习和迁移有着良好的影响。反之,如果学生在一种紧张、恐惧、不利于思维形成的学习氛围中,则将会抑制迁移的产生。

那具体该如何做呢?

首先,转变教学观念,创设温馨学习环境。

课堂教学是培养学生迁移能力的主渠道。教师只有确立学生是学习活动主体的学生观,树立教师是学生学习的组织者和引导者的教师观,变讲课为学生的探索与研究,让学生感觉自己才是课堂的主人,创设温馨的课堂氛围,学生才会敞开心扉,积极探索,学生的迁移能力才能被激发出来。

---

① 马波. 迁移规律在中学数学教学中的运用[J]. 课程·教材·教法, 2003 (12): 29-32.
② 乌晓梅. 谈数学联想的思维迁移[J]. 宁波大学学报, 2003 (4): 10-13.

其次，提倡合作学习，激发学习兴趣。

课堂的精彩并非是教师和一名学生的精彩，而是学生相互之间思维的碰撞和积极的交流。在教学中要激发学生学习的兴趣，培养他们探索知识的能力，这些都需要一个有序并合理的教学氛围。在课堂教学中，教师多给学生创设合作学习的机会与氛围，让学生大胆猜想，通过合作学习与交流，学生们主动自觉地学习并利用合作者的智慧引发探究，就会激发迁移的实现。

最后，善用情感迁移，激发知识迁移。

课堂教学的效果与学生的心理状态有很大关系。在课堂中，学生的情感体现、好情绪的持续都将影响学习知识的能力。在特殊的情境中，学生的情感得以共鸣升华，可以大大激发他对学习的欲望与探究。教师的语言暗示、适时的指导、恰当的评价、即时的鼓励和教师的情感流露都会通过情感的渠道自然传递，给予学生深刻的启示和影响。

（四）培养迁移技能能产生什么效果

1. 迁移对于提高解决问题的能力具有直接的促进作用

学习的最终目的是将知识经验应用于各种不同的实际情境中。在学校情境中，大部分的问题解决是通过迁移来实现的，迁移是学生进行问题解决的一种具体体现。要将校内所学的知识、技能用于解决校外的现实问题，这同样也依赖于迁移。

2. 迁移是习得的经验得以概括化、系统化的有效途径，是能力与品德形成的关键环节

我们所学习的知识和技能如果孤立地存在，那么它们的应用范围就会受到限制。迁移技能使我们能够识别不同情境之间的相似性，从而将已经习得的知识和技能应用到新的情境中，形成更为概括化和系统化的知识体系。同时，品德也是通过迁移过程逐渐形成的，在面对不同的道德情境时，个体需要应用已经形成的道德认知进行判断和选择。这种迁移过程不仅加深了个体对道德规范的理解和认同，还促进了品德的完善和提升。

3. 迁移规律对于学习者、教育工作者具有重要的指导作用

迁移有助于指导教学并提高效果，促进学生更加有效地学习。应用有效的迁移原则，学习者可以在有限的时间内学得更快、更好，并在适当的情境中主动、准确地应用原有经验，防止经验的惰性化。任何一种学习都要受到学习者已有知识经验、技能、态度等的影响，只要有学习，就有迁移。迁移是学习的继续和巩固，又是提高和深化学习的条件。

（五）如何培养迁移技能能力

良好的学习迁移能力可以构建良好、完善的认知结构，提高解决问题的灵活性和有效性。徐艳斌认为"数学有效教学的重要指标，是学生的数学学习能否从一个问题迁移到另一个问题，从一个情境迁移到另一个情境，从学校课堂迁移到社会生活"[1]。在教学中，如果教师能有效利用这种迁移的规律并注意发挥学习正迁移的作用，不但有利于巩固已学得的知识、技能和概念，而且还有利于培养学生举一反三、触类旁通的学习能力。[2]

1. 运用中介，形成迁移技能

迁移中介有三类习题："拐杖题""模特题"和"变形题"。需要强调的是，无论设计哪一类习题，都应该牢记以问题为中枢，促使自我发现、自我解决、自我完善、自我发展和自我超越。

美国著名数学教育家乔治·波利亚（George Polya）给教师的十条建议中有这样一条：不要轻易透露你的秘密，即不要一上来就告诉学生怎么做，而应该给学生留有自己解决问题的时间和机会。有时部分学生的思维能力不足以达到解决问题的高度，教师可以铺设"台阶"或预设"拐杖题"。"台阶"是指在关键问题前先设计一小问，起到引导学生思考的作用，或"根据学生认知规律把问题分解成一系列递进式的小问题，在问题情境中使学生的认识逐阶地升高，以求大彻大悟"[3]。在保证学生思路连贯的同时，尽可能确保其

---

[1] 徐艳斌. 数学课程与教学论[M]. 杭州：浙江教育出版社，2003.
[2] 毛永聪. 中学数学创新教法[M]. 北京：学苑出版社，1999.
[3] 王培德. 教育教学论文集[M]. 天津：天津社会科学院出版社，1999.

独立解题，从而增加对知识理解的深刻性。

2. 清晰原理，促进迁移技能

知识经验的概括水平是影响知识迁移的重要原因之一。正由于这一点，在教育实践中，人们十分重视强调基本原理、基本概念的学习。这些原理概念抽象程度越高、适用范围越广，迁移效果就越明显，学生掌握后可以解决大量的类似或同类课题。如在圆锥曲线部分，学生对椭圆、双曲线、抛物线的定义的深刻理解能够有效提升他们将这些基本知识应用于解题过程中的迁移能力。

3. 善用正迁移，避免负迁移

数学教学中产生正迁移的现象是很多的，例如学习"数"的运算规则有助于学习"式"的运算规则；学习平面上求角和距离的方法有助于学习空间求角和距离的方法；学习一元函数有助于学习二元函数等，这些都是数学学习中的顺向正迁移。[1]在数学教学中，教师要根据学生的心理特征和学习特点，研究教学规律，改进教学方法，创造和加强产生正迁移的条件。负迁移是指一种学习对另一种学习产生消极的阻碍作用。例如，学会汉语拼音后，可能会对学习英文国际音标产生干扰，因为两者在发音上有一些相似之处但又有所不同；在学习物理时，如果过分依赖数学公式而忽视物理概念的理解，就可能导致负迁移的发生，使得学习者在解决物理问题时遇到困难。

正迁移对学习有积极的促进作用，而负迁移则对学习产生消极的阻碍作用。因此，在学习过程中，学习者应充分利用正迁移的积极作用，通过积极寻找新旧知识之间的联系、运用类比、培养迁移能力、识别差异、纠正错误观念以及强化练习等方法，更好地促进学生的学习和发展。

（六）迁移技能容易出现的问题

迁移能力就像一把双刃剑，它可以帮助我们更好地理解和应对各种情况，也可能影响我们对问题的思考和解决。众多实验证实：当新知识与认知结构中原有的知识相似而不相同时，"先入为主"的原有知识常常干扰、抑制新知

---

[1] 朱华伟，张景中. 论数学教学中的迁移[J]. 数学教育学报，2004，13（4）：17.

识的学习，因定势而出现负迁移，这与认知结构中原有的观念不稳定、不清楚有关，而学习过程中形形色色的定势干扰产生了负迁移。

1. 记忆定势

记忆定势的特征是印象重叠或混淆记忆，即认知结构中原有的旧知识严重干扰了相关的其他知识。例如，学生在熟悉原电池的工作原理之后学习电解池，两者的电极反应容易出现混淆。再如，卤代烷的消去和水解是两种完全不同的反应类型，但因两者的反应条件有相似之处，往往相互干扰。

2. 理解定势

理解定势是对某些概念、原理在内涵上理解的偏差或适用范围不清楚而产生的思维障碍。例如，化学教科书中认为既能与酸反应，又能与碱反应的物质都称为"两性物质"，而 H_2S 有下列反应：$H_2S+H_2SO_4$（浓）$=SO_2+S\downarrow+2H_2O$（氧化还原反应）；$H_2S+2NaOH=Na_2S+2H_2O$（复分解反应）。因此，学生也会得出 H_2S 是两性物质的结论。可以看出，学生概括的大前提有明显的缺陷，因为判断两性物质涉及的反应仅局限于复分解反应，而 H_2S 与浓 H_2SO_4 之间则是氧化还原反应。

3. 类比定势

类比定势常由类比不当引起，其特征是模仿类推和思路固化。当两个对象之间存在明显的相似之处时，往往容易掩盖其相异点，而类比的属性又恰好为该相异点，则推理结果导致逻辑错误，这就是类比的"或然性"，也是学习者在学习过程中因方法、思路定势而经常产生的一种负迁移情形。

如：Sn 和 Pb 都是碳族元素，它们最高价氧化物组成相似，分别为 SnO_2 和 PbO_2，前者在浓盐酸中按下式反应：$SnO_2 + 4HCl = SnCl_4+2H_2O$，由此推出 PbO_2 与浓盐酸也会发生类似的反应，这一结论正好忽视了同族的两种元价态稳定性上的差异：Sn 以+4 价化合物稳定，而 Pb 以+2 价化合物稳定。

4. 直觉定势

直觉定势的产生与学习者缺乏周密的思考和科学的判断有关，学习者常常在面临新的问题情境时凭直觉或局部线索不假思索地迅速作出推断,正好进入命题者所设计的"圈套"之中。

(七) 示 例

例1:学习迁移的现象广泛存在于学习生活各个方面。例如,学会了骑自行车,会有助于学驾摩托车,这是动作技能的迁移;加法的学习会影响乘法的学习,而学习乘法之后又会反过来影响对加法的重新理解,这是知识的迁移;孩子在家里养成了爱劳动的行为习惯,也会在学校中表现出来,这是态度和行为的习惯的迁移。当骑自行车时远处的云和太阳似乎一直跟着自己,而近处的树却在远离自己,要看已经过的同一棵树,必须转身向后看,这一生活经验可以帮助学生理解地球自转的两个周期(恒星日和太阳日)时间为何不同;了解鸡蛋的圈层结构这一经验可以帮助学生学习地球的内部圈层结构;白天去海边玩,吹的是海风,夜晚吹的是陆风,这一生活经验可帮助学生更快地接受海陆风知识;路边的大树把树根部位的地面拱起来了,这可以帮助学生学习生物风化作用这一知识……这样的生活经验有很多,所以教师在讲课中多借用这些学生比较能接受和理解的生活经验可以培养学生自觉联系生活经验并形成运用所学知识尝试解决生活实际问题的意识,从而提高学生理论应用于实践的能力。

例2:物质密度的定义用数学式表示为 $\rho=m/V$,涉及的3个物理量都有确切的物理含义。其中,ρ 是表示本身性质的物理量,它和物体的质量、体积没有直接的关系。公式中的质量 m 是体积为 V 的物体的质量(或 V 是质量为 m 的物体的体积),它们有确切的物理意义,而并非两个互不相关的任意变化的自变量。然而,教学实践中常常发现学生往往忽视公式中各个量的物理意义,把密度公式仅仅看作数学表达式,认为物质的密度与质量成正比,与体积成反比。相同的例子还有导体电阻、物质的比热容等内容,这样的学习负迁移严重影响了学生对物理知识的正确理解。

数学命题学习中,对数学对象的判断出现逻辑混乱会产生负迁移。数学命题形式是"如果 A，则 B"，例如，在学习平行线时，对"若两个角是同位角，则这两角相等"正确，忽略了"两直线平行，则同位角相等"的前提条件——"两直线平行"；在有理数学习中，很多同学认为"若一个数的倒数大于它本身，则这个数是真分数"正确，忽略了负数情况，发生负迁移。

因此，让知识转化为能力，让专业知识转化为专门能力，让知识重合转化为能力契合，由通识到通才，既是每一位学生个体自身发展的内在需求，也是教育工作者的义务和责任，更是社会发展的必然要求。

五、创新技能

（一）关于创新技能的定义

1. 创　新

创新一词起源于拉丁语，它原意有"更新""创造新的东西"和"改变"三层含义。两千多年前，老子就在《道德经》中提出"天下万物生于有，有生于无"的创造思想。孔子提出"因材施教"以及"不愤不启，不悱不发。举一隅不以三隅反，则不复也"的思想。党的二十大报告指出：必须坚持创新是第一动力，将创新在我国现代化建设全局中置于核心地位，提出到2035年实现"高水平科技自立自强，进入创新型国家前列"的目标。为了实现这一目标，报告首先将教育、科技、人才三大战略进行统筹部署，凸显教育、科技和人才在创新发展中的重要性。这些论述表明，创新是推动我国现代化建设的关键力量，需要全社会共同努力，加强科技创新，培养创新人才，推动我国经济实现高质量发展。[①]

创新是人类特有的认识能力和实践能力，是人类主观能动性的高级表现形式。创新是以现有的思维模式提出有别于常规或常人思路的见解，利用

---

① 习近平. 高举中国特色社会主义伟大旗帜 为全面建设社会主义现代化国家而团结奋斗——在中国共产党第二十次全国代表大会上的报告（EB/OL）.（2022-10-25）. https://www.gov.cn/xinwen/2022-10/25/content_5721685.htm.

现有的知识和物质，在特定的环境中，本着理想化需要或为满足社会需求而改进或创造新的事物、方法、元素、路径、环境，并能获得一定有益效果的行为。[①]

2. 创新技能

技能即技术和能力。创新技能是观察能力、思维能力、动手能力、表达能力、协作能力等各种技能的综合表现，包括专业知识、批判性思维、创造力、开放性等个人素质，以及沟通协作等社会和行为技能。[②]既是认识能力和实践能力完美结合的体现，又是人自身的创造智力和创造品格完美结合的体现。学生创新技能培养是一个养成创新意识、学习创新方法、进行创新思维训练、研发创新作品、形成创新品质的过程。

培养提高学生创新技能，是学校教育教学的重要目标之一，更是民族复兴的不竭动力。

（二）创新技能原理

1. 合并或联合

这个原理是指将两个或多个不同的概念、元素或系统合并或联合在一起，以形成一个新的概念、产品或系统。

2. 变化或变换

这个原理是指改变现有产品或系统的某个或某些方面，以创造一个新的产品或系统。

3. 分离或分隔

这个原理是指将一个产品或系统分解成多个部分，以便更好地理解每个部分的作用和功能。

[①] 吴怀宇，程光文，丁宇，等. 高校学生创新能力培养途径探索[J]. 武汉科技大学学报（社会科学版），2012，（3）：.

[②] 于洪彦，朱辉煌. 基于设计思维培养学生创新技能的思考[J]. 长春大学学报，2019（10）：.

4. 反向或倒置

这个原理是指将一个产品或系统的某个或某些方面反转或倒置，以找到新的用途或功能。例如，将传统的热水壶逆向思维变成冰激凌球机。

5. 借鉴或借用

这个原理是指从其他产品或系统中借用或借鉴某些方面，以形成一个新的产品或系统。例如借鉴植物的光合作用发明太阳能电池板。

以上是几种常见的创新原理，了解和掌握这些原理，有助于细致思考和系统分析问题，在实践中更好地推动创新，为社会进步和经济发展作出贡献。

（三）如何运用创新技能来促进学习

随着社会的不断发展和进步，创新已成为未来人才必备的素质。创新技能不仅是大企业和高科技产业所需要的，也应成为中小学生学习和发展的核心能力。通过培养创造思维、实验精神、解决问题的能力、团队合作、领导力、自我表达、技术运用、持续学习、适应性和创新实践等能力，中小学生可以更好地适应未来社会的需求，成为具备创新精神和实践能力的新时代人才。

1. 创造思维

创造思维是指在不遵循传统思维模式的前提下，通过灵活的思维活动，产生新颖、有价值的想法。在中小学生学习中，培养创造思维可以帮助他们突破常规，找到新的学习方法和解题思路。例如，在数学学习中，学生可以通过创造思维，发现新的解题方法，提高学习效率。

2. 实验精神

实验精神是指敢于尝试、不怕失败，不断探索和发现的精神。培养实验精神，可以激发中小学生的创新热情，让他们在实践中发现和学习。通过实验，学生可以将所学知识运用于实际，增强实践能力，同时也能在失败中积累经验，培养坚毅的精神。

3. 解决问题的能力

培养解决问题的能力，可以引导中小学生面对各种问题时，能够灵活运用知识和技能，找到有效的解决方案。在解决问题的过程中，学生需要学会分析问题、制订计划、实施方案和评估结果，这将有助于提高他们的综合素质。

4. 团队合作

团队合作能力是现代社会所必需的素质。通过团队合作，中小学生可以学会如何与他人协作，发挥各自的优势，共同完成任务。团队合作可以培养学生的沟通、协调和领导能力，同时也能让他们学会倾听和尊重他人的观点，增强团队意识。

5. 领导力

领导力是指能够带领团队、激发成员潜能、实现目标的能力。培养领导力，可以引导中小学生在学习和生活中发挥积极作用。通过担任干部、组织活动等实践机会，学生可以学会如何统筹规划、分配任务和管理团队，提高自己的领导能力。

6. 自我表达

自我表达是指能够清晰、准确地表达自己的观点和想法。培养自我表达能力，可以帮助中小学生提高自信心，学会与他人沟通交流。在自我表达的过程中，学生需要学会如何组织语言、表达思想，这将有助于提高他们的写作和口语表达能力。

7. 技术运用

技术在中小学生的学习中发挥着越来越重要的作用。通过运用技术，学生可以更好地获取信息、提高学习效率、解决问题和创造价值。例如，使用计算机和互联网可以帮助学生获取大量的学习资源，使用数据分析工具可以帮助学生更好地理解学习内容。

8. 持续学习

持续学习是指不断学习新知识、提高自身能力的过程。培养持续学习的习惯，可以帮助中小学生适应快速变化的社会环境，不断提高自身的竞争力。通过持续学习，学生可以不断更新自己的知识结构，增强自身的适应能力和创新能力。

9. 适应性

适应性强的人能够在不同的环境、情况和挑战下灵活应对。培养适应性，可以引导中小学生更好地适应学习和生活中的变化。通过适应性的提高，学生可以更快地适应新环境、新同学、新学科等，减少因环境变化带来的不良影响。

10. 创新实践

创新实践是指将创新理念转化为实际成果的过程。通过创新实践，中小学生可以学会如何将所学知识应用于实际，提高自己的实践能力和创新能力。例如，学生可以通过参加科技竞赛、创新项目等活动，将创新理念转化为实际成果，提高自己的创新实践能力。

（四）培养创新技能会产生什么效果

在当今社会，创新已经成为了一项关键的能力，而中小学生的创新技能培养则成为教育过程中的重要环节。学生在工作或生活中面对问题时，拥有创新技能，就能够以新颖、独特且有效的方式去解决问题。这种能力的培养，对于中小学生的全面发展有着深远的影响。

首先，培养创新技能有助于学生全面认知客观世界。在面对新的问题和挑战时，具备创新技能的学生能够以新的视角和方式去理解和解决问题。这样的能力不仅能够帮助他们在学校学习中取得更好的成绩，还能在未来的人生道路上更好地适应社会的发展变化。

其次，创新技能的培养能够激发学生的思维活力和创造力。通过引导学生们从不同的角度看待问题，鼓励他们尝试新的思维方法，能够让他们在思考问题时更具深度和广度。这样的思维方式将为他们未来的职业生涯打下坚实的基础，让他们在面对工作时更具创造性和灵活性。

此外，如果家长和教育者在培养学生的创新技能时采取一些有效措施，如给予学生独立思考的空间，引导他们展开丰富的想象力，鼓励他们动手实践自己的想法，那么学生的创新能力将得到进一步的提升。这样的培养方式能够帮助学生在创新的过程中更好地发现问题、解决问题，并且让他们敢于尝试和冒险。

培养创新技能能够提高学生的认知能力、思维活力和创造力，这将有助于他们在学校和未来的职业生涯中取得优势，同时也能更好地适应和应对快速变化的社会环境。

（五）如何培养运用创新技能的能力

在当今社会，创新能力已经成为衡量人才质量的重要标准之一。为了培养学生的创新技能，我们需要采取一系列有效的策略。

1. 创新思维培养

创新思维是培养学生创新技能的核心。通过引导学生进行发散思维、逆向思维等多样化的思维训练，可以激发他们的创新潜力。在实际教学中，教师可以采用案例分析、问题解决等教学方法，引导学生从不同角度思考问题，并提出创新的解决方案。

2. 专业技能实践

实践是培养创新技能的重要途径。通过实践项目和技能训练，学生可以深入了解专业知识的应用，提高动手能力和解决问题的能力。学校可以与企业合作，为学生提供实践机会，让学生在实践中发现新的问题，并尝试解决这些问题。

3. 创新课程设置

为了培养学生的创新技能，学校需要设计具有挑战性和探究性的课程。这些课程应该鼓励学生主动学习、探索和创造。此外，学校还可以开设一些与创新相关的选修课程，如创新设计、创新方法等，为学生提供更全面的创新知识。

4. 校企合作实践

学校可以与企业合作，开展实践项目和实习活动。通过参与实践项目，学生可以更加深入地了解企业的运营模式、技术应用和创新实践。同时，企业也可以通过与学校的合作，提高自身的研发能力和创新能力。

5. 鼓励参加创新竞赛

创新竞赛是提高学生创新能力的重要平台，通过参加创新竞赛，学生可以接触到最新的科技信息和技术成果，增强创新意识，提高创新能力。学校应该鼓励学生参加各种创新竞赛。

（六）培养创新技能容易出现的问题

学生创新技能培养中的问题是一个被广泛关注的话题，培养学生的创新技能已经成为教育的重要任务之一。

1. 学生缺乏创新思维引导

当前教育模式下，学生往往只注重记忆和模仿，而缺乏创新思维的引导。即教师在教学过程中过于强调知识的传授，而忽略了学生创新思维的培养。这导致学生难以在解决问题时运用创新的思维方式去寻找和创造新的解决方案。

2. 教育方式保守，学生缺乏实践机会

目前，学校教育方式较为保守，仍以传统的课堂讲授为主。这种教学方式不利于培养学生的创新技能，因为学生缺乏实践机会，无法将所学知识应用于实际问题。保守的教育方式限制了学生的创新能力和实践能力的发展。

3. 学生缺乏创新技能与知识

学生普遍缺乏创新技能和相关知识。他们不了解如何进行创新思考，如何发掘和解决问题。此外，由于缺乏相关领域的知识储备，他们也难以提出有建设性的创新观点。

4. 学校未有效利用科技资源

在科技日益发展的时代，学校未能有效利用科技资源来培养学生的创新技能。学校没有提供足够的科技设备和软件，也没有为学生提供科技资讯和指导，导致学生在科技应用和创新方面的发展受到限制。

5. 学生缺乏与企业和行业对接的机会

学校与企业和行业之间的联系相对较少，学生缺乏与企业和行业对接的机会。这意味着学生无法了解到行业发展的最新动态，也无法参与到实际的创新项目中，从而限制了他们创新技能的提升。

6. 学生缺乏创新热情与动力

在学生中，普遍存在缺乏创新热情和动力的情况。这主要是由于学生对自己的创新能力缺乏信心，同时缺乏有效的激励措施来激发他们的创新热情。学校和教师需要采取措施，提高学生的创新自信，同时提供具有吸引力的激励措施，如奖学金、证书等，以激发学生的创新动力。

7. 课程设置与创新需求不匹配

当前学校的课程设置与创新需求不匹配。课程内容的更新速度往往落后于行业发展的速度，导致学生所学的知识无法满足当前的创新需求。此外，课程设置中缺乏与创新能力相关的专门课程，使得学生缺乏系统性的创新知识和技能培训。

为了解决这些问题，学校可以采取一系列措施。首先，加强创新思维引导，培养学生的创新能力。其次，采用更加开放、实践性的教育方式，为学生提供更多的实践机会。同时，加强学生创新技能和知识的培训，提高他们的创新能力。此外，充分利用科技资源，提供先进的科技设备和软件，帮助学生更好地应用科技进行创新。加强与企业和行业的合作，为学生提供更多的实践和创新机会。最后，改善课程设置，增加与创新需求相关的课程，更新课程内容，以更好地满足创新需求。通过这些措施，我们可以有效地改善中职学生创新技能培养的现状，培养更多具有创新能力的人才。

（七）示 例

例：利用思维导图，理解晦涩的概念。

在培养学生创新思维的过程中，思维导图是一种非常有用的工具。以下是一个利用思维导图培养中职计算机专业学生创新思维的示例。

1. 确定中心主题

首先，确定中心主题，可以选择一个与课程内容相关的主题或问题。例如，可以选择"OSI 参考模型"作为中心主题。

2. 添加分支

然后，根据中心主题，添加相关的分支主题。这些分支主题可以是与主题相关的不同方面，例如"OSI 参考模型的背景""分层原则""七层模型""各层功能"等。

3. 添加子分支

对于每个分支主题，添加相关的子分支。这些子分支可以是更具体的想法或问题，例如"七层模型"的子分支可以是"物理层""数据链路层""网络层""传输层""表示层""会话层""应用层"等。

4. 连接关联

在添加子分支之后，尝试在各个分支之间建立关联。这可以通过连接不同分支的主题来实现，例如"七层模型"中可以将低四层建立关联，主要实现的是通信子网的功能；高三层可以建立关联，主要实现的是资源子网的功能。

5. 引入创新思维

最后，尝试引入创新思维。这可以通过提出新的问题、思考新的可能性、挑战现有的想法等方式来实现。例如，在学习 OSI 参考模型前，我们可以思考这样一个问题：当遇到一个非常复杂的问题时，一般如何来解决呢？分层是有效的方法之一。学生在小学、初中时，可能注意到同一个年级大多在同一层楼，教室相邻，那这样做的目的是什么呢？再例如，图书馆的书上贴有一个标签，通过这个标签我们能够快速地找到书对应的位置，我们同样可以通过书名快速找到对应的标签，这也是分层思想的应用。

同样，思维导图可以帮助学生整理思路、发现新的可能性、激发创新思维。同时，也可以帮助学生更好地理解和记忆课程内容。

第四章 学习力方法系统

学习力方法系统是指学习者在学习过程中所采用的一系列相互关联、相互影响的策略、方法和技巧的集合。它可以帮助学习者更高效地获取、理解和应用知识，提高学习效率，为个人的学习和成长打下坚实的基础。包括学习目标管理、学习时空管理、学习方式选择等。学习者可以根据个人的学习风格和需求，将这些方法进行组合和调整，以形成个性化的学习策略，从而帮助自己更高效地学习，增强学习动力，培养自主学习能力，促进全面发展。

第一节 学习目标管理

学习目标管理对于提高学习效率、增强学习动力、促进自我反思和调整、培养自主学习能力以及提升学习成绩等方面都具有重要意义。因此，学习者要在学习中注重设定明确的学习目标，制订适合自己的学习计划，完成学习评估，方能实现更好的学习效果。

一、确立学习目标

（一）学习目标定义

1. 目　　标

目标是指"根据某个特定集体或团体的任务或责任而提出的该集体或团体在一定时间期限内所要达到的预期成果"[1]。《现代汉语词典》将目标定义为"①射击攻击或寻求的对象；②想要达到的境地或标准"[2]。

---

[1] 王新宏. 现代管理学[M]. 天津：天津大学出版社，2008.
[2] 中国社会科学院语言研究所词典编辑室. 现代汉语词典[M]. 6版. 北京：商务印书馆，2015.

2. 学习目标

目前学术界对于学习目标的定义未统一。根据目标的定义，本书把学习目标定义为具体化了的学习任务，是某个学生团体或个体，在一定的时间内通过奋力争取而期望达到的、所期待的未来状况或可能成果。

3. 学习目标的特征

（1）主观性

学习目标是对学生学习活动预期结果的主观假设，是学生根据自己的实际情况和需求在脑中所形成的一种主观意识形态。这些主观性的目标在一定程度上反映了学生的客观学习状态，有些目标是可以实现的，而有些目标实现的可能性不大。学生制定的学习目标可以反映出学生对自身学习水平的认识或表达对未来的一种期望。

（2）指向性

学习目标是学习活动的预期目的，为其他所有的学习活动指明方向，在保持各个学习关系与学习内容上具有组织作用及方向指导作用，是中心位置，具有核心凝聚作用。

（3）实际性

学习目标对于学生个体而言是具有价值性的，体现了学生对学习目标的满足程度和期望程度。同时，学习目标也具有可操作性，学生可以通过努力实现学习目标。从目标的实现程度上来讲，有些目标以令人满意的程度得以实现，是理想目标；有些目标的实现程度与期待程度相差不大，是满意目标；相差较大的则是勉强目标或其他。

（4）实践性

学习目标的实现需要通过学生的实际操作来实现，学习目标的实现过程具有实践活动的意义。在学习目标实现的过程中，学习目标为学习实践活动指明了方向，同时，学习目标也必须通过实践活动才能真正得以实现。

（二）学习目标原理

1. 动机原理

学习目标的制定利用了心理学当中的动机原理。动机是指"促使人进行某种行为的想法或念头"[1]。在心理学的观点里，人们普遍认为"动机涉及该行为产生的初始阶段、行为方向、实施强度和行为的持续性"[2]。动机产生后多数时候与"激励"有关。在组织行为学中，激励是一种心理过程，主要作用是激发人的动机。激励是一种通过激发动机和实施鼓励行为，使被激励者从思想上和心理上产生内在驱动力，朝着所期望的目标前进的过程。在此过程中，学生的自主学习能力的培养和体现十分重要。

面对客观的、具体的情况，教师引导学生养成自主学习能力显得非常实际且非常必要。教师应指导学生树立学习目标，实施学习计划，反馈学习效果，分步骤分阶段地开展学习活动，落实目标学习法。

2. 目标学习法的原理

美国心理学家布鲁姆（Bloom）是目标学习法（Taxonomy of Educational Objectives）的倡导者。他认为，"大多数学习者可以取得优秀的学习成绩，需要满足两个条件：第一是在学习过程中要获得最佳的教学，第二是要给予学生足够的学习时间"[3]。目标学习法中提倡的学习目标是针对学习本身而言的，它的内容是具体的，并且是通过努力和规划，在短时间内能得以实现的。

学习者"根据自身的语言基础、学习能力和个性特征，设立切实可行的学习目标，使学习者有着明确的自我认识和奋斗方向"[4]。目标学习法可以使学生在一点一滴的目标实现过程中收获成功带来的欢乐，从而使学生学习的信心和学习的主动性得以提高。因此，实现教育教学成功的主要策

---

[1] 彭聃龄. 普通心理学[M]. 5版. 北京：北京师范大学出版社，2019.
[2] 斯蒂芬·罗宾斯，蒂莫西·贾奇. 组织行为学（Organizational Behavior）[M]. 16版. 北京：中国人民大学出版社，2016.
[3] 陈秘琦. 基于布鲁姆教育目标分类学的高中数学阶梯式作业设计的研究[D]. 海口：海南师范大学，2022.
[4] 杨明. 谈外语学习中的目标管理[J]. 教学实践研究，2011（4）：267.

略之一就是采用目标学习法。它通过实现具体的学习目标,为学生今后的梦想和理想的实现提供了积极的心理支持和成功案例参照,将学校教育与人生课堂结合起来。

(三) 如何运用目标学习法来促进学习

1. 激发学习动机

学生有求知的需求,从而由内产生学习动机。学习动机也受外部诱因影响,诱因也能激发学习动机,从而激发并引起学生的学习行为,指向学习目标。(见图 4.1.1)

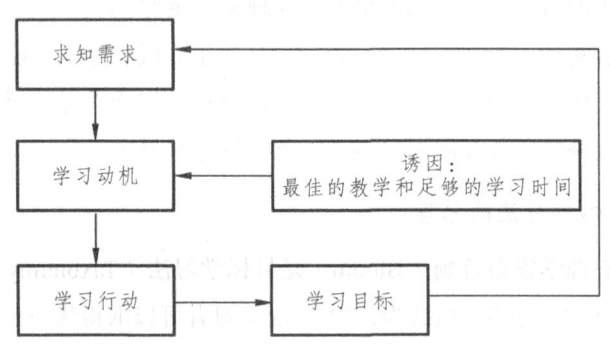

图 4.1.1　学习动机与目标学习法之间的关系

诱因是指能够引起有机体定向行为,并能满足某种需要的外部条件。"最佳的教学和足够的学习时间"对于学生来说就是激发学习动机的外部条件之一。

学习动机的激发在于利用一定的诱因,使已形成的学习需要由潜在状态转入活动状态,使学生产生强烈的学习愿望。激发学习动机的方法有以下几种:

(1) 内外结合

认知心理学强调学习的内部动机。然而只依靠内部动机,学习的需要会锐减;只依靠外部动机,就没有足够的力量。因此,应坚持以内部动机作用为主,外部动机作用为辅,利用新颖的学习内容与方法引起学生的学习兴趣,调动学生学习的自主性。内部动机也可以通过使用有趣的材料和使用各种呈现方式来增强。

研究表明,"学生的自主性、能力和归属感有助于个人内在增长"[①]。也就是说,当外部环境条件有利于培养学生的自主性、能力和归属感时,学生便能够积极将外部激励因素转化为个人认可的价值观,并体验真实、幸福的学习过程。

(2)创设情境

实施启发式教学,创设问题情境,丰富导入形式,调动学生兴趣[②],激发认识兴趣和求知欲,把学生引入一种与问题有关的情境的过程;把需要解决的课题有意识地、巧妙地寄寓于各种各样符合学生实际的知识基础之中,以引起学生的好奇与思考。

(3)及时反馈

通常情况下,反馈指发出的事物返回发出的起始点并产生影响,它可以用来提高未来具有动机价值的行为。新范式反馈认为"反馈是可唤醒个体持续改进和有效监督自我学习的内在动机,从而影响学生学业表现的过程"[③]。它强调学生在反馈过程中"扮演积极的角色,在反馈过程中获取不同方向来源的信息并因此来提高工作或学习的质量"[④]。新范式反馈更注重互动、对话和讨论。利用学习结果的反馈作用,教师让学生及时了解自己学习的结果,产生较大的激励作用。利用反馈,将学习结果及时提供给学习者,可增进反映效果。

(4)多种评价

评价贯穿教与学的全过程。在"教"的方面,包括课堂评价、作业评价、单元评价、期末评价等方式;在"学"的方面,要引导学生成为评价活动的设计者、参与者和合作者。[⑤]一般来说,表扬、鼓励比起批评、指责能更有效地激励学生的学习动机。对学生的学习活动予以肯定的强化,能巩固和发展

[①] 赵璇. 基于自我决定动机理论的外语学习动机探究[J]. 广西教育, 2023(3):108.
[②] 王艳. 激发兴趣·创设情境·制定计划[J]. 小学科学, 2016(10):128.
[③] CARLESS D, BOUD D.The development of student feedback literacy: Enabling uptake of feedback. Assessment&Evaluation in Higher Education, 2018, 43(8):1315-1325.
[④] 张倩苇, 冯瑞茹, 曾艳婷. 国际高等教育领域的反馈素养研究[J]. 教育导刊, 2023(7):16-17.
[⑤] 中华人民共和国教育部. 义务教育英语课程标准(2022年版)[M]. 北京:北京师范大学出版社, 2022.

正确的学习动机，使学生产生归属感。此外，教师应倡导评价促进学习，注重提高学生的自我评价、自我反思能力。[1]

（5）注重差异

在激发动机时，教师应特别考虑到学生的个体特点。以每个学生动机中独有的优点补偿其缺点，帮助学生确定其具体学习目标，在教学工作中要有足够的变式和不同的进度，使每个学生都有机会获得成功，并针对学生个人学业成败的归因，采取帮助措施。除了制定个人的学习目标以外，还可以将学生分成若干个学习小组，每个学习小组内学生的水平相近，让目标学习法在分组中实现。[2]同时，学生个体也要关注自己与同伴的差异，做到尽力而为、量力而行。

2. 明确学习目标

有了动机，就有了推动学习的内在动力。在这个过程当中，最为重要的部分就是明确学习目标。目标的制定要从学生的实际学习水平出发。[3]学生有了学习目标，就能增强在学习和复习过程中的学习的注意力，形成与学习目标相匹配、相对积极主动的学习动机，明确现阶段的学习目的是什么。

此外，在学习过程中对学习目标进行"自主规划、自主监测、自主学习评估"[4]是目标学习法的核心所在。教师应通过这些监控、监测和调节手段，及时地对学习目标作出反馈评价，并进行积极有效的纠正和补救，实施学习目标的管理。

3. 培养自主学习

自主学习策略是自主学习的核心，是实现自主学习的具体措施。[5]温登（Wenden）认为，自主学习就是指学习者能够获取学习策略和有关学习的各种

---

[1] 中华人民共和国教育部. 义务教育英语课程标准（2022年版）[M]. 北京：北京师范大学出版社，2022.
[2] 刘芳. 目标学习法在高中英语教学中的应用[J]. 课程教育研究，2018（11）：125.
[3] 李勤华."双减"背景下英语单元学习的目标管理[J]. 小学教育研究，2022（3）：72-75.
[4] HOLEC H. Autonomy in foreign language learning [M]. London：Pergamon Press，1981.
[5] 张佳妮.自主学习策略如何影响学业成绩？——基于四川省2153名高中毕业生的调查研究[J]. 教育科学研究，2024（7）：45.

知识，并能够正确、有效、独立地运用这些策略。[1]自主学习策略中的设定目标、提供资源、培养时间管理等方面与目标学习法之间有重要关联。

（1）原因

初中学生在面临中考所带来的挑战和压力时，主要有两个方面的问题需要解决。一方面是学生需要在有限的时间内完成多项科目的学习和知识巩固；另外一方面是学生需要应对自身在备战考试的过程中所产生的不同程度的心理压力。面对客观的、具体的情况，教师帮助学生提升自主学习能力尤为重要。

（2）方式

自主学习是什么？在国外的自主学习研究中，应用最为广泛的英文词汇是"self-regulated learning"，也译作"自我调节学习"。由于研究者的理论和视角不同，对于自主学习的界定存在分歧，到目前为止都没有达成共识。[2]

自主学习是学习的重要途径，学者和教育者都把自主学习能力的培养作为教学的重要目标。[3]以初三英语学习为例，在初三整合复习中，学生可利用自主学习方式，以话题为主线，以教材内容为基础，结合单词、短语、句子及语法知识，有目标、有计划地进行复习，针对复习材料的内容自觉进行复习与巩固。初三学生在复习时，面临的首要任务是巩固知识、熟悉考点，因此在进行自主学习的学习目标确定时，学生可以在话题复习的过程中，归纳每个子话题下最可能出现的、最重要的考点，数量不必过多，3个考点就够了。同时让学生找出自己在复习巩固过程中掌握不牢靠、容易混淆出错的2个知识点，保证在当天解决存在的问题，将知识体系中存在的漏洞尽早弥补，形成较为完整的思维导图和知识网络。

（四）运用目标学习法能产生什么效果

运用目标学习法能帮助学生进行学习目标管理，同时也可以培养学生的自主学习能力。

---

[1] Wenden A L. Learner strategies for learner autonomy[M]. London：Prentice Hall，1991.
[2] 张杰.中学生自主学习中的教师指导研究[D].重庆：西南大学，2018.
[3] 赵宇静.互联网背景下大学生英语自主学习能力的培养[J].互联网周刊，2023（5）：43-45.

1. 有助于掌握目标管理的原则

在运用目标学习法时需要进行目标管理,通常在目标管理中可以采用SMART原则。[①]SMART是"Specific(具体的)、Measurable(可衡量的)、Attainable(可实现的)、Relevant(相关的)、Time-based(有时限的)"五个英文单词首字母的缩写。(见图4.1.2)这一目标管理原则由管理学大师彼得·德鲁克(Peter F. Drucker)在他的著作《管理实践》(*The Practice of Management*)一书中提出。

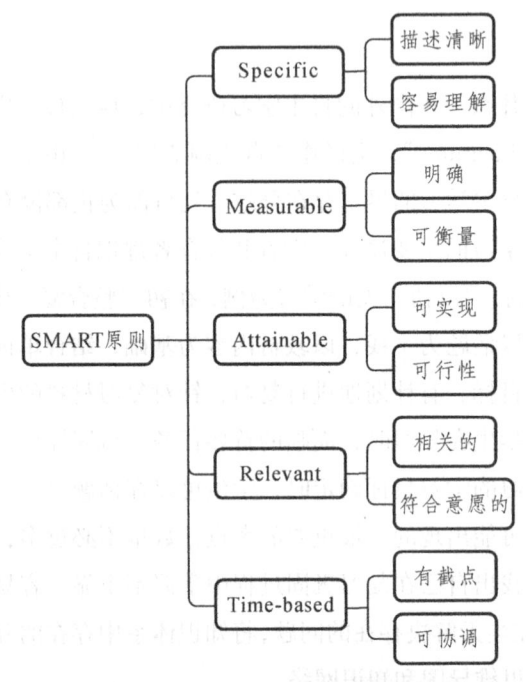

图 4.1.2　SMART 目标管理原则

SMART原则可以帮助学习者更有效、科学、规范地制定目标和任务。此原则的具体内容表述如下:

S(Specific):具体的、明确的。意思是目标要描述清晰、容易理解。较大的目标一定可以拆分为多个小的目标或关键任务,划分为不同阶段和层

[①] 彼得·德鲁克. 管理的实践[M]. 齐若兰,译. 北京:机械工业出版社,2018.

次，进行有效实施和监控。

M（Measurable）：可以衡量的。意思是目标可以用数据指标或明确的方法进行衡量，可以明确验证目标完成的效果。如"通过学习取得进步"就属于典型的模糊不清、无法衡量或验证的表述；而"通过两个月的学习，在年级测试中进步至少 20 名"则是相对明确且可衡量的表述。

A（Attainable）：可达到的。意思是目标是可实现的，具有可行性。目标既不可好高骛远、不切实际，也不宜过低、唾手可得。

R（Relevant）：与之相关的。意思是目标是符合自己意愿的，最好是通过师生商量的、都认可的目标。

T（Time-based）：有时限的。意思是目标任务必须有时间截点。根据学习任务的难易程度或轻重缓急程度制定完成的时间截点。同时，也要定期检查目标完成进度，当在时间截点内无法完成时，要根据具体情况作出调整。

2. 有助于培养自主学习能力

自主是学习的本质内涵，是保障"双减"实效的关键内因。就本质而言，学习是一种由个体独立自主完成的活动。[①]自主学习可分为三个方面：一是对自己的学习活动的事先计划和安排；二是对自己实际学习活动的监察、评价、反馈；三是对自己的学习活动进行调节、修正和控制。自主学习具有能动性、反馈性、调节性、迁移性、有效性等特征。

"自主式学习"（Learner Autonomy）的关键是"自主式学习"目标的建立和实施，这既是教学的依据，也是教学的目的和要求。[②]针对个体学生而言，个体自学主要针对学生个体在学习中出现的具体问题，在教师的帮助下，针对各自学习特点、学习基础与学习能力，确定适合个体发展的学习策略，采用"各个击破"的方式进行自主学习。"自主式学习"目标的最终实现有赖于对学习目标的具体管理。

[①] 蒋红斌."双减"背景下学生自主学习的价值、限度及其实现[J]. 教育学术月刊，2022（4）：66-72.

[②] 侯晓霞. 自主式学习与目标管理-高师英语教学法改革尝试[J]. 思茅师范高等专科学校校报，2002（6）：74-76.

（五）如何运用目标学习法培养自主学习能力

1. 学习目标制定策略

针对初中学生学习过程中个体学习目标的确立，需要注意以下几方面的内容：

① 引导学生克服畏难情绪和怯懦心理。例如，一次研究表明学习者的心理因素对英语学习的重要性。黄园园通过研究发现，初中生的学业浮力和学习动机处于相对较高水平。而学业浮力是指学生积极适应并成功应对日常性学业挫折和挑战的能力。初中生的学业浮力、学习动机和英语成绩之间存在两两正相关关系。基于研究结果，外语教育工作者可以从积极心理学视角，对学业浮力和学习动机进行一定的积极干预，从而培养学习者的积极心理品质，促使学习者的英语成绩有所提升。[①]在具体学习目标的制定过程中，强调使用积极向上的词汇，利用积极的自我心理暗示，在信心方面做好良好的心理铺垫和心理建设。

② 在学习目标制定的策略方面，一定要帮助和指导学生对目标进行层层分解，细化、小化最终目标。具体要求就是"量化+时限"（即学习目标要以量化标准为参考依据，同时强调实现细化目标的时间截点）。

③ 可以 SMART 原则为指导，对学习目标进行描述和管理，必要时进行适当的调整。

2. 自主学习能力培养

（1）培养学生自主学习意识

首先要激发学习兴趣。学习兴趣作为积极情感，具有强大的推力，能够激发个体参与创造性的活动、挖掘自身潜能，并在发挥复杂的创造力的过程中起一定的保障作用。[②]心理学研究表明，学习兴趣对学习效果能产生重大影

---

① 黄园园. 积极心理学视角下初中生学业浮力、学习动机与英语成绩的相关性研究[D]. 晋中：太原师范学院，2023.
② RENNINGER K A, HIDI S.The power of interest for motivation and engagement[M]. London：Routledge，2016.

响。最近的教育实践研究表明，学习兴趣和深层学习策略是推动学生创新能力发展的两个重要因素。[①]因此，要培养学生的主动学习意识，促进学生创新能力发展，首要任务是激发和培养学生的学习兴趣。

（2）引导学生进行自主学习

现代教育理论提倡以学生为中心，强调学生"学"的主动性。在开展自主学习的过程中，教师要"在课前给予学生充分的时间，引导学生进行自我分析，加强引导式教学"[②]，充分发挥学生的主动性、提升积极性和培养创造性。教师在教育教学过程中可以创设情景、形成问题；引导学生大胆质疑、乐于思考；分层指导、灵活训练；完成评价分析，帮助学生内化新知。

（3）利用学习创造成功体验

面对升学压力，缓解学生考试焦虑、在学习过程中创造成功感对培养学生自主学习能力也很重要。在基础教育阶段，学习焦虑和考试焦虑现象普遍存在。焦虑感较大的学生通常表现为缺乏自信心和价值感，容易作出消极的自我评价，行为方式以防御或逃避为主。而成功感是学生自主学习的激励机制，给学生成功的体验，强化和激励学生主动学习，学生就会在自主学习中不断地追寻这种体验。学习成果受到肯定，学生的信心大大增强，自主参与学习的动机也会增加。课堂是学生体验成功感最好的场所。在课堂环境中，学业的成功或失败为学生调整其对能力的自我认知的高低提供了重要反馈。实践研究表明，学生的考试焦虑水平随成功感的升高而降低。[③]

（六）运用学习目标培养自主学习能力时容易出现的问题

1. 自主学习目标不清晰

自主学习能力的培养与实践与学习目标的具体落实息息相关，对自身能力的认识与评价不足，容易误判能力与目标实现间的距离，导致目标难以实

[①] 徐琪琪，李积鹏，丹拥军. 学习兴趣对创新能力的影响：学习策略的中介作用[J]. 黑龙江教师发展学院学报，2022（12）：84-87.
[②] 田志英. 初中英语试卷评讲课学生学习现状及需求调查研究[J]. 教育观察，2022（5）：59-62.
[③] 李芒，柏乐宜，黄琳，等. 中学生自主感与成功感对考试焦虑的影响——同伴学习的调节作用[J]. 教育科学研究，2021（10）：54-62.

现。因此，在分解目标时要注意，细化后的阶段性目标要具有挑战性，但挑战难度不宜过高。学生最愿意参与的是"跳一跳就能够到"的挑战，既突破了自我，也树立了信心。"双减"政策鼓励开展分层教育，实践证明这是一种有效的教育模式。教师可利用最近发展区理论指导下的分层教学或梯形分层教学帮助学生制定针对性目标，培养学生多方面的自我评价技能。

2. 学习过程监控不及时

由于未来的不确定性，必然导致目标实现的过程不会一帆风顺。若学习过程监控不及时，也会造成目标实现困难。因此，教师和学生二者必须对学习目标进行及时监测，包括对学习目标的实施过程的监控，以及对阶段性学习目标的结果反馈，给予适时的反馈、评价，甚至帮助，从而为下一阶段目标的制定作出指导，进行适当的、合理的和必要的调整。

教师应注意方式方法，采取具有积极意义的教学方法引导学生。[①]比如为学生布置课程类作业和实践类任务，引导学生相互学习和共同进步，帮助学生自我总结和归纳汇总。学生方面，如果学习目标仅通过外在管理强化难以达成，就必须改变过去的外在输入式教学，提高学生自主学习能力，使学生能够形成内在管理理念，为学生学习能力的不断提高打下基础。[②]

（七）示 例

例1：以"考上重点高中"的学习目标为例，小杨充分利用SMART原则进行了目标管理。

为了能够考上重点高中，小杨对自己的学习情况、实际差距、努力方向三个方向进行了分析，并进一步制订出了详细的学习计划。针对自己的学习情况，小杨在分析了自己的学科优势与心理优势的同时，也总结了自己在薄弱学科与学习方法上的不足之处，对自己的学习习惯、学习技巧与学习策略进行了梳理，为更高效地学习作铺垫和准备。同时，小杨收集了想要考取的

[①] 张绍杰. 全球化背景下的外语教学——行动与反思[J]. 外语与外语教学，2010（3）：7-10.
[②] 霍向宁. 教学目标管理视野下中学英语考试功能与英语学习本持的冲突研究[D]. 保定：河北大学，2016.

重点高中的历届收分情况，比较目前自己的总成绩，明确具体差距。据此，小杨明确了自己的努力方向，开始思考如何缩小差距。他决定以学期为截点，分别通过上期与下期的努力，实现设定的目标。在实现目标后，他也会奖励自己，作为下次进步的激励（如图4.1.3所示）。

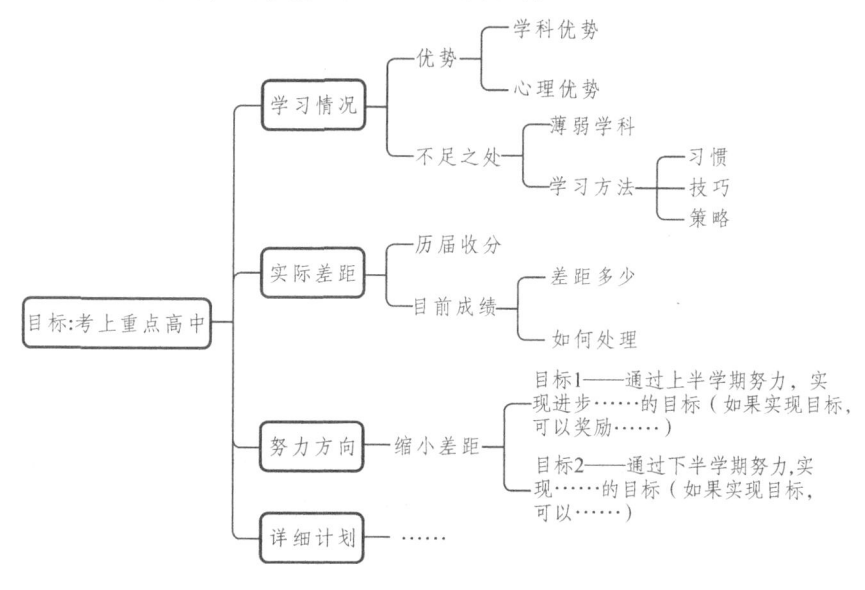

```
目标:考上重点高中
├─ 学习情况
│   ├─ 优势
│   │   ├─ 学科优势
│   │   └─ 心理优势
│   └─ 不足之处
│       ├─ 薄弱学科
│       └─ 学习方法
│           ├─ 习惯
│           ├─ 技巧
│           └─ 策略
├─ 实际差距
│   ├─ 历届收分
│   └─ 目前成绩
│       ├─ 差距多少
│       └─ 如何处理
├─ 努力方向 ─ 缩小差距
│   ├─ 目标1——通过上半学期努力，实现进步……的目标（如果实现目标，可以奖励……）
│   └─ 目标2——通过下半学期努力，实现……的目标（如果实现目标，可以……）
└─ 详细计划 ─ ……
```

图4.1.3 合格的学习目标

例2：与小杨"考上重点高中"的学习目标相比，小李的学习目标虽然具有"相关性"，但明显缺乏"具体、可衡量、时限性"等方面的特征，使得目标的"可达性"变得困难。小李的学习目标如图4.1.4所示。具体而言，小李的学习目标有以下4个方面的问题：

① 没有结果。学习目标要以结果为导向，要明确最后的目的是什么，只说了要做但是却没有结果，没有结果的目标就没有价值。

② 不知缘由。要对学习目标有相应的认知和理解，要理解目标。做具体的任务的时候，要知道为什么要做。

③ 混乱无序。学习目标要确定，按照一定的节奏执行就会很顺畅，但是如果前进的节奏感被破坏了，就会导致学习效率降低，最后变得混乱无序。

④ 没有反馈。学习目标的落实要结合激励措施，制定任务目标的同时，要有相应的反馈及激励或评价机制。激励可以是多种形式的，如外在的激励、内在的内驱力等。但是，如果没有激励，学习目标也无法有效完成。

图 4.1.4　不合格的学习目标

二、制订学习计划

（一）学习计划定义

在明确了学习目标之后，接下来需要做的就是推进落实学习目标。各个学段学习目标的实现，必须以学习计划的落实为保障。

1. 计　划

计划是对未来活动所做的事前预测、安排和应变处理。计划的目的是实现所提出的各项目标。在目标明确以后，在计划中还必须说明谁在何种时候，以何种方式实施（5W1H）等基本问题。简而言之，计划的作用就是"定义目标、确定战略、制定方案并统筹协调"[1]。

2. 学习计划

学习计划的定义各不相同。有研究者认为，学习计划是"指学生通过各种形式把需要学习的内容罗列起来"[2]。也有学者认为学习计划"指用单词、列表、图表等来完成要完成的任务"[3]等。而这些理解都脱离了目标框架。

---

[1] 斯蒂芬·P. 罗宾斯，玛丽·库尔特. 管理学[M]. 北京：中国人民大学出版社，2012.
[2] 宋靖宇. 谈如何提高高中生学习计划执行力[J]. 课程教育研究，2019（9）：205.
[3] 阮钰清. 如何提高高中生学习计划执行力[J]. 才智创新教育，2018（9）：173.

本书认为，学习计划是以学习目标作引导，通过合理规划时间和时间截点内的具体内容，有步骤、有毅力、有方法地协调各个学习任务，最终实现学习目标的一种安排。

（二）学习计划原理

1. 制订计划的心理学原理

教师利用积极心理学原理制订学习计划，有利于提升中学生的综合素质和能力，也能有效培养学生自我调节情绪的能力[1]，是培养综合性人才的重要基础条件。

2. 制订计划的适用性原理

（1）木桶原理

木桶原理也叫作限定因素原理，意思是木桶能容纳的水量大小取决于桶壁上最短的那根木板（见图4.1.5）。对于学生而言，也就是说学生应该了解自己最薄弱的学科。而最近几年出现了"新木桶理论"。该理论认为，当木桶倾斜一定角度后所能装的水才是它的真正容量。即木桶的长板越长，装的水越多（见图4.1.6）。然而通过研究表明，"若仅从数学角度讨论新木桶原理，满足倾斜放置的木桶达到更多蓄水量的条件是苛刻的"[2]。研究结果给我们的启示是，要让自己更具备竞争力，除了拥有"最擅长"的学科外，更应该拓展其他学科知识面的"宽度"，增大自身容积，当我们找到最佳角度倾斜木桶时，才能装更多的"水"。

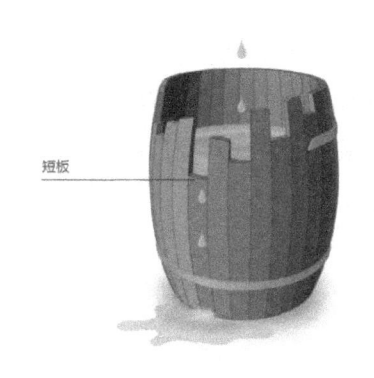

图 4.1.5　木桶原理

---

[1] 彭红燕. 积极心理学在初中心理健康教育中的应用[C]// 2023 教育理论与管理第一届"新课程改革背景下教与学高峰论坛"论文集. 北京：华教创新文化传媒有限公司，2023.
[2] 李光辉，黄俊明. 关于新木桶原理的讨论[J]. 大学数学，2019（6）：115-120.

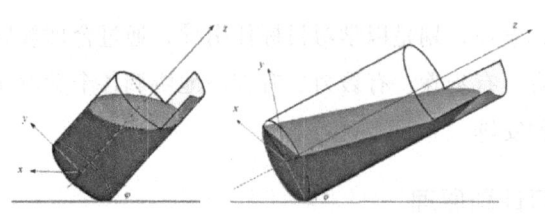

图 4.1.6　新木桶原理

（2）承诺一致原理

承诺意味着对某种约定的同意。根据社会心理学的"从众"和"服从"原理，"从众"心理会让个人产生"心境联结"，容易受到他人的暗示。"服从"是一种对直接命令的"顺从"，具备群体趋同性。[1]利用此原理可以帮助学生制订学习计划。学习计划是学生为了完成学习任务、实现学习目标所作出的承诺。但是要注意时限，学习任务越多，做出的承诺越大，实现承诺的时间就越长，计划的期限也就越长。因此，学习计划中要做出的承诺不能太多，否则，会造成计划的时间过长，最后承诺所实现的可能性反而越小。（见图 4.1.7）

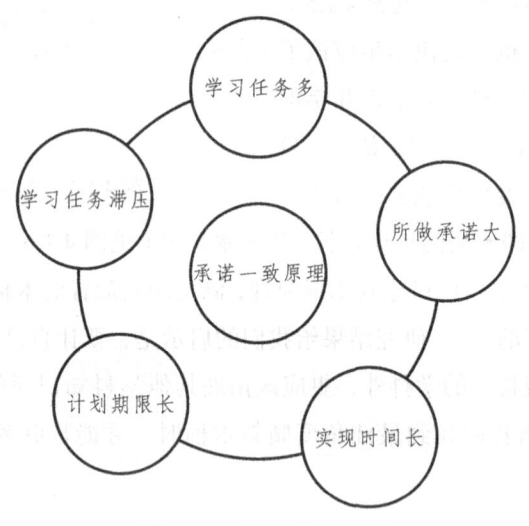

图 4.1.7　承诺一致原理

---

[1] 戴维·迈尔斯. 社会心理学 [M]. 11 版. 北京：人民邮电出版社，2016.

（3）灵活原理

在管理学理论中，原则性是指一切按制度办事，而灵活性是指做事方法上懂得变通，以人为本。原则性与灵活性既具有矛盾性又具有同一性，将二者结合能提高管理的成效。[1]这里所谈的灵活原理是指学生在尊重原则和规律的基础上，制订学习计划的灵活性越大，因意外事件引起的计划受阻或失败的可能性就越小。灵活性原理是制订学习计划工作中最主要的原理，它主要针对计划的制订过程，使计划本身具有独特的适应性、灵活性，也允许计划的制订者留有余地，做到量力而行。同时，教师在管理过程中，适当运用灵活性原理，也能充分发挥教师的领导作用，展现特有的魅力。[2]

（三）如何运用学习计划来促进学习

制订学习计划的前提是明确自己需要具体实施的事情，以及其完成的时间截点。如何在有限的时间内完成既定计划，实现目标呢？答案就是有效的时间管理和及时的应变调整。以下方法可以帮助学生管理计划，达到促进学习的目的。

1. 利用四象限法

（具体内容见本章第二节学习时空管理）

2. 绘制时间轴

时间轴是根据时间顺序对历史、文化、事物或事件进行归类、排序和串联的一种记录体系。教学实践研究证明，时间轴"能够帮助学生梳理事件的时序关系，提升时空对比能力，具有时效性和可操作性，是落实教学目标最好的途径"[3]。与此同时，时间轴作为一种可视化思维工具，可将大脑中的发散性思维用图像进行表达。可视化思维工具一般包括思维地图、核心思维工具、概念图和思维导图等。"利用可视化思维工具可以把学生无序的思维变得

---

[1] 付喧棋. 管理的原则性与灵活性的协调统一思路构建[J]. 山东社会科学，2015（S1）：282-284.
[2] 暴丽艳，林冬辉，褚英敏，等. 管理学原理[M]. 北京：清华大学出版社，2014.
[3] 霍春莲. 时间轴在高中历史教学中的价值分析[J]. 中学历史教学参考，2023（14）：64-66.

有序，把局部的想法构建成全局的想法，从而优化认知过程。"[1]

学生可以利用时间轴，对每个学习任务进行排列和记录，将任务可视化呈现，做到有层次、有梯度、有螺旋、有关联地制订计划，保证学习计划的实施及总体学习目标最终得以按时实现。轴距可以年、学期、月份、星期、日为单位进行绘制，以确定学习目标的可实施。（见图4.1.8和图4.1.9）

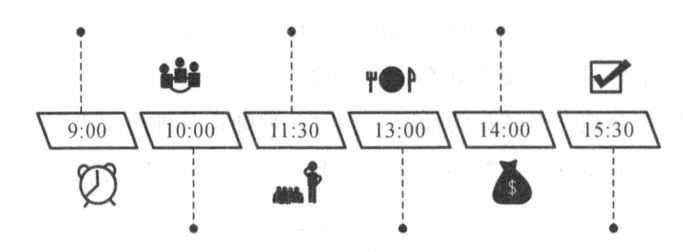

图4.1.8 时间轴（一）

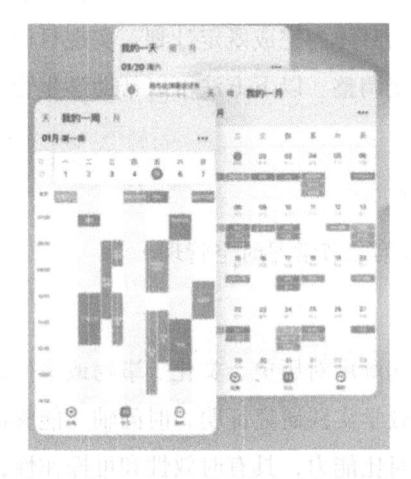

图4.1.9 时间轴（二）

3. 改变航道原理

改变航道原理是指船只在航行的过程中，总是有既定的目的地和相应的航道。遇到意外情况时，在保证目的地不变的前提下，可以改变航道路线，

---

[1] 余稳. 可视化思维工具在初中英语阅读教学中的有效运用策略研究——以饼状图、时间轴和鱼骨图为例[J]. 考试周刊，2023（11）：124-127.

绕道而行。改变航道原理与灵活性原理不同。灵活性原理是针对计划本身的适应性，而改变航道原理是针对计划执行过程的应变性，需要经常地检查、调整、修订计划，以达到预期目标。[1]

在学生制订并执行学习计划时可利用此原理，保证目标执行过程具有应变能力。实现目标实施的进程，可以根据实际情况的变化而变化。

（四）培养制订学习计划的能力能产生什么效果

积极心理学对于协调学习任务、实现学习目标有积极的推动作用。积极心理学强调研究每个人的积极力量，即发掘学生身上的积极力量并使之得到正确的运用。积极心理学提倡对问题做出积极的解释，即学生们要学会对问题进行积极的归因，要善于发现问题中积极的一面，从而使消极的问题向积极方面转化。[2]

运用积极心理学原理，学生通过思考自身实际情况、对学习目标的认识、管理时间安排学习计划的实施等一系列操作，可以积极面对困难、发掘自身积极力量，切实提高自己的自信心、自我管控能力以及自我效能感。

主要内容包括：

① 明确目标设定。通过设定明确、可衡量、可实现、可视化的目标来提高实现动机和行动效率。

② 实施自我监控。通过观察学生具体的行为和反应，来调节学生的思维和行为，统筹计划的实施和调整。

③ 进行正面强化。通过鼓励、表扬、奖励等方式对积极的行为和习惯进行正面强化，形成良好习惯，优化自我认知。

④ 提升自我效能感。通过结果的反馈，对自身能力和行为的信心和信念持积极态度，这一点对于行为控制起到了至关重要的作用。

在制订学习计划的过程中，需要通过有效方式和细节考量来提高自我效能感，实施积极心理暗示。

---

[1] 白瑷峥. 管理学原理[M]. 北京：中国人民大学出版社，2014.
[2] 吴琰芳. 基于积极心理学视角的初中生心理健康教育策略探索[J]. 考试周刊，2023（3）：6-10.

（五）如何培养制订学习计划的能力

学会制订学习计划有助于学生学会思考，提高学习能力。

1. 了解自身学习能力

（1）学习方式

当前基础教育课堂教学改革的重点是培养学生的核心素养。学习不再是简单获取知识的手段，而是发展学生核心素养，将学知识、学做事、学做人三个方面联结起来的综合过程。学习方式变革的本质是"学习主体在学习过程中的自我建构、自我调适、自我完善和自我实现的过程"[①]。

以自己为中心的学习，主要强调解决自己的问题、提升自己的能力，属于"自我导向学习"（self-directed learning）。自我导向学习方式主要包括激励、自我监控和自我管理三个维度[②]，如图 4.1.10 所示：

图 4.1.10　自我导向学习的三个维度

要想提升学习能力，就要掌握正确的学习方式，如参与任务，有认知责任并学会情境控制，同时还要提高内化和应用知识的能力、分析和整理信息的能力、追问和反思能力，建立自己的知识体系。

（2）学习能力

学习能力是通过多种途径，获取新知识、信息，并将其转化成自己的本

[①] 李红梅."互联网+"时代"新"学习方式的价值逻辑[J]. 中国电化教育，2017（6）：102-107.
[②] 朱双柳. 中学生《信息技术》课程自我导向学习倾向的提升研究——基于任务驱动科学法的实践[D]. 武汉：华中师范大学，2018.

领。[1]学习能力是从事学习活动所需具备的心理特征。学习能力是所有能力的基础。学生的自主学习能力又是核心素养当中一个重要的组成部分。研究者认为，学习能力具有三个方面的本质特征：发展性、具体性、交互性，如4.1.11图所示：

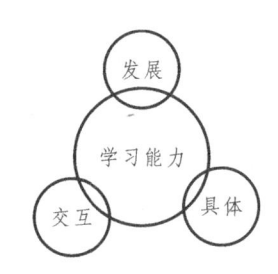

图4.1.11 学习能力的三个本质特征

发展性、具体性、交互性这三个本质特征深刻地反映了学习能力的"实践"特点。实践性是"学习能力"的重要特征。此外，元认知能力和自主能力也是学习能力的重要组成部分，是助推人的学习能力从低到高不断发展的核心变量。[2]因此，学习者应熟知这些能力，并了解自身的能力水平。

2. 合理制订学习计划

① 学习者应设定明确、可行、可衡量的目标，更好地规划和执行计划，并评估计划实施。

② 实施自我监督和及时反馈是提高行为控制能力的重要技巧之一。通过对行为和反应的记录，学习者可以更好地了解计划实施进展情况，并及时调整计划。

③ 正面、积极的强化是一种褒奖方式，可以更好地强化积极行为和习惯。

④ 自我动机和意义可以帮助学习者更好地控制行为。

⑤ 接受挫折和失败是提高行为控制能力的重要部分。学习者应从挫折和失败中吸取经验教训，寻找改进的方法：注意归类总结，尝试一题多解；巧用一题多变，灵活学习知识；适度超前学习，参与预习实践等。[3]

---

① 字永太. 困境儿童学习能力提升小组工作实务研究——以银川市Y乡M四村为例[D]. 银川：宁夏大学，2022.
② 邹云龙，陈红岩. 学习能力的本质内涵和维度建构研究[J]. 东北师范大学报（哲学社会科学版），2021（11）：156-162.
③ 杜蓉. "双减"政策下如何科学制定学习计划[J]. 现代中学生，2023（1）：3-4.

3. 培养终身学习意识

具备终身学习能力成为个人发展和社会发展的关键因素。"终身学习"的实现是需要学习"自主"的，教育也开始由传授知识转变为"激发潜能"。终身学习社会的到来要求更高的自主学习能力，要求学生能够在自我内部激发出一种自主的学习动机和倾向。[1]而研究表明，通过正向行为的产出导向法（POA）能培养自我评价能力，提高自主学习能力。[2]

与此同时，培养终身学习意识有助于拓展人才培养途径，培养多元化人才。教育机构也应以此为依据，重视个性化学习、为终身学习提供支持。[3]

（六）制订学习计划时容易出现的问题

1. 学习计划脱离实际，无法执行

这个"实际"有可能是没有考虑计划制订者自身的实际情况，盲目跟风制订虚空计划；或计划本身难以得到落实，过于天马行空。

2. 学习计划路线不清，方向不明

好的计划应该有清晰的主线和方向，直指学习目标，在实施的过程中能做到环环相扣、紧密联系，总是清楚下一步自己要做什么，不会因为目的不清、意义不明而浪费时间。好的计划是以良好的时间管理为前提的。制订计划时一定要避免消磨时间等类似情况的发生。

3. 想得太多，做得太少

好的计划应该是能够激励人去执行和完成的，而不是反复制订或重做。选择的悖论是选择越多，行动越少；追求的想法和目标越多时，实现其中任何一个的可能性越小。同时，对失败的恐惧、选择太多导致的精力枯竭和下降的兴奋感都会影响计划的制订和实施。

---

[1] 王瑞英. 终身学习背景下初中生自主学习能力现状及培养对策研究[D]. 大连：辽宁师范大学，2020.

[2] 王瑞英. 终身学习背景下初中生自主学习能力现状及培养对策研究[D]. 大连：辽宁师范大学，2020.

[3] 王东芳，经紫艺. 新加坡发布新版"终身学习"计划[J]. 上海教育，2023（20）：52-54.

（七）示　例

例1：以图4.1.2所呈现的小杨先前制订的学习目标中包含的学习计划为例。

小杨制订的学习计划以"一周"为时间轴，以每周的学习任务制订每天相应的学习计划，并对完成情况进行记录和反馈，在备注的部分列出优秀的方面，同时提出改进的措施；在一周结束后，对本周的计划实施情况进行总结。

小杨所制订的学习计划，以"考重点高中"为出发点，体现了学习计划的自我动机和意义；在实施过程中，包含自我监督和及时反馈的重要方面，有助于总结优势、吸取经验教训、改进方法，对小杨自身有力地执行计划起到了积极作用。小杨所制计划表如表4.1.1和4.1.2所示：

表4.1.1　一周学习计划表

时间	计划任务	完成记录	备注
周日			
周一			
周二			
周三			
周四			
周五			
周六			
一周总结			

表4.1.2　一周详细计划（按时间截点划分）

节数	时间	星期一	星期二	星期三	星期四	星期五	星期六	星期日
第一节	8：00—8：45							
第二节	8：55—9：40							
第三节	10：00—10：45							
第四节	10：55—11：40							
午休	11：40—14：00							
第六节	14：00—14：45							
第七节	15：00—15：45							

续表

节数	时间	星期一	星期二	星期三	星期四	星期五	星期六	星期日
第八节	16：00—16：45							
晚间休息	17：00—19：00							
晚自习	19：00—21：00							
备注								

例2：对比小杨的学习计划，小王的学习计划没有明显的指向性和自我动机，前后任务联系不够紧密；计划的时间以"天"为单位，但是每个学习任务的时间截点较密集，缺乏弹性，可执行度较低；计划缺乏监督与反馈，没有改进的方面，是不合格的学习计划，如表4.1.3所示：

表4.1.3 不合格的学习计划表

时间	计划项目
8：00—8：30	起床、洗漱、整理房间卫生
8：30—9：00	吃早餐
9：00—10：00	背诵古诗词
10：00—11：00	阅读课外读物
11：00—12：00	字帖练习
12：00—13：00	吃午饭
13：00—14：00	休息、玩耍、自由安排
14：00—15：00	语文寒假作业
15：00—16：00	数学寒假作业
16：00—17：00	跳绳、体能训练
17：30—18：30	吃完饭
18：30—20：00	休息、娱乐
20：00—21：00	预习二年级下生字
21：00—21：30	睡觉休息

三、完成学习评估

（一）学习评估定义

1. 评　估

评估是指"评议估计"，与"评价"有相近含义。[1]评估是获取与目标相关信息的过程，用于对被评估者作出评价。被评估者可以是他人，也可以是学习者根据个人和社会需求，积极主动地确定学习资源，选择实施恰当的学习策略，评价自己的学习。简单来说就是对已知目标的检测和分析。

2. 学习评估

评估在概念上针对的是整体学习，包含学习的全部实践。在实际操作中，学习评估主要面对的是具体实践。[2]教育教学中的评估是指教育者用来衡量、记录、评价学生的学业成就和技能的过程。对于学习者本人而言，学习主体通过自身的学习效果进行评估，可以了解学习目标的实现程度，"主要测定被培训者的学习获得程度"[3]。

3. 评估方式

对于教师而言，评估方式包括测试、观察、访谈、行为、监测等方法。收集的信息包括正式和非正式的观察、纸笔或口头测试、家庭作业、实验项目、研究论文、口头提问中的表现、分析学生的记录等。随着《义务教育课程方案和课程标准（2022年版）》的推进，实践证明了利用"教—学—评"一体化实现以评促学和以评促教的重要作用[4]；也可以通过对大数据进行挖掘、提炼、分析来掌握学习者的学习特征，针对不同的学习者给出需要的教学内

---

[1] 现代汉语词典[M]. 6版. 北京：商务印书馆，2015.
[2] 畅肇沁，秦娅璐.有效学习的评估标准探究[J]. 教育理论与实践，2017（34）：57-60.
[3] 邓洁华. 柯氏四级评估模式在"管理学"课程思政教学评价革中的运用研究[J]. 深圳职业技术学院学报，2022（4）：76-79.
[4] 孙晓慧. 核心素养导向下的高中英语教、学、评一体化实践探究[J]. 英语学习，2023（5）：38-42.

容和形式，从而提高学习效率。①

对于学习者而言，可采用定量评估的方式。学习者在学习活动前，根据最近一段时间学习的内容、目标和成果的评估方向，制定分数或等级标准，并不断调整自身行为，减少与目标间的差距。最后通过收集学习成果、作品汇集展示自身学习情况，形成电子档案。此外，学习者之间的互相评估也是评估的重要部分。

（二）学习评估原理

行为主义形成于20世纪初期，是现代心理学的主要流派之一。行为主义学习理论是用行为主义的观点解释学习本质的一种学习理论。该理论揭示了行为形成以及情绪学习的规律，被广泛运用于课堂管理、行为干预等方面。

对于学生而言，利用行为主义理念可以帮助解决中学生焦虑问题②；通过营造健康的学习生活语言环境，增强对身边人的同理心，进行积极的心理暗示等方面的共同作用，帮助缓和或者解决中学生的焦虑问题。

对于教师而言，基于斯金纳行为主义心理学的社会文化设计思想，也鼓励教育参与者追寻教育人生梦想③，从教育目标上努力挣脱现实的束缚、从课程内容上不断拓展自主学习的资源、从课程评价上不断改善评价，摆脱低级简单评价。

（三）如何运用学习评估来促进学习

在学习计划的实施过程中以及学习目标的实现过程中，如何对学习计划的落实和学习目标的实现情况进行检测和分析，并收集反馈呢？

---

① 王传根，吴昊，刘路路. 大数据背景下学习评估方法分析[J]. 教育教学论坛，2017（42）：213-215.
② 董佳明.行为主义理念对解决中学生焦虑问题的借鉴作用研究[J]. 基础教育研究，2022（7）：75-77，81.
③ 卢建筠，崔岐恩，卢祖琴. 超越自由与尊严的人类教育蓝图：斯金纳行为主义理念背景下的教育文化设计探析[J]. 现代教育科学，2022（4）：6-11，18.

1. 主观角度

① 发挥教育主体作用，主动对信息进行收集、整理与分析。教师可通过观察、访谈，学生可通过自我反思等方式对计划执行程度进行质性评价。

② 发挥教室的场景作用，在课堂中，学习者通过自主评估或互相评估的方式，对自己完成学习任务的过程、表现和结果作出判断和评价。

2. 客观角度

① 收集与学习者或自身相关的学业表现或取得进步的材料，通过数据对比进行量化分析，对其学习计划的落实效果作出评估，最常见的就是通过考试获得分数的诊断性评价。

② 基于对学习者学习全过程的持续观察、记录、反思而做出的发展性评价，比如说书面作业完成情况、课上回答问题情况、单元测试成绩、参加竞赛等逐一记录，作出形成性评价。

③ 通过毕业测试形成终结性评价。

④ 对"道德品质""公民素养""学习能力""交流合作与实践创新""运动与健康""审美""表现能力"等方面进行综合素质评价。

（四）培养学习评估能力能产生什么效果

通过培养学习评估能力，学习者可以对学习过程进行回顾、分析、评价和改进；在学习过程中进行形成性评估，调整策略；在结束时形成总结性评价，促进反思和提升。教师也能检验教学效果，促进教学改革。具体方法如下：

① 在学习者自主学习的过程中，可以以练习与测试结果为反馈依据对学习计划的开展情况进行自我评估，努力向学习目标迈进。

② 通过自我评估的方式，可以对学习者的学习情况和学习目标的达成进行及时评价。

③ 在对阶段性学习情况的评估中，学习者对阶段性的学业成绩进行比较，并形成反思整改报告，从而达到促进学习者自身主动学习、落实学习计划、完成学习目标的目的。

由于学习者存在个体差异，综合性的评估是不够的。根据新课标推行的"教、学、评"一体化理念，"教"是教师指导学生实现目标的活动；"学"是学生付出努力实现的目标；"评"是教师和学生对学习表现的评价。"教—学—评"一体化有助于学生关键能力的达成。专项学习评估是一种比较实用有效的策略。

（五）如何培养学习评估能力

1. 专项学习评估

专项学习评估，指的是根据不同年级学习者能力发展的特点，考察某一种能力发展情况的诊断性评估。这种评估方式更有针对性，注重过程性，关注个体差异，有利于促进学生的能力发展。同时，与综合性评估形成很好的互补。[1]

2. 自比性评估

自比性评估（Ipsative Assessment）指将学习者当前的表现和以往的表现进行自我比较[2]，对学习者的学习进步进行评估，评估的测试与反馈范围覆盖较广。自比性评估最早出现于1944年，但是一直未能完全运用于语言教学过程中。自比性评估的对象是个人在学习方面上所取得的进步。[3]

自比性评估与其他评估方式不同之处在于：

① 评估目的不同。自比性评估的最终目的是促进学习者学习，它具有内在性和个体性。

② 评估对象不同。自比性评估不涉及他人的表现，无与他人竞争的特点。

③ 评估起点不同。自比性评估要求学生进行自我比较，进行评估之前的学习起点和学习终点具有同等重要性。

④ 评估依据不同。就自比性评估而言，判断学生学习成功与否的依据是

---

[1] 刘宁, 傅佩君, 闫君. 实施专项学习评估聚集专项能力培养[J]. 北京教育, 2020（2）: 80-81.
[2] 杨志红, 强海燕. 从竞争性评估到自比性评估: 学习评估的转向[J]. 教育学术月刊, 2021（9）: 20-27.
[3] Martínez-Arboleda A. Ipsative assessment: measuring personal improvement[C]. In Beaven T & Rosell-Aguilar F（Eds）. Innovative language pedagogy report, 2021: 77-82.

其所是否取得了进步。

自比性评估对于促进学生学习、完成计划、实现目标具有积极作用，主要表现为以下几个方面：帮助进行积极反馈、鼓励自我调节和自我评估、建立自信并激发动机。自比性评估是鼓励真实的学习评估。

（六）学习评估容易出现的问题

学习评估推进的关键在于评估结果对实际学习活动的反映程度，反映程度越真实，评估效果就越好。评估标准的构建在极大程度上影响着评估活动的实施。

1. 深度学习程度

在学习环境全身心投入是学习者把学习的心理倾向转化为实际的学习行为。学习者投入程度越高，学习的有效程度才会越高。因此，深度学习程度会影响评估结果。抽象的概念以可感、可视、可操作的方式出现，将有助于深刻理解。

具身认知理论认为人的身体和感觉运动系统具有认知功能。[1]当学习者理解具身学习，借助身体参与，身心合一地理解核心概念，并且能在环境或真实情景中高效灵活地互动，高效地将之应用于真实或模拟真实的情境中，深度学习就发生了。[2]在教师的帮助或指导下，学习者可以通过"体验式学习、多重互动阅读模式、多方位情景教育、具身的结构化反思、多元具身评价方式"[3]来提高学习的体验感。

2. 自我效能感体验

（相关内容在第二章学习动力系统的第三节学习态度中已有详细介绍，此处不再赘述。）

3. 学习效率方面

学习效率是指单位时间内的学习任务或目标的完成程度，包含量（学习

---

[1] 杨艳清. 基于具身认知理论的深度学习探讨[J]. 新课程教学，2023（4）：81-82.
[2] 具身认知：身体参与的深度学习[J]. 上海教育，2022（5）：24-25.
[3] 黄朝斌. 具向认知视角下高中英语阅读教学实践[J]. 英语教师，2023（2）：98-101，110.

速度）和质（学习效果）两个部分。学习效率与个体的认知灵活性和认知坚持性相关。认知灵活性是个体根据内、外条件的变化，作出调整并适应新环境的能力。认知坚持性是个体完成任务时的意愿或付出程度。研究表明，认知灵活性和认知坚持性主导的个体学习效率存在差异。高工作记忆容量条件下，认知灵活性主导的个体的学习效率更高。①

因此，为了提高学习效率，学生个体方面除了选择适当的学习材料、关注学习环境外，更应该注重认知灵活性的培养。教师可尝试以"快节奏、高效率"为特点的课堂教学形态——敏捷教学。采用线上线下混合教学模式②，通过"解构教学主题、问题化教学内容、任务化教学方式、支架式教学辅助、合作化教学管理等方式提高课堂学习效率，培养学习应变能力"。③

（七）示 例

例1：以小杨制定的九年级第5单元英语单元学习评估为例。利用单元学习评估表格，小杨对本单元的主要语言目标、能力目标、文化目标、情感目标进行详细梳理，对单元的学习情况进行自我评估，并根据自我评估的方式检测和分析自身的学习情况。

如表4.1.4所示：

表4.1.4 合格的自我学习评估表

通过本单元学习，我能：	√
利用图片进行听前预测，听懂与"难以预料的事情"相关的语篇	
利用听力所提供的文字提示，推测事件的起因、经过、结果	
运用所学词汇与句型进行对话编写、口语表达	

---

① 胡彦兰. 认知灵活性、认知坚持性对学习效率的影响——工作记忆容量的调节作用[D]. 曲阜：曲阜师范大学，2022.
② 高庆忠，张玉艳，王刚. 基于敏捷教学的线上线下混合式教学模式应用探究[J]. 沈阳工程学院学报（社会科学版），2033（7）：102-106.
③ 金滨浩. 敏捷教学：一种提高课堂学习效率的教学形态[J]. 中国多媒体与网络教学学报（上旬刊），2023（4）：153-157.

续表

通过本单元学习，我能：	√
读懂与"难以预料的事情"相关的语篇	
运用本单元知识描述发生在自己身上的、过去发生的事情	
运用过去完成时，用 when、before、by the time、as 等连词写文造句	
运用背景知识帮助理解文章，了解文章中段落首句的作用	
简单介绍愚人节风俗	
认识到生活中充满难以预料的事情，学会坦然面对	

例 2：对比小杨的自我学习评估表，小张的学习评估则主要针对每一节课的课堂表现进行评估。评估虽然体现了不同的等级，但是略显笼统。小张未对当堂课学习的重点和难点知识进行梳理和反馈，未对当堂课中需要用到的学习策略和方式进行总结，未对当堂课在大单元或学科知识结构中的位置进行构建，对自身的学习自信、学习动机的激励不足，无法提高自己的自我效能感，也无法有效提高学习效率，是不合格的自我评估方式。

如表 4.1.5 所示：

表 4.1.5　不合格的自我学习评估表

课堂表现自我评估			
	比较满意	满意	一般	差
第一节课				
……				

第二节　学习时空管理

在当今这个信息爆炸的时代，所有人都处于一个瞬息万变的时空之中。时空管理的理念已经被越来越多的学者和领导者所重视，比如清华大学陈国权教授就是时空领导力理论和方法体系的开创者。学习时空管理是一个涉及如何高效利用时间和空间来进行学习的策略。它强调制订明确的计划和目标，并通过合理的方法来优化学习者的时间利用和空间安排，从而提升学习效率和效果。学习时空管理对于提高学习效率、达成目标有着重要作用，同时也为学习者未来的学习和职业发展提供有力支持。

一、学习时间管理

时间管理是学习中的一个关键要素。有效的时间管理可以帮助学生减轻学业压力，提高学习效率，进而实现个人目标。要管理好学习时间，需要学生通过确立学习目标、排除干扰因素、合理分配精力、反思时间管理等方法，建立一套科学、合理、高效的时间管理习惯。这不仅对日常学习效率有着重要影响，也为以后的学习、职业生涯打下坚实的基础。

（一）学习时间管理定义

1. 时　间

关于"时间"的定义，《辞海》解释为有起点和终点的一段时间或它的某一点。以地球自转一圈 24 小时为根据。[1]《现代汉语词典》定义为"物质运动中的一种存在方式，由过去、现在、将来构成的连绵不断的系统。是物质的运动、变化的持续性、顺序性的表现"[2]。《外国哲学大辞典》中的"时间"被定义为"物质固有的存在形式，是物质运动的延续性、间断性和顺序性，其特点是一维性，即不可逆性"[3]。

本节以中学生为例展开讨论。时间主要是指中学生的在校时间和放学后时间。在校时间指上课时间和课间，放学后时间指周一至周五放学后的时间与周末、节假日时间。

---

[1] 辞海编辑委员会. 辞海[M]. 上海：上海辞书出版社，1999.
[2] 中国社会科学院语言研究所词典编辑室. 现代汉语词典[M]. 7 版. 北京：商务印书馆，2016.
[3] 冯契，徐孝通. 外国哲学大辞典[M]. 上海：上海辞书出版社，2000.

2. 时间管理

时间管理的研究涉及心理学、管理学等诸多领域，第一次提出时间管理概念的是美国管理学家莱金（Lakein），他认为时间管理的过程包括确定长期与短期目标，通过列出工作清单、分类、排列顺序、分配时间、行动实施、及时记录和归纳总结等步骤，以最大限度地提高时间的利用率，确保重要事务得到优先处理。[①]

学习时间管理是指学习者为了按时完成学习任务或提高学习效率，在自我时间管理意识的支配下，对个人的学习时间进行合理规划、安排、利用、监控所采取的行之有效的措施和方法，涉及学生对学习时间的态度、计划、调控与效能。有效的学习时间管理对学习者的有效学习具有重要意义，如何科学、合理地管理学习时间，是每位学习者和教育者都需要关注的问题。

综合国内外不少学者的调查研究结果发现，大部分学习者在时间管理能力方面表现一般，部分学习者对时间管理的规划性和自律性不高，可支配时间不足，缺乏短期目标，受网络影响严重，没有养成良好的生活习惯，不同学业水平的学习者在时间管理上存在差异等。

（二）学习时间管理原理

美国著名地理学家马克·曼西尼（Mark Mancini）在他的 *Time Management* 一书中将制定的目标分为以下几个类型：可达到的目标（目标切实可行）、可衡量的目标（即可量化，将目标进行具体、明确的规划）、书面化的目标（书面化的东西具有很强的说服力，写下目标并让其他人看到，这样做会使制定的目标更具有权威性、使命感和持久性）、有期限的目标（为各项事情设定期限，达到目标的几率就会大得多）。[②]美国管理学家彼得·德鲁克在《管理的实践》提出目标管理理论，他认为目标管理就是强调通过目标来进行管理，要把企业

---

① 梁冬林. 自立人格对高职高专学生时间管理倾向的影响[D]. 重庆：西南大学，2009.
② 马克·曼西尼. 时间管理[M]. 何珺, 译. 北京：机械工业出版社，2005.

的任务转化为切实可行、可量化的总目标,在实行的过程中,把总目标切割,即各职能部门制定自己的目标。[1]

时间管理有以下四个法则:

1. "四象限法则"

美国著名管理学家史蒂芬·科维(Stephen R. Covey)提出时间四象限法则[2],即把学习按照重要和紧急两个不同的标准进行划分,基本可以分为四个象限:重要且紧急、重要非紧急、紧急非重要、非紧急非重要。(见图4.2.1)把主要的精力和时间集中放在处理那些重要但不紧急的工作上,这样可以做到未雨绸缪,防患于未然。

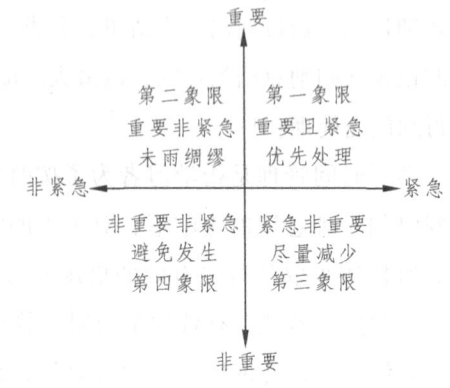

图 4.2.1 时间四象限法

2. "二八法则"

"二八法则"又称"二八定律"。最早由意大利经济学家帕累托(Pareto)研究发现而提出。他认为,在任何一组东西中,最重要的只占其中一小部分,约20%;其余80%尽管是多数,却是次要的。[3]"二八法则"的精髓其实在于分类,学习者要学会分清时间和空间中,哪些属于20%,哪些属于80%,然后分别对待。"二八法则"反映了一种不平衡性,但它在社会、经济及生活中无处不在。在时间管理上,学习者应选择在20%的事情上投入80%的精力,追求卓越,而不是将时间、精力平均分配在每件事上。

3. PDCA 循环

PDCA 循环的含义是将时间管理分为四个阶段,即 Plan(计划)、Do(执

---

[1] 吴永荣,张致平. 高校教学目标管理模式探讨[J]. 中国高新技术企业,2007(9):47-48.
[2] 蒋美英,商云龙. 时间四象限法在高校行政管理工作中的应用研究[J]. 科学导刊,2023(8):28-30.
[3] 武方敏,徐士永. 关注"二八法则"打造高效课堂[J]. 中学数学教学参考,2016(33):21-22.

行)、Check（检查）和 Action（处理）。需要注意的是，这四个过程不是运行一次就结束，而是周而复始地进行。一个循环完了，解决一些问题，未解决的问题进入下一个循环，呈阶梯式上升的趋势。

4. SMART 原则

（第四章学习力方法系统第一节学习目标管理中有详细介绍。）

（三）如何运用时间管理来促进学习

1. 确立学习目标，成为高能学习者

对学习者来说，要实现学习目标必须分析和解决三个问题：一是根据自己的学习与发展目标，分析自己的学习优势和兴趣，按学习任务和重点，把时间总量进行科学合理配置；二是分析自己学习的薄弱环节和劣势，确定这方面学习的基础性目标和要求，规划为达到这一目标所要花费的时间总量，然后分解到不同的学习阶段；三是分析其他课程和活动所涉及的学习内容对自己发展目标的影响，比较均衡地配置剩余的学习时间，以达到自己预设的学习与发展目标。

从自己的实际需要出发，去选择所要学习的内容，只有学到的知识都是有用的，学习者才能使自己每一天、每一小时、每一分钟的学习都是有效的，成为真正的高效能学习者。可以如表 4.2.1 所示设立每个科目的目标分数，并根据自己目前的水平罗列改进措施。

表 4.2.1　学期分数目标表

课　程	目标分数	目前水平	改进措施
语文			
数学			
英语			
……			

2. 排除干扰因素，净化学习环境

有的学习者是典型的"思想上的巨人，行动上的矮子"，有时间意识，知道"一寸光阴一寸金,寸金难买寸光阴"的道理,还为自己设置了具体的学习、生活等目标和计划,但常常因为拖延,制订的计划不能坚持下去。在学习中,来自外界和自身的一些干扰,如:环境嘈杂和抑郁、愤怒等情绪因素都会影响学习者的学习效率,学习者必须要学会排除和隔离这些消极因素,净化学习环境,以降低负面效应。

3. 合理分配精力,提高学习效率

在学习中,学习者必须分清主次,合理地分配自己的精力,从而使自己在繁重的学习中保持清醒的头脑,用有限的精力来帮助自己取得尽可能高的学习效率。有的学习者也懂得珍惜时间的意义,但有拖延的习惯。训练自己养成雷厉风行的习惯,是提高学习效率的法宝之一,可参考以下方法来提升个人学习效率:

① 看、听、读交替进行,不同学科作业交替做;

② 按生物节律安排学习内容:精神好时完成学习难度大的内容,轻微疲劳时完成学习难度小的内容;

③ 遗忘规律是先快后慢,通过间隔复习的方式,可以不断巩固记忆,减少遗忘。同时,不同学科的间隔复习也有助于避免单一学科的"疲劳效应",提高整体学习效果。

④ 适度紧张学习:适度的紧张感能提高学习效率,强化记忆效果。

⑤ 善于借用外力,及时向他人请教。

4. 高效管理时间,以达最佳成效

达尔文说:"我从来不认为半小时是微不足道的一段时间。"大段时间固然应该珍惜,零星时间也不能浪费,要善于把它们合理地安排到自己的学习当中。比如:

① 处理学习中的杂事。与学习有关的事情很多,用零星时间来削铅笔,收拾清理文具,整理教科书、笔记本、书包,创造良好的学习环境。

② 做摘记或做学习卡。利用课间,将公式、英语单词、古语释义等写在纸片上,贴在桌上,随时复习背诵。

③ 读短篇或看报纸杂志。较短的零星时间适合读一些短篇文章或自己感兴趣的报纸杂志，如《意林》《读者》等，这样可以拓宽知识面。

④ 讨论、求教。讨论、求教是学习的途径之一。把学习中积累的问题，利用零星时间去和学友讨论，向师长请教，也是充分节约时间的好办法。

⑤ 整理资料。学习总是离不开资料，例如参考书、学习卡、笔记本等，利用零星时间来整理资料是最恰当的。优秀的学习者善于积累资料，但有了资料不勤于加工整理的人是不善于学习的。

这是一个真实的学习场景：

午饭后回到教室，雨涵用 5 分钟时间把历史笔记整理完毕，5 分钟时间做完生物作业，7 分钟时间背完一篇文言文，之后和同学讨论解决了一道数学难题，待午休的预备铃声响起迅速进入午睡模式。同一时段的小可同学则一直跟周围的同学说笑，课桌上倒是摆放着好几科书本，待到午休铃声响起也未能翻开课本。周围同学已经进入梦乡，他还沉浸在刚才的说笑中，因为兴奋，整个午睡时间都未能睡着，导致整个下午都处于浑浑噩噩的状态，而雨涵同学则精神饱满地投入到下午的学习当中。

可见，在学习中学习者不仅要懂得珍惜时间，更要学会管理时间，才会使自己在较短的时间内收获较好的学习效果。

5. 反思时间管理，改善学习进程

学习是在时间中进行的，毋庸置疑，谁能拥有更多的时间，谁就能获得更多的知识。优秀的学习者总在不断探索怎样勒住时间的缰绳，以增强自己利用时间的能力。

学习者不妨每天"睡前反思"：

① 今天有哪些事情是在适当时间内完成的？
② 今天有哪些事情是在不适当的时间内做的？
③ 今天效率最高的是哪一段时间？为什么在这段时间效率最高？
④ 今天效率最低的是哪一段时间？为什么在这段时间效率最低？
⑤ 今天的时间利用过程中最大的干扰是什么？

⑥ 今天做了哪些不必要做的事？

⑦ 今天花了多少时间做不重要的事？

⑧ 今天有没有由于安排不合理而浪费时间？

⑨ 哪些方面明天要改进？

对学习者而言，反思自己对时间的利用和管理情况，是改善学习进程、提高学习效率的助推器。在终身学习时代，高效合理地利用时间，成为时间的主人，成为提升学习力的关键。如图 4.2.2 所示为合理的时间管理步骤图。

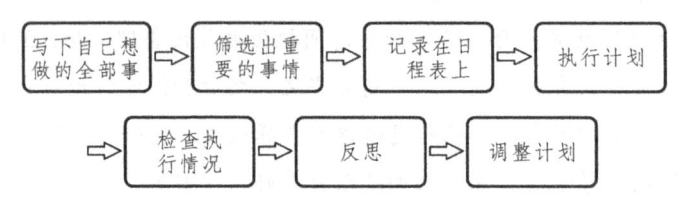

图 4.2.2　时间管理步骤图

（四）培养时间管理能力能产生什么效果

1. 有利于提升学习者对时间的重视

在我国，自古以来就讲究珍惜时间，但目前不少学习者的时间管理意识较为薄弱，未能合理规划和利用时间，常常将宝贵的学习时间浪费在琐碎的事务上。当今社会，树立正确的时间观显得尤为迫切，只有提升时间管理意识，学习者才能真正重视每一分每一秒，从而在人生的起跑线上抢得先机。

2. 有利于提高学习者的生活质量

时间于每个人而言都是一样的，然而拥有相同时间的学习者对学习生活却有着不同的感受。有的学习者时间管理能力较强，能充分运用有效时间进行学习，作息规律；有的学习者则截然相反，时间管理能力较差，作息安排不合理，以至于经常熬夜学习，严重影响身体健康。所以，培养学习者的时间管理能力，是提升学习力、提高生活质量的不二法宝。

3. 有利于实现学习减负

培养时间管理能力，有助于了解自己何时学习效率更高，达到减负的目的。什么时候学习效率最高？当然是大脑最清醒的时候。生理学家研究发现，大脑在一天中有四个时段最为清醒：一是清晨起床后，大脑经过一夜的休息，此时无论认字还是记忆印象都会很清晰，学习一些难记忆但必须记忆的东西较为合适，如英语单词、数学公式、古诗文等；二是上午 8 点至 10 点，此时人的精力充沛，大脑容易兴奋，思考能力状态最佳，此刻是攻克难题的大好时机；三是下午 6 点至 8 点，这段时间比较适合用来复习，加深印象，归纳整理，也是整理笔记的黄金时机；四是入睡前一小时。这个时段间对一些难以记忆的东西加以复习，效果很好。

学会科学用脑，利用最佳时间做最重要的事情，可以轻松地掌握、巩固知识，实现真正的减负。

（五）如何培养时间管理能力

培养学习者的时间管理能力，是提升学习效率的关键，而时间独特和绝无仅有的特性决定了它是世界上最稀缺、最宝贵的一种资源。学习者要想取得更大的成功，就必须对时间管理予以重视，对时间进行有效管理。

1. 学习者应主动提高时间管理能力

（1）谨防时间盗贼

无故打扰、寻找学习用品、无聊电话（QQ/微信等）、干不该干的事儿、不守时、缺乏自律等都可能在不经意间"偷走"时间。例如，小议是个很有礼貌的男生，但是，往往上课坐不了几分钟就会打瞌睡，或者东张西望，时不时地与周围的同学讲一下话……课上不能专心听讲，很多题都不会做，每天家庭作业都要做到很晚。小议因为缺乏自我约束而失去了最佳学习时间，不仅学习效果差，还严重影响睡眠，影响身体健康。

（2）有效利用零星时间

时间往往不是一小时一小时浪费掉的，而是一分钟一分钟悄悄溜走的。

所以，用分来计算学习时间的人，比用时计算时间的人，时间多 59 倍。[①]早在北宋时期，欧阳修就开始施行"三上读书法"，即"马上、枕上、厕上"。管理大师彼得·德鲁克说："时间是世界上最短缺的资源，除非严加管理，否则就会一事无成。"有效利用日常生活中零星的、碎片化的时间，积少成多，这些短时间会积累为一个惊人的数字。

（3）给学习与反思留足时间

部分学习者总是整天不停地忙碌，抱怨时间不够用，学习效率低下。其实，症结就在于没有真正静下心来去反思自己的学习过程。如果能科学安排学习、娱乐与休息时间，及时改进学习过程中出现的问题，学习效率定能大为改观，忙而不"盲"。

（4）了解自己如何使用时间

学习者只有对自己的时间利用情况进行了全面分析，才能更加有效地管理时间。试着记录自己一周的时间使用情况，可参考见表 4.2.2。

表 4.2.2 时间使用情况记录表

时间	地点	计划	效率自评

（5）经常与他人交流时间管理的经验

他山之石可以攻玉。不同的学生有着不同的时间管理观念与方法，通过交流、分享时间管理方法，学习者能从中学习或借鉴他人的时间管理方法，改善自身不良的时间管理行为。

可见，要想成为时间管理高手，需要合理使用时间，尽量多一点存储，少一点浪费。

2. 学校应重视学生的时间管理教育

（1）学校应重视同辈群体的积极引导

同辈群体的引导非常重要。大部分学习者有从众心理，学校要把积极向

---

① KIRBY W C. 学习力[M]. 金粒, 编译. 海口：南方出版社, 2005.

上、珍惜时间、合理利用时间的同辈群体作为榜样，引导学习者向好的方面转化，使学校的风气在潜移默化中得到转变。生活在时间观念强的团体里面，学习者会被周围的环境所感染，更容易学会珍惜时间，从而形成一个良好的时间管理氛围。

（2）加强校园文化建设

学校应结合学习者的实际情况，将时间观念的培养纳入平时的教育教学之中，开展有关时间管理的手抄报、征文、演讲比赛、故事会、情景剧等专题活动，在教室或教学楼的墙壁贴上强调时间的警示语或标语等，为学生创造具有时间意识的校园环境，让其在潜移默化中形成时间管理意识，从而促成其高效的时间管理行为。

（3）教师应引导学生进行时间管理

教师在平时课堂上运用科学的教学方法或手段，引导学生认识时间管理的重要性，传授时间管理的方法，也可以利用主题班会、团课、小组交流等形式，向学生系统介绍时间管理的知识，教会学生从自己的实际情况出发，制定学期目标、每月目标、每周目标、每天目标，充分利用自身效率最高的时间段进行学习，促使学生提高时间管理能力。

3. 家长应引导孩子树立正确的时间观

在时间管理上，家长在教育孩子时，应注重言传身教，引导孩子合理利用时间，既不一味地要孩子学习，使孩子缺乏休息或娱乐时间，忽视孩子的身心发展；更要纠正孩子在时间管理过程中的不良行为，如沉溺游戏、不爱交际、不爱运动等，及时发现问题并进行引导，促使孩子树立正确的时间观，合理规划时间，朝着目标前进。同时，家长还需提高自身的学识、品德修养等，营造良好的家庭氛围，转变对孩子的教育方式，营造更有利于孩子发展的家庭氛围。孩子是家长的缩影，家长有了正确的时间观、教育观，才可能培养孩子正确的人生观、价值观、时间观。

4. 营造良好的社会环境

人的活动会受社会环境的影响。监督学习者的时间管理，除了家庭、学校，还需要社会的支持。首先，需要全社会树立正确的时间观念、教育观念，积极为孩子创造良好的环境氛围。其次，政府需加强基础设施建设，如免费图书馆、博物馆、展览馆、运动场馆等，增强服务能力，为学生们提供良好的学习活动场所。最后，相关部门要履职尽责，充分发挥大众传媒的积极宣传、督导作用，通过报纸、广播、电视、互联网等对青少年进行正向引导，营造良好的大众传媒环境。

只有家庭、学校、社区、政府形成教育合力，为青少年营造良好的社会环境，才能助力孩子树立正确的时间观，切实为孩子的健康成长护航。

学校应重视学生的时间管理教育，教师应正确引领学生的时间管理，发挥同辈群体的正面影响；家长应树立正确的时间观、育人观，为孩子树立良好的时间管理行为榜样，还需努力提高自身的文化修养，营造良好的家庭氛围；社会应积极创建良好的社会环境；大众传媒应向青少年呈现健康向上的内容，充分发挥大众传媒的积极作用。

（六）时间管理容易出现的问题

影响学习者时间管理的原因主要有：学习者缺乏强烈的时间管理意识，没有树立正确的时间观念，时间管理能力不强，学校不够重视学习者的时间管理水平，忽视同辈群体的影响，家长的学历水平有限、家庭氛围不好等。

1. 目标不明确

学习者在制订计划时只有总目标，分期目标不明确，或者部分计划在时间分配上不合理，可操作性不强，以至于计划与事实之间难趋于一致，故对计划丧失信心。

2. 计划与行动割裂

学习者容易把学习计划与时间安排和行动割裂开来。在教学中发现，学业水平较低的学习者在制订学习计划时还是很积极的，但是，与学业水平高的学习者相比，他们往往不能科学安排学习时间，同时又"重计划"而"轻行动"，或者在计划实施过程中出现问题时不能及时主动去分析缘由并作出调整，到最后，计划就成了一种"摆设"，结果也就可想而知。

3. 好高骛远

目标明确后好高骛远，自认为花时间去完成小目标是在浪费时间。万丈高楼平地起，那种"扫天下，何须扫一屋"的想法是不切实际的，不能脚踏实地从近期目标、小目标开始着手的，结果都将以失败告终。

4. 自制力差，时间把控能力较弱

学习者懂得时间管理的重要性，但缺乏足够的自制力和毅力以及管理方法等，加之在校主要由学校、教师把控时间，在家主要由家长把控时间，使得学习者对时间管理较为被动，从而导致学习者做事没有章法，结果往往差强人意。

计划、时间、事件三者密切相关，只有将三者有机结合，才能做优秀的时间管理达人，让计划成为现实。

（七）示 例

以下是小奥在模拟考试中的时间管理：考试全程都要留意时间；先做比较简单的题目；遇到难题先跳过，放到后面解决；根据每道题的分数来安排作答时间；定期练习，以加快写字速度；只关注有用信息，略过不必要的细节，尽可能给难题多留时间。

小奥的时间管理策略体现了他对考试的深刻理解和充分准备。这些策略不仅有助于他在考试中取得更好的成绩，还能为他未来的学习和生活提供有益的启示。通过借鉴和运用这些策略，其他学生也可以提升自己的时间管理能力，更好地应对学习生活中的各种挑战。

二、学习空间管理

空间管理是学习时空管理的重要部分。通过对学习空间的合理布局和利用，可以创造出有利于集中精力进行学习的环境，从而提高学习效率。

（一）学习空间管理定义

1. 空间

《现代汉语词典》将"空间"定义为"物质存在的一种客观形式，由长度、宽度、高度表现出来，是物质存在的广延性和伸张性的表现"[1]。

2. 学习空间

学习空间是指与学习者学习活动有关的场所，从形态上来看，分为实体（有形）学习空间以及虚拟的网络（无形）学习空间两种。实体学习空间包括家庭、学校和社会学习空间。从内容上来看，网络学习空间又从属于社会空间。

（1）家庭学习空间

家庭学习空间主要指父母为子女所提供的各种物质环境、文化氛围以及学习活动等。家庭生活是学习空间的基底空间。

（2）学校学习空间

学校学习空间是开展教学活动的核心场域，包括正式学习空间与非正式学习空间。通常学校正式学习空间主要指教室、实验室、信息室、多功能室等用于完成统一教学任务的教学空间；学校非正式学习空间是指除开学校正式学习空间以外的，用于激发学习者自省、协作学习、实践团体的空间环境，包括图书馆、运动场、食堂、走廊、草坪、展板等进行学习活动的实际场所，具有开放性、灵活性等特点，是正式学习空间的补充，本书只讨论学校非正式学习空间。

（3）社会学习空间

社会学习空间是指除了家庭、学校学习空间以外的、可供学习者自由选择的、能满足学习者某方面兴趣或学习需求的广阔学习空间，如博物馆、科技馆、美术馆、纪念馆、研学基地等有形空间。

（4）网络学习空间

网络学习空间指的是一种无形空间，是在虚拟化的网络上，为学习者提

---

[1] 中国社会科学院语言研究所词典编辑室. 现代汉语词典[M]. 7版. 北京：商务印书馆，2016.

供学习活动的互动平台，主要包括在线环境等。

2018年4月16日教育部颁布的《网络学习空间建设与应用指南》这样定义网络学习空间："教育主管部门或学校认定的，融资源、服务、数据为一体，支持共享、交互、创新的实名制网络学习场所。"

（二）学习空间管理原理

通过查阅大量文献、案例、教程等资源，可以从以下几个方面来了解学习空间管理原理。

1. 空间规划与设计

空间规划与设计是空间管理的起点。它涉及对空间功能的定位、区域划分、动线规划、色彩搭配、家具布置等多个方面。在规划和设计时，需要充分考虑学习者的需求、行为习惯以及未来的变化可能，确保空间既满足当前需求，又具备一定的灵活性和可扩展性。

2. 空间利用与优化

空间利用与优化主要关注如何在有限的空间内实现最大的效益。通过合理的布局、高效的存储解决方案、灵活的隔断和家具配置等手段，可以显著提高空间的使用效率。此外，还可以利用科技手段，如智能照明、温控系统等，进一步优化空间环境，提升学习者的使用体验。

3. 环境舒适度与美观性

空间管理的另一个重要目标是创造一个舒适、美观的环境。这包括考虑光照、通风、温度、湿度等物理环境因素，以及通过艺术装饰、绿化等手段提升空间的美观性。一个舒适美观的空间不仅能够提高学习者的满意度，还能激发学习者的学习创造力和提升学习效率。

4. 安全与健康

确保空间的安全与健康是学习空间管理的基本原则。这包括遵守相关的建筑安全规范、消防设施完善、通风换气良好、无有害物质超标等方面。一个安全健康的学习空间环境是保障学习者生命安全和身体健康的基础。

通过不断探索和实践，可以设计出符合学习者需求的兼具实用、舒适和个性化的学习空间，从而助力学习者健康成长和发展。

（三）如何运用空间管理来促进学习

在教育发展的新理念与新趋势下，加强对学习空间的管理，是学习者提升学习力的必备技能。

1. 通过家庭空间管理来促进学习

家庭是放松的地方，也是学习的地方，在构建家庭学习空间时需要注意以下几点：

（1）建立温馨的家庭环境

家庭成员间关系要和睦，不应当着孩子的面发生争执，以免把愤怒等负面情绪带给孩子。孩子学习遇到困难、成绩下滑或其他方面表现不佳时，要心平气和地帮助孩子分析原因并一同寻找解决的办法，而非动辄打骂或惩罚，因为正向激励帮助远比说教打骂惩罚效果来得好。[1]父母是孩子最好的老师，家是孩子心灵的港湾，家庭的温馨和谐能给予孩子安全感，使孩子学习时心情愉快，不压抑，学习效率更高、效果更显著。

（2）营造书香文化氛围

父母的文化素养会直接影响家庭的文化氛围营造。一些家长担心影响孩子的视力健康，要求孩子不玩手机，但自己却机不离手，使孩子很难信服家长的话。近朱者赤近墨者黑。如果父母在工作之余也不忘读书学习，为孩子树立勤奋好学的榜样，孩子就能接受学习是自己的事的现实。所以，父母应以身作则，减少不良因素的干扰，与孩子一起进行必要的互动交流，寻求精神上的富足，共同营造浓厚的家庭书香文化氛围，使孩子更专注于学习。

（3）提供舒适的学习场所

① 安静独立。学习场所尽量选在噪声小、家庭成员不常经过的地方，最

---

[1] 朱新春. 为孩子创设良好的家庭学习环境[J]. 中学课程辅导（教师教育），2021（7）：28，127.

好是独立的书房或孩子自己的卧室。

② 干净整洁。物品和学习资料摆放有序,以保证学习用品能触手可得,学习者精神愉悦,学习思维的专注度就会提高。

③ 陈设合理。舒适的桌椅和专属的书橱是家庭学习空间的首要必备硬件;其次是亮度适中的护眼台灯,以防晚上学习影响学习者的视力健康;再次要保障学习空间宽敞,可适当摆放一点绿植,墙上可以贴一些正能量的字画标语、励志的小纸条或记不住的重难点知识等。

(4) 保持亲子沟通顺畅

多沟通少命令是亲子关系和谐的关键所在。孩子是独立的个体,有自己的想法,希望得到父母的尊重和理解,遇到问题也希望与父母商量着解决,而非遭受家长独裁式的管理。生活中有很多例子,家长越是包办、命令、独裁,孩子的自信心越是不足,学习能力越是低下。如果亲子间能建立起民主、平等的沟通模式,既能增进感情和信赖,又保护了孩子的参与权、选择权和话语权[1],使孩子切实感受到被关爱和被尊重。亲子间彼此信赖的关系一旦建立,孩子就会主动将学习生活中的所见、所闻、所想,向家长倾诉或分享,家长就能更多地了解孩子,及时引导和帮助孩子解决遇到的问题。所以,只有亲子间沟通顺畅,才能营造出互容互助、共同进步的成长环境,孩子的心结打开,才会从被动学习变为主动学习,有了学习自信,学习能力也就随之提升。

(5) 坚持良好的亲子互动

亲子互动有很多种方式,陪伴是其中最重要的一种。在孩子最重要的时刻,家长不缺席,让孩子体会爱与亲情,有利于增强孩子对家庭的安全感和归属感。闲暇之余,与孩子一同走进大自然,一起参加社会活动等,也会让孩子在家人的陪伴中健康成长。

就学生自身而言,在家里,应该与父母一起布置学习空间,远离不利于学习的因素,当父母做出一些影响自己学习的言行时可以向父母直言提出,

---

[1] 朱新春. 为孩子创设良好的家庭学习环境[J]. 中学课程辅导(教师教育), 2021 (7): 28, 127.

要主动与家长进行良好、有效的沟通，排除干扰。

2. 通过学校非正式空间管理来促进学习

除了正式学习空间之外，学校还将有很多的非正式学习空间，主要是满足学生社会交往、个性化学习、非正式学习和自我反思的需要。在构筑非正式学习空间时，应该根据空间的不同功能和学习目的，权衡空间边界的开放度。不同的空间环境物理条件会影响学习者的视觉舒适度、心理感受和专注度等，因此，在设计图书中心、运动中心、课后活动平台等校园学习空间时，要充分考虑学习者的使用感受，创造明亮、舒适的通风环境，这样才能让学习者更能专注于学习。

加强对学校非正式空间的管理有利于学习资源共享，提高学习效率，更真实地反映出学习者的需求，更利于学习者获得经验、技巧、方法和解决问题的方式等隐性知识，从而有效促进学习者的个性发展。

3. 通过社会空间管理来促进学习

从宏观上来说，政府必须加大对网络信息的监管力度，教育主管部门应该为青少年免费提供优质网络课程资源，并规范网上培训，网课、慕课下载平台，防止青少年受骗。从中观上来讲，社会以及互联网平台要屏蔽黄赌毒、反社会、反人类等不良信息；免费为青少年开放博物馆、科技馆、美术馆、纪念馆、研学基地等有形空间；在播放与更新网课时，各大网络平台应限制青少年观看网课的时长。微观上，以学习者为中心，通过与教育局合作，积极完善学校、家庭、社区"三位一体"协同育人，搭建社区学习平台，为学习者提供充足的学习资源和服务，发挥社区的工作效能，建立"父母不在家，社区来看护"模式，让家长没有后顾之忧。

节假日期间，青少年可以与父母或同伴一起去博物馆、科技馆、美术馆、纪念馆、研学基地等活动场所开阔眼界，拓展兴趣爱好；可以借助社区提供的学习资源和服务，进行自主学习。值得提醒的是，青少年不要认为脱离了家长的视线，就可以随心所欲，社区工作者要担起临时监管职责，切实为青少年的学习提供便利，为青少年的身心健康发展护航。

4. 通过网络空间管理来促进学习

在信息化时代，网络空间的建立打破了传统学习模式，课内课外、线上线下、家校社相结合，使学习变得随时随地皆可为。课前，学习者通过网络平台完成教师布置的预习任务和要求，教师通过平台适时了解学生的完成情况，掌握学情，调整教学进度。课后，学习者将自己的作业发给教师，教师可以快速批阅，做出评价，及时反馈，在线辅导答疑，学习者能及时解决问题，让问题不过夜。学生将自己的作业、纠错、参加活动的资料整理等保存到空间里，形成自己的成长记录[1]，不仅有利于增强学习者的学习动力，也便于教师、家长了解学习者的学习情况，进行全面准确的评价。

网络学习空间打破时空界限，并能提供多角色的互动平台，促进多元主体间的即时交互，形成包含学生、家长、教师、学校、教育管理等在内的多重合力。[2]学习者可灵活根据自己的需求来选择内容，如：资料搜集、网上协作、视频学习、网上展示、网上提交作业等，这些方式弥补了传统学习方式存在的不足，在促进时间和空间上分散的成员之间的沟通和协作方面发挥着核心作用。需要注意的是，学习者在网络空间学习时，一要控制时间，不长时间盯着电子设备，以免影响视力健康；二要健康上网，不浏览不健康的网站；三要有自控能力，不能打着学习的旗号去玩游戏、聊天、看小说等。

网络是把双刃剑，使用得当能让学习者的学习如虎添翼，促进个性化学习，提高学习力，反之则可能成为成长路上的绊脚石。

（四）培养空间管理能力能产生什么效果

① 良好的家庭学习空间不仅可以起到激励学习者努力学习、促进身心健康成长的作用，让孩子走得更好、更远，同时也会促进家庭的和谐幸福。历史上"孟母三迁"就是最好的例证。

② 在智慧教育的大环境影响下，非正式学习空间的建设与应用在不断发

---

[1] 洪竟雄，谭其东. 网络空间人人通环境下教学管理"五化"策略[J]. 信息化建设，2019（2）：61-62.
[2] 马宁. "课程思政"网络学习共同体模式下的协同育人工作创新路径研究[J]. 佳木斯职业学院学报，2020，36（12）：23-24，27.

展。进行非正式学校空间建设有利于更好地激发教师、学生开展非正式学习，切实提升非正式学习空间的利用率，促进终身学习理念的形成。

③ 社会学习空间有助于学习者建立知识与真实世界的关联，整合网络平台、社区学习环境建设、公益组织等社会力量，为青少年营造纯净的社会学习大环境。

④ 虚拟学习空间在促进时间和空间上分散的成员之间的沟通和协作方面发挥着核心作用，有利于个性化、差异化目标的达成等。

因此，借助技术支持与系统学习设计，充分发挥教室、社会、虚拟学习空间的优势，不但有助于集体化、个性化、差异化等目标的达成，还能够为学习者带来真实的学习体验，促进学习者多方面能力的培养。

（五）如何培养空间管理能力

1. 家庭方面

孩子良好生活学习习惯的养成离不开父母的言传身教。

① 减少干扰。孩子在学习时，家长尽量不要有影响孩子注意力的言行举止。

② 做好后勤保障。在做好物质保障的同时，借陪孩子吃饭、接送上下学的机会了解孩子的在校情况。

③ 督促提醒。在孩子出现拖延、注意力不集中、时间规划不合理等现象时，父母要给予及时的提醒和帮助。

④ 亲子互动。和孩子一起做有意义的事或参加文体、社会实践活动，拉近与孩子的距离，做孩子心事诉说的倾听者，从而建立良好的亲子关系。

孩子的心有处可放，家才能成为孩子的避风港。让孩子感受到家庭的爱与温情，是孩子提升学习力的最大心理保障。

2. 学校方面

非正式学习空间作为校园学习空间的重要组成部分，具备休息、交流、娱乐、学习、创造等功能，拉近了师生之间的距离，师生、生生的互动交流更充分，能更好掌握学生的发展动态。[1]

① 学校要推进非正式学习空间的建设与应用，即加强基础空间建设、优化学习资源、创新供给模式、完善相关保障机制等，充分发挥非正式学习空间联系网络学习空间和正式学习空间的桥梁作用，切实推进空间应用。

② 学校要开展教师非正式学习空间应用培训，提高应用技能，增强应用意识，使教师成为空间应用的引导者。

③ 培养和提高学生自主运用非正式学习空间的能力：a.根据学生发展需要，给予学生参与空间建设的权利。一般情况下，学生在自己喜欢的空间学习，效率更高，效果更好。b.组织学生定期开展主题教育活动，制造"学习热点"，形成学习导向，在学生中形成良好的非正式学习氛围。c.给予学生选择权。学生可根据自己的兴趣，选择学习方式和伙伴，愉快学习。d.开展一系列能促进个性发展的评比、展示活动，并设置相应奖励。这些方法可以有效提高学生的参与感，增强学习的自主性、趣味性和有效性，使学生收获学习的快乐，从而激发学习动力，促进全面发展。

3. 社会方面

随着信息化时代的到来，青少年不可避免地要与互联网接触，良好的社会学习环境与氛围也是提升青少年自主学习动力的重要外部因素。因此，社会以及互联网平台必须发挥育人功能，为学习者搭建安全、纯净的学习空间，提供优质的学习资源和服务，提高工作效能，防止青少年出现眼睛近视或其他生理疾病，为青少年营造良好的社会学习空间尽到应有的社会责任。

4. 自身方面

除了家庭、学校、社会要携手共同为学生营造良好的学习空间，学生自己还要有意识、主动地培养空间管理能力。

① 在家里，学生要学会与父母进行良好的沟通，提出合理意见和建议，共同布置适合自己的学习空间。

---

[1] 郑荣.智慧教育下中小学非正式学习空间建设与应用现状调查研究——以山东省R市为例[D].上海：华东师范大学；曲阜：曲阜师范大学，2020.

② 在学校，学生要善于利用图书室、运动场、食堂、走廊、草坪等区域来辅助自己的学习需要。

③ 纸上得来终觉浅，绝知此事要躬行。在节假日，学生要有效利用博物馆、科技馆、研学基地等场所，以及社区学习资源、学习设施、学习平台、学习活动等场域，增长见识、丰富头脑。

④ 学生要培养自制力和明辨美丑、善恶的能力，要用好网络的利，又要远离网络的弊。

(六) 空间管理容易出现的问题

① 家长对孩子的教育存在两种极端情况：一种是家长采取一手包办的管理方式，不尊重孩子的想法，以致亲子关系紧张；另一种是家长对孩子放任自流，不进行任何教育管理，孩子没有父母关爱和家庭温暖，造成孩子亲情缺失，没有安全感。无论是哪种情况，都会影响孩子的心理健康，不利于学习力的培养。

② 教师在非正式学习空间建设应用上态度不积极，不能充分发挥非正式学习空间的功能。

③ 培养诉求与评价方式的步调不一致。由于政策理念对知能目标的重视导致学校和教师过于关注学生的学生成绩，加之评价体系相对单一，难以全面反映学生的综合素质和能力，这就使得学校和教师在教学活动中过于依赖教室空间组织教学活动，忽视了学生创新思维、实践能力和团队协作等知能外能力的培养，不利于学生的全面发展。

④ 虚拟学习空间只是作为实体空间的辅助空间而非互补空间，虚拟学习空间重外观和硬件建设，对学习者实际需求的关注不够。此外，网上信息良莠不齐，青少年容易接触一些不健康的信息，有碍于心理健康发展。

(七) 示　例

小议在老师眼中是个很有礼貌的同学，但是成绩却不尽如人意，不过，小议在最近一次的阶段性测试中有了很大的进步。仔细观察发现，小议不仅在课堂上认真了很多，课间也都在做与学习有关的事情，要么去英语角背书，要么去老师办公室问问题，就连午餐时也拿着本子让小甘给他讲数学题。家长也说，小议再也不是打开作业本半天写不出一个字的他了，他的书桌也整洁了很多，与学习无关的东西都收了起来，所以，学习专注度提升了很多。

示例中的小议，在学校非正式学习空间、家庭学习空间的管理上有了积极改变，因为空间管理能力的提升，学习成绩也随之提高。可见，空间管理能力与学习力提升成正比例关系。

第三节 学习方式选择

学习方式选择是指学习者在学习过程中，根据学习任务、学习内容和自身需求，选择或运用独立学习、群体学习、寻求支持等方法和策略的过程。学习方式选择可以满足学习者的个性化学习和自主学习需求，提高学习效果和学习体验。因此，学习方式选择是现代教育中不可或缺的一部分，对于促进学生的全面发展具有重要意义。

一、学习方式选择的定义

学习方式，顾名思义是指学习者在进行学习活动时采取的行为方式。有的学者将其称为 learning style（学习风格），指个体在进行学习活动时所表现出的具有偏好性的行为方式与行为特征，反映个体学习活动中的差异性，并将学习方式划分为多种不同类型，如沉思型与冲动型、场独立型与场依存型、平稳型与敏锐型、冒险型与谨慎型、认知繁化型与认知简化型，等等。[1]这些学习方式各有优缺点，对学习者的性格和学习习惯也各有侧重。本节中的学习方式选择以学习者数量为基准，将重点讨论独立学习、群体学习和寻求支持学习三种学习方式。

---

[1] 林崇德. 心理学大辞典（上卷）[M]. 上海：上海教育出版社，2003.

（一）独立学习的定义

独立学习，是指个人在没有教师或其他人的直接指导下，通过自我规划和组织学习活动，自主地获取知识、技能和经验的学习方式。独立学习强调学习者应具备自控性和独自性。自控性是指能够选择适合自己的学习资源和方法，并能够对学习效果进行自我评估和调整。独自性是指在独立学习过程中，学习者必须依靠自己本人完成学习任务，而不是借助于他人的力量和帮助。独立学习可以帮助学习者更好地适应学校和社会的需求，提高自我学习能力，尤其是终身学习能力，更好地实现个人发展目标。

（二）群体学习的定义

群体学习，是以共同愿景为基础，以团队学习为特征，对全体负责的，平等、开放、研究型的新型学习组织方式。群体学习强调"学习+激励"，以增强群体的学习力为核心，提高群体智商，使群体成员活出生命的意义，自我超越，不断创新。

（三）寻求支持学习的定义

寻求支持学习，是指当个体独立学习和群体合作学习无法解决当前的学习问题时，及时调整学习方式，向第三方寻求帮助以解决学习问题的行为方式。此处的第三方可以是教师、同学、家人或其他可提供助力的自然人，也可以是网络媒介、测评辅助平台等包括信息技术手段、各类资源在内的非自然人。

二、学习方式选择的原理

（一）独立学习的原理

独立学习由美国远距离教育家、独立学习理论创始人查尔斯·魏德曼尔（Charles Wedemeyer）提出，起源于现代科学技术发展教育所带来的教育新模式——远程教育。①远程教育中学习者的学习环境不同于传统学校的环境，这导致"教与学"在时空上呈现"分离"状态，即教师的教学活动与学生的学习活动相分离，学生可能接收教师的指导，但并不依赖他们，因为学习是通过学生自身活动实现的。同时这也提高了学生在课程选择、目标设置和学习活动方面的灵活性和自主性。

而本节中所说的独立学习针对对象为处在学校学习环境的学习者，侧重研究校内学习者自我指导学习的行为，因此从教育理念、教学理论、学习理论三方面入手探究独立学习的原理。

1. 独立学习基于人本主义的教育理念

美国人本主义心理学家卡尔·罗杰斯认为，每个人都与生俱来地具有自我实现的趋向。他的自我论和马斯洛的自我实现论在基本观点上是一致的，都认为人有追求自我价值实现的共同趋向。但他更强调人的自我指导能力，相信经过引导，人们能认识自我实现的正确方向。独立学习以学生为中心，在学校环境中创造充分的独立学习空间，由学生根据个体差异和特点自主决定个性化教学目标和内容，从而提高学习的主动性，弥补课堂学习的不足，培养学生独立学习的能力和创新思维，实现学生独立发展。

2. 独立学习基于建构主义的教学理论

皮亚杰认为，认识的产生是主客体之间相互作用的过程，而不是主体对客体模仿的过程，在这个过程中个体是主动作用于客体的。②独立学习是由学生自己来进行建构知识的过程，学生独立、主动地在自己已有的知识积累的基础上对新知识加以理解，形成自己的知识体系。除此之外，独立学习重视学生自身环境条件的创设，有利于学生主体性的发挥、学生知识的意义建构、学习共同体作用的发挥。③

---

① 谢新观，丁新，刘敬发，等. 远距离开放教育词典[M]. 北京：中央广播电视大学出版社，1999.
② 皮亚杰. 发生认识论原理[M]. 北京：商务印书馆，1981.
③ 何克抗. 建构主义的教学模式、教学方法与教学设计[J]. 北京师范大学学报（社会科学版），1997（5）：58.

3.独立学习基于认知主义的学习理论

美国著名的认知教育心理学家布鲁纳强调学习者内部学习动机的激发，要求学习者建构自己探索解决问题的模型，以此激发学习者的智慧潜能。个体形成的认知结构不是通过教师的传授获得的，这是学生自主获取信息的过程，学生借助同化与顺应的手段，通过让新知识与已有的认知结构建立起新的联系，最终形成新的知识体系。[1]学生在独立学习中确立自己的学习目标，处理整合新旧知识，利用不同的方法和途径来完成任务达到最终目标，并评定自己在学习过程中取得的进步。

（二）群体学习的原理

群体学习理论最初主要应用于临床心理学领域，20世纪30年代起逐渐被应用于组织行为学领域。60年代人本主义心理学的兴起把群体学习理论及其实践向前推进了一大步。

认知心理学创始人库尔特·考夫卡（Kurt Koffka）提出，群体是成员间的互赖性，成员间的相互依存各有不同，是可以变化的动力整体。随后，库尔特·勒温（Kurt Lewin）指出，群体的本质是成员之间存在由共同目标创造的相互依存关系，这使得群体处于动态状态。群体的任何成员的状态变化都会影响其他成员。群体成员的内部紧张状态激励着群体朝着实现共同目标的方向前进。也就是说，实现目标的愿望驱动和激发成员间的合作行为。[2]

在20世纪30年代，美国心理学家罗杰斯（C.R.Rogers）以其心理学思想为基础提出群体学习理论。该理论认为，群体学习具有非结构性，没有固定的教学模式，学员在自由气氛中讨论，他们的思想不是源于教师的讲授和书本，而是源于自己的感觉与情感判断。[3]群体学习鼓励学生进行创造性的思考，通过群体学习使学员的态度、价值和行为得以"重建"，实现自我思考的

---

[1] 任小青.布鲁纳的认知发现学习理论及其对教学的启发[J].开封教育学院学报，2019（4）：12.

[2] LEWIN K. A dynamic theory of personality[M]. 北京：中国传媒大学出版社，2018.

[3] C R ROGERS.Carl Rogers on encounter groups[M]. 张宝蕊，译. 北京：中国人民大学出版社，2016.

提高，形成创造性思维。同时，群体学习让学员更好地接纳自己和他人，对各种问题的看法更加开放，促进人格健康成长。

（三）寻求支持学习的原理

在多数的教育学理论中，学习支持更偏向于远程教育领域，针对的对象是教师。学习支持与课程开发并称为众多高等远程教育机构远程教育系统的两大子系统。[1]学习支持服务的概念是远程教育知名学者大卫·西沃特（David Sewart）于1978年提出的，强调学习支持的必要性。他认为，具有服务业特征的学习支持是实现个性化教育服务的重要保障。[2]

而本节中所说的寻求支持学习针对的对象是学习者个体。当学习者个体在独立学习和群体学习均无法解决当前学习中遇到的问题时，会产生内在的学习方式调整动机和策略，向第三方寻求帮助以解决问题，这更偏向教育心理学中资源管理策略的范畴。

资源管理策略是辅助学生管理可用环境和资源的策略，有助于学生适应环境并调节环境以适应自己的需要，对学生的动机具有重要的作用，包括时间管理策略、学习环境管理策略、努力管理策略和寻求支持策略。其中，从定义上看，在广义上，寻求支持策略是指学生在学习过程中遇到困难向他人请求帮助的行为；在狭义上，寻求支持策略是指课堂教学或者学校情境中（不包括考试和测验），以口头发问为主要形式，以老师或同学为求助对象的求助行为。从学习求助的具体对象来看，寻求支持策略又可以细分对工具的利用和对社会性人力资源的利用两个方面。在工具利用策略方面，寻求支持的学习者可以有效利用包括参考资料、工具书、图书馆、广播电视、电脑网络等学习工具在内的资源。在社会性人力资源的利用策略方面，寻求支持的学习者会善于利用包括老师和同学在内的社会性人力资源。[3]

此外，认识论信念也是影响学习者的学习过程和学习结果的重要理论。

---

[1] 陈丽.远程教育学基础[M].北京：高等教育出版社，2004.
[2] D SEWART.Student support systems in distance education[J]. Open Learning, 1993, 8 (3): 3-12.
[3] 路海东.教育心理学[M].长春：东北师范大学出版社，2002.

认识论信念是指个体对知识本质及知识获得过程所持有的信念，包括两个基本问题：个体对知识本质的认识是怎样的；个体对知识获得过程的认识是怎样的。[1]换言之，如果学习者对个体的知识获得过程持有的态度越开放，则越有可能向外界寻求支持。

三、如何运用学习方式选择来促进学习

（一）如何运用独立学习来促进学习

魏德曼尔的独立学习理论的核心可归纳为三条自主原则：自主选择学习进度；自主选择所学课程；自主选择教育目标和学习活动。[2]基于此，学习者可以采取如下措施来促进学习。

1. 通过大纲和课程设置促进学习

大纲和课程设置是学习过程中非常重要的一环，可以帮助学生更好地了解学习内容和学习目标，提高学习效果。学习者首先制定明确的大纲，可以更好地了解学习内容和学习目标。大纲要具体、清晰、有层次，包括学习目标、学习内容、学习方法等。其次，设计合理的课程设置从而更好地掌握学习内容，避免信息过载和学习疲劳。课程设置要考虑到学习内容的难易程度、学习时间的分配等因素。在大纲和课程设置中，要强调学习内容的重点和难点，有助于学习者更好地理解和掌握这些内容，在后续学习中加强对这些内容的讲解和练习。

2. 通过专门的策略培训促进学习

要想实现独立学习，学习者必然要掌握一定的学习策略。学习者首先应该能够评估自身情况（如学习基础、学习能力、学习动机等），并且在学习过程中及时监控学习效果，随着学习知识的不断丰富和能力的不断提升，找出不足并及时调整目标，制订新的计划等。例如，通过认知策略（记忆宫殿法、

---

[1] 胡尚君. 高校教师网络认识信念的研究及其启示[J]. 教师教育学报，2020，7（5）：7.
[2] 谢新观，丁新，刘敬发，等. 远距离开放教育词典[M]. 北京：中央广播电视大学出版社，1999.

联想法），可以帮助学生更好地理解和记忆学习内容。通过元认知策略（学习日志、学习计划），可以帮助学生更好地了解自己的学习情况和学习方式，从而调整学习策略。

3. 通过心理辅助自我激励促进学习

独立学习是一个需要克服惰性的过程。在学习过程中，学习者有时候会遇到挫折和困难，这时候就需要一些心理辅助来激励自己继续前行。学习者可以通过设定目标、奖励自己和培养积极的心态等自我激励的手段来保持学习的动力。例如，设定明确的学习目标可以帮助学习者更好地了解自己的学习方向，激励自己继续前行。目标要具体、可行、有挑战性，可以分阶段设定。在完成学习目标或取得进步时，可以适当地奖励自己，激励自己继续努力。奖励可以是小礼物、休息时间、美食等，但要适度，不要影响学习效果。

（二）如何运用群体学习来促进学习

学者威尔伯特·麦肯奇（Wilbert McKeachie）曾说："如果要问什么是最有效的教学法，这与目标、内容、学生、教师有关。但若要问什么是其次最有效的教学法，那就应该是学生教学生。"[1]"学生教学生"的方法是一种合作学习法。合作学习可以有效缩小课程结束后不同学生理解和掌握程度的差异性，有助于建立统一共识。那高效的合作学习需要满足哪些条件呢？明尼苏达大学教授大卫·约翰逊（David Johnson）团队提出了合作学习的五个支柱，即积极的相互依赖、个人责任感、促进性互动、社交技能、小组工作。[2]

美国学者彼得·圣吉（Peter Senge）认为，通过学习型组织，以个体的进步持续推动群体组织的发展，能最大限度地发挥整体的作用。而建立真正开放式的群体学习型组织需要做到五项修炼，即自我超越、团队学习、心智模式、共同愿景及系统思考。其中，个人的自我超越是整个学习型组织的基础，

---

[1] MCKEACHIE W J. Wilbert J.McKeachie Quote[EB/OL].（2021-09-16）. https：//www.azquotes. com/ author/31823-Wilbert_J_McKeachi.
[2] JOHNSON D W, JOHNSON R T. An overview of cooperative learning [EB/OL].（2021-12-14）. http://www.co-operation.org/what-is-cooperative-learning.

团队学习是载体和手段，改善心智模式和建立共同愿景对组织的成长起到牵动作用，系统思考是学习型组织的灵魂。[①]结合上述的观点，高效的群体学习需做到以下两个方面：

1. 建设高效能学习群体，形成浓厚的学习氛围

（1）创造良好学习环境

群体通过感染、模仿、从众、认同的心理机制，使个体在不知不觉中接受影响，引起个体心理和行为的变化，以达到与群体趋于一致。良好的群体学习环境和浓厚的学习氛围，会影响、推动全体成员积极主动地学习。

（2）协商制定群体规范

群体规范是指学习团队共同学习活动中约定的、个体必须共同遵守的"游戏规则"。制定过程中要充分遵从相互协商的原则，由领导者提出底线要求与建议，不同学习团队的成员可以根据各自团队的实际情况，调整并优化，以保障制度设计能够更好地适应不同团队的差异性，真正发挥群体规范的外部约束力和内部凝聚力。

（3）着力提升团队领导力

一是提升学习者的学术领导力。学习者需对所学内容拥有丰富的知识储备和深入的思维洞见，能够站在同伴学习的立场上进行思考。二是提升以组长为代表的管理领导力。组长需明确自身所承担的角色与职责，强化沟通能力，培养决策能力，从而更好地领导团体。

2. 以持续性群体学习为本，激活群体动力

（1）开展高品质的独立学习

高品质的独立学习，就是要能够为后续的群体学习提供有价值的资源，要为同伴提供知识、经验、方法等全方位的支持。个体会因为自己有可能给团队带来的智力支持而感到骄傲，从而愿意为此付出更多的努力。这就是学习群体带给独立个体的最大学习驱动力。

[①] 彼得·圣吉.第五项修炼-学习型组织的艺术与实践[M]. 北京：中信出版社，2009.

(2)创造可持续的群体实践

基于共同体的学习能够"加强成员间的互动与沟通,开展小组协作、问题解决、任务驱动等学习活动,既能够激发共同体成员的积极性和主动性,又能让他们在学习活动中及时分享学习心得、经验情感等,有利于促进知识的流动与建构,增强群体的凝聚力"[1]。

(3)构建高效率的评价体系

倡导评价从个体性学习评价转向群体性学习评价。将目光更加聚焦到整个学习群体的团队凝聚力、协同发展力,以及具有包容性、鼓励性、支持性的团队学习文化等上,通过评价内容和评价指标的全面转型,让每一个学习者与他人、与群体发生深刻的关联,以群体的内生凝聚力全面驱动学习者个体成长。

(三)如何运用寻求支持学习来促进学习

国外学者奈尔森·黎高(Nelson-Le Gall)按照求助者的目的将学业求助划分为执行性求助(executive help-seeking)和工具性求助(instrumental help-seeking)两大类。在执行性求助中,学习者只想得到答案或者希望尽快完成任务,自己不做任何尝试就放弃了获得成就的能力,选择了依赖而非独立掌握。在工具性求助中,学习者遇到学习困难时,借助他人的力量以达到自己解决问题或者实现目标的目的,其目的是独立地学习,而不是仅仅获得正确的答案。[2]

阿布利顿(A. Arbreton)认为,有一些学生在遇到无法独立解决的困难时,因为担心自己显得很笨,既不会选择执行性求助,也不会选择工具性求助,而是选择回避求助。[3]

回顾以上三种寻求支持的学习类型,显而易见,采取工具性求助策略的学习者其学习目的更明确,学习方式也更灵活,即他们在自己能够解决问题

---

[1] 王娟,顾雯,郑浩. 群体动力视角下在线学习共同体发展的动力机制及模型构建[J]. 中国成人教育,2020(21):3-8.

[2] NELSON-LE GALL S. Help-seeking: an understudied problem-solving skill in children[J]. Developmental Review,1981(1):224-246.

[3] A ARBRETON. Student goal orientation and help-seeking strategy use[M].In KARABENIVK S A(Ed.). Strategic help seeking: Implications for learning and teaching. Mahwah, NJ: Erlbaum, 1998:95-116.

的时候会拒绝他人的帮助,而在需要帮助时又能够主动寻求他人的帮助。相比较而言,采取执行性求助策略和回避求助策略的学习者,主动寻求支持的概率偏低,故而也难以运用寻求支持学习策略来促进自己的学习。

如何使自己成为一个善用学业求助策略促进自己高效学习的学习者呢?黎高的学业求助过程划分也许可以给学习者提供很好的借鉴。他认为,学业求助要分为以下五个方面:意识到求助的需要、决定求助、识别和选择潜在的帮助者、取得帮助、评价反应。[1]

结合他的观点,本书认为:一个成熟的学习者应该对自己的学习过程有充分的认识,并对自己的学习策略进行不断的评估、调整,尤其是对于是否需要求助、可以向谁求助、怎么求助、如何判断求助结果是否有效等方面有清晰的判断,以适应新条件下的学习需求,促进学习目标的达成。

四、运用学习方式选择能产生什么效果

(一)运用独立学习能产生什么效果

1. 提高学习效率和质量

独立学习可以帮助学生根据自己的学习进度和学习需求,自主选择学习内容和学习方式,自主规划、组织和管理学习时间和学习任务,从而提高学习效率和质量。

2. 培养自主学习能力

独立学习可以帮助学生培养自主学习能力,包括自我管理、自我评估、自我激励等,提高学习自信心和学习动力。除此之外,学习者在查阅学习辅助资料时也能提高获取和处理信息的能力,提高信息素养和信息技能。

3. 增强学习兴趣

独立学习可以让学生自主选择学习内容,根据自己的兴趣和需求进行学

---

[1] LAGAU N. Help-seeking: An understudied problem-solving skill in children[J]. Developmental Review, 1981(1): 224-246.

习，在学习过程中自主探索和发现知识，通过自己的思考和实践，发现问题和解决问题，从而增强学生的学习兴趣和创造力，更好地实现自我价值。

4. 培养创造力和批判性思维

独立学习可以让学生更加独立地进行学习，不依赖于教师或其他学生，自主思考和探索问题，通过自己的思考和实践，发现问题和解决问题，从而培养学生的创造力和批判性思维能力。

（二）运用群体学习能产生什么效果

1. 缩小思维遮蔽

人的思维往往具有某种程度上的遮蔽效应。越是小的个体，这种遮蔽效应越是明显。遮蔽效应难以避免，唯一的办法就是不断地和外部的个体获得信息交流。怎样突破思维的遮蔽性？最好的方式是建立"盲人摸象小组"——由于思维的遮蔽性，我们每个人都无法认知大象的全貌，只能摸到大象的局部，但通过群体的学习交流，每个人就能够多了解大象一点。

2. 获得隐性知识

知识分两种。一是外显知识，可以用语言、文字、数据、图表、公式表达的，可以用计算机进行处理的，或储存在数据库内的知识。二是隐性知识，是与特定的情景有关的个人知识，很难用语言、图表、数据等形式表示出来。除了技术的方面，隐性知识还包括认知的方面，也就是看问题的角度，理解问题、认识世界的方法。这种知识更难传递，也更有价值。比如，对商业模式的感觉或洞察力也是另一种隐性知识。而这种隐性的知识，个体学习几乎不可能学习得到，只能通过团队群体的交流感受到。

3. 实现知识跃迁

知识爆炸的时代也伴随着信息茧房。如何提高认知效率，在最短的时间内获得最高的认知收益，突破信息茧房呢？古典提出了联机学习模式，他认为联机社交学习才是最快的学习方式。相比过去"学习—思考"自己找答案的单机学习,联机学习是个人先将内容消化转化为知识晶体,之后通过联机外界(交流分享),获取到其他人的晶体,最后学习内化,不断打磨优化自己的晶体,从而实现知识体系的快速构建和跃迁。[1]

(三)运用寻求支持学习能产生什么效果

1. 提高获取信息的速度

运用寻求支持学习最显著的效果即是提高获取信息的速度。无论是从老师这样的自然人处,还是从互联网、点读笔这样的非自然人处寻求支持,所需信息获取的速度比起独立学习的冥思苦想快得多。

2. 提高获取信息的全面程度

通过寻求支持学习,学习者从多途径获取的信息,比起单一途径获取的信息更为全面,有利于学习者整合后补充加入自己的任务,优化任务内容,提升整体的任务完成质量。

五、如何培养运用学习方式选择的能力

(一)培养独立学习的能力

1. 学习动机培养

动机是学习者学习的动力。有动机的人,会积极地思考、探索各种有效的方法和策略,克服一切可以克服的困难,把一切力量聚成一股合力,朝着统一的方向和目标努力奋斗。因此,有动机的人更容易成功。学习者在独立学习的过程中,为了激发和维持积极的学习动机,要自主设计难度适宜的学习任务,并开展学习方法和学习策略的培训,在阶段性学习中体验成功,从而增加自我效能和信心。

2. 学习策略培养

学习策略是指学习者为了提高学习的效果和效率,有目的、有意识地

---

[1] 古典. 跃迁[M]. 北京:中信出版集团,2017.

制定的有关学习过程的复杂的方案。[①]麦基奇（W. J. Mckeachie）认为学习策略包括认知策略、元认知策略和资源管理策略三种成分。综合运用学习策略（例如阅读技巧、笔记技巧、时间管理技巧等）有助于学生学习独立性和有效性的提高。[②]

3. 学习环境塑造

课堂环境与学生的自我调节学习之间是一种高度互惠、互为因果的交互关系：学生运用他们所拥有的元认知与动机策略去调节学习环境，与此同时，齐莫曼（B. J. Zimmerman）认为学习环境也会促进或阻挠学生自我调节学习的获得与运用。[③]学习者在独立学习的过程中，应营造出良好的学习氛围，以此激发并维持所有学生（包括比较消极的学习者）的积极学习过程。

（二）如何培养群体学习的能力

1. 目标明确

群体学习既要有群体目的、目标，也需要每一位学习者有个人的目的和目标。明确目的后，群体及学习者可基于实际情况设定目标。对于已经存在的群体学习组织，组织者需要不时地告知新参与的学习者群体目的及目标，而对于新创建的群体学习组织，就需要群体一起讨论确定目的和目标，并且在实际的运作过程中不断优化调整。

2. 方法得当

群体学习有不同的类别，每种群体学习都有其特点和侧重点。学习者个人需要基于自己的学习目的、愿意投入的资源、自身具体的能力或愿意发展的潜能，选择最适合的群体学习方式，可以选择已经存在的群体学习圈子，或者主动创建自己的学习圈子。进入群体后，学习者可以积极预备，参与共同议题的讨论与实践等。

---

① 陈琦，刘儒德. 当代教育心理学[M]. 北京：北京师范大学出版社，1997：119.
② MCKEACHIE W J. Learning, thinking, and thorndike[J]. Educational Psychologist，1990，25（2）：127-141.
③ ZIMMERMAN B J, SCHUNK D H. Educational psychology[M]. London: Taylor and Francis，2002.

3. 复盘反思

每一次的群体学习之后，应尽可能地进行复盘反思，包括群体的复盘和个人的复盘，群体的复盘更多是从组织者的角度看，如这一次群体学习做得怎么样，是否有可提高的地方；个人的复盘更多是从学习者自身的角度看，如对个体而言，有什么收获，是否会影响未来的行动，是否要进行一些行动，以及进行行动的路径与方法总结等。

（三）如何培养寻求支持学习的能力

1. 注重策略

学习者应对自身需要求助的问题作充分的评估，然后在评估的基础上根据求助对象、问题类型、解决时效等方面的差异性，采取包括言语策略、非言语策略在内的不同策略。比如，对于一个自己需要求助但又特别紧急的问题，可以采取直接开口求助的言语策略，同时关注自己在求助时真诚的目光、困惑的表情等非言语策略。

2. 聚焦途径

根据对寻求支持学习的定义，学习者在个体独立学习和群体合作学习无法解决当前的学习问题时需要及时调整学习方式，向第三方寻求帮助。学习者要聚焦寻求支持的途径，对教师、同学、家人或其他可提供助力的自然人或网络媒介、测评辅助平台等包括信息技术手段、各类资源在内的非自然人能给予的学习支持有明确的方向判断，再根据学习问题的具体情况，探索问题解决的单一或综合途径。比如，对于一个可以通过查阅笔记、教材就可以解决的问题，学习者宜采取单一途径，直接解决问题即可。但对于一个比较复杂的问题，学习者可以考虑综合求教老师、搜寻网络等方式来解决问题。

3. 重视评价

学习者对求助结果的有效性要进行合理的评价，这些评价包括自身的求助策略是否有效、所求助的问题是否完全得到解决还是部分解决、所求助对象的反应是否符合预期、是否需要继续寻求支持，等等。只有重视寻求支持过程中的各类评价，学习者才能不断反思寻求支持策略的适切性，从而更好地运用寻求支持策略，提升寻求支持的能力。

六、培养学习方式选择容易出现的问题

（一）培养独立学习的方式容易出现的问题

1. 缺乏个性化

学生的独立学习能力与学习个性化要求不匹配，大部分的学生习惯在课堂上听教师讲授，没有积极地进行思考，并且教师的授课方式没有针对性，这可能会导致学生无法找到适合自己的学习方式。

2. 缺乏独立意识

学生习惯于接受学习，缺乏问题意识，能力薄弱的学生甚至难以发现问题，更别说质疑了，只能被动地接受，死记硬背、机械训练，课后没有总结出相关的知识规律和学习方法，学习缺乏有效性。如果学生只是被动地听课，那他们就更可能缺乏独立学习的能力，违背了独立学习的初衷。

3. 缺乏学习动机

多数同学能够意识到由于自己的不努力而造成学习效率低下，成绩不理想，也认识到自己的基础薄弱，对自己的学习信心不足，但即使有了这样的意识，在学习上仍表现得比较懒散、漫不经心，可见学生的行动能力比较薄弱。教师需要对他们进行相关的管束和引导，导正学风，让学生真正做到自主学习。

（二）培养群体学习的方式容易出现的问题

1. 学习内容难度水平难以拟定

现在教学多采取合作探究方式，利用小组成员为小组集体成绩作出贡献和提供动力，同时提高团队成员学习知识的积极性和互动性。但要恰当利用好这种方法，就必须注意控制学习的内容和作业的难度。群体学习理论指出，

当群体成功实现某些重要目标，就会增强群体凝聚力，则群体成员彼此就更加满意，也增强了他们的荣誉感、自豪感和归属感。如果没有实现预期的目标，群体的凝聚力就会大幅度地下降，对以后的群体学习就会比较淡漠，难以达到培训以及教学的目的。

2. 群体学习的小组规模难以控制

由于人与人之间有学习能力等相关能力上的差异，小组规模的制定便因此增加了控制与协调上的难度。如果成员规模过大，则会出现一部分成员搭便车的思想，达不到全员培训学习的效果；如果规模过小，便增加了成员的任务及压力，往往会产生"要我学""追我学"的负面效果。

3. 组织者协调评估工作难度大

由于各个群体都充当着培训与教学过程中的主体，对自己的研发成果都抱有高度的期望，群体对自己的成绩相对于别的群体成绩的高低非常敏感，培训者与教学者若不谨慎点评，就会导致个别群体的强烈不满和质疑，严重挫伤个别群体的学习积极性。

（三）培养寻求支持学习的方式容易出现的问题

1. 过度依赖

虽然不同的学习者在寻求支持时存在程度上的差异性，但是一旦寻求支持的行为发生，就意味着学习者选择放弃一部分学习的独立性，对于支持方的依赖性也可能随之产生。成熟的学习者会不断调整自己的学习策略，把握学习的主动性，而自控力稍弱的学习者则可能过度依赖寻求支持策略，哪怕他的心里已经有了倾向性的答案，也仍要征询支持方的意见，从而导致过分失去学习的独立性。

2. 放弃思考

采取寻求支持学习方式时，有的学习者容易过分夸大该方式的作用，对于自己稍作探究就能解决的问题也不多作思考，直接向支持方求助，从而养成放弃思考的学习模式，而这显然和培养寻求支持学习方式的初衷是背道而驰的。实际上，真正有意义的求助不是执行性求助，而是为了解决一个"真正"的难题、为了学习和掌握任务而采取的成熟而有目的的行动，其最终目的还是达到自主。①

七、示 例

（一）独立学习

例1：某校在推进新课改时大力倡导自主学习模式的构建，倡导并督促教师的教学模式要向避免"满堂灌"、培养学生良好的学习习惯和学习能力转变，规定了自习课上学生不能交头接耳讨论问题，教师要全力督促学生独立思考并完成学习任务，从而倒逼学生改变学习状态，实现学习效益最大化。

例2：独立学习虽然有许多成功的例子，但也有一些失败的例子，这些例子可以帮助我们了解独立学习的风险和挑战，并不断提高成功的可能性。某职业院校M老师基于在高职英语教学中遇到的困难：学生程度参差不齐，"满堂灌"的教学方法难以激发学生的学习兴趣等，在学校支持下，开展独立学习的实验。分四个阶段：发动准备阶段、障碍扫除阶段、实验实施阶段、问卷调查阶段。但在第二个阶段即扫除障碍阶段还未完成时，这个实验遇到了意外的无法逾越的障碍：学生自主学习任务繁重、情绪表现差等问题。于是本次独立学习的实验宣告失败。本次实验说明独立学习实施过程中会面临不少挑战，如学生情绪、知识储备、学校支持等。

（二）群体学习

例1：在四川省新津中学承担的市级规划课题"以'古蜀文明'项目为载体的高中国际理解教育实践研究"（课题编号：CY2022ZW01）系列成果中，就有不少群体学习的典型案例。比如，荣获四川省教育学会"优质而公平——努力办好让人民更加满意的基础教育"优秀论文评比三等奖的《基于项目

---

① LAGALL N. Help-seeking: An understudied problem-solving skill in children[J]. Developmental Review, 1981（1）: 224-246.

式学习的高中历地学科融合教学设计——以"古蜀文明的迁移与发展"为例》课例成果，即是多学科融合课程的开发与实施的优质课例。该课例以小组合作的方式进行项目实施，学生在教师引导下，进行从主题选取、目标确定、方案设计、实践探究和评价反馈五大环节的完整学习过程，最终成果以产品形式呈现。（见图 4.3.1）在此过程中，教师扮演主导角色，负责组织、协调学生参加实践活动，在情境中帮助学生解决生成性问题，为实践活动的顺利开展提供各类保障。学生则通过个人学习、合作探究等形式完成项目任务，并进行成果汇报。

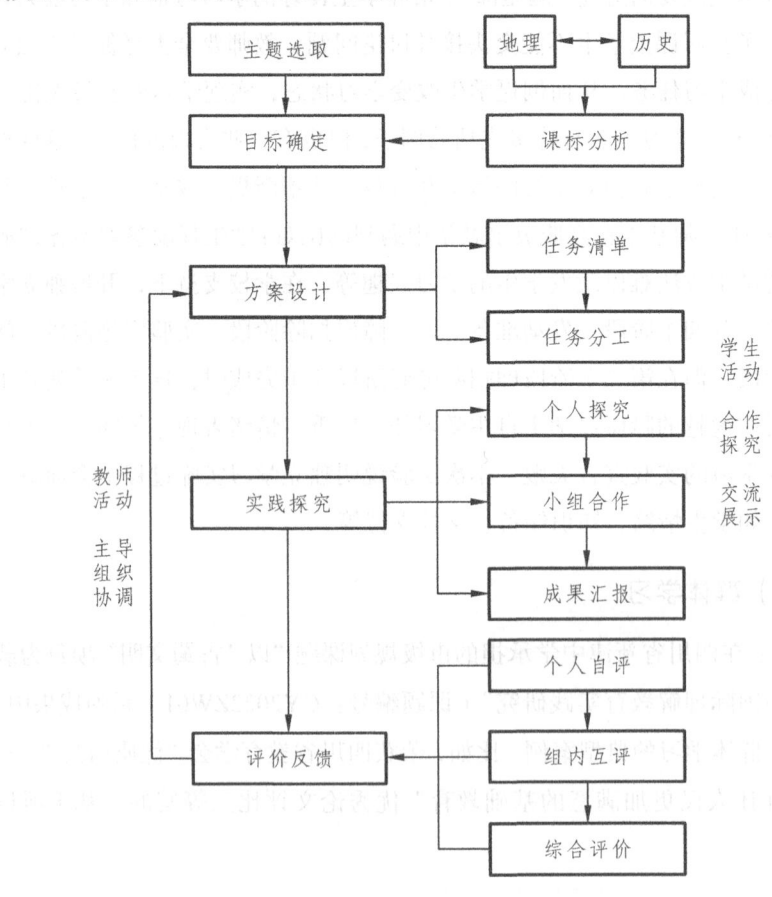

图 4.3.1 "古蜀文明的迁移与发展"学科融合教学实践流程图

此流程中，先个人独立学习后再进行合作探究学习，说明了高效的群体学习需要高品质的独立学习作为支撑条件。合作探究以小组为单位，每个小组有明确的目标与任务，在问题解决过程中激发了小组共同体成员的积极性和主动性，增强了小组凝聚力。评价反馈环节既要关注学生的学习成果，又要关注学生在学习过程中的探究方法运用、小组协作能力以及主动性与积极性的培养。通过学生个人、小组、教师的多维度、群体性评价，评价结果更加公平、公正。

　　例2：传统的讲授式教学法即通过教师的讲解而使学生获得大量知识，此类模式偏重教师的活动，学生比较被动地接受，主动探索或深入互动的机会较少。学习者可能在短时间内接收到较广范围的信息，但如果不深入思考、深入考究，往往只能接收到碎片化的知识点。此类群体学习伴随的评估学习方式也就相对单一，多是基于记忆、理解学习内容的程度来评估，如练习题等。

　　此外，互动式教学是通过营造多边互动的教学环境，在教学双方平等交流探讨的过程中，达到不同观点碰撞交融，进而激发教学双方的主动性，提高教学效率的教学形式。在这类群体学习方式中，互动问题若过于简单、答案显而易见，则会使得互动流于形式；互动问题若过于复杂，或者互动时间不够，则会使得互动局限在少数学生之间。因此，群体学习主题的选定，需综合考虑参与者的现有水平，学习者基于主题进行深度的对话、讨论，进行思想的碰撞与观点的交换，才能实现群体学习效益最大化。

（三）寻求支持学习

　　例1：某初中学校W老师的教学设计中总有很多别出心裁的巧思，究其原因她是一个十分擅长寻求支持学习的人。每当她发现教学过程中有新的问题出现时，她总会沉下心来进行研究。当独立查阅资料已经无法解决她的问题时，她会果断进行策略调整，做一个愿意为知识付费的有心学习者，比如购买新的理论书籍、利用假期报名参加一些权威机构举办的培训并主动向名家、名师请教等。她所教的学生也深得她的真传,对自己的学习状态十分敏锐,能适时做出调整,积极向老师、同学等寻求支持。W老师给学生做了很好的示范,营造了浓厚的学习氛围,达到了良好的学习效果。

不管是寻求自然人还是非自然人的帮助,只要学习者抱着积极解决问题的态度,积极采用工具性求助策略,都能给自身带来意想不到的收获。

例2:一方面,有的学习者不能正确使用学业求助策略。学习者面临自己不能解决的学习困难时,请求他人替自己解决困难,而放弃自主学习和合作探究的过程。另一方面,有的学习者采取回避求助的态度。在不同回避求助的类型中,有的学习者遭遇学习困难时私下偷偷抄袭同学或教学参考书上的答案,有的直接上网搜答案,或者瞎猜乱写、随便应付。

第五章 学习力调适系统

学习力调适系统关乎学习者对学习的调节，包含元认知、情绪调节、学习毅力三大部分内容。

元认知是对认知的认知。在学习力调适系统下的元认知，主要包含元认知技能、元认知知识、元认知体验。

情绪调节是个体管理和改变自我或他人情绪状态的过程与能力。在学习力调适系统中的情绪调节，主要包含戒骄戒躁和抗压抗挫两方面内容。

学习毅力是指学习坚持与学习韧性均不同程度地指向于迎难而上，迎接挑战，支持学习者持续不断地坚持并努力去完成其学习过程这一特征。在学习力调适系统中，学习毅力包含学习自制力和学习持久力。

学习力调适系统弥散性地对学习力动力系统、能力系统和方法系统起作用，渗透在学习全过程中。

本章将对学习力调适系统的元认知、情绪调节、学习毅力的定义、原理、运用等展开阐述。

第一节 元认知

一、元认知的定义

（一）"元"概念产生的哲学根源

"元"（meta）来源于希腊语，意思主要是"之上""之后"。因此，有人把元认知（metacognition）称作"超越认知"或"后设认知"，采用"元认知"

这一表述，更突出控制和主宰的意味。[1]

"元"概念产生于对内省法的自我证明悖论的哲学思索。[2]孔德（Comte）认为内省法存在"自我证明悖论"：同一器官如何能够同时既是观察者又是被观察者？1956年，哲学家阿尔弗雷德·塔斯基（Alfred Tarski）为解决这一悖论引进了"meta"即"元"的概念。他认为，元认知即关于认知的认知（"meta whatever" refers to "whatever about whatever"）。他针对客体水平提出了元水平的概念；客体水平是关于客体本身的表述，而元水平则是关于客体水平表述的表述。存在于客体水平和元水平之间的这种区别，使得我们可以将一个过程作为两个或两个以上同时进行的过程来分析。其中，任何一个较低层次的过程都可成为一个较高层次过程的对象。因此，内省可看作是认知主体对客体水平所进行的意识作出元水平的言语表述，这样一来，关于内省法的自我证明悖论就得到了解决。

塔斯基的"元"概念在解决了自我证明悖论的同时，也给心理学家以某种启发，从而导致意识及认知的元认知模型的产生。元认知模型简图5.1.1描述了这一模型中元水平与客体水平的等级组织以及假想的信息流。

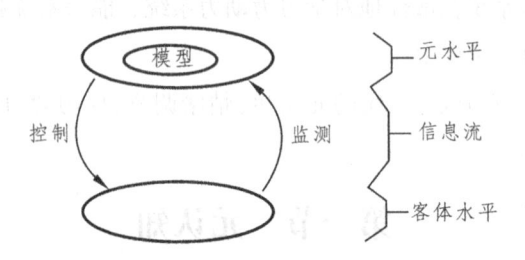

图 5.1.1　元认知模型简图

元认知模型有三个特征[3]：

① 监测，即信息从客体水平向元水平流动，它使元水平得知客体水平所

---

[1] 施澜，郑新华. 基于"学会学习"的元认知理论与教学[J]. 教学实践研究, 2020, 862(16): 178-180.
[2] NELSON O. Consciousness and metacognition. American Psychologist, 1996, 51 (2): 102-106.
[3] NELSON O. Consciousness and metacognition. American Psychologist, 1996, 51 (2): 102-106.

处的状态；

② 控制，即信息从元水平向客体水平流动，它使客体水平得知下一步该做什么；

③ 元水平具有某种模型，这一模型包括目标以及达到目标的方式。在元认知模型中，元水平通过与客体水平之间进行信息的往返交流（亦即反复地监测和控制）达到认知目标。[1]

（二）元认知的概念

元认知是美国发展心理学家弗莱维尔（Flavell）于20世纪70年代提出的一个概念。近50年来，研究者们围绕元认知开展了大量研究，使其逐渐成为当前心理学，尤其是教育心理学的研究热点之一。元认知对心理学研究的深刻意义在于，它对传统的不同认知领域之间的界限提出了质疑。传统观点将认知活动人为地划分为知觉、记忆、思维、言语等范畴，在一定程度上割裂了这些现象之间的内在联系；而元认知研究则削弱了这种人为的分离，它强调传统认知范畴之间的相似性而非其区别，因此有助于传统认知领域的重新整合，有助于将个体作为一个完整的人来研究。并且，元认知研究在教育领域具有重要的实际意义。由于元认知技能超越具体情境、适用于多种问题解决活动，因此，与一些具体的学习策略、解题策略相比，它对于学生的学习具有更高的指导价值，更能促进学习迁移的发生。[2]

继弗莱维尔首次提出元认知的概念，各国学者从认知心理学、发展心理学、教育心理学等不同角度探讨元认知的定义和内涵。布朗（Brown）将元认知描述为"高阶认知，关于思想的思考、关于知识的知识，或关于行动的反思"[3]。尤森（Yussen）认为"元认知可认为是反映认知本身的知识体系或理

---

[1] 汪玲, 方平, 郭德俊. 元认知的性质、结构与评定方法[J]. 心理学动态, 1999, 7（1）: 6-11.
[2] 汪玲, 郭德俊. 元认知的本质与要素[J]. 心理学报, 2000, 32（4）: 458-463.
[3] A L BROWN. Metacognition, executive control, self-regulation, and other more mysterious mechanisms [A]. In F WEINRT, R KLUWE. Metacognition, motivation, and understanding. Hillsdale, NJ u.a: Erlbaum, 1987.

解过程"[1]。韦纳特（Weinert）将元认知描述为"第二层的认知：对思维的思维，关于知识的知识，对活动的反省"。斯托克斯（Stokes）侧重从心理层面进行界定：元认知是指个体对感知、记忆、思维和学习等心理过程的意识与认知。[2]帕特里夏（Patricia）认为"元认知指关于心智运作的任一方面的知识，以及对这种运作的导向过程"[3]。阿克土尔克（Akturk）和萨欣（Sahin）将其定义为"关于个体拥有与其认知结构有关的信息并能够组织它"[4]。香港大学的郑志强博士等将元认知界定为学习者对自己的认知历程能够掌握、控制、支配、监督和评鉴。[5]斯滕伯格（Sternberg）通过将元认知与认知进行对比来阐述其含义："元认知是关于认知的认知，认知包含对世界的知识以及运用这种知识去解决问题的策略，而元认知涉及对个人的知识和策略的监测、控制和理解。"[6]

这些研究者的观点虽然从表述上看各不相同，但都具有一个共同点，即元认知是以"认知"本身为对象的一种现象。这也正是元认知最根本的特征之所在。在众多观点中，仍然以元认知研究的开创者弗莱维尔所做的定义最有影响，最具代表性。

弗莱维尔（Harell）对元认知作过两次界定。1976年，他在《元认知与认知监测：认知发展研究的新领域》一书中正式提出"元认知"的概念，将其定义为"关于个人在认知活动中的知识和调节"，此定义强调了反思和意识到自己的各种认知过程。[7]弗莱维尔认为"元认知"可以用来指两种现象：一是

---

[1] S R YUSSEN. The role of metacognition in contemporary theories of cognitive development. [A]. In FORREST P D L, MACKINNON G E, T G WALLER（Eds.）.Metacognition, Cognition, and Human Performance New York: Academic press, 1985.

[2] STOKES P. Philosophy has consequences: developing metacognition and active learning in the ehtics classroom[J]. Teaching Philosophy, 2012（35）: 143-169.

[3] PATRICIA H M. Metacognition and attention [A].In FORREST P D L, MACKINNON G E, WALLER T G（Eds.）Metacognition, Cognition, and Human Performance. New York: Academic Press, 1985: 181.

[4] AKTURK A.O, SAHIN I. Literature review on metacognition and its measurement[J]. Procedia-Social and Behavioral Sciences, 2011（4）: 364.

[5] 郑志强，晏子. 元认知教学策略[A]. 香港南京两地小班化教学的理论与实践，2015.

[6] STERNBERG R J. Encyclopedia of human intelligence[M]. Macmollan Publishing House, 1994.

[7] J H FLAVELL. Metacognition and cognitive monitoring: A new area of cognitive-developmental inquiry[J]. American Psychologist, 1979, 34（10）: 906-911.

有关认知的知识;二是对认知活动的调节。在此基础上,1981年,他对元认知的含义作了更简洁的表述:"反映或调节认知活动的任一方面的知识或者认知活动。"按照弗莱维尔的观点,一方面元认知可以理解为一种相对静态的知识体系,它反映个体对认知活动及其影响因素的认知;另一方面,它也可被理解为一种动态的活动过程,即个体对当前认知活动所作的调节。这也是当前关于元认知含义的一种广为引用的观点。

在我国,元认知思想有着悠久的历史。从春秋时期的孔子到历朝著名的学者、教育家,如韩愈、王充、朱熹、刘勰等人,都对元认知问题提出过许多深邃、宏观的见解。比如,在我国古代最早的教育文献《礼记·学记》中,就包含了丰富的元认知思想,对于"教学相长"的问题,书中写道:"学然后知不足,教然后知困。知不足,然后能自反也;知困,然后能自强也。故曰:教学相长也。"这里所说的学包括复习、判断、再认识;教意味着对先前认知的提取和加工。自反和自强说明元认知在教和学过程中的作用。在我国心理学界,早在1962年,朱智贤教授在其《儿童心理学》一书中,就对儿童自我意识、自我评价的发生发展及其作用作了深刻的分析。[1]

总之,元认知就是对认知的认知。具体地说,元认知概念包含三方面的内容:一是元认知知识,即个体关于自己或他人认识活动、过程、结果以及与之有关的知识;二是元认知体验,即伴随着认知活动而产生的认知体验或情感体验;三是元认知技能,即个体对认知活动进行调节的技能,对自己的认知活动积极进行监控,并相应地对其进行调节,选择有效认知策略的控制执行过程。其实质是人对认知活动的自我意识和自我控制。

二、元认知的原理

如上所述,元认知包含三个基本要素:元认知技能、元认知知识和元认知体验。其中,元认知技能是个体进行调节活动所必须具备的根本条件,元认知

---

[1] 董奇. 论元认知[J]. 北京师范大学学报, 1989(1): 68-74.

知识为调节提供基本的知识背景，元认知体验是调节得以进行的中介。[①]

（一）元认知技能

元认知技能即认知主体对认知活动进行调节的技能。个体对认知活动的调节正是通过运用相关的元认知技能而实现的。如果不具备基本的元认知技能，调节就无从谈起。运用元认知技能的过程可能是有意识的，也可能是无意识的。在元认知技能形成的初期阶段，它的运用需要意识的指导；当这种技能得到高度发展时，它就会成为一种自动化的动作，不为意识所觉知。

元认知技能主要包括以下四个方面：①制订计划，构想出各种解决问题的可能方法，并预估其有效性；②实际控制，即在认知活动进行的实际过程中，及时评价、反馈认知活动进行的各种情况，发现认知活动中存在的不足，并据此及时修正、调整认知策略；③检查结果，即根据有效性标准评价各种认知行动、策略的效果，根据认知目标评价认知活动的结果，正确估计自己达到认知目标的程度、水平；④调整，根据监测所得来的信息，对认知活动采取适当的矫正性或补救性措施，包括纠正错误、排除障碍、调整思路等。调整并不仅仅发生在认知活动的后期阶段，而是存在于认知活动的整个进程当中，个体可以根据实际情况随时对认知活动进行必要、适当的调整。

（二）元认知知识

元认知知识就是有关认知的知识，即人们对于什么因素影响人的认知活动的过程与结果、这些因素是如何起作用的、它们之间又是怎样相互作用的等问题的认识。

元认知知识主要包括以下三方面的内容：

① 有关认知主体方面的知识。即有关人（包括自己，也包括他人）作为认识、思维着的认知加工者的一切特征的知识。这方面知识包含关于个体内差异的认识（比如，正确地认识自己的兴趣、爱好、能力及其限度，以及如何克服自己在认知方面存在的种种差异等）、关于个体间差异的认

[①] 汪玲，郭德俊. 元认知的本质与要素[J]. 心理学报，2000，32（4）：458-463.

识（比如，知道人与人之间在认知方面以及其他方面存在种种差异等）、关于主体认知水平和影响认知活动的各种主体因素的认识（比如，知道记忆、理解有不同水平，知道注意在认知活动中的重要性、知道人的认知能力可以改变等）。

② 有关认知在材料、认知任务方面的知识。有关认知材料方面，主体应当认识到，材料的性质（如图形材料与文字材料）、材料的长度（一段短文与一篇长文）、材料的呈现方式（如听觉呈现与书面呈现）、材料的逻辑性（如有组织的材料和无组织的材料）等因素都会影响我们的认知活动的进行和结果。在有关认知目标和任务方面，主体是否知道不同认知活动的目的和任务可能是不同的，有的认知活动可能有更多、更高、更难的要求。比如，要求回忆一篇文章比再认出这篇文章困难得多。

③ 有关认知策略方面的知识。这方面涉及很多内容，比如进行认识活动有哪些策略，这些策略各自的优缺点是什么，它们的应用条件和情境如何，对于不同的认知活动和不同的认知任务，什么样的策略可能是有效的，等等。

（三）元认知体验

元认知体验是任何伴随着认知活动的认知体验或情感体验。在认知活动的初期阶段，主要是关于任务的难度、任务的熟悉程度，以及对完成任务的把握程度的体验；在认知活动的中期，主要有关于当前进展的体验、关于自己遇到的障碍或面临的困难的体验；在认知活动的后期，主要是关于目标是否达到、认知活动的效果、效率如何的体验，以及关于自己在任务解决过程中的收获的体验。

元认知体验是元认知知识和认知调节之间、元认知活动和认知活动之间的重要中介因素。一方面，元认知体验可以激活相关的元认知知识，使长时记忆中的元认知知识与当前的调节活动产生联系。另一方面，元认知体验可以为调节活动提供必须的信息，如果没有关于当前认知活动的体验，元认知活动与认知活动之间就处于脱节的状态，无法衔接起来。

（四）元认知三要素之间的关系

元认知技能、元认知知识、元认知体验是元认知活动的三大要素，三者相互联系、相互影响和相互制约。通过三者的协同作用，个体得以实现对认知活动的调节。

元认知三要素的关系示意图 5.1.2 较为清晰地描述了三者之间的相互关系。首先，在认知活动中，调节活动是连续不断地进行的，个体反复运用有关的元认知技能，对认知活动作出连续不断的调节。其次，在元认知知识、元认知体验和元认知技能三者中，两两之间都是一种双向的相互作用的关系。

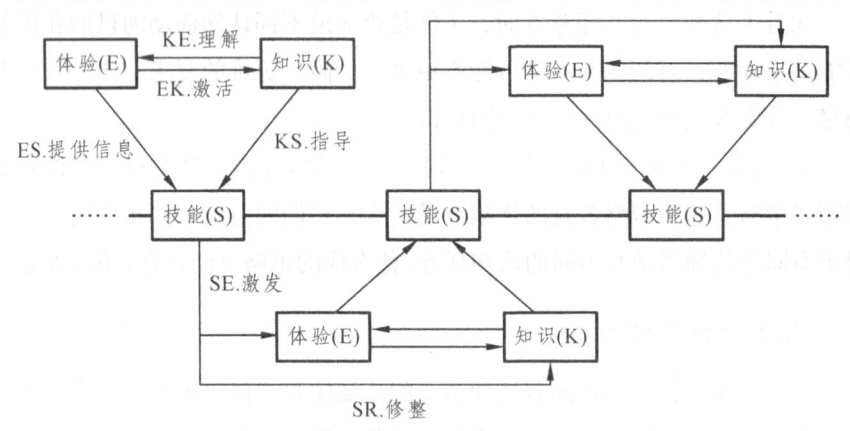

图 5.1.2 元认知三要素的关系示意图[①]

注：K 指元认知知识（metacognitive knowledge），E 指元认知体验（metacognitive experience），S 指元认知技能（metacognitive skill）。

① 箭头 EK、KE 表明了元认知体验与元认知知识之间的关系，即元认知体验可以激活记忆中相关的元认知知识，使之从长时记忆回到工作记忆中，为当前的元认知活动服务；而元认知知识可以帮助个体理解元认知体验的含义。

② 箭头 ES、SE 表明了元认知体验与元认知技能之间的关系，即元认知体验可以为元认知技能的运用提供必需的信息，使调节（亦即元认知技能的运用）具有针对性；而调节能激发新的元认知体验，从而为下一步的调节做准备。

---

① 汪玲，郭德俊. 元认知的本质与要素[J]. 心理学报，2000，32（4）：458-463.

③ 箭头 KS、SK 表明了元认知知识与元认知技能之间的关系，即必要的元认知知识储备是进行调节的基础，它能为调节活动的进行提供指导；而调节能使个体积累新的关于认知活动的经验，从而对原有的元认知知识进行补充或修改。

另外，由指向元认知技能的两个箭头 ES、KS 可知，个体运用元认知技能对认知活动进行调节需要具备两个辅助条件，一是关于当前认知活动的体验，二是相关的元认知知识；同理，从技能出发的两个箭头 SE、SK 则表明，调节动作对元认知知识和元认知体验均会产生影响，一方面它能激发新的元认知体验的产生，另一方面，又有助于对原有的元认知知识做出修改、补充。

三、如何运用元认知来促进学习

元认知是解决"教会学生如何学习"问题的理论基础和有效途径。在当今科学技术加速发展、信息剧增和世界各国竞争越来越激烈的情况下，培养学生的独立学习能力、发展其智力已成为世界各国教育的重要任务之一。元认知给解决"教会学生如何学习"问题提供了很好的理论说明，指明了解决问题的方向和途径——元认知培养。[1]

元认知过程实际上就是指导、调节我们的认知过程、选择有效认知策略的控制执行过程，其实质是人认知活动的自我意识、自我评价和自我控制与调节。元认知是学习力四个子系统（动力系统、能力系统、方法系统、调适系统）的调适系统下的重要内容，包含监控自我学习、反思自我学习、评估自我学习、调节自我学习等，而调适系统在整个学习力结构体系中处于支配地位，对其他三个系统起着控制、协调的作用，其功能主要表现在定向控制、检查、调节等几个方面。

结合元认知的三要素，可以从增加元认知知识、提升元认知技能、强化元认知体验三大方面来培养元认知能力，进而促进学习。

---

[1] 董奇. 元认知与教会学生如何学习[J]. 教育论丛，1989（z1）：16-19.

四、培养元认知能产生什么效果

虽然人们从事的学习活动多种多样，学习内容各异，但是，学习活动的监控、调节都是各项活动所具有的共同特征，也是决定在各种学习、各门学科中学习效果的共同的主要因素。由于人们对各类各科学习活动、各种认识活动进行监控、调节的实质是相同的，因此，在任一认知活动或学习活动中的元认知培养训练效果都具有广泛的迁移性。我国古代思想家老子说"知人者智，自知者明"，精辟地说明了认知活动中自我意识、自我监控和调节所具有的重要意义。

温纳（Winne）和内斯比特（Nesbit）认为，元认知发挥着六个方面的作用：监控、掌握及选择合适的规则、使监测执行更准确、掌握并选择合适的方法和策略、行为的动机、改变环境或调整自身以适应环境来完成行为。[1]汪玲的研究证实了元认知的改善导致了动机的改善。[2]董奇的研究结果表明：元认知（元认知知识和元认知监控）与思维品质（敏捷性、灵活性、深刻性、批判性、独创性）存在因果关系，它们都是完整思维结构的重要组成部分，思维品质代表的是表层结构，元认知代表的是深层结构。[3]董奇的研究证实了中小学生阅读能力与元认知发展的相互关系——阅读元认知发展水平高的学生（即有关阅读及其策略的知识比较丰富，在实际阅读过程中善于对自己的阅读过程进行有效监控与调节），其阅读能力都比较强。[4]黄芳等人的研究发现，元认知能力的提升有益于学生自主和探究能力的提升，有益于学生对知识的内化，并促进其学习积极性的提升。[5]邓晨的实践表明元认知策略对提升小学生自我效能感有积极作用。[6]史佳钰对新手型和熟手型初中数学教师教学

---
[1] 刘伟方，司继伟，王玉璇. 认知策略选择的元认知因素[J]. 心理科学进展，2011（9）：1328-1338.
[2] 汪玲，董奇. 元认知训练的动机增强效应[J]. 心理科学，2005，28（4）：881-884.
[3] 董奇. 元认知与思维品质关系性质的相关、实验研究[J]. 北京师范大学学报，1990（5）：51-58.
[4] 董奇. 10-17岁儿童元认知发展的研究[J]. 心理发展与教育，1989（4）：11-17.
[5] 黄芳，董奇. 元认知视角下翻转课堂促进中职学生学习能力的探究[J]. 当代职业教育，2018（6）：73-77.
[6] 邓晨. 元认知策略对提升小学生"自我效能感"的作用[J]. 江苏教育，2019（48）：48-50.

元认知进行比较研究，发现熟手教师在教学元认知各维度的表现均优于新手教师。[①]张美娟等的实践表明元认知策略培训能逐步提高学生应用技术领域自主学习能力。[②]

五、如何培养元认知能力

关于元认知的发生，一般认为它要比儿童的认知能力发展得晚。这是因为，一方面，元认知是在进行各种认知活动的经验基础上形成、发展起来的；另一方面，具有元认知能力就意味着儿童在认知活动中，需要将自己的注意力同时有效地集中在两个客体上：一是认知活动涉及的客体，二是正在进行着认知活动的主体本身及其正在从事的认知活动过程。也就是说儿童此时具有双重身份：即儿童既是自己认识活动的主体，又是自己认识活动的客体。显然，进行这种元认知活动要比那种仅仅将注意力集中于活动所涉及的客体上的认知活动要复杂、困难得多。

元认知最早可出现在 3 岁，但是这种早期元认知不能被学习加工的执行操作所利用，现有最新证据大多支持元认知的关键发展时期是 14~22 岁。[③]董奇对元认知发展的研究证实了在教育教学条件影响下，随着儿童年龄的增长，在整个小学四年级至高中一年级期间里，儿童元认知水平发展十分迅速，各年级组间差异非常显著。这说明在元认知关键发展时期培养元认知能力，至关重要。

结合元认知的三要素，可以从增加元认知知识、提升元认知技能、强化元认知体验三大方面来培养元认知能力，进而促进学习。

（一）增加元认知知识

有针对性地、系统地增加有关学习的元认知知识，主要可以从以下几个方面入手：

---

① 史佳钰. 新手型和熟手型初中数学教师教学元认知比较研究[D]. 苏州：苏州大学，2022.
② 张美娟，陈小燕. 培训元认知策略提升学生自主学习能力的做法与评价[J]. 江苏教育研究，2016（296）：15-19.
③ 刘伟方，司继伟，王玉璇. 认知策略选择的元认知因素[J]. 心理科学进展，2011（9）：1328-1338.

① 有关所学内容的特点方面的知识（比如教材的长短、难易、熟悉性、有趣性、结构等）；

② 有关学习任务方面的知识（比如对学习者提出特别记忆的要求、提取的要求以及评价的要求等）；

③ 有关学习策略方面的知识（比如各种学习活动与方式的特点、特殊效用和适用条件、监控与调节学习活动的策略、贮存与提取信息的有效方法等）；

④ 有关学习者本人特点方面的知识（比如自己的学习能力与限度、学习动机与目的、兴趣爱好以及影响学习的其他各种个人特征与状态）；

⑤ 关于学习的本质方面的知识（比如学习的大脑基础、学习发生的心理机制、学习进行的模式等）。

学习中的元认知监控集中地表现为在实际的学习中有效地、适当地协调上述几方面的相互作用。

（二）提升元认知技能

元认知技能即认知主体对认知活动进行调节的技能。在元认知技能形成的初期阶段，它的运用需要意识的指导；当这种技能得到高度发展时，它就会成为一种自动化的动作。通过规范科学地训练，提升元认知技能，主要包括制订计划，构想方法，预估有效性；实际控制，反思修正；检查结果，予以评估；调整补救等方面的技能。

（三）强化元认知体验

元认知体验是任何伴随着认知活动的认知体验或情感体验。强化学习者有意识地关注元认知体验，包括对任务完成情况、当前进展、目标是否达到等的认知或情感体验，这也与调适系统中的情绪调节和学习毅力等内容有较大相关。

除此之外，有研究表明：学习动机对元认知具有"供能"（energizing）的作用，它们能够激活自我调节技能和执行技能。第一，在影响元认知的动机变量中，归因方式对元认知发挥着直接的作用，内部归因有助于元认知意识的发展。第二，在影响元认知的动机变量中，学业自我概念发挥着相当关键、核心的作用。一方面，良好的自我概念可以抑制考试焦虑，从而为元认知活动排除障碍；另一方面，良好的学业自我概念可以促使个体在认知活动中掌握定向，而掌握定向又会促进元认知活动的进行。第三，在影响元认知的动机变量中，考试焦虑阻碍着元认知活动的进行。这提示学习者们，为了提高元认知，还应该努力改善动机状况——不仅仅是提高动机水平，而是改善整个动机系统。[①]

六、培养元认知能力容易出现的问题

元认知技能、元认知知识、元认知体验是元认知活动的三大要素，三者相互联系、相互影响和相互制约。在元认知能力培养的过程中，容易发生顾此失彼的情况，因此，要三者有机结合，通过三者的协同作用，个体才得以实现对认知活动的调节。

七、示 例

关于元认知的运用，国内外很多研究者对元认知教学进行了大量的研究。正如《礼记·学记》中指出："学者有四失，教者必知之。人之学也，或失则多，或失则寡，或失则易，或失则止。此四者，心之莫同也。知其心，然后能救其失也。教也者，长善而救其失者也。"在这里，先秦教育家明确提出了教师应当了解学生在学习活动中认知方法上的主要缺点，并据此指导、调节自己的教学活动。

元认知教学区别于传统意义的教学，其主要特点是抓住自主学习活动的核心——元认知，要在"授人以渔"上有所作为，真正达到"教是为了不教"的教育理想。元认知教学的侧重点不是基本知识和基本技能，而是强调将学习者个体的自我调节学习能力发展起来，让学习者成为了解自身学习特点、

[①] 汪玲，郭德俊. 元认知与学习动机关系的研究[J]. 心理科学，2003，26（5）：829-833.

任务性质和学习目标间的关系，能够主动对自己的学习活动进行目标设定、策略选择、动态调节控制直至完成的主动学习者。在教学过程中，通过教师的元认知性示范、学生的元认知操作和讨论，以及教师的指导来使学生达到对元认知技能的掌握和元认知能力的提高。元认知教学的施行使自主学习能力的培养具有了现实的载体和有力的保障途径。[1]

文献中涉及频率较高、可以提高学生元认知能力的教学策略主要有以下四种[2]：

（一）示范（Modeling）

教师示范与"演示"或"模仿"有关。通常情况下，示范和出声思维以及后文提到的自我提问策略是在一起运用的。学生的学习是隐性的，学生不知道如何监控自己的思维，这时候教师的示范就十分关键了，学生会遵循并逐步模仿教师展示的思维过程。如果学生不会出声思维，没有表达自己思考过程的方法，教师就需要为学生示范演示如何进行出声思维。例如数学教师将解答一道题目的思维过程用言语表述出来，并要求同学们按照这个方法去做。学生在出声思维的过程中，可能发现自己原来做的题有失误，而往往在沉默的答题过程中发现不了。

（二）自我提问（Self-questioning）

该策略指教师教学生进行自我提问，学生通过定期停下来提问和回答问题主动响应文本的过程。学生在提问之后，会"基于所知的猜想"做预测。接着学生将寻找答案，看看自己的预测是否正确。根据布鲁姆的目标分类理论，学生的提问是有不同层次的。以物理学科为例，如"我需要记住什么科学原理"属于识记层面；"对于书本内容，我目前了解多少"属于理解层面；"我怎样才能把我的经验与作者告诉我的联系起来"属于应用层面；"在这个

---

[1] 姜英杰. 国外元认知教学的特点及影响[J]. 外国教育研究，2007，(12) 34：58-62.
[2] 施澜，郑新华. 基于"学会学习"的元认知理论与教学[J]. 教学实践研究，2020，862（16）：178-180.

过程中，每个因素之间的关系是什么"属于分析层面；"我们的观察是否符合我们正在学习的原理"属于评价层面；创造层面的问题包括"我如何看待我现在生活的世界"等。不同层面的反思都能发展他们的元认知能力。

（三）思维图像化（Graphic Organizers）

这种方法是思想和概念的可视化表达。阿伦·佩维奥（Allan Paivio）的双重编码理论说明，人类的思维在言语和视觉领域都发挥着作用。思维图像化包括思维导图、概念图、结构图等，包含信息的空间排列，这些信息明确了顺序、层次、年代、分组、系及事件、构想和概念之间的联系。思维图像化的使用助于理和学习，并帮助学生构建想和观念。

（四）KWHL策略（Know-Wonder-How-Learned）

KWHL表是一种元认知的学习工具，是唐娜·奥格尔（Donna Ogle）提出的阅读过程中积极思考的模式。字母代表"我已知什么""我想知道什么""我如何知道"和"我已经学到什么"（参见表5.1.1）。学生在阅读之前、期间和之后都可以使用KWHL表。KWHL表包含有关预测和含义的问题，用以识别先验知识，制订计划解决问题或探究一个主题；按照问题的引导规划和收集信息进行学习；并自己总结获得的知识和技能。填写此表有助于学生阅读某一主题，复习先前所学，关注学习方法以获得更多信息，并使学生将所学内容记录下来。

表 5.1.1 KWHL 表格

我们知道什么（K）	我们想知道什么（W）	我们如何知道（H）	我们学到了什么（L）

第二节 情绪调节

一、情绪调节的定义

（一）情 绪

关于情绪的定义，最典型的当属国内《心理学大辞典》中对其的定义：情绪是由某种刺激（外在的刺激或内在的身体状况）作用于有机体所引起的反映客观事物与主体需要之间的关系的态度体验。[1]简而言之，情绪是一种主观体验，是个体与内外事物（或情境）相互作用过程中的一种反应倾向。本节着重研究在学习情境中影响学习者的学习认知、学习体验、学习行为、学习效率的各类情绪，也就是学业情绪。[2]研究发现，学生的学业情绪可分为六种：愉快、希望、骄傲、焦虑、羞愧以及受挫。[3]如骄傲使人落后、虚心使人进步、越挫越勇等，学业情绪对于个体学习成长而言，既有利也有害。

（二）情绪调节

情绪调节的概念最早出现于 20 世纪 80 年代后期的发展心理学。此后詹姆斯·格罗斯（James Gross）研究团队提出了一个被普遍接受的情绪调节过程模型（the process model of emotion regulation），包括：情境选择（situation selection）、情境修正（situation modification）、注意分配（attention deployment）、认知改变（cognitive change）和反应调整（response modulation）五个不同阶段。受这一模型的影响，不同研究者从各自的研究目的出发阐述情绪调节的含义，虽然有诸多不同，但均认为情绪调节是个体管理和改变自我或他人情绪状态的过程与能力。在这一过程中，学习者通过一定的调节方式（策略）

---

[1] 林崇德，杨志良，黄希庭. 心理学大辞典[M]. 上海：上海教育出版社，2003.
[2] 桑青松，卢家楣. 课堂学业情绪内涵建构与价值取向[J]. 中国教育学刊，2012（11）：58-61.
[3] S GOVAERTS, J GREGOLRE. Development and construct validation of an academic emotions scale[J]. International Journal of testing, 2008, 8（1）：34-54.

和机制，使情绪在生理反应、主观体验和表情行为等方面发生一定的变化[1]，这种变化包括个体维持情绪、增强或缓解某种情绪。[2]如何在重要考试或准备考试时缓解焦虑，如何在应对无趣的课程内容时排解无聊厌倦，本节的情绪调节侧重学习过程中情绪的认知、评估与重塑，行为的选择和调整，帮助个体更好地应对各类学习情境中的内外需求，以实现学业情绪的适应和调整。可见良好的情绪调节能力有助于个体认识和管理自己的情绪，提高情绪适应能力，促进心理健康和学习效果。然而，情绪调节的能力会因个体、情境的不同而存在差异，因此对情绪调节能力的培养和提升成为重要的教育任务和研究课题。

二、情绪调节的原理

情绪（emotion）一词来自拉丁文 e（向外）和 movere（动），有着移动、运动的意义，是情感性反应的过程，侧重指向非常短暂但强烈的体验。[3]在等待考试成绩公布的时刻，学习者往往会因为自己通过考试而兴高采烈，而成绩欠佳者则通常会感到沮丧甚至悲伤抑郁，这样的情绪体验在日常生活中随时可能发生，在个体主观感受（通过考试太好了或未通过考试太糟糕了）的同时伴随着诸如行为动作（兴奋时手舞足蹈、兴高采烈，悲伤时垂头丧气、脸色阴沉）、生理变化（愤怒时心跳加快，害怕时手心出汗）等多种成分。

情绪是人类生命中不可或缺的一部分，可以说是人类行为和思维的驱动力。然而一直以来我们对情绪一词都持消极的态度，即使在科技发达的今天，这种观点在日常生活中仍有很大的影响，如"你太情绪化了""不要让情绪控制了你的大脑"。实际上，情绪可分为积极情绪和消极情绪，当然负面情绪也能发挥积极功能，如"哀兵必胜"，正面情绪也会产生负面作用，如"范

---

[1] J J GROSS. The emerging field of emotion regulation: An integrative review[J]. Review of General Psychology, 1998, 2（3）: 271-299.

[2] 刘启刚, 周立秋. 情绪调节的理论模型[J]. 辽宁师范大学学报（社会科学版），2011, 34（2）: 43-47.

[3] M W EYSENCK, M T KEANE. Cognitive psychology: A student's handbook [M]. 5th ed. New York: Psychology Press, 2005.

进中举"。因而研究情绪并试着识别、评估、调适情绪显得尤为必要。

情绪调节是多层次、多角度、极其复杂的主观动力过程。在情绪调节的研究中，理查德·拉扎勒斯（Richard Lazarus）等提出情绪调节的情境观，将情绪调节看成个体情绪发生的情境转移，关注了情绪调节与个体内外部心理和行为问题的关系，涉及内部调节与外部调节两种类型；詹姆斯·格罗斯等人提出情绪调节的过程观，认为情绪调节在情绪发生过程中开展，涉及针对引起情绪变化的原因进行调整的先行关注调节与关注发生在情绪诱发之后的后发性调节两种类型；金姆·格拉茨（Kim Gratz）等人从横向角度考察情绪调节的结构，强调个体差异的细致区分，依据个体调节的努力程度不同，涉及减弱调节、维持调节和增强调节三种类型。[①]总之，情绪调节是一种有意识、有目的、需要付出努力的改变过程，这一过程深刻影响着学习者的学习。例如，当一个人面临一个挑战性的学习任务时，如果他能够将其视为一种机会而非威胁，他会更倾向于采取积极的情绪调节策略来调整自己的情绪状态，从而更好地应对任务。可见认知评估在情绪调节中起着重要的作用。生理反应也起着重要的作用，如深呼吸和放松训练等方法，可以通过调节呼吸和心率来缓解焦虑和压力，并提高学习效果。此外，个体在情绪调节过程中可以通过行为表现来影响自己的情绪状态。例如，积极参与有益的活动、与他人交流并寻求支持、运动和放松等行为都可以帮助个体缓解负面情绪和提高积极情绪的体验。这些行为不仅可以促进情绪的调节，还可以为学习提供一个积极的心理环境，从而提高学习效果。

综上所述，个体在学习中，可以通过正确的认知评估、良好的生理调节和积极的行为表现来调节自己的情绪，这一原理对于有效地促进学习力的发展具有重要意义。在后续章节中，我们将进一步探讨情绪调节的具体策略和实践方法，以期对学习力的提升起到积极的作用。

---

① 候瑞鹤，俞国良. 情绪调节理论：心理健康角度的考察[J]. 心理科学进展，2006（3）：375-381.

三、如何运用情绪调节来促进学习

随着教育改革的不断深入,对学生的学业情绪研究逐渐成为热门话题,如何让学生从"被动学习"变为"主动学习",从"厌学"变为"爱学",从"消极"变为"积极",转变学业情绪成为教育学和心理学的研究重点。董妍和俞国良关注学业情绪的情境,认为学业情境指个体在自我学习过程中产生的与学业相关的或轻松愉悦、烦闷焦虑,又或者恼怒失望等各种情绪体验。[1]其中,消极的学业情绪,如遇到学业难题时产生的烦躁、压力感、挫败感显著影响着学习动力;积极的学业情绪,如取得好成绩时又会产生强烈的自信心和愉悦感等,虽有助于改善学习效果,但过度自信后的骄傲自满又会产生适得其反的作用。以下以学习过程中最易产生的骄傲、压力感、挫败感为例,浅谈如何运用情绪调节来促进学习。

(一)戒骄戒躁

在促进学习力的过程中,戒骄戒躁是一项非常关键的情绪调节方式。首先,当我们遇到困难时,应该识别自身情绪,保持平常心,冷静地思考和分析问题的根源。通过深入思考,我们有可能找到更好的解决方法。此外,我们要对自己的能力保持正确的评估和认知,避免过度自信导致骄傲自满,也要避免对自己能力的否定,导致自卑和焦虑。

其次,在学习过程中,我们要相信自己的潜力和能力,及时调整学习策略,但自信不是自负或傲慢。不论是面对成功还是失败。即使取得了较小的进步,我们也应该诚实面对自己,充满自信和满足感,因为这代表着我们在学习上的积极努力得到了回报。

最后,戒骄戒躁也需要我们保持良好的情绪管理能力。当我们感到急躁时,我们可以考虑采取一些放松的方式,比如呼吸练习、运动或者与朋友交流。通过有效地放松和调节情绪,我们可以恢复平静的状态,更加集中精力学习。

总之,在学习过程中,戒骄戒躁是一种非常重要的心态。不论是面对困

---

[1] 董妍,俞国良. 青少年学业情绪问卷的编制及应用[J]. 心理学报,2007,39(5): 852-860.

难还是成功，我们都要保持平常心，通过正确的情绪调节和良好的情绪管理来提高学习的效果，更好地促进学习力的发展。只有克服骄傲和急躁，才能持续进步，取得更大的学习成果。

（二）抗压抗挫

在学习的过程中，我们常常会遇到各种挑战和困难，这就要求我们具备一定的抗压能力来应对。抗压抗挫作为一种情绪调节策略，能够帮助我们在困难面前保持积极的心态，以更好地应对学习带来的压力。

首先，抗压抗挫的关键在于调整我们对学习压力的认知。学习压力本身并非一种消极的负担，而是一种激励，促使我们更加专注和努力地进行学习。通过调整对学习压力的认知，我们可以将其视为一种机会，激发自己的学习动力，更好地应对挑战。

其次，抗压抗挫还需要我们具备良好的自我调节能力。当面对困难和挫折时，我们往往会受到情绪的影响，产生焦虑、沮丧等消极情绪，从而影响我们的学习效果。因此，我们需要学会通过一些方法来调节自己的情绪，如深呼吸、放松训练、积极思考等。这些方法可以帮助我们缓解学习压力，提升学习效果。

再次，建立适当的学习计划也是抗压抗挫的重要一环。合理规划学习时间、安排学习任务可以帮助我们更好地应对学习压力。通过坚持按照计划进行学习，我们可以提高学习效率，减少学习压力的产生。

最后，积极寻求帮助是抗压抗挫的有效策略之一。当我们遇到学习困难时，我们可以主动与老师、同学、家长进行交流和沟通，寻求他们的帮助和支持。与他人分享自己的困惑和挫折，不仅能够减轻内心的压力，还可以获得更多的学习资源和解决问题的方法。总之，抗压抗挫是一种重要的情绪调节策略，有助于我们更好地应对学习带来的挑战和困难。通过调整对学习压力的认知、培养自我调节能力、建立适当的学习计划以及寻求帮助与支持，我们可以更好地发挥自己的学习潜能，促进学习效果的提升。抗压抗挫不仅可以在学习中发挥作用，也会对我们的成长和发展产生积极的影响。

四、培养情绪调节能力能产生什么效果

2022版"心理健康蓝皮书"《中国国民心理健康发展报告(2021—2022)》指出,虽然我国大部分国民心理状况良好,但考虑到我国庞大的人口基数,也有相当数目的人群的心理状况"较差"或"差"("较差"的人群中抑郁风险检出率最高,达45.1%)。[1]该报告还指出,青年群体心理健康风险较高,抑郁与焦虑风险检出高于其他群体;另外,这一情绪障碍也会给国家带来较为严重的经济负担。因此,研究如何有效地应对负性情绪,不仅关乎每个人类个体的身心健康,也与社会的和谐健康发展密切相关。

(一)情绪调节促进学习动力

在学习过程中,情绪调节起到了至关重要的作用。情绪调节能够激发学生内在的学习动力,从而增强他们的学习兴趣和投入度。

一方面,积极情绪的调节可以激发学生对学习的热爱和渴望,使其更加主动地投入到学习中。学生在情绪积极的状态下,会对知识和学习任务抱有乐观和积极的态度,更加愿意去探索、思考和学习新的知识,主动寻求挑战和发展自己的学习能力,进一步提高自己的学习动力。

另一方面,情绪调节对于学生解决学习中的困难和挫折也具有重要意义。学习过程中难免会遇到困难和挫折,这时候情绪调节的良好能力可以帮助学生保持积极的心态和抗挫折能力。只有当学生能够正确调节自己的情绪,将困难和挫折看作是成长和进步的机会时,才会更坚持不懈地面对困难,寻求解决的方法。这种积极的情绪调节能力能帮助学生增加学习动力,坚持学习,提高取得优异成绩的可能性。情绪调节促进学习动力的重要性不能被忽视。学校和教育者应该重视培养学生的情绪调节能力,帮助学生更好地应对学习中的情绪和压力,激发其学习动力。

为此,教师可以通过开设情绪管理课程、提供心理辅导和支持,以及鼓

---

[1] 傅小兰,张侃,陈雪峰,等. 心理健康蓝皮书:中国国民心理健康发展报告(2021—2022)[M]. 上海:上海教育出版社,2003.

励学生积极参与学习活动等方式来培养学生的情绪调节能力。只有有效地发展和运用情绪调节能力，学生才能在学习过程中真正发挥自己的潜能，取得理想的学习成果。

（二）情绪调节促进学习能力提升

情绪调节不仅能够提高学习动力，而且在促进学习能力方面也发挥着重要的作用。通过有效的情绪调节策略，学习者能够更好地应对学习中的挑战，提高学习效果和表现。

1. 情绪调节有助于增强学习者的专注力和注意力

学习过程中，学习者经常面临着各种干扰和诱惑，比如手机、社交媒体等，这些干扰会分散注意力，降低学习效果。通过情绪调节，学习者能够更好地控制自己的情绪状态，减少外界干扰的影响，从而集中精力进行学习。例如，学习者可以采用专注训练的方式，通过锻炼自己的意志力和专注力，提高学习过程中的注意力稳定性。

2. 情绪调节有助于缓解学习中的压力和焦虑情绪

学习过程中，学生常常面临着来自学业压力、考试压力等各种压力源，这些压力会导致学生产生焦虑、担忧等负面情绪，影响学习状态和效果。通过情绪调节，学生能够更好地管理和化解这些负面情绪，缓解压力，保持积极的学习心态。例如，学生可以运用心理放松技巧，如深呼吸、冥想等来减轻压力和焦虑情绪，提高学习效果。

3. 情绪调节有助于提升学习者的灵活性和创造力

学习过程中，学习者遇到的问题和挑战常常多种多样，需要灵活运用知识和思维方式进行解决。情绪调节能够帮助学习者保持积极的情绪状态，并促使其拥有更加积极、灵活的思维方式，从而更好地应对学习中的各种问题。例如，当面临学习困难时，学习者可以采用积极的情绪调节策略，如通过逆向思考、寻找其他解决方案等来拓展思维，激发创造力，提高解决问题的能力。

综上所述，情绪调节对于促进学习能力具有重要的作用。学习者通过运用有效的情绪调节策略，可以增强专注力和注意力，缓解压力和焦虑情绪，提升灵活性和创造力，从而取得更好的学习成果。因此，在教育实践中，应该注重培养学习者良好的情绪调节能力，并教授学习者相应的情绪调节策略，以提高学习能力和学习效果。

（三）情绪调节提升学习毅力

学习毅力是一个人在面对学习困难和挑战时坚持不懈的能力。情绪调节在提升学习毅力方面发挥着重要的作用。

1. 情绪调节可以帮助学生更好地应对学习中出现的困难和挫折

在学习过程中，学习者会遇到各种各样的困难，例如遇到难以理解的概念、复杂的题目等。这些困难会引发学生的负面情绪，如焦虑、沮丧，使学生产生压力。情绪调节能够帮助学生调整自己的情绪状态，从而使其更好地面对困难和挫折，不轻易放弃，坚持学习下去。

2. 情绪调节对于提升学生的学习毅力起到激励作用

学习本身是一个长期的过程，需要持续投入和努力。在学习过程中，学生可能会感到疲倦、厌倦或者失去动力。情绪调节可以帮助学生调整自己的情绪状态，增强学习的动力提高学习的积极性。通过积极的情绪调节，学生可以保持良好的学习状态，更加专注和投入地学习，从而提高学习毅力。

3. 情绪调节可以帮助学生建立积极的学习心态

学习过程中，负面情绪的存在会影响学生的学习效果和学习体验。情绪调节能够帮助学生调整和转变负面情绪，培养积极的学习心态。积极的学习心态能够激发学生的学习兴趣和学习动力，增强学习毅力。通过良好的情绪调节，学生能够更乐观、自信地面对学习挑战，提高学习的效果和效率。

综上所述，情绪调节在提升学习毅力方面扮演着重要的角色。通过情绪调节，学生能够更好地应对学习困难和挫折，增强学习的动力和积极性，建立积极的学习心态。因此，培养良好的情绪调节能力对于提高学生的学习毅力具有重要意义。教育者应注重培养学生的情绪调节能力,在教学中给予学生情绪支持和引导,促进学生的情绪调节与学习毅力的发展。

五、如何培养情绪调节的能力

(一)学习者策略

在培养运用情绪调节能力方面,学习者是自己学习的主体。学生如果陷入负面情绪中,不能自我掌控、调节情绪,就会被负面情绪所支配,陷入自我否定的思考中。考试焦虑产生的原因乃是产生了不恰当的想法,过高地估计考试的难度,过低地估计自己的能力。为了提升学习力,学生可以采用以下策略。

1. 建立积极的情绪态度

学生应该意识到情绪对学习的影响,并积极调整情绪,可以通过自我觉察来识别自己的情绪状态,并采取积极的心态来面对学习任务。

比如,如果学生感到焦虑或不安,可以尝试放松技巧,如文字宣泄法:写信、写文章、记日记都可以让学生直截了当地反映出内心的压力。倾诉法:需要一位忠实的听众,耐心地去倾听,更快地了解学生的学习、性格、内心等,更好地获得学生的信任,使学生愿意协助心理健康教育。在与学生交谈时,要经常鼓励学生对生活、对他人、对学习等提些意见和建议。这样其实是在给予学生信任与展示机会的同时,更好地促使其反映真实的内心,即通过正确的渠道,把自己内心可能存在的不满宣泄出来。也就是说,对于学生的心理压力,可以让其自然流露、自然释放。例如,引导学生选择自己喜欢的休闲方式释放自己,比如参加运动、读书、听音乐等。针对学生的休闲方式,教师要营造健康有效的氛围,形成一个良好的指导机制。

2. 培养自我反思的能力

学生应该学会在学习过程中对自己的情绪进行反思,通过问自己一些问题,比如:"为什么我在这个任务上感到沮丧?""我有什么办法可以改善情绪?"等进行自我反思,学生可以了解自己的情绪触发因素,并寻找改善的方法。

3. 制订合理的学习计划

学生可以通过制订学习计划，合理安排学习时间和任务来减少情绪上的压力。制订学习计划有助于学生提前预习、复习和分解任务，避免任务积压造成的情绪焦虑。

4. 寻求社会支持

学生可以向同学、老师、家长或其他亲朋好友寻求支持和鼓励。交流和分享情绪有助于减轻负面情绪，同时从他人的经验中获取启发和帮助。

总之，学生在培养运用情绪调节能力方面扮演着重要的角色。通过建立积极的情绪态度，培养自我反思的能力，制订合理的学习计划和寻求社会支持，学生可以提升自己的学习力，并更好地应对学习中的情绪挑战。

（二）教师策略

教师在培养学生运用情绪调节能力方面起着重要的作用。以下是一些教师可采取的策略，以帮助学生更好地理解和运用情绪调节技巧。

1. 建立良好的情绪氛围

教师应该营造一个积极的学习环境，鼓励学生表达情绪，尊重学生的感受。这可以通过与学生建立良好的师生关系，倾听其问题和烦恼，并给予积极的回应来实现。教师还可以开展一些活动，如小组讨论、角色扮演等，来帮助学生更好地表达情绪，并教导他们如何适当地管理和表达自己的情绪。

2. 提供实用的调节策略

教师可以介绍一些简单而实用的情绪调节技巧和策略给学生。例如，深呼吸、放松训练、积极的自我对话等方法都可以帮助学生在情绪激动时保持冷静。教师还可以与学生一起探讨不同情绪的原因和后果，并引导他们思考如何应对不同的情绪情况。

3. 设立合作的学习任务

教师可以设立合作学习的机会，鼓励学生共同合作完成任务和解决问题。合作学习有助于学生培养情绪调节能力，通过与他人合作学会在团队中处理不同意见和情绪冲突，培养合作精神和情感支持。教师在合作学习中，可以提供适当的指导和反馈，帮助学生解决问题，增强他们的情绪调节能力。

4. 给予积极的情绪感支持

教师可以提供情感支持，给予学生鼓励和赞赏，增强他们的自信心和动机。情感支持不仅有助于学生建立积极的情绪状态，还能促进学习效果的提高。教师可以在课堂上给予学生积极反馈，赞扬他们的努力和进步，还可以安排一些有趣而富有挑战性的任务，激发学生的学习兴趣和热情。

综上所述，教师在培养学生运用情绪调节能力方面，可以通过建立良好的情绪氛围、提供实用的调节策略、设立合作的学习任务、给予积极的情感支持来帮助学生。这些策略的实施将有助于学生积极应对情绪挑战，提高学习力，提升学习成效。教师在实施这些策略时，应根据学生的个体差异和学习需求，因材施教，帮助每个学生有效地运用情绪调节策略，实现个人发展和学习目标。

（三）家长策略

学校是学生学习知识的客场，家庭才是教育的主阵地。好的家庭氛围、健康的亲子关系更能够帮助学生面对生活中的问题。现代社会的亲子关系和以前相比有了明显的不同，但是很多家长由于受到传统文化的影响，还是将学生当作自己的私有物品，忽略了孩子的独立性和对成功的渴望。在孩子的成长过程中要么矫枉过正，一手包办孩子的所有问题，代替孩子完成各项任务，使孩子失去经受失败的机会，让孩子以为一路顺遂才是正常的；要么就是轻易地否定孩子，更有甚者认为孩子就应该按照家长安排的去做，不能进行自我表达，将自己的理想强加到孩子身上，这些都是不正确的教育态度，但可以从中观察到，在促进学生情绪调节能力方面，父母的作用不可忽视。家长可以采取一系列策略来帮助孩子培养并运用情绪调节的技巧。

① 家长应该提供支持和理解。孩子们在面临学习挑战时，常常会感到压力和焦虑。家长应该表达出对孩子困难的理解，并给他们足够的支持。这种支持不仅可以减轻孩子的压力，也能帮助他们更好地应对困难。

② 家长可以通过引导孩子进行积极的情绪表达来帮助他们调节情绪。情绪的表达是情绪调节的重要一环。家长可以鼓励孩子将自己的情绪用言语或绘画等方式进行表达,从而帮助他们理解和认知自己的情绪。同时,家长还可以与孩子一起探讨情绪的原因和解决方法,从中培养孩子解决问题的能力。

③ 家长可以通过塑造积极的学习环境来促进孩子的情绪调节能力。创建一个支持性、鼓励性的家庭氛围可以让孩子在学习中更加轻松和自信。家长可以与孩子一起制订学习计划和目标,并在孩子取得进步时给予及时的肯定和鼓励。此外,家长还可以利用游戏、音乐等方式增加学习的趣味性,帮助孩子更好地调节情绪,提高学习动力。

④ 家长可以鼓励孩子培养自我反思的习惯。通过定期与孩子讨论学习的进展和遇到的问题,家长可以帮助孩子反思自己的学习策略和情绪调节方法是否有效。在这个过程中,家长可以给予合理的建议和指导,帮助孩子逐步发展出适合自己的学习和情绪调节策略。

总之,家长在培养孩子的情绪调节能力方面起着重要的作用。通过提供支持和理解、引导积极的情绪表达、塑造积极的学习环境和鼓励自我反思,家长可以帮助孩子建立起良好的情绪调节能力,促进他们的学习力发展。这些家长策略不仅可以对孩子当前的学习产生积极影响,也会在孩子的成长过程中起到持续的推动作用。

六、培养情绪调节能力容易出现的问题

综合前人研究,以情绪调节的结构观作为理论指导,情绪调节的内涵并非情绪抑制,而是在情绪唤醒的基础上,囊括对情绪的觉察、理解、接纳以及排除情绪状态干扰按照预定目标行动的能力,其中的任何一种能力的不足或者全部存在一定问题都会造成个体情绪调节困难。[1]

---

[1] K L GRATZ, L ROEMER. Multidimensional assessment of emotion regulation and dysregulation: Development, factor structure, and initial validation of the difficulties in emotion regulation scale. Journal of Psychopathology and Behavioral Assessment, 2004, 26(1): 41-54.

（一）情绪觉察困难

由于自我认知、注意分配等因素，个体可能对自己的情绪不够敏感，难以准确识别和理解自己的情绪状态，这会导致他们在处理情绪时缺乏针对性和有效性。

（二）情绪接纳困难

由于价值观、社会期望、自我要求等因素，当一个人经历负面情绪时，可能会试图避免、抑制或逃避这种感觉，而不是接受它作为自身经验的一部分。比如通过沉迷于社交媒体、购物、游戏或其他分散注意力的活动来暂时忘记。虽然这种方法可能短期内有效，但长期来看，这种抗拒可能会加剧情绪困扰，并不利于情绪调节能力的培养。

（三）冲动控制困难

情绪表达是情绪调节的重要环节，由于大脑前额叶功能、神经递质失衡、个性特征等因素，有些人可能在表达情绪时难以抑制冲动行为或缺乏适当的表达方式，尤其是在强烈情绪影响下，可能导致与他人的关系紧张或产生冲突。

（四）目标导向困难

由于缺乏清晰的目标、自我认知不足等因素，个体可能对自己的情绪调节能力有过高的期望，追求完美的情绪状态。然而，情绪是复杂多变的，追求完美可能会增加压力，导致情绪调节更加困难。

（五）情绪理解困难

由于情绪识别能力、社交经验或文化背景等因素，个体难以理解和解读自己和他人的情绪，甚至有些人可能倾向于过度压抑自己的情绪，认为表达情绪是不成熟的表现。然而，长期压抑情绪可能会导致情绪爆发、心理健康问题,如抑郁和焦虑。

(六)情绪调节策略使用困难

由于个体的策略掌握程度、情绪状态或个体实践能力等因素不同,部分学习者难以有效地应用有助于管理情绪的技巧和方法,导致在情绪调节上感到力不从心,甚至一些人可能过于依赖外部因素(如物质奖励、他人认可)来调节自己的情绪,当这些外部因素无法满足时,他们可能会感到沮丧或不安。

七、示 例

例1:小李是一名高中生,因为一次考试成绩不理想而感到沮丧和失落。在老师的帮助下,他逐渐认识到考试成绩只是评价学习成果的一种方式,并不代表他的全部价值。通过重新审视自己的想法,他逐渐摒弃自我批判,用理解和接纳的心态对待自己的情绪。小李逐渐改变了对考试成绩的消极看法,转而关注于从考试中学习到的知识和经验。这种认知上的转变帮助他缓解了沮丧情绪,重拾了对学习的信心和热情。认知重构是一种通过改变对事件的解释和评价来调节学业情绪的方法,它要求我们识别并挑战那些导致负面情绪的不合理信念,进而形成更加积极、现实的认知,有助于我们更好地管理自己的情绪,提高生活质量。

例2:小明在成长过程中,面对父母的高期望和严厉批评,逐渐学会了压抑自己的情绪。每当遇到挫折或不满时,他选择将情绪深埋心底,不向任何人倾诉。这种情绪压抑和否认的做法,让他在表面上看起来平静无波,但内心却充满了压抑和痛苦,以至于在大型考试中一直表现不佳,高中学业成绩深受影响。情绪压抑和否认是一种无效的情绪调节策略,不仅无法有效解决问题,反而可能加剧情绪困扰。长期压抑情绪会导致情绪积压,最终可能以爆发或长期抑郁的形式表现出来,影响个体的心理健康,降低学习质量。

第三节 学习毅力

一、学习毅力定义

(一) 毅 力

在心理学领域里,毅力是推动人经过长周期努力达到目标的持久动力。心理学家研究发现,人的意志可以影响他对事情的看法与态度。毅力是人们为达到预定的目标而自觉克服困难的一种意志品质,加强毅力培养为学生终身发展奠定基础。[1]毅力是学习过程中的保证,它表现为面对艰难而复杂的任务时所表现出来的勇敢与顽强的素质,它表征了个体从事学习的意志水平。

(二) 学习毅力

学习毅力是学习者在学习过程中长期执着于目标并保持热情、不畏艰难与挑战、维持执着的行为倾向、持之以恒的心态与品格。学习本身就充满了快乐,因此学习毅力不应片面地强调学生学习努力的坚持性,它还应包含着学生的学习兴趣与激情的持久性。[2]对于学习不仅能够保持持久兴趣,而且能够持之以恒刻苦学习,明确目标,并能够以目标为导向,主动地进行学习;与此同时,当学习上有困难的时候,能持之以恒地工作,努力克服各种困难,并乐于不断地努力争取,直至最后完成工作。

从解决实际问题的角度看,坚持性是指学习者克服困难、达到目标的决心、能力倾向和心态,以及由此产生的相应行为。[3]有学习毅力的学习者在学习过程中一般表现为深度学习投入,注意力集中并持之以恒地实现目标,在遭遇阻碍,挫折与干扰时也不放弃,所以学习毅力是非认知能力中对学业成

---

[1] F T C SCHMIDT, J FLECKENSTEIN, J RETELSDRF, et al. Measuring grit[J]. European Journal of Psychological Assessment, 2019 (3): 436-447.
[2] L A DUCKWORTH, C PETERSON, M D MATTHEWS, et al. Perseverance and passion for long-term goal[J]. Journal of Personality and Social Psychology, 2007 (6): 1087-1101.
[3] K E DICERBO. Game-based assessment of persistence[J]. Journal of Educational Technology Society, 2014 (1): 17-28.

就极为重要的一种。

二、学习毅力原理

从学习者内部出发，作为非认知因素之一，学习毅力同样受到学习者的自身因素以及其他非认知能力的影响。现有研究证明，年龄、课后反思、成长型思维方式、自我调节、学习动机、自我效能感以及内在情绪等与学习毅力存在相关关系。[1]达克沃斯（Duckworth）和埃斯克雷斯（Ascleth）的研究认为学习意志力在成年后呈现单调递增的变化趋势。冯库林等人的研究发现"坚持不懈的努力"维度与学业成就呈现显著正相关，而"兴趣的一致性"与学习动机和愉悦情感呈现显著正相关，也就是说学习毅力与兴趣之间具有一致性。唐铭等学者研究发现高中学生的调节聚焦通过影响学业情绪进而影响学习毅力。迪梅尼奇（Dimitri）和里士满（Ridimand）的实验结果发现课后反思会促使学习者表现出持续的注意力，并改善学习毅力和任务表现。还有研究证明了成长型思维方式与"坚持不懈的努力"存在显著正相关。达图（Datu）等人发现学习毅力与自我调节、学习动机和自我效能感之间存在显著相关，共同影响学业成就。而学习毅力不仅是面对失败的韧性，还是长期坚持目标和承诺的决心。毅力能够更好地呈现对长期目标的影响，尤其是对于学业成绩和幸福感。学习毅力还可以作为调节变量，作用于师生关系质量和学生幸福之间，且生活满意度和学校满意度之间存在正相关关系。同时，学习毅力的培养和发展可以有效减少自杀等高危事件的发生，并与我国的实际情况和文化更为相符。从学习者外部角度看，环境因素同样是影响学习毅力的重要因素。从心理学角度出发，坚持不懈的努力与个体内在的情绪有关，例如面对困难的担忧和退缩，或是对于已有环境、以往经验产生了难以克服的恐惧，这里的"已有环境"可能指生活成长的家庭环境、任务环境或者学习环境。孙小坚等学者的研究表明，对

---

[1] 刘妍，管秀，顾小清. 我们真的了解学习毅力吗？基于扎根理论刻画教师视角的可塑模型研究[J]. 全球教育展望，2022（2）：39-58.

父母和教师支持的感知会影响学习者的学习兴趣和自我效能感，借此可以正向预测持续性动机的情况，然而由于自我效能感等因素与学习毅力之间存在正相关，因此推断家庭因素和教师支持同样会对学习毅力的培养和发展产生影响。[①]

随着智能技术的不断发展、学习方式的转变，媒体技术和在线学习愈发重要，因此网络学习环境对学习毅力的影响也逐步得到关注，尤其表现在线上学习中存在的中途放弃、低投入和课程留存率低的问题上。更多研究也关注了手持设备的使用对于课堂的注意力、学习毅力的影响。研究表明学生的多媒体任务、游戏化学习、手机和笔记本电脑的使用都可能造成注意力分散和记忆力下降等不良的学习习惯。迪塞尔博（Diselbo）以游戏为场景，测量学生在游戏过程中的毅力持续性。研究表明游戏化学习过程中，通过不断地接受挑战和努力，学生增进了毅力的持续性，磨炼了心态意志。

综上，学习毅力是会受到学习者内在自身特质和其他非认知能力，以及外在环境因素影响而重塑的一种能力，可通过自我反思、调节以及学习困难解决的反复练习来培养。

学习毅力包含学习持久力和学习自制力。

（一）学习持久力

学习持久力指学生能主动朝着既定目标进行继续性努力，强调努力的长期性。在国际上的研究中，由于使用术语的不同，对毅力的内涵也一直没有统一定论，如"Persistence"（持久性）、"Grit"（毅力）、"Resilience"（复原力）、韧性（Tenacity）等，都可以视作与意志力相近且通用的概念。Cloninger将毅力（Persistence）定义为在没有即时外部奖励的情况下在内部产生和维持唤醒和动机的能力，强调个体完成目标的动机来源于内部，即个体的主动性、自觉性，个体的目标行为与外部奖惩无关。"Persistence"表示持久性[②]，这种持

[①] 刘妍，管秀，顾小清. 我们真的了解学习毅力吗？基于扎根理论刻画教师视角的可塑模型研究[J]. 全球教育展望，2022（2）：39-58.
[②] 赵秋红，宋乃庆，罗士琰. 重大疫情下中学生学习毅力现状、问题及对策研究[J]. 教育发展研究，2020（8）：32-37.

久性是在追逐目标的过程中表现出的持久忍耐力，这种耐力能抵御诱惑，并抑制与追求目标不符的意图或行动；毅力高的个体，尽管面临困难、障碍、疲劳、长时间的沮丧或低的可实现性，仍然倾向于从事与特定目标相关的活动。塞利格曼（Seligman）强调，毅力（Persistence）不是简单地衡量一个人在某项任务中工作的时间长短，因为持续做一些有趣或值得的事情并不需要一个人忍受和克服挫折，因此，毅力是不顾障碍、困难或沮丧，坚持行动，最终完成目标任务。与 Persistance 相似的概念还有 Grit（意志力），指对长期目标的坚持和热情，强调个体设立长期目标，在实现目标过程中即使遭遇挫折也持续保持兴趣并努力不懈。毅力水平高的人在完成挑战性任务时，即使在失败、困境或停滞时期都依然会持续努力并且保有持久的兴趣。马斯顿（Masten）等人的侧重点是复原力（Resilience），即个体在面临重大挑战的背景下，仍能够积极适应的能力。与前几者不同的是，复原力并不侧重于具体目标的实现，而是指面对逆境时的积极适应能力。学生持久力本身是动力、兴趣的一种升华，即通过动力、兴趣的保障，使得学生能够正确认识学习，了解学习本身的重要性，将学习转变为一种持久的行为能力。持久力的形成，不仅对于学生学习具有重要的促进作用，同时对学生的言行举止、责任态度以及道德品质等相关素养的发展均具有重要的促进作用。[1]学生在持久力的影响下，能够从"参与学习"发展成"创造学习"，从而实现核心素养的发展。

（二）学习自制力

学习自制力，指学生能在学习过程中排除内部干扰，继续学习行为，强调学生的自我控制、延迟满足。一些词如"自我控制"（Self-control）、责任心（Conscientiousness）、"持续行为"（Perseveration）、复原力（Resilience）等，都可视作与"学习自制力"相近的概念，与毅力紧密相关。在一般意义上，自我控制普遍被认为与用毅力抵抗诱惑等同。自我控制（Self-control）是个体

---

[1] 王小玲. 让学生的持久力在班级文化浸润中形成[J]. 中小学班主任，2019（7）.

对心理与行为的主动调控过程，特别是指抑制短期冲动以追求长远的更大目标的心理过程。发挥毅力需要极强的自我控制能力。毅力与自我控制密不可分，且毅力被视为个体发挥自我控制的能力（Self-control strength）。当目标难度较低时，自我控制和毅力的作用相当；当目标需要长期坚持时，能促使个体坚持不懈、保持热情的毅力作用就更为明显。

三、如何运用学习毅力来促进学习

研究表明，学习毅力对学业成绩和认知水平会产生重要影响，也是预测学业成就最为关键的变量之一。

达克沃斯等人的问卷数据分析表明，同龄人中学历越高的被试，学习毅力也更为坚韧，而在控制学历背景因素下，学习毅力会随年纪增长而递增。这是由于随着年纪的增长，生活阅历、持续力和对于长期目标的坚毅也会递增，而坚毅和努力是获得成就的关键性因素。克雷德（Crede）和哈姆斯（Harms）对毅力相关文献的元分析发现，毅力与学业成就和记忆力显著相关，同时发现毅力的二级指标是影响成绩的主要因素。洛斯（Loes）等人的研究结果发现，无论性别、种族或学业能力的个体差异如何，进行协作学习的学习者比个体学习的学习者表现出更强的学习毅力，且在协作学习过程中，同伴互动是影响和调节学习毅力的重要因素。K12 教育领域中，学习毅力的效力也陆续显露。贝亨（Berhenke）等人的研究指出，儿童学习的毅力与其数学能力、阅读能力的发展有着密切的联系。NEAP 2017 数据分析结果表示，数学和阅读成绩与学生的学习毅力之间呈现显著正相关。教育研究背景下，元分析结果表示自我效能感与学业成就、学习毅力呈现出一定的相关性（r=0.38，r=0.34）。弗拉纳根（Flanagan）等人的研究结果发现，学习毅力对学生成绩的影响是通过数学自信心调节的。随着数学自信的增强，毅力的积极作用会减弱，因此，对于数学自信心较低的学生，学习坚韧性带来的正面影响最为明显。且数据结果表明，毅力与课程的期中成绩、期末成绩呈正向相关。国内学者杜宵丰等人以八年级数学学科为例研究发现，数学自我效能感可以部分中介数学兴趣与学习毅力、数学兴趣与数学成就间的关系，这也印证了弗拉纳根等人的研究结论。

学生在学习过程中会有复杂的心理过程和艰难的认知活动。在教学中，教师要根据不同学生的情况，因材施教，使每个学生都能得到充分发展。尽管许多学生具有良好的智力和良好的学习条件，但由于学习毅力不高，很难取得好成绩，甚至有些学生可能还会落后。为了使这些学生能顺利地达到教学大纲所规定的目标要求，教师在教学中必须注意培养学生学习毅力。尽管部分学生智力平平，学习环境也不理想，但是有较强的学习毅力，却获得了较好乃至突出的成绩。由此可见，学习毅力在学生的学习中起着举足轻重的作用。现代社会中，一个人要想保持自己良好的竞争优势就必须拥有强大的学习力，学习毅力就是学习力中最根本的构成因素。这说明有了良好的学习毅力，学生就有了学习中的某种自觉性、坚持性与独立性。因此，即使两学生在智力上比较接近，学习毅力较强的学生也可能取得较好的成绩。一项中学生学习情况调查显示，有 30.8%的中学生学习毅力差[1]，导致他们学不好，出现了学习上的困难。高中学生对学习一般有很高的自我预期，但在学习行为中很难表现出很高的毅力，因此会出现"我懂得要好好学习，但我只是不能做到持之以恒"的现象。另在身心发展上，女生比男生发育更加早熟，心理上也要比男孩更加成熟与稳重。故女生的自我控制、持之以恒等素质的发展要好于男生。所以在毅力培养的重要时期，我们应该重视男孩和女孩之间的成长差异。

（一）增强学习主动性，提高自我锻炼能力

所谓学习主动性，是指引导学生主动学习，主动锻炼。学生只有增强了学习主动性，才能主动锻炼自己的学习毅力，主动克服学习过程中的各种困难，主动探索科学世界的奥秘，主动提高自己的学习品质，不断增强自己的

---

[1] 聂衍刚，郑雪，张卫. 中学生学习适应性状况的研究[J]. 心理发展与教育，2004（1）：23-28.

学习力。要增强学习主动性，就需要加强学习毅力的自我锻炼，提高学生的自我锻炼能力。

加强自我锻炼，应该做到以下几点：第一，引导学生制订切实可行的自我锻炼计划，在实施计划的过程中坚持不懈、持之以恒，锻炼学生执行计划的顽强毅力。第二，帮助学生提出明确、具体、细致、可行的锻炼目标，避免提出模糊不清、概括笼统、无法实现的目标。并且把大目标分解为许多小目标，力求完成既定的小目标，在完成小目标后乘胜前进，进而不断迈向大目标。第三，引导学生积极去做自己虽不感兴趣但却必须做的富有意义的事，以及积极参加体育活动或参加劳动卫生活动。在做这些事的过程中磨炼意志，锻炼毅力。第四，引导学生借助集体的力量加强自我锻炼。通过班集体的舆论监督言行；通过完成班集体的任务、承担班集体的职责激励意志行为；通过班集体优秀学生的意志行为树立榜样，增强毅力。

（二）增强学习意志力，直面学习困难和挫折

作为一种巨大的精神力量，学习意志既调节学生的外部行动，又调节学生的内在心理，是学习成功不可缺少的心理素质。学习意志力强的学生，对学习充满自信，具有不怕困难的精神，表现出较强的学习毅力；而学习意志力弱的学生，对学习缺乏信心，害怕学习困难，表现出学习毅力不强。可见，要锤炼学习毅力，就需要增强学习意志力。而增强学习意志力，特别需要做到的是直面学习困难和挫折。

引导学生直面学习困难和挫折，要求教师做到：第一，端正学生对困难和挫折的认识。要使学生深刻认识到，出现学习困难和挫折是十分正常的事情，或者说，困难和挫折的出现是无法避免的。第二，端正学生对困难和挫折的态度。学习困难和挫折并不可怕，并且也可以通过努力完全克服。任何对困难和挫折的畏惧、逃避的态度，都是不可取的。第三，引导学生分析出现困难和挫折的原因。学习困难和挫折的出现，既有学生本人的主观原因，也有学生本人之外的客观原因。要引导学生分析到底是什么原因导致的困难和挫折。第四，增强学生战胜困难和挫折的勇气。要使学生坚定这样的信心：

只要努力，只要坚持，只要有足够的智慧，任何学习困难都是可以克服的，任何学习挫折都是能够战胜的，从而增强其战胜困难和挫折的信心和勇气。第五，帮助学生掌握战胜困难和挫折的方法。学习是应该讲求方法的。克服困难和挫折，也需要掌握一定的方法。要帮助学生尽快找到战胜困难和挫折的有效方法，使学生尽快走出学习困境，帮助学生走向成功。

（三）增强学习自制力，提高自我修养水平

在学习活动中，自制力是重要的学习品质。自制力比较强的学生，善于调节控制自己的情绪，善于约束自己的言行，善于坚定地、持之以恒地从事学习活动，具有不达目标不罢休的坚强毅力，具有坚忍不拔、百折不挠的勇气和决心。要提高学习毅力，就应该增强学生的自制力。而要增强自制力，就应该引导学生努力提高自我修养水平。

提高自我修养水平，主要应做到：第一，提高心理修养水平。心理修养较好表现为：情绪稳定避免冲动，能够合理宣泄情绪，遇事沉着冷静，善于排除外界干扰，自觉摆脱依赖心理，自觉克服自卑心理，自信心强，独立性强等。这些心理修养水平提高了，学习自制力也就增强了。第二，提高文化修养水平。一般来说，文化修养与学习自制力成正比。文化修养包括学生通过学习各门功课所获得的文化修养。要引导学生积极学好各门功课，在学习过程中独立思考、分析，深入理解、剖析，善于合作、探究，及时提炼、总结，不断批判、反思。文化修养提高了，就能做到自我控制、自我完善，自制力也就能够增强了。第三，提高思想道德修养水平。自制力与思想道德修养也有密切的关系。一般来说，思想道德修养水平越高，学习自制力就越强。因此，要在日常学习生活中，引导学生自觉加强品德修养，自觉增强道德观念，自觉强化思想意识，树立正确的世界观、人生观、价值观，培养谦虚谨慎、明礼诚实、团结友善、勤俭自强、敬业奉献、务实创新、自律宽容、文明礼貌、热爱集体、爱国守法等各种思想道德，在提高这些思想道德修养水平的过程中，提升学生的学习自制力。

四、培养学习毅力能产生什么效果

21世纪的教育是以整个学生群体为对象的教育,其目的在于促进学生全面发展,这也是教育的方向与终极目标。素质教育作为一种全新的教育理念,在我国已经有了一定的实施基础,但要想真正实现素质教育这一宏伟蓝图,还有许多问题亟待解决。从长远看,不断推进素质教育,可以提升国家公民整体素质,有利于加快社会主义建设。因此,如何实现学生的综合素质提升成为了广大教师所面临的一项重要课题。它要求第一线教育教学工作者必须根据学生自身发展特点和教学实际,按照教育教学规律进行科学教学。

虽然兴趣的重要性毋庸置疑,但是孩子的意志品质却更重要。有些学生,十分聪明,学习成绩却不佳,或者严重偏科,他们的问题往往出在意志上。他们怕苦、任性,而怕苦和任性是意志薄弱的典型表现。意志薄弱对任何人都是致命的弱点,不只影响孩子的学习成绩,还会影响孩子一生的发展。杰出人物几乎都是意志非常坚强的人;而几乎所有违法犯罪者都是意志薄弱者,他们控制不了感情,抵挡不了诱惑。

培养学生坚强的学习毅力可以提高学生克服困难和挫折的能力,能帮助学生克服消极心理,专注于学习目标,主动进行自我调节,减少消极因素对自己产生的影响。培养学生坚强的学习毅力可以使学生积极进行自我调控,形成持续学习的行为与意愿,提高学生自我控制和自我管理的能力,能自觉自愿学习,避免荒废学业、虚度光阴。坚强的毅力能使学生关注更高的目标,在做好学习的本职工作情况下,把小我融入大我,将个人的理想与民族命运、国家前途紧密相连;能积极践行社会主义核心价值观,在风华正茂的年代刻苦学习、增长知识、锤炼品格,练就扎实过硬的本领,坚定信心、励志笃学,并不断进行自我磨炼和自我成长,自觉肩负中华民族伟大复兴的伟大历史使命。

五、如何培养学习毅力

(一)结合需要层次理论探析学习毅力提升策略

马斯洛把个人的需求划分为从低级到高级的7个等级,即生理、安全、归属和爱、自尊、认知、审美和自我实现。现在社会一般家庭物质生活已大大丰富，学习毅力较差的学生在生理和安全方面的需求已基本得到很好的满足，若能进一步满足其归属和爱、自尊等需求，则可以促进其认知需求，而认知需求正是激发学习毅力较差学生学习动机的一个重要出发点。

基于需要层次理论可得知，教育干预时可从师生关系、同学关系等方面给予后进生以归属及关爱、自尊等方面的支持。课下教师可及时与他们沟通，了解其学习现状以及学习中存在的问题与烦恼；当其在生活中遇到困难时给予一定的关怀与帮助；当其心情不佳、心灰意冷时帮助其分析问题并提出建议；当其失败时给予鼓励；当其进步时提出表扬。通过日常教学工作以及课下交流，使后进生能够真正体会到教师对自己的关怀与照顾，有助于其获得归属感，使其对爱的需要得到满足。此外，要对这些后进生进行适当的心理辅导，在他们进步时及时给予鼓励。只有当个体感到得到了团体的认可和别人的尊重时，才会感觉到自己受到了尊重。这样就会使学习毅力差的孩子们对学习充满自信，对学习保持积极乐观的态度。

（二）结合成败归因理论探析学习毅力提升策略

归因是个体对于自己行为活动成果形成原因的一种解释和判断。韦纳成败归因理论对于刺激个体行为动机，促使其不断努力和期望其将来行为起着重要作用，而不同归因方式可以诱发不同情绪体验并进一步影响随后个体对于行为结果的期望，继而影响其将来行为选择。如果个体把事情的成功或失败归咎于稳定而又不易控制的因素，那么就降低了个体对于事情成功的期望，进而削弱了日后行为发生的持续性；若个体将事件失败归咎于不稳定但可控制的外因时，则能有效地提升其对事件失败的预期，并促进其积极应对当前事件，进而增强今后学习行为的持久性。（见表5.3.1）

表 5.3.1

归因类别	稳定性		因素来源		可控性	
	稳定	不稳定	内在	外在	可控	不可控
能力	√		√			√

续表

归因类别	稳定性		因素来源		可控性	
	稳定	不稳定	内在	外在	可控	不可控
努力		√	√		√	
任务难度	√			√		√
运气		√		√		√
身心状况		√	√			√
其他		√		√		√

当学习毅力较差的学生遇到学习中的困难、挫折、失败等问题时，常常把其成因归咎于智力低下、能力较差等稳定而又不易控制的内在原因，并由此而自我怀疑自己的学习能力，觉得成功渺茫，这样就会削弱学习兴趣，伤害学习自信心，削弱学习自我效能，以致出现意志消沉、焦虑不安、痛苦不堪、自暴自弃等等消极情绪，进而开始从行为中摆脱学习。学习毅力较差的学生中最突出的一个问题就是缺乏学习信心，长期遭遇学习失败而出现习得性无能。

在转化学习毅力较差学生的工作中，可通过培养其正确归因，指导其把学习成功或失败归咎于努力这类人可控制却又不稳定的内因，如此不论成功或失败，均能促进其学业成功期望，强化其学习行为持续性，让其认为能够通过不断努力而最终取得成功，进而激发其学习动机。

（三）结合多元智能理论探析学习毅力提升策略

1. 探究多种个性评估标准，让学生体验不同的成就

美国心理学教授霍华德·加德纳提出了多元智能理论，他认为人的智能由语言、数学逻辑、空间、运动、音乐、人际、内省、自然探索这八种要素组成，不同的组合使每人的智力结构风格各异，表现形式多种多样。因此，没有完全统一的评估标准，教师应该以不同的方式评估情况。评估的主要目的是促进学生的发展，使他们能够体验进步和进步，并让他们有机会展示自己学到的东西。通过各种形式的评估，学生可以体验课程学习过程中的进步，了解自己，建立信任，促进个体技能的全面发展。可采用的评价形式有：口头赞扬、肢体语言（拥抱、点头肯定等）、书面鼓励、奖章积累等形式。同时斯坦福大学的心理学家卡罗尔·德韦克（Carol S. Dweck）强调，教师和家长对学生的努力、学习方法、专注力和学习毅力的赞扬，效果往往大于直接肯定学生的学业成绩和表现。

2. 优化评价方式，激励学生建立信心

德国教育家第斯多惠（Diesterweg）说过："教育艺术的本质不是传授，而在于激励、唤醒、鼓励。"及时、恰当的评价可以帮助学生树立自信，获得成就感和被关注感，从而形成积极的学习心理态势。而对学生提出的问题和不足，教师可以有方向地帮助他们调整学习安排。比如，新课程的评价理念提出要优化评价方式，把评价的重点放在促进学生综合语言运用能力的发展上，因而要求英语课程的评价要尽可能做到评价主体的多元化、评价形式和内容的多样化、评价目标的多维化。每一个学生主体的生活经历不同，教师应承认并尊重个体差异，开展"百家争鸣，百花齐放"的精彩活力课堂，使学生在教师的引导下迸发思维的火花。同时，教师应重视每一位学生，欣赏学生的长处，在与学生的互动中生成教学智慧。此外，教师应指导学生互相接纳支持，包容缺点，分享喜悦，实现生生互长。事实证明，关注学生在各环节的活动情况，及时调整预设，使用合适的教学策略，才能实现师生的良好互动和共同发展。

（四）结合学习目标的制定探析学习毅力的提升策略

① 加强学习目的性教育，增强学生毅力培养的内动力。在教学过程中，要引导学生树立学习目标，首先，设定可实现的目标，激励学生学习。爱德华兹（Edwards）和阿特金森（Atkinson）的研究表明，实现目标的努力程度并不相同，而是取决于个人对成功实现目标概率的评估以及他们对目标价值

的理解。如果达到目标的概率是中等的，那么个人的动机是最强的。其次，树立的目标要顾及学生自身兴趣爱好。

② 兴趣对于教育教学来说十分重要，它是促使学生主动学习的首要动力。学习兴趣能提高学生的学习热情和参与度，也能有效提高学生的学习自信心。而从事一项活动若有兴趣的参与，兴趣便会成为毅力持续存在的关键支撑。

③ 确定学习目标是学生学好的内在动机。因此，教师应该有意识地通过不同的渠道引导学生学会制定合理的学习目标，并引导学生们学会组织和计划活动，厘清学习计划的步骤，学生知道第一步该做什么，第二步该做些什么，最后才知道该怎么做。

（五）结合环境育人探析学习毅力提升策略

作为校园德育不可或缺的方式之一，随着新课程改革的不断深入，班级文化影响着孩子的整体发展。班级文化隐性的教育功能，会在潜移默化的过程中对孩子产生巨大的影响。而学习毅力的提升，能够将教育的影响进一步扩大，通过学习毅力将一些良好的行为、习惯、思想延续下去，最终转变为学生的一种习惯。如果能够有效契合学习毅力发展需求，基于班级文化建设推动学生学习毅力发展不失为一个良好的途径。比如班级里的公告栏、黑板报和墙面装饰等，为学生学习毅力的发展创造了良好的平台。此外，树立榜样也是一个较好的方法，让学生在自己身边找一个学习毅力强的同学，将他（她）作为自己的榜样，能充分发挥同伴间积极的激励作用。

六、培养学习毅力容易出现的问题

1. 学校环境

虽然有时教师自身并不知道自己的行为会对学生造成消极影响，或者教师虽想在实际行动上增强学生的学习信心，但行为方式却产生了负面影响。例如，在学习人教版高中物理磁场与电场、动量和能量等比较难的知识点时，教师对学生一时掌握不了、需要更多的时间来消化知识点的情况批评说教，这就难免打击了学生的信心,即使教师是为学生没能掌握而比较心急做出的举动,但在客观上使学生产生了消极情绪,适得其反。

2. 家庭环境

(1)过于强势且控制欲太强的父母

如果父母过于强势,控制欲强,擅自帮孩子计划一切,强制孩子按照自己的想法去执行,孩子会成为家长的附属品,变得怯弱,不敢表达自己,依附父母,性格愈发内向。

(2)没有底线的父母

很多父母溺爱孩子,没有培养孩子的规则意识,长久下去,孩子会成为一个没有担当、没有能力的人。

七、示 例

例1:高一入学时,小赵的英语成绩垫底,于是他很沮丧地找到英语老师和心理老师分析原因,随后他与老师们共同制定了提升英语成绩的每日练习计划。小赵日复一日地坚持,慢慢地,在英语的学习方面有了很大的进步,这也为他学习英语增长了自信心。同时,他的老师也鼓励他,要坚持"三比"原则:自己和自己比,今天和昨天比,这次和上次比。于是,他在课堂上每学习完一篇课文和单词,就将自己还不会或不太熟悉的内容做好标记,课后再请老师帮助,反复练习。第二天再次复习时,看看昨天不会的今天是否会了。每天坚持练习,坚持记录,小赵在英语学习上自信心更足了,成绩也有了明显的进步。其实,小赵能有那么大的进步,不只是靠老师的帮助。更重要的是他从来没有放弃过。

例2:许多孩子晚上常常学到很晚,但成绩仍然不好,是什么造成的呢?因为这些孩子总会坚持做许多没有效果的学习任务。小刘上课总是认真听讲,课外时间找老师补课,但成绩就是提上不去。教师让她分析自己的学习流程,对照发现失败的原因,她才发现自己在许多时间的学习是无效的,看起来在学习，其实都是"假"学习，这种"坚持"才是学习失败的主要原因。她经常听不懂数学、物理课，可她一直坚持认真听课，总想听懂，听不懂就难受、焦虑和不知所措。认真学、拼命听的小刘，在坚持中找不到成功的方向，这种坚持是盲目的。

第六章

学习力研究成果选编

本章分三节，共收录了三项研究成果报告，分别是从教师学习力、九义校学生学习力、县域初中生学习力三个角度开展的研究成果。第一节收录了四川省新津中学"基于教学学术共同体的高中教师学习力提升路径研究"研究成果。研究以新津中学和小金中学的教师学习力情况为研究对象，依托名师工作室，以"教学学术共同体"的构建为载体，致力于教师学习力的提升路径研究，以此提升教师教学学术水平。第二节收录了新津区泰华学校"'双减'背景下乡村九义校学生学习力提升研究"研究成果。泰华学校在实施"双减"政策的大背景下，探索如何提升乡村九义学校学生的学习力，采取教师专业能力提升、课堂变革、学生学习习惯培养、动机激发等策略，形成了一定的研究成果，促进了学校教学质量的提升。第三节收录了新津区教育局"县域初中生学习力培养研究"研究成果。新津区在实施"双减"政策的大背景下，探索在全区初中学校开展学生学习力的培养研究，从学生学习力的"动力系统、能力系统、方法系统、调适系统"四个维度出发，采取开展主题活动、学科教学、投放学生和教师手册等干预措施，探索初中生学习力的提升策略，总结提炼相关成果和经验，公开发行"初中生学习能力自我提升"丛书，并在全省范围内进行推广。

21世纪是知识经济、信息化、人工智能飞速发展的时代，科技创新加速，国际竞争加剧。"学会学习"成了现代人的关键能力，不管是教师还是学生，提升学习力至关重要，影响一生。学习力的提升一直在路上，我们期待更多的学校和师生参与其中，引起社会和家庭重视，呵护孩子终身成长！

第一节　基于教学学术共同体的高中教师学习力提升路径研究[①]

一、问题提出

（一）研究背景

1. 政策依据

1972年联合国教科文组织在《学会生存——教育世界的今天和明天》中提出"终身教育"和"学习化社会"两个概念，指出"未来的学校必须把教育的对象变成自己教育自己的主体。受教育的人必须成为教育自己的人；别人的教育必须成为这个人自己的教育。这种个人同他自己关系的根本转变，是今后几十年内科学与技术革命中教育所面临的最困难的一个问题"[②]。2019年，中共中央、国务院印发《中国教育现代化2035》，指出：教育现代化2035年要以建成服务全民终身学习的现代教育体系为发展目标。学习力，作为人们实现学习化生存的条件和保障，以实现自我认知、自我选择、自我超越为目标，是成为终身学习的卓越自我教育者——想学、能学、会学、能坚持学、能创新地学的重要基础。对教师与学生而言，提升学习力，成为终身学习的卓越自我教育者是教育的最终归宿。

教师职业要求教师做终身学习的践行者。2021年，联合国教科文组织第41届大会发布《共同重新构想我们的未来：一种新的教育社会契约》报告，探讨和展望该组织眼中面向未来乃至2050年的教育。报告指出当前教育模式亟须变革，新的教育社会契约需要我们以不同的方式思考学习，以及学生、教师、知识和世界之间的关系。在"重塑教师：从单打独斗到团队协作"一章中，报告明确指出：教师的个人才华和能力需要通过合作和支持得到加

[①] 本文系2023年"四川省高校人文社会科学重点研究基地·四川中小学教师专业发展研究中心"的科研项目"基于教学学术共同体的高中教师学习力提升路径研究"（项目编号：PDTR2023-03）研究成果。

[②] 联合国教科文组织国际教育发展委员会. 学会生存：教育世界的今天和明天[M]. 北京：教育科学出版社，1996.

强；教师需要得到可持续的专业发展支持；生产知识、反思和研究应该被认为是教师教学的组成部分。无论拥有怎样的证书和经验，教师的职业身份、能力和专业发展都不会"完结"或"完成"。教师的发展是一个丰富且动态的学习和体验的连续体，是持续一生的旅程。在知识经济时代，教育理念不断更新，知识体系不断重构，教学手段不断变化，教师依靠职前教育所习得的知识已经不足以满足教学需要，唯有终身学习，持续提升学习力，才能顺应时代新发展、迎接教育新挑战。

提升教师学习力，是促进教师专业可持续发展的必由之路。2018年，《中共中央、国务院关于全面深化新时代教师队伍建设改革的意见》明确指出："到2035年，教师综合素质、专业化水平和创新能力大幅提升，培养造就数以百万计的骨干教师、数以十万计的卓越教师、数以万计的教育家型教师。"2018年3月28日，教育部等五部门印发了《教师教育振兴行动计划（2018—2022年）》，提出五项任务，其中包括"落实师德教育新要求，增强师德教育实效性"和"创新教师教育模式，培养未来卓越教师"。随着时代教育的不断发展，促进中小学教师专业可持续发展已经成为中小学教育发展的重要战略，努力造就一支高素质专业化的教师队伍已经成为现代学校教育改革发展的必然选择。国家高度重视高素质专业化创新型教师队伍建设，教师不再仅仅是知识的传授者，而是学习的组织者、教育的研究者。而这些角色的转变，对教师专业水平有了更高要求。提升教师学习力将成为教师专业发展的必由之路。

提升教师学习力，促进教师专业发展，进而提升学生学习力，促进学生全面发展，是"立德树人"教育根本任务的重要体现。2016年9月，以北京师范大学林崇德教授领衔的课题组发布了《中国学生发展核心素养》，将"学会学习"作为学生自主发展领域的核心素养之一。"学会学习"强调学习者的内在力量发展、学习方式选择、学习媒介利用等。教师学习力的提升帮助教师合理选择多种教学方式，进而促进学生学习方式改变，这是新课改背景下核心素养落地的重要保障。

以工作室为载体构建教学学术共同体，有助于实现两地师生共发展。2022年4月，中共中央组织部等8部委联合印发了《国家乡村振兴重点帮扶县教育人才"组团式"帮扶工作方案》，明确要求按照"精准、可实现、可持续、有成效"的原则，集中力量帮助西部 10 个省区市 160 个国家乡村振兴重点帮扶县建好一所普通高中和一所职业高中。在组团式帮扶中对民族地区的教育帮扶是重中之重。新津区和小金县层层结对，形成"星火式"引领、"雁阵式"发展的教师培养模式。本课题研究的名师工作室正是在这样的背景下成立的，工作室的运行拟以构建教学学术共同体为载体，致力于提升教师学习力，进而提升学生乃至家长学习力，实现两地师生共发展。

构建教学学术共同体是提升教师学习力的有效途径。《中国教育现代化 2035》明确将"坚持改革创新"作为教育现代化的基本原则，文件强调教师要"强化学生创新能力的培养，推动启发式、探究式等教学方式"，这为我国教师队伍的建设提出了新的要求。随着国家对人才培养要求的提升，越来越多的高学历人才从事中学教育工作，这为构建教学学术共同体提供了可能。通过构建教学学术共同体，中学教师可以通过教研共行、过程共参、成果共享等来提升专业发展的层次，引领教学活动的变革，缓解教育科研的压力，促进自身学习力的提升。

构建教学学术共同体，致力于教师学习力提升路径的研究，最终落脚点在学生学习力的提升，研究视角致力于提高教育教学效益，是破"五唯"的积极实践，将有力推动构建全民终身学习的教育体系。中共中央、国务院印发的《深化新时代教育评价改革总体方案》指出，坚持立德树人，牢记为党育人、为国育才使命，充分发挥教育评价的指挥棒作用，引导确立科学的育人目标，确保教育正确发展方向。坚持科学有效，改进结果评价，强化过程评价，探索增值评价，健全综合评价。方案的出台实施，对于全面贯彻党的教育方针，完善立德树人体制机制，破除"五唯"顽瘴痼疾，引导全党全社会树立科学的教育发展观、人才成长观、选人用人观具有重大意义，必将有利于推动构建服务全民终身学习的教育体系。

2. 理论支撑

（1）终身学习理论

法国的保罗·朗格朗（Paul Lengrand）最早提出终身学习理念，他强调

"终身教育在内涵上代表了某种教育思想或原则或一系列关系与研究方法",终身教育在实质上体现了个体一生所接受的各种方式的教育的总和。党的十六大报告中指出"形成全民学习、终身学习的学习型社会,促进人的全面发展"。党的十七大报告中又再次强调"国民教育体系更加完善,终身教育体系基本形成"。党的十八大报告再次明确要继续发展继续教育,完善终身学习体系,建设学习型社会。党的二十大报告指出要推进教育数字化,建设全民终身学习的学习型社会、学习型大国。近半个世纪以来,随着社会的进步和科技的发展,终身学习理念也不断丰富和发展,终身学习也从思想层面扩展到了行动层面。终身学习理论倡导人们的自主学习,激发他们获取知识的热情,并能在任何情境运用所学的知识。教师是知识的传递者,终身学习理念可以帮助教师在不断变化发展的学习型社会转变教育观念、完善理论知识、增强教学技能、优化教学结构,促进教师综合素质的提高。

(2)成人学习理论

教师作为成人学习者,具有独立的人格和自我认知意识,学习的过程是已有的经验、实践认识以及新知识相互作用的过程;其学习目标在于实现自身与学生的嬗变。教师学习的主要动机主要是解决当下问题以及满足现实的需求。

(3)建构主义学习理论

建构主义认为,知识是通过解释和假设得到的一种结果,它不是问题的最终答案,也不是对现实的准确表征,随着人类的进步,它会不断地被新知识所推翻。学习不是一种传递过程,而是学习者根据已有知识构建新知识的过程,学习者是主动的意义建构者,而不是被动的信息接收者。学习应以现有知识经验为起点,引导学习者从原有的知识经验中生长出新的知识经验。

(4)布鲁纳的"认知—发现"学习理论

著名心理学家、教育学家布鲁纳在格式塔心理学及皮亚杰发展理论学说的基础上,提出了"认知—发现"的学习理论,该理论十分注重调动学习者学习的积极性,通过学习者自身的发现、探索来掌握知识,发展能力。布鲁纳认为学习的目的就是建立现有知识与头脑中已有结构的连接。发现学习的方式有助于激发好奇心，增强动力和毅力，让所学更好地为生活所用，最终激发创造性思维的发展。

（5）学习型组织理论

这一理论包含了五大核心要素：团体学习、系统思考、超越自我、改善心智和建立共同愿景。这一理论既强调个体学习又强调团体学习/组织学习，而且强调通过组织成员之间相互学习、协作，激发集体智慧，建立共同愿景实现组织目标。

（6）系统论

系统论是美籍奥地利生物学家贝塔朗菲（L.V.Bertanlanffy）在第二次世界大战前创建的一门运用逻辑和数学的方法研究一般系统运动规律的理论，他在《一般系统论基础发展和应用》中指出：一般系统论精确地展开，就会具有公理的性质。这就是说从"系统"的概念和一组合适的公理命题就能推导出系统和原理，系统就是相互作用着的若干要素的复合体。王友强等认为学习力是支撑学习者在认识、掌握、运用、创造知识以适应不断变化的生存环境过程中的一个作用于学习者的可持续发展的动态系统，该系统由动力系统、能力系统、方法系统、调适系统四个子系统组成。[①]

3. 现实意义

教师学习力的提升，对于提高教学质量、促进教育改革、实现教师可持续发展具有重要意义。为调查课题研究涉及的两所普通高中学校教师的学习力现状，针对性地开展课题研究实践工作，课题组编制了《教师学习力调查问卷》，聚焦学习力的四大系统，了解老师们对学习力提升的认知态度和教师学习动力、学习能力、学习方法和学习调节力发展现状，探究了性别、教龄、职务、学校区域等因素对教师学习力的影响，为提升教师学习力提出了相应的具体措施及建议，如激发教师学习内驱力，针对性地给予记忆力和逻辑思维能力训练，提供切实可行的记忆策略，分类进行学习调节力指导，加强学

---

① L V Bertanlanffy. General system theory: Foundations, development, applications[M]. New York: George Braziller,1968.

校人文关怀、职业分配，关注教师工作与生活平衡等。

基于现状调查与分析，本课题研究有三方面的实践意义。

① 本课题研究着眼于学习力的"动力系统、能力系统、方法系统、调适系统"四大系统，为提升教师学习力提供具有建设性的路径；

② 为建构基于教学学术共同体为载体的教师教学学术水平的提升提供可行方案。

本课题研究将依托名师工作室，以"教学学术共同体"的构建为载体，致力于教师学习力的提升路径研究，以此提升教师教学学术水平，为以建构普通高中教学学术共同体为载体的教学学术水平提升提供可行方案，为以教师学习力的提升促进学生乃至家长学习力的提升，为构建全民终身学习的教育体系提供基础研究。

（二）课题研究拟解决的问题

本研究拟聚焦于以下两个问题的解决：

① 解决教师学习力提升动力不足、能力不够、方法缺乏、调适不足的问题。

② 解决教师学习力提升缺乏具体路径和载体的问题。

二、核心概念界定

（一）学习力

本研究采用王友强等对学习力概念的界定。[①]学习力是支撑学习者在认识、掌握、运用、创造知识以适应不断变化的生存环境过程中的一个作用于学习者可持续发展的动态系统，这个系统能够帮助学习者在知识迅猛增长的现在和未来实现自我认知、自我选择、自我超越的目标。该系统由动力系统、能力系统、方法系统、调适系统四个子系统组成。

---

① 王友强. 学生学习力的培育研究[N]. 教育导报，2023-02-28.

（二）教学学术共同体

"教学学术"是在由于美国高校科研与教学之争而导致大学教学质量下降的背景下提出来的。大学教师为了自己的利益把时间更多地花费在科研方面，而对教学的关注比较少，教学质量急剧下降。而后，卡内基上一任主席博耶（Ernest Boyer）在《学术水平的反思：教授工作的重点领域》提出了"教学学术"的概念。"教学学术共同体"关注"教学"及"学术"两个领域，是现代教师在教学工作中的两个重要组成部分。以往的教学偏重教学忽视学术研究，这种二元对立的行为方式拉大了教学研究与学术研究之间的距离，十分不利于教师从事教学学术研究，不利于教学学术共同体的构建。本研究所提到的"教学学术共同体"就是以教师在日常教学实践中遇到的复杂的教学问题为主要的研究对象，将具有共同研究兴趣的优秀教师聚集到一起，共同研究对该复杂教学问题的学术化、科学化解决方式，对复杂教学问题进行学理研究、模型建构、教学诊断、策略调适的学习型组织。

（三）教师学习力

依据"教学学术共同体"的基本理念，对应"学习力"的四大系统，本研究的教师学习力包含动力系统、能力系统、方法系统和调适系统。动力系统包含学术兴趣、学术动机、学术态度；能力系统包含学术认知、学术技能；方法系统包含目标管理、时空管理、方式选择；调适系统包含学术元认识、情绪调节力、学术意志力。

三、研究目标和内容

（一）研究目标

本研究将依托名师工作室，以"教学学术共同体"的构建为载体，着眼于学习力的"动力系统、能力系统、方法系统、调适系统"四大系统，致力于教师学习力的提升路径研究，以此提升教师教学学术水平。在后续研究中探讨教师如何通过不同学科教学、不同课型、不同课堂环节、不同教学主题活动，提升学生学习力。再在后续研究中延伸到如何指导家庭教育、家校共育,共同实现学生学习力提升的目标,推动构建全民终身学习的教育体系。

(二) 研究内容

① 调研分析普通高中教师学习力的现状及其影响因素;
② 激发教师学习动力,提升学习力的路径策略;
③ 培养教师学习能力,提升学习力的路径策略;
④ 丰富教师学习方法,提升学习力的路径策略;
⑤ 增强教师学习调节力,提升学习力的路径策略;
⑥ 研究以建构普通高中教学学术共同体为载体,以提升教师学习力为目标的教学学术水平提升策略。

四、研究思路与方法

(一) 研究思路

研究思路如图 6.1.1 所示。

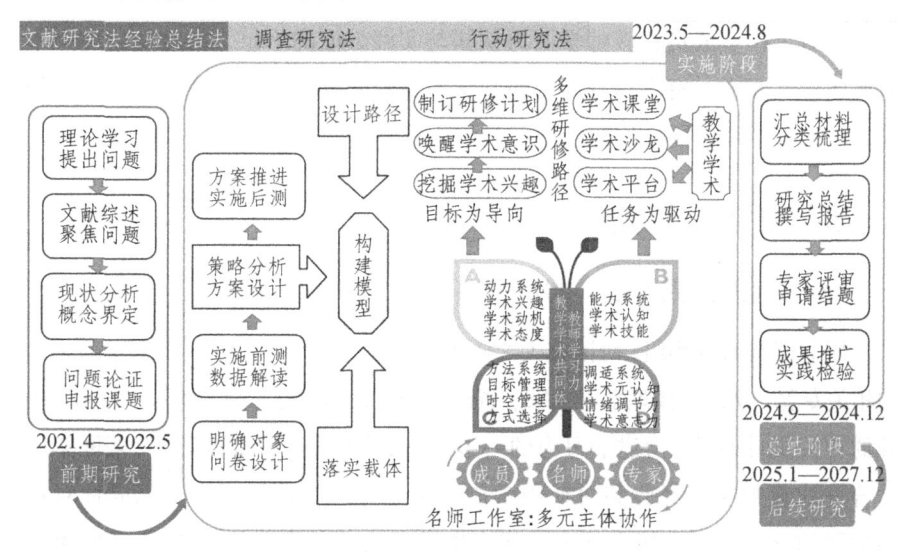

图 6.1.1 基于教学学术共同体的高中教师学习力提升路径研究思路图

329

（二）研究方法

1. 文献研究法

运用文献研究法查阅国内外关于教学学术共同体、教师学习力的相关成果；分析相关成果，找到本研究的理论基础；在梳理基本概念及相关理论的基础上，探索教师学习力提升路径策略。

2. 经验总结法

根据高中教师教育现状的具体情况，分析高中教师培养的经验，挖掘教师培养学的经验材料，探寻教学学术共同体与教师学习力提升的策略和实践的规律，从而更好、更理性地结合实际情况形成针对性的实施方案和实践。

3. 调查研究法

采用问卷调查法和访谈调查法，抽样调研分析研究对象所在的普通高中教师学习力的现状及其影响因素。

4.行动研究法

针对工作室成员在教师学习力认知与实践方面的不足，在行动研究中不断地探索、改进，解决提升高中教师学习力的实际问题，形成可推广可操作的基于教学学术共同体构建的教师学习力提升路径策略。

五、研究计划与措施

（一）前期研究阶段（2021年4月—2023年5月）

成立课题研究小组，研读有关"学习力""教学学术共同体""教师学习力"的相关专著、文献；梳理学习国家、省市关于"教师教育"和"师生学习力"提升的相关文件政策。构建学习力的一般结构，完成《学习力概论》专著框架；结合一线教师实践经验和对初中学段学生学习力的调研，编写完成针对初中学段的学生学习力提升丛书"初中生学习能力自我提升"（四川民族出版社，2023）。确定课题研究方向，撰写课题申报书，反复论证、申报课题。

（二）研究实施阶段（2023年5月—2024年8月）

进一步学习相关文献并完成文献综述，拟定并细化完善研究方案。编制普通高中教师学习力及其影响因素调查问卷和访谈提纲，完成前测，形成现状调查报告，准备开题论证。

以工作室为载体，构建教学学术共同体，工作室成员既是研究者又是研究对象，着眼于学习力的"动力系统、能力系统、方法系统、调适系统"四大系统，建构高中教师学习力的一般结构模型，探究教师学习力的提升的路径策略并进行实践检验。对研究对象进行个案追踪和后测调研，检验效果，不断修订完善结构、路径和策略，形成具有推广价值的认识性成果和操作性成果。

（三）课题总结阶段（2024年9月—2024年12月）

对认识性成果和经过实践检验成效明显的路径策略进行进一步的梳理提炼，形成课题研究成果，撰写论文发表，完成课题研究报告，搜集整理课题研究的过程性资料和物化成果，申请结题。

（四）后续深化研究阶段（2025年1月—2027年12月）

分析教师如何通过不同学科教学、不同课型、不同课堂环节、不同教学主题活动，提升学生学习力。再在后续研究中延伸到如何指导家庭教育、家校共育，共同实现学生学习力提升的目标，推动构建全民终身学习的教育体系。

六、创新之处

（一）聚焦学习力四维模型，从动力系统、能力系统、方法系统、调适系统探究教师学习力的提升路径策略

国内学者对学习力的内涵阐述，或对学习力进行操作性定义时，主要包括能量观、品性观、素质观、能力观。本研究对学习力的界定采用王友强等对学习力概念的阐述，王友强等认为学习力是支撑学习者在认识、掌握、运用、创造知识以适应不断变化的生存环境过程中的一个作用于学习者可持续发展的

动态系统，该系统由动力系统、能力系统、方法系统、调适系统四个子系统组成。动力系统和能力系统是学习力的基础，动力系统和能力系统是方法系统的基础，调适系统是对方法的反思与评估。四个要素缺一不可，同时四个要素可以通过培养习得，因此学习力也是可以培养提升的。（见图6.1.2）

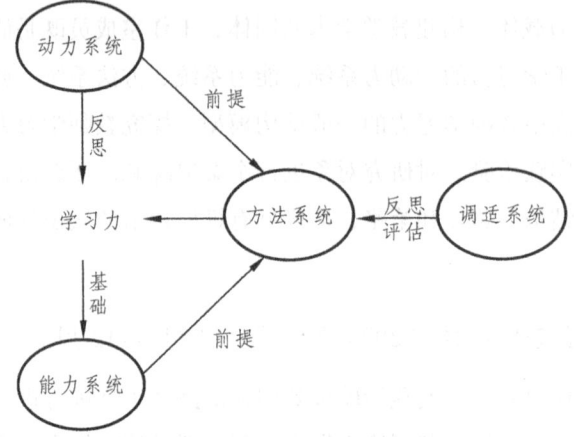

图 6.1.2 学习力四维模型结构图

本研究拟从这四个系统研究全面提升教师学习力的路径策略，进一步完善此方面的实践研究。

（二）以名师工作室为载体构建教学学术共同体，探索以提高教师学习力为目标的教学学术水平提升策略

目前国内的教学学术共同体建设研究多集中在高校教师群体，该研究的名师工作室成员全为高中教师，以学习心理学作为共同的学科背景，集合数学、历史、生物等多个学科，两校教师在不同学科、不同区域进行联合互动，以教育科学研究为主要手段，在教师学习力提升的同时提升教学学术水平。在后续研究中探讨教师如何通过不同学科教育、不同课型、不同课堂环节、不同教学主题活动，提升学生学习力。再在后续研究中延伸到如何指导家庭教育、家校共育，共同实现学生学习力提升的目标，推动构建全民终身学习的教育体系。系列研究以期形成具有推广意义和价值的认识性成果和操作性成果，为以学习力的提升为突破口的全民终身学习教育体系构建提供实践依据。

七、预期成效

（一）预期成果

1. 预期认识性成果

依据"教学学术共同体"的基本理念，对应"系统论的学习力"的四大系统，构建教师学习力结构；普通高中教师学习力现状及影响因素。

2. 预期操作性成果

以教学学术共同体为载体的从动力系统、能力系统、方法系统、调适系统提升教师学习力的路径策略模式。

3. 预期固化成果

发表论文、教师学习力调查报告、个案追踪研究报告、研究报告。

（二）预期效果

1. 教师学习力提升

通过针对性、个性化地从动力系统、能力系统、方法系统、调适系统提升教师学习力，教师得以可持续地专业发展。

2. 学生学习力提升

通过教师自身学习力提升的实践，提升教师对学生学习力提升的教育教学水平，延伸到从不同学科教育、不同课型、不同课堂环节、不同主题活动中全面提升学生学习力，从而促进学生发展。

3. 家校共育，推动构建全民终身学习的教育体系

教师对于家庭教育有着重要的指导作用，而学生学习力的提升是需要家校形成合力共同努力的。家校协作实践的过程同时也践行了终身学习观，推动了全民终身学习的教育体系的构建。

4. 学校发展

一所学校教师和学生的学习力，就是学校发展的核心竞争力，教师、学生、家长学习力的全面提升，必将促进学校内涵可持续发展。

八、研究条件和保障

课题负责人主研国家级课题 2 项（结题）、省级课题 4 项（3 项结题 1 项在研）、市级课题 3 项（2 项结题 1 项在研）；主持县级课题 1 项（结题）、校级课题 1 项（结题）；研究成果荣获国家级教学成果二等奖 1 项、四川省人民政府教学成果奖二等奖 1 项、成都市教学成果奖二等奖 1 项和三等奖 1 项；致力于教师教育、心理教育方面的研究，参与专著编写 3 部，论文发表十余篇，论文获省一等奖 3 篇、省二等奖 2 篇、市一等奖 9 篇；积极承担教师教育培训任务，承担国培 4 次、省培 4 次、市级培训 13 次。

课题主要成员共承担课题研究国家级 1 项、省级 9 项、市（州）级 4 项，基于本研究的论文《基于学生学习力提升的高中历史教学策略探析》《学习心理学视域下高中学生学习毅力提升策略》《基于认知发展理论的高三习题训练课教学设计》《民族地区高中生学习习惯调查研究》《浅析民族地区高中历史教学中记忆力培养》均获省级奖。

本课题研究负责人和主要成员理论功底扎实，实践经验丰富，具有较强的科研能力；课题负责人所在单位先后承担课题研究国家级 2 项、省级 4 项、市级 7 项，具有较为完备的课题研究管理制度、激励制度，能够保障课题研究工作的时间、经费、资料等条件。

第二节 "双减"背景下乡村九义校学生学习力提升研究[1]

在实施"双减"政策的大背景下，新津区泰华学校课题组立足学校实际，研究如何提升乡村九义学校学生学习力。课题研究过程主要从查阅文献、问卷调查、方案撰写入手，采取教师专业能力提升、课堂变革、学生学习习惯培养、动机激发等策略，形成了一定的研究成果，学校教学质量有一定提升。

---

[1] 本文系 2021 年四川省心理学会立项的科研项目"'双减'背景下乡村九义校学生学习力提升研究"（项目编号：SCXLZ2021003）的研究成果。

一、问题提出

2021年7月，中共中央办公厅、国务院办公厅印发了《关于进一步减轻义务教育阶段学生作业负担和校外培训负担的意见》。随着"双减"政策的颁布与落实，学生的学业负担得以减轻，但减负还要增效，要确保学生在学校有限的学习时间内学足、学好。因此，如何才能提升学生的学习力就成为广大教育工作者应该重视并研究的课题。

随着时代的进步和社会的不断发展，面对纷繁复杂的信息化社会，人们也只有不断学习、终身学习才能紧跟时代的步伐，适应社会发展。学习力强的人可以在现代社会生活中实现高质量学习、高品质生存、高质量发展。

随着经济飞速发展，乡村经济得以振兴，乡村生活条件得以改善。但乡村教育却因其地理环境、办学条件、师资水平等种种原因，造成乡村教育质量不高，无法满足老百姓对优质教育的迫切需求。

基于以上原因，在实施"双减"政策大背景下，乡村学校教育要减负增效，满足广大人民群众对优质教育的需求，就应该研究和探索提升乡村学校学生的学习力的路径和策略，让孩子们愿学、乐学、善学。新津区泰华学校是一所农村九义学校（后简称为学校）。本课题立足泰华学校实际，在基于已有的学习力研究成果的基础上，进一步研究在"双减"背景下如何提升乡村九义学校学生学习力的提升，具有很强的现实意义。

二、研究过程与方法

（一）研究过程

1. 课题组查阅文献

课题组阅读学习力相关书籍，查阅文献，撰写出文献综述。课题组提出本研究是立足于狭义的学习力，是指在学校教学体系中，有关学生知识目标掌握的学习力，它是学习动力、学习能力、学习毅力、学习转化力和学习创造力的总和。

2. 课题组开展问卷调查

课题组在有关专家指导下制作调查问卷，开展问卷调查，进行数据分析，写出调查报告。采用分层抽样法对泰华学校三年级到九年级共 911 名学生进行问卷调查，通过班主任统一进行实测，并现场回收试卷，对收集回来的问卷进行整理，剔除无效问卷，保留有效问卷，并将问卷中的人口统计变量及每个项目的得分录入计算机进行计算。采用 SPSS22.0 软件对数据进行统计与分析。本次共发放问卷 911 份，回收有效问卷 891 份，回收有效率 97.8%。本次调查的 Cronbach Alpha 信度系数为 0.939。学习力的五个要素中，学习动力和学习能力、学习创造力、学习转化力都存在显著的性别差异，均表现为女生高于男生，而学习毅力性别差异不显著。我们发现，研究学校中小学生学习力及学习创造力、学习动力、学习能力、学习毅力和学习转化力的发展在年龄上间均存在显著差异，11 岁综合发展达到高峰，学习力水平得分显著高于其他年龄，8～11 岁发展呈现波动式上升，11 岁之后开始出现下降趋势。学习力及各因素的基本发展趋势是一致的。

3. 制定实验方案

课题组在专家指导下，反复修改，制定实验方案。

4. 教师专业能力提升

要提升学生学习力，教师专业能力提升是关键。学校主要实施的路径有：

（1）借智专家

每学期邀请省市专家到校指导教师教学教研，提高了学校教师专业能力培训的学术品质。

（2）团队研修：凝心聚力，合作共进

借力各级名师平台，带动教师专业成长。学校名优教师榜样示范，增强教师成长动力。

（3）自主学习：修炼内功，能力进阶

引导教师静下心研究。学校开展教师读书活动，组织读书分享会，引导教师阅读教育教学书籍。鼓励教师撰写教学反思、教学案例,形成教学成果。鼓励教师将自己的教学问题转化为科研课题,积极申报各级课题。鼓励教师站上讲台。学校行政干部带头上研究课、做专题讲座,培育学校研究之风。学校开展"津彩泰华——讲我们的教育故事",定期安排优秀教师分享自己的教学经验和育人故事。鼓励教师在各级学术会议上展示自己的风采。

(4)创设平台

学校在初中段开通七中网校资源,为教师成长提供优质资源。学校与《教育科学论坛》杂志社签订合作协议,加入初中教育高端研修平台,为学校教师成长提供更高平台。学校与西华大学共建硕士研究生培养基地,为教师学历提升搭建平台。

5. 推动课堂变革提升学习力

课题组在全校提倡问题化学习,将教学目标问题化,问题设计精准化。教学以学生问题为起点,学科问题为基础,教师问题为引导。

(1)课堂教学追求"四化"

教学问题聚焦化(核心问题指向核心素养);课堂教学情境化(真实情境中学习);知识建构结构化(知识系统化、结构化);思维训练进阶化(低阶思维训练向高阶思维进阶)。

(2)课堂体现四个"动态"特征

核心问题启动;师生积极互动;思维深度流动;课堂氛围生动。

(3)课堂变革的路径

教师要坚持读书,做学习者、实践者,实现自我变革;要落实集体备课,凝聚集体智慧;开展同课异构,实践课堂变革;坚持评价反思,提升课堂实效。

6. 培养学生良好的学习习惯

课题组制定学生良好学习习惯标准,在全校实验班级推行。良好学习习惯包括:确立目标的习惯、制订计划的习惯、每天整理错题的习惯、不懂就问的习惯、规范书写的习惯、努力思考问题的习惯、积极利用学习时间的习惯等。

7. 激发学生学习动机

课题组组织教师对学生开展学习理想教育，帮助学生树立人生理想，确立不同阶段的学习目标。因材施教，让后进生也品尝进步的快乐。改变学生评价，实行多元评价，让学生人人出彩。建设学习小组，互帮互助，共同进步，营造良好的班级学习氛围。

（二）研究方法

课题前期研究的主要方法有：文献研究法、调查法、观察法、个案法。

1. 文献研究法

在课题准备阶段和前期研究过程中，课题组阅读、研究了相关的政策法规和大量的学术专著、论文文献，厘清了学习力的概念、内涵，为本课题的研究奠定理论基础。同时通过查阅知网、权威报纸杂志以及阅读学习力相关的文件、专著等，结合课题拟研究的内容进行了分析、梳理，得出相关研究的最新成果，形成了系统的文献综述。

2. 调查法

课题组在研究前期开展了《中小学生学习力现状》的问卷调查。调查使用沈阳师范大学田玲编制《中小学学习力结构问卷》，采用分层抽样法对泰华学校三年级到九年级共 911 名学生进行问卷调查，并撰写出了调查报告。

3. 观察法

在了解本校学生学习力现状之后，课题组通过对本校参与问卷调查的学生进行实时观察，并记录他们在研究过程中的变化，以此梳理出影响学生学习力提升的因素。

4. 个案法

对研究过程中出现的较为突出的个案（如学习力有较为明显的提升或提升速度比其他研究对象快的班级、学生等）进行分析，寻找促使其发展变化的因素，并将其推广到一般的研究对象上去。

5. 行动研究法

研究过程中，课题组观察、分析学生思想、行为上的变化，对全体学生进行学习力培养；观察教师在课堂教学中的变化，梳理影响学生学习力的相关因素；分析制约泰华学校学生学习力提升的其他因素。课题组在研究活动中分析、整理、归纳出有效提升乡村九义学校学生学习力的策略与方法。

三、研究成果

在课题组成员的共同努力下，本课题取得了一定的研究成果和效果，学校学生的学习力有了一定的提升。现将本阶段所取得研究成果和效果梳理如下：

（一）认识性成果

本课题立足于狭义的学习力，是指在学校教学体系中，有关学生知识目标掌握的学习力，它是学习动力、学习能力、学习毅力、学习转化力和学习创造力的总和。

1. 影响学生学习力提升的相关因素

乡村学校学生的学习力提升与诸多因素有关，结合学校的实际调查发现，影响学生学习力提升的因素主要包括：

（1）内部因素

性别、年龄、智力水平等导致的认知水平存在差异；学习方法的掌握水平存在差异；是否具有学习理想和目标；是否具有较高的学习毅力和学习兴趣及较明确的学习动力。

（2）外部因素

学习激励机制的有效性；教师素养及其课堂教学对学生学习力的影响；校园文化环境与班级学习环境，如班风、学风等的影响；家长的教育观念、教育方式等的影响。

2. 如何提升学生学习力

（1）以生为本，关注学生内在发展

因材施教，对不同层次和不同认知水平的学生给予不同的学习指导，让他们获得丰富多样的学习体验，逐渐树立学习的理想与目标；在注重知识传授的同时也要重视学习方法的指导，让学生能在学习中体验到成就感，以此提升他们的学习兴趣。

（2）聚焦课堂变革，着力提升教师素养

通过常态化的教研活动、教师培训、读书活动等，转变教师的教学观念，提升教师的综合素养，真正做到以学定教、教学相长。

（3）加强校园文化环境建设

学校利用新津图书漂流等资源，建设多个阅读角，组织丰富多彩的师生阅读活动，打造书香泰华；积极构建研学课程，以探寻新津特色、宝墩文化、太平老街等课程内容开展研学活动；培育优良的学习环境，通过评选学风优良班级、学习常规和方法培训活动，促进学校班风、学风的建设，全校形成了积极向上的学风。

（4）开设家长学校，实现家校共育

通过开展每期开学初和期末的家长会，建立起常态化的家校沟通机制。通过举行家庭教育讲座、期末评选优秀家长等活动，改变家长教育观念，提升家校共育水平。

（二）操作性成果

策略一：培养班级管理小助手

学校每月召集各班班长、学习委员等班干部，总结各班近期班级学习情况，同时对他们进行集中培训，让他们成为老师管理班级教学的帮手，建立起有效的班级管理秩序，以此促进良好班风、学风的形成。

策略二：家校联动机制的建立

除了各班成立家委会和召开常规的家长会以外，学校还成立了校级家委会，不定期召开校级家长会，让家长能及时了解学生在校的学习情况，加强家校沟通；不定期举行家长培训会，更新家长的教育观念，促进家校共育，为提升学生学习力提供有力保障。

策略三：打造"书香泰华"校园

结合校园文化建设，打造"书香泰华"校园。在各教学楼转角处、立柱处制作书架；将图书室的藏书放至书架，保证学生随时"有书"可读。为各个班级设置展板，进行班级文化的展示，促进班级文化建设。

策略四：建立校级作业检查台账

通过加强作业管理，一是促使学生主动面对自己真实的学习情况，反思自己在学习上存在的问题；二是帮助教师查找学习问题，调整教学，提升学生的学习力。

策略五：开展各类校园学习活动

学校每学期开展书写比赛、作文比赛、讲故事比赛、计算小能手比赛、小书虫评选等活动，培养学生的学习兴趣和创造力，增强学生的学习毅力。

策略六：因地制宜开展综合实践活动

结合义务教育阶段学科教学的知识要求、立德树人的育人要求，探索新津本土农耕文化综合实践活动。

利用师生熟悉的场所，在动员学生了解家乡文化的基础上，依托学校地处城乡接合部的特点，开发特色校本实践活动课程。

策略七：实行多元评价，让不同层次学生体验成功

每月评选星级学生，在学校橱窗展示。每学期评选学风优良班级，增强学生集体荣誉感。制定学习层级评价标准，开展自我评价、同伴评价、教师评价、家长评价等，为学生学习状态"画像"，重视态度表现和进步，提倡人人进步、人人出彩。

四、效果与影响

（一）教学质量提升

研究学校近三年的普高升学率稳居新津区同类学校前三名，较以往有很

大进步。学校顺利通过成都市强校工程验收。社会满意度评价中位列农村九义学校第一。学校赢得良好社会声誉，目前在校学生1 300余人。

（二）学生的成长

学校四（1）班向阳花中队被命名为全国红领巾中队。

公开出版师生作文集《花开的声音》等3部。

学校啦啦操队获得全国啦啦操精英赛成都站第五名，展示了泰华学子自信、阳光的风采。

（三）教师成果

课题负责人近一年来致力于教师教育、学生发展方面的研究，基于本课题主编出版作品4部。

课题主要成员参与出版作品3部，基于本研究的论文《乡村九义学校教师科研能力提升策略》《初中历史运用本土文化资源的教学设计》《乡村九义校教师科研培训探索——以成都市新津区泰华学校为例》发表在省级刊物。基于本研究的论文《提升学生学习力，减负增质落实"双减"》《乡村学校义务段中学生心理健康教育存在的问题》等十余篇论文分别获省、市级奖项。教师参与赛课国家级获奖1人，省级获奖2人，市区级获奖6人。

五、反思及建议

什么因素推动学生学习？什么因素阻碍学生学习？课题研究将进一步对标乡村教育资源的开发，找准影响农村学生学习的因素，寻找提升农村孩子学习力的策略和方法。

本课题研究将进一步聚焦泰华学校特征，优化本校教育资源。

研究需借用科学方法。接下来课题组将继续采用数据测量的方法，研究课题开展前后学生学习力的变化。

第三节 县域初中生学习力培养研究[①]

一、问题提出

近几年，国家相继出台了一系列义务教育改革的政策文件，旨在促进学生全面发展。2019年6月，中共中央、国务院《关于深化教育教学改革全面提高义务教育质量的意见》中指出：坚持立德树人，突出学生主体地位。激发学习兴趣，提高学习能力，提高课堂教学质量。2021年7月，中共中央办公厅、国务院办公厅印发《关于进一步减轻义务教育阶段学生作业负担和校外培训负担的意见》指出："切实提升学校育人水平，持续规范校外培训（包括线上培训和线下培训），有效减轻义务教育阶段学生过重作业负担和校外培训负担（简称'双减'），"旨在保护孩子身心健康发展的同时，让其能高效学习。2022年4月，教育部颁布的《义务教育课程方案和课程标准（2022年版）》强化和凸显人的因素，以立德树人为根本任务为指引，以人的全面发展为导向，聚焦中国学生发展核心素养，进一步明确"培养什么人，怎样培养人"，强化了"怎么教"的具体指导。

无论是素质教育还是发展核心素养，强调的都是人的全面发展。但现实中很多学生接受的仍然是灌输式教育，这些学生中的大部分除了分数很好看以外，似乎没有什么学习能力，在面对强劲对手时毫无竞争可言。为了解决这一问题，本课题研究的目的就是培养学生的学习力，教他们学会认知、学会做事、学会与他人共处、学会生存以及学会思考、学会创新等。

二、过程与方法

第一阶段：准备阶段（2021年3月—2022年6月）

① 成立课题研究小组，认真研读有关"学习力"的相关专著、文献，学习近几年国家义务教育改革的文件，确定本课题研究方向。

[①] 本文系2022年"四川省高校人文社会科学重点研究基地·四川省基础教育研究中心"的科研项目"县域初中生学习力培养研究"（项目编号：JCJY2022-14）研究成果。

② 编制《县域初中生学习力调查问卷》，2022年4月，在新津区部分初中学校以问卷调查、师生访谈、课堂观察等形式开展调研，掌握县域初中生学习力的现状，研究分析县域初中生学习力存在的问题，研制研究方案。

③ 完成并公开发行"初中生学习能力自我提升"辅导丛书（共计6册，90万字，四川民族出版社出版发行）。

④ 撰写课题申请书，反复论证、申报课题。

第二阶段：实施阶段（2022年7月—2022年11月）

1. 班级实施

① 前测：制定干预措施，选取新津区两所学校四个学科9个班作为实验班级，进行"初中生学习力"前测工作，并完成分析报告，拟定初中生学习力的提升策略。

② 一轮班级实践研究：编写学生和教师使用手册，对实验班级学生开展主题活动、学科教学、投放学生和教师手册等干预措施。

③ 后测：采用学习力调查问卷、学习情况动态跟踪、县域初中生质量检测等多元评价手段，比对实验班级和非实验班级学生的综合情况，检验措施的有效性，不断修订和完善，形成更成熟的学习力提升措施。

④ 根据实践检验的前后测对比情况，修订提升初中生学习力的干预方案。

2. 学校实践

① 总结班级实践研究的经验和存在的问题，进一步完善课题实施方案、初中生学习力提升策略和教师指导用书，将班级实践经验在校内进行推广。

② 前测：修改完善《初中生学习力调查问卷》，选取新津区三所学校部分初中班级进行"初中生学习力"前测，并完成分析报告。

③ 二轮学校实践研究：对实验学校班级学生开展主题活动、学科教学、投放学生和教师手册等干预措施。

④ 后测：采用学习力调查问卷、学习情况动态跟踪、县域初中生质量检测等多元评价手段，比对实验学校的实验班级和非实验班级学生的综合情况，

检验措施的有效性，不断修订和完善形成更成熟的学习力提升措施。

⑤ 在研究过程中及时总结学校实践经验，撰写案例、反思及论文。

3. 全区实践

① 总结学校实践研究的经验和存在的问题，进一步完善课题研究方案和初中生学习力提升策略。

② 前测：选取新津区所有初中学校作为实验学校，对全区所有初中生通过问卷调查、访谈、县域初中生质量监测等方式进行"初中生学习力"现状调查。

③ 三轮县域实践研究：对全区实验学校班级学生开展主题活动、学科教学、投放学生和教师手册等干预措施。

④ 后测：采用学习力调查问卷、学习情况动态跟踪、县域初中生质量检测等多元评价手段，比对全区实验班级和非实验班级学生的综合情况，检验措施的有效性，不断修订和完善形成更成熟的学习力提升措施。

⑤ 在研究过程中及时总结全区实践经验，撰写案例、反思及论文。

第三阶段：应用检验阶段（2022年12月—2023年7月）
① 梳理、提炼、修订、完善县域初中生学习力提升策略。
② 在陕西安康市、成都市、巴中市、乐山市、阿坝州等地进行检验应用。
③ 编写专著《学习力概论》，逐步应用检验成熟的学习力提升经验，让更多的初中生受益。

第四阶段：总结阶段（2023年8月—2023年10月）
① 总结课题研究工作，梳理、提炼形成县域初中生学习力提升模式。
② 课题组共同研究、总结，撰写研究报告，申请结题。

三、成果内容

（一）通过对县域初中生学习力情况的调查，掌握县域初中生学习力的现状

1. 学习力调查问卷的编制
（1）学习力问卷的测验目标
目标是从人的需要出发所规定的行为目的，是人们争取达到的某种意想

结果的标准、规格或状态。布鲁姆为满足教育测验的需要，将教育目标分为认知、情感和动作技能三个领域，按照由低到高的难易程度形成一种递进的等级关系。认知领域的目标包括知识、领会、运用、分析、综合、评价，情感的目标包括接受、反应、价值评价、组织、由价值或价值复合体形成的性格化，动作技能领域包括知觉、准备、指导反应、机械化、复杂反应、适应性和独创性。①在确定调查问卷的测验目标时，需要明确本次测验的性质和用途，注意选择测验对象的领域和类别，正确处理各类目标之间的联系，注重测验目标的现实性、可达成性。

本研究编制学生学习力调查问卷，测验目标为测量学生学习力的情况，并根据调查结果提出相适应的提升学生学习力的措施，测验对象为学生，测验目标具有现实性和可达成性。

（2）确定学习力问卷的目标层次

学习力是美国哈佛大学教授福瑞斯特于1965年首次提出的概念，他认为学习力是"学习态度、学习能力及终身学习的综合"，他的学生彼得·圣吉在其著作《第五项修炼：学习型组织的艺术与实务》中发展了内涵，认为学习力是"学后产生新的行为，并通过学习产生增值实现自我超越"②。此后，不断有国内外教育界学者对学习力进行持续深入的研究。

美国教师沃尔弗德（Walwoord）和安迪生（Anderson）等提出PTA量表评价法（Primary Trait Analysis），也翻译为"基本要素特征分析法"，主要用来对学生自主学习过程进行评价，培养学生的自主学习能力，并将制定PTA量表分为三步：一是确定评价要素，二是编制评价量表，三是评价量表的试测与完善③。黎洁媛编制了学生英语学习力的问卷，包含英语学习动机、英语知识和学习策略、英语学习自我监控力、英语学习创造力四个维度，为英语学习力研究提供测量工具④；曹立人、王婷、朱琳采用自编学习力问卷，从学

---

① 黄光扬. 教育测量与评价[M]. 上海：华东师范大学出版社，2021.
② 彼得·圣吉. 第五项修炼——学习型组织的艺术与实务[M]. 郭进隆，译. 上海：上海三联书店，2001.
③ 庄丽伟. 初中生自主学习的PTA量表评价法[J]. 中学教学参考，2019（3）：92-93.
④ 黎洁媛. 学生英语学习力问卷的初步编制[D]. 长沙：湖南师范大学，2018.

习方法运用力、学习态度调控力、学习自控力和提问互惠力四个维度，对3 245名高中生进行问卷调查[①]；张紫毓编制了大学生在线学习力测量量表，包括学习意愿驱动力、学习过程调控力、学习策略应用力、学习反思转化力、学习关系互惠力五个维度，对某校216名大学生的学习力进行在线调查[②]；刘艾清编制的《高中生学习力发展指导调查（高中生问卷）》从学习动力、学习能力、学习习惯三个方面对高中生学习力进行调查[③]；沈阳师范大学田玲编制的《中小学学习力结构问卷》，从学习创造力、学习动力、学习能力、学习毅力、学习转化力等维度对学生学习力进行评价[④]；王一岩等提出"智慧学习力"的概念，指出"智慧学习力"是对智慧学习环境下"学习力"概念的延伸，涉及学生的智能素养、人机协同思维、自我反思意识、自我调节学习能力、探索精神和创新意识等诸多方面[⑤]。

（3）学生学习力问卷的编制

本研究综合以上研究成果，并在此基础上提出学习力是"支撑学习者在认识、掌握、运用、创造知识以适应不断变化的生存环境过程中的一个作用于学习者可持续发展的动态系统，这个系统能够帮助学习者在知识迅猛增长的现在和未来实现自我认知、自我选择、自我超越的目标"。该系统由动力系统、能力系统、方法系统、调适系统四个子系统组成。[⑥]在此基础上编制中学生学习力调查问卷，以动力系统、能力系统、方法系统、调适系统四个系统为一级指标，学习力动力系统的二级指标为学习兴趣、学习动机、学习态度，学习力能力系统的二级指标为学习认知、学习技能，学习力方法系统的二级指标为学习目标管理、学习时空管理、学习方式选择，学习力调试系统的二级指标为元认知、情绪调节和学习毅力，并在二级指标下设置对应的三级指标（见表6.3.1）。最终编制的中学生学习力调查问卷共40个题目，

[①] 曹立人，土婷，朱琳. 高中生学习力的探索研究[J]. 心理与行为研究，2016，14（5）：612-617.
[②] 张紫毓. 大学生在线学习力量表编制及应用研究[D]. 大连：辽宁师范大学，2021.
[③] 刘艾清. 普通高学生学习力发展指导课程构建研究[D]. 上海：上海师范大学，2019.
[④] 田玲. 中小学生学习力结构及其发展特点[D]. 沈阳：沈阳师范大学，2012.
[⑤] 王一岩，郑宁，郑永和. 智慧学习力：概念内涵与结构模型[J]. 电化教育研究，2022（7）：19-26.
[⑥] 王友强. 学生学习力的培育研究[N]. 教育导报，2023-02-28.

其中 5 个基本信息题，34 个单项选择题，1 个简答题（见附件：中学生学习力调查问卷）。

表 6.3.1　学生学习力的三级指标表

一级指标	二级指标	三级指标
学习力动力系统	学习兴趣	情境兴趣
		个人兴趣
	学习动机	外部动机
		内部动机
	学习态度	自主性
		自我效能
学习力能力系统	学习认知	学习观察力
		学习注意力
		学习记忆力
		学习思维力
		学习想象力
	学习技能	分析技能
		评价技能
		应用技能
		迁移技能
		创新技能
学习力方法系统	学习目标管理	制定目标
		完成评估
	学习时空管理	时间管理
		空间管理
	学习方式选择	独立学习
		群体学习
		寻求支持
学习力调适系统	元认知	元认知技能
		元认知知识
		元认知体验

续表

一级指标	二级指标	三级指标
学习力调适系统	情绪调节	戒骄戒躁
		抗压抗挫
	学习毅力	学习自制力
		学习持久力

2. 学生学习力调查结果及分析

（1）总体情况

本次共有567人参与网上问卷调查，得到有效数据567份，通过对问卷进行信度分析，得到基于标准化项的克隆巴赫Alpha系数为0.956，表明调查数据可靠。

如表6.3.2所示，调查显示学习力总体均值为3.92，其中：学习力动力系统均值为4.09，学习力能力系统均值为3.90，学习力方法系统均值为3.89，学习力调适系统均值为3.87。（备注：选项采用李克特5点量表，分值设置为1~5分，分值越高代表水平越高，分值越低代表水平越低。）

表6.3.2 初中生学习力水平均值表

维度 样本来源	学习力总体均值	学习力动力系统均值	学习力能力系统均值	学习力方法系统均值	学习力调适系统均值	样本数量N
甲校	3.88	4.06	3.84	3.84	3.83	339
乙校	4.04	4.18	4.03	4.02	3.98	164
丙校	3.88	4.01	3.87	3.83	3.86	64
总体	3.92	4.09	3.90	3.89	3.87	567

（2）男女生学习力情况

本次调查共有男生298人，学习力总体均值为3.96，学习力动力系统均值为4.17，学习力能力系统均值为3.98，学习力方法系统均值为3.90，学习力调适系统均值为3.90；本次调查共有女生269人，学习力总体均值为3.88，学习力动力系统均值为4.06，学习力能力系统均值为3.81，学习力方法系

均值为3.87，学习力调适系统均值为3.85。（见表6.3.3）

表6.3.3 男女生学习力水平均值表

性别	学习力总体均值	学习力动力系统均值	学习力能力系统均值	学习力方法系统均值	学习力调适系统均值	样本数量
男生	3.96	4.17	3.98	3.90	3.90	298
女生	3.88	4.06	3.81	3.87	3.85	269
总计	3.92	4.09	3.90	3.89	3.87	567

分析男女生在学习力水平上的差异性，进行独立样本T检验，显著性为0.803大于0.05，假定等方差，$Sig.$（双尾）=0.079大于0.05，显示男女生在学习力水平上无显著差异。（见表6.3.4）

表6.3.4 男女生在学习力上的独立样本T检验

组统计

	性别	个案数	平均值	标准偏差	标准误差平均值
学习力总体均值	男生	298	3.962 8	0.560 57	0.032 47
	女生	269	3.881 0	0.544 12	0.033 18

独立样本检验

		莱文方差等同性检验		平均值等同性t检验						
		F	显著性	t	自由度	$Sig.$（双尾）	平均值差值	标准误差差值	差值95%置信区间	
									下限	上限
学习力总体均值	假定等方差	0.062	0.803	1.758	565	0.079	0.081 74	0.046 49	−0.009 58	0.173 06
	不假定等方差			1.761	562.018	0.079	0.081 74	0.046 42	−0.009 44	0.172 93

（3）初中各年级学习力情况

本次调查共有初一学生88人，学习力总体均值为3.87，学习力动力系统均值为4.13，学习力能力系统均值为3.83，学习力方法系统均值为3.80，学习力调适系统均值为3.79；初二年级学生187人，学习力总体均值为3.87，学习力动力系统均值为4.04，学习力能力系统均值为3.85，学习力方法系统均值为3.83,学习力调适系统均值为3.81;初三年级学生292人,学习力总体均值为3.98,学习力动力系统均值为4.11,学习力能力系统均值为3.95,学习力方法系统均值为3.96,学习力调适系统均值为3.94。(见表6.3.5)

表6.3.5 初中各年级学习力水平均值表

年级	学习力总体均值	学习力动力系统均值	学习力能力系统均值	学习力方法系统均值	学习力调适系统均值	样本数量
初一	3.87	4.13	3.83	3.80	3.79	88
初二	3.87	4.04	3.85	3.83	3.81	187
初三	3.98	4.11	3.95	3.96	3.94	292
总计	3.92	4.09	3.90	3.89	3.87	567

(4)初中生学习力动力系统情况

学习力动力系统共有6个题项,分别对应情境兴趣、个人兴趣、外部动机、内部动机、自主性、自我效能。从每个分项的得分来看,自主性最低为3.74,其余都高于4,个人兴趣最高为4.27,可见学习动力系统都比较强。(见表6.3.6)

表6.3.6 初中生学习力动力系统影响因素均值表

一级指标	二级指标	三级指标	分项均值
学习力动力系统	学习兴趣	情境兴趣	4.11
		个人兴趣	4.27
	学习动机	外部动机	4.17
		内部动机	4.09
	学习态度	自主性	3.74
		自我效能	4.15

(5)初中生学习力能力系统情况

学习力能力系统共有10个题项,分别对应学习观察力、学习注意力、学习记忆力、学习思维力、学习想象力、分析技能、评价技能、应用技能、迁移技能、创新技能。从每个分项的得分来看，除学习注意力的分项均值为 4.17 明显高于其他项外，其余分项的均值计较集中于 3.8～3.9 之间。（见表 6.3.7）

表 6.3.7　初中生学习力能力系统影响因素均值表

一级指标	二级指标	三级指标	分项均值
学习力能力系统	学习认知	学习观察力	3.90
		学习注意力	4.17
		学习记忆力	3.81
		学习思维力	3.87
		学习想象力	3.96
学习力能力系统	学习技能	分析技能	3.87
		评价技能	3.89
		应用技能	3.87
		迁移技能	3.81
		创新技能	3.82

（6）初中生学习力方法系统情况

学习力方法系统共有 8 个题项，分别对应确立目标、制订计划、完成评估、时间管理、空间管理、独立学习、群体学习、寻求支持。从每个分项的得分来看，除寻求支持的分项均值为 4.03 高于 4 外，其余分项的均值均低于 4，制订计划的分项均值最低，为 3.69。（见表 6.3.8）

表 6.3.8　初中生学习力方法系统影响因素均值表

一级指标	二级指标	三级指标	分项均值
学习力方法系统	学习目标管理	确立目标	3.90
		制订计划	3.69
		完成评估	3.76

续表

一级指标	二级指标	三级指标	分项均值
学习力方法系统	学习时空管理	时间管理	3.80
		空间管理	3.99
	学习方式选择	独立学习	3.95
		群体学习	3.99
		寻求支持	4.03

（7）初中生学习力调适系统情况

学习力调适系统共有 7 个题项，分别对应元认知技能、元认知知识、元认知体验、戒骄戒躁、抗压抗挫、学习自制力、学习持久力。从每个分项的得分来看，所有分项均值均低于 4，学习自制力的分项均值最低，为 3.69。（见表 6.3.9）

表 6.3.9　初中生学习力调适系统影响因素均值表

一级指标	二级指标	三级指标	分项均值
学习力调适系统	元认知	元认知技能	3.78
		元认知知识	3.87
		元认知体验	3.86
	情绪调节	戒骄戒躁	3.94
		抗压抗挫	3.96
	学习毅力	学习自制力	3.69
		学习持久力	3.99

（8）学生认为影响学习力的因素

从初中生调查认为影响学习力的回答中生成词云图发现（见图 6.3.1），排在前 3 位的依次是老师、手机、环境。这说明教师对于学生学习力的培养是至关重要的；手机制约了学生的学习力，尤其是体现在会影响学生学习的自主性上；良好的学习环境也会促进学生的学习。

图 6.3.1 初中生学习力影响因素词云图

（二）通过梳理、提炼、总结经验，形成县域初中生学习力提升模式

1.学习力培养操作流程

前测 → 发现问题 → 处方 → 干预 → 后测

图 6.3.2 学习力研究流程

2. 学习力培养支持系统

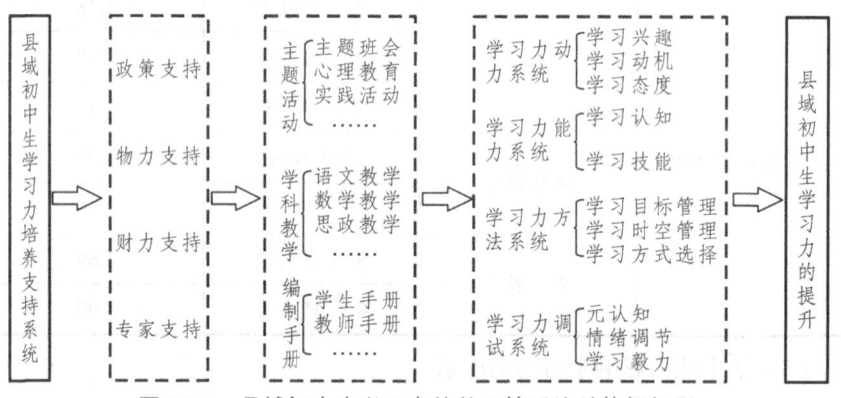

图 6.3.3 县域初中生学习力培养支持系统总体框架图

厘清初中生学习力的内涵，掌握县域初中生学习力的现状，探索主题活动、学科渗透、编制学生和教师使用手册等措施对县域初中生学习力的影响，形成县域初中生学习力提升模式，提升县域初中生学习力。

四、成果影响

（一）理论成效

通过研究，让学生、教师、学校、社会认识到什么是学习力，以及学习力系统的内部构成。

学习力是支撑学习者在认识、掌握、运用、创造知识以适应不断变化的生存环境过程中的一个作用于学习者可持续发展的动态系统，这个系统能够帮助学习者在知识迅猛增长的现在和未来实现自我认知、自我选择、自我超越的目标。该系统由动力系统、能力系统、方法系统、调适系统四个子系统组成。（见图 6.3.4）

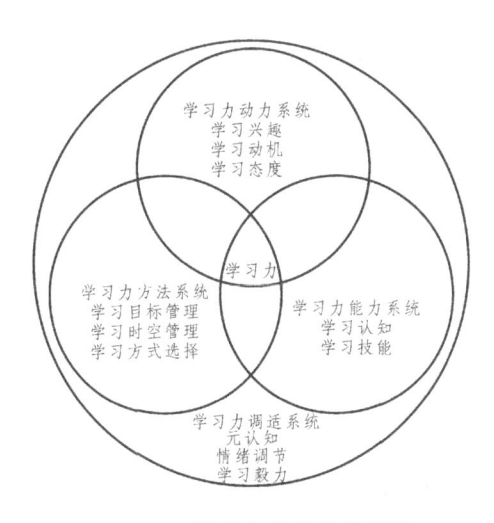

图 6.3.4 学习力的结构模型图

学习力系统中的动力与能力处于核心地位，如果没有动力只有能力，学习者则不会去学，如果只有动力而没有能力，学习者虽然想学则不能学。方法是使学习者在具备动力和能力的前提下，如何更科学、更高效能地学。调适则是对学习方法的反思与评估，让学习方法更加合理、更加科学，更加优化。可见，动力、能力、方法、调适四要素缺一不可。（见图 6.3.5）

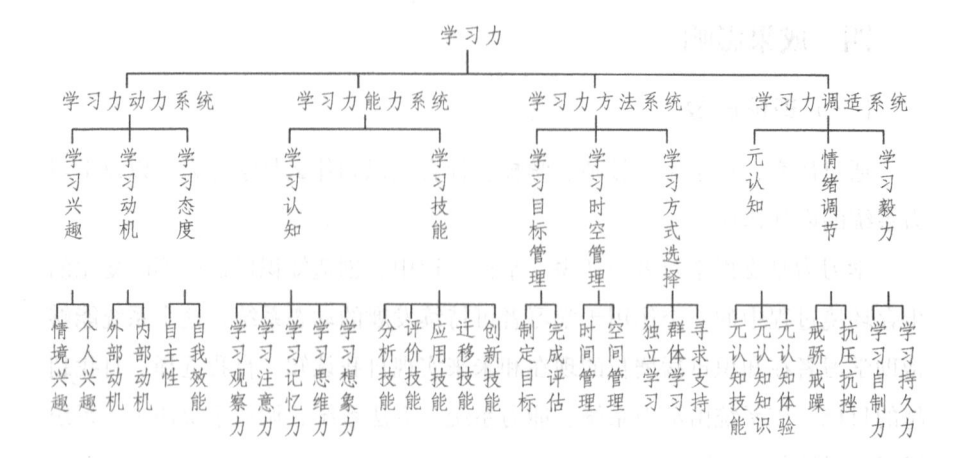

图 6.3.5 学习力的系统结构图

从动力、能力、方法、调适四个系统的下位概念看，即学习兴趣、学习动机、学习态度、学习认知、学习技能、学习目标管理、学习时空管理、学习方式选择、元认知、情绪调节、学习毅力等，可以通过后天培养获得，所以人的学习力也可以通过培养而提升。

（二）实践成效

1. 专著编写、论文发表

① 编制《县域初中生学习力调查问卷》，用于说明成都市新津区初中生学习力的现状。

② 出版学生用书"初中生学习能力自我提升"，丛书（共计6册，90万字，四川民族出版社出版发行，九年级上下册待出版），为初中生提升学习力作参考。

③ 编写专著《学习力概论》，便于教师、家长在引导学生、小孩提升学习力时使用。

④ 2023年，课题组成员的论文《学生学习力的培育研究》《试论学生学习动力》《试论学生学习动力》等，相继在教育导报上发表。

2. 交流推广

① 2023年4月13日—15日，课题组成员王友强和陕西安康市平利县城关初级中学、汉滨区江北高级中学等学合办"学习科学——学习科学视角下提升学生学习力研究"专题讲座，反响良好。

② 2023年5月13日，"四川省心理学会基础教育学生学习心理专业委员会"成立（课题组成员王友强是该专委会发起人），为学习力研究者提供学术交流平台。

③ 2023年5月，课题组成员王友强发起成立的四川省心理学会基础教育学生学习心理专业委员会以"学习心理学与学习科学视域下基础教育的教与学"为主题面向全省征集论文，来稿近200篇，获奖篇数105篇。

④ 课题组成员冯志净、胡同文、杨娇、陈晓铃分别在四川省心理学会2023年组织召开的"学习心理学与学习科学视域下基础教育的教与学"学术研讨会上作《学习科学视域下初中生学习时空管理实践研究》《初中生学习力调查报告》《学习科学视域下学生学习力提升策略研究》《学习心理视域下学生学习动力培养策略研究》学术报告，反响良好。

⑤ 2023年7月，课题组成员陈晓铃在四川省心理学会建会六十周年系列公益讲座活动中作专题讲座"学习力提升原理与策略——基于学习科学的研究"，反响较好。

⑥ 2023年12月3日，15位课题组成员在四川省心理学会成立60周年主题学术会议"学习心理学视域下基础教育学生学习力提升：汇聚·碰撞·研讨·变革"分会上分别作学术交流。

3. 形成学生学习力提升策略模式（见图6.3.6～图6.3.9）。

学习力动力系统包括学习动机、学习态度、学习兴趣。

学习动机由内部动机和外部动机组成，内部动机可以通过D精修勤练、G自我生成、H实践体验、T以教促学来培养，外部动机可以通过V可视化、X激动兴奋、S自我解读来培养。

学习力概论

学习态度由自主性和自我效能组成，自主性可以通过 D 精修勤练、F 反馈、P 参与、R 奖励、W 参考样例来培养，自我效能可以通过 A 归纳类比、H 实践体验、S 自我解读来培养。

学习兴趣由情镜兴趣和个人兴趣组成，情境兴趣可以通过 C 对比组合、Q 问题驱动、J 适时讲解、S 自我解读、T 以教促学来培养，个人兴趣可以通过 F 反馈、J 适时讲解、X 激动兴奋、S 自我解读来培养。（见图 6.3.6）

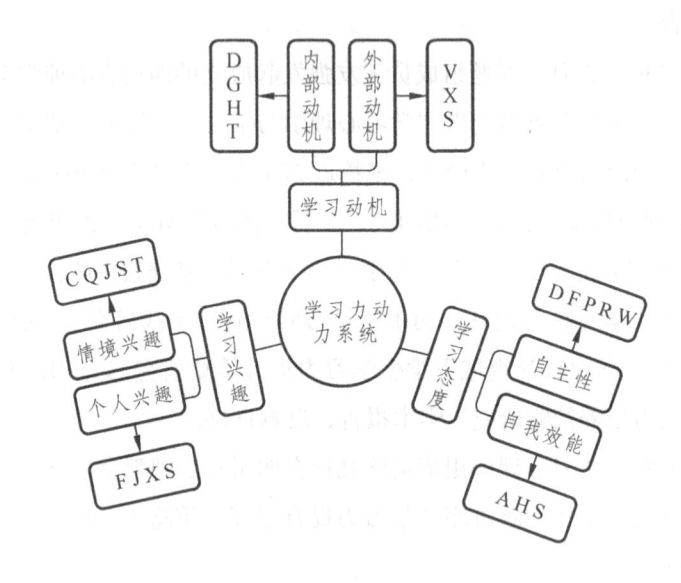

图 6.3.6　学习力动力系统结构图

学习力能力系统包括学习认知和学习技能。

学习认知由学习观察力、注意力、记忆力、思维力、想象力构成。学习观察力可以通过 H 实践体验、J 适时讲解、O 观察、T 以教促学来培养，学习注意力可以通过 F 反馈、H 实践体验、J 适时讲解、X 激动兴奋来培养，学习记忆力可以通过 E 详细阐释、G 自我生成、R 奖励、Y 我能行来培养，学习思维力可以通过 E 详细阐释、U 纠正错误、V 可视化来培养，学习想象力可以通过 E 详细阐释、J 适时讲解、V 可视化、X 激动兴奋来培养。

学习技能由分析、评价、应用、迁移、创新技能构成。分析能力可以通过 J 适时讲解、U 纠正错误、V 可视化来培养，评价技能可以通过 J 适时讲解、M 动手创造、Q 问题驱动来培养，应用技能可以通过 I 想象玩耍、M 动手创造、Q 问题驱动、U 纠正错误、V 可视化来培养，迁移技能可以通过 J 适时讲解、S 自我解读、T 以教促学、U 纠正错误来培养，创新技能可以通过 H 实践体验、V 可视化、Z 睡上一觉来培养。（见图 6.3.7）

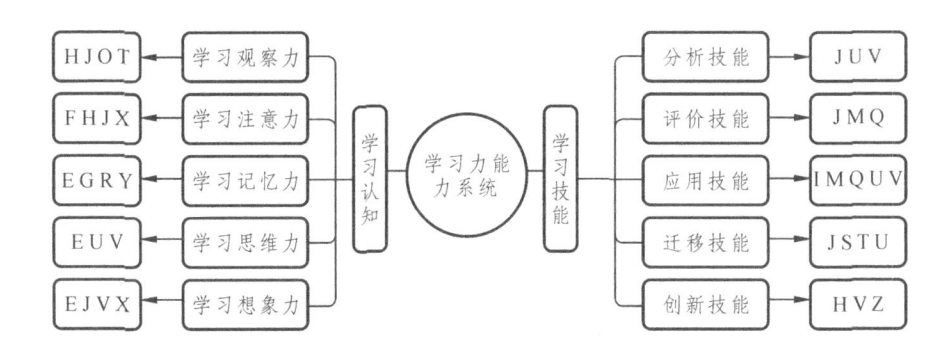

图 6.3.7　学习力能力系统结构图

学习力方法系统包括学习目标管理、学习时空管理、学习方式选择。

学习目标管理由制定目标、完成评估构成。制定目标可以通过 F 反馈、L 倾听与共享、N 规范、P 参与来培养，完成评估可以通过 G 自我生成、K 知识与创新、M 动手创造、R 奖励、U 纠正错误来培养。

学习时空管理由时间管理、空间管理构成。时间管理可以通过 F 反馈、N 规范、P 参与来培养，空间管理可以通过 F 反馈、Q 问题驱动、W 参考样例来培养。

学习方式选择由独立学习、群体学习、寻求支持构成。独立学习可以通过 C 对比组合、F 反馈、N 规范来培养，群体学习可以通 I 想象玩耍、L 倾听与共享、M 动手创造、Q 问题驱动来培养，寻求支持可以通过 F 反馈、L 倾听与共享、R 奖励、W 参考样例来培养。（见图 6.3.8）

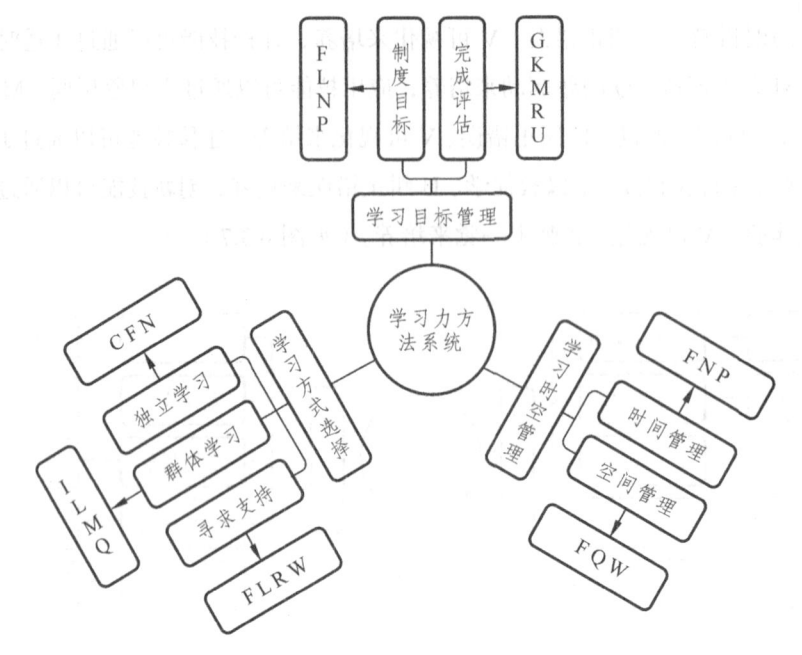

图 6.3.8 学习力方法系统结构图

学习力调试系统包括元认知、情绪调节、学习毅力。

元认知由元认知技能、元认知知识和元认知体验构成。元认知技能可以通过 C 对比组合、F 反馈、G 自我生成来培养，元认知知识可以通过 C 对比组合、K 知识与创新、O 观察、S 自我解读、U 纠正错误来培养，元认知体验可以通过 D 精修勤练、H 实践体验、O 观察、U 纠正错误、X 激动兴奋来培养。

情绪调节由戒骄戒躁、抗压抗挫构成。戒骄戒躁可以通过 F 反馈、W 参考样例来培养，抗压抗挫可以通过 B 归属感、N 规范、P 参与、R 奖励来培养。

学习毅力由学习自控力、学习持久力构成。学习自制力可以通过 F 反馈、G 自我生成来培养，学习持久力可以通过 L 倾听与共享、N 规范、R 奖励来培养。（见图 6.3.9）

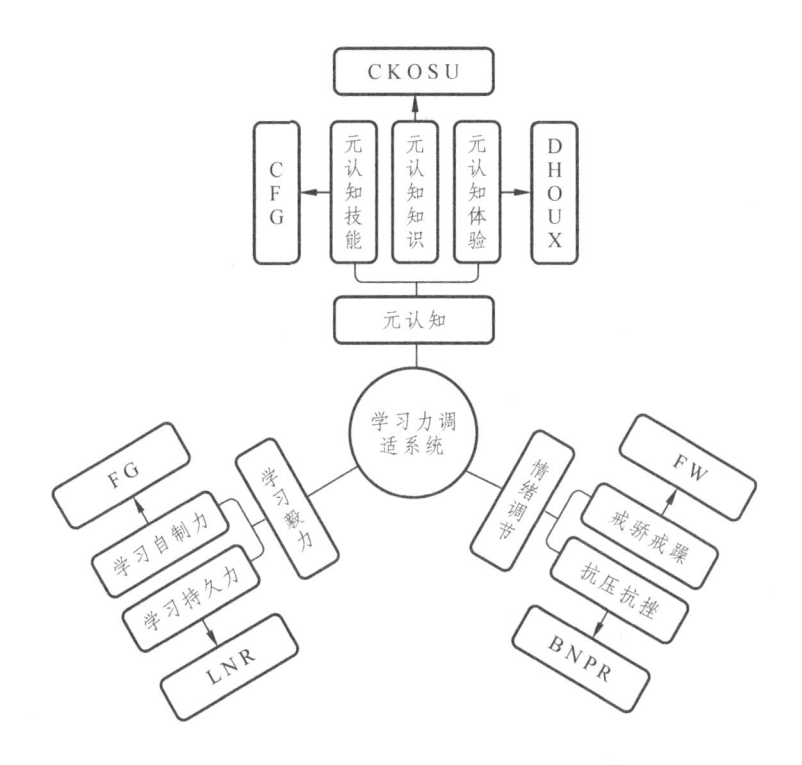

图 6.3.9 学习力调适系统结构图

（说明：1.含字母的框代表培养学习力的"处方"；因版面有限，图中的字母内容如下：A 归纳类比　B 归属感　C 对比组合　D 精修勤练　E 详细阐释　F 反馈　G 自我生成　H 实践体验　I 想象玩耍　J 适时讲解　K 知识与创新　L 倾听与共享　M 动手创造　N 规范　O 观察　P 参与　Q 问题驱动　R 奖励　S 自我解读　T 以教促学　U 纠正错误　V 可视化　W 参考样例　X 激动兴奋　Y 我能行　Z 睡上一觉）

4. 社会效益

本课题研究促进了学生成长、教师、学校和社会发展。

（1）学生成长

围绕初中生学习力的动力系统、能力系统、方法系统、调试系统四个维度，通过对学习方式的选择、学习目标和学习时空的管理，帮助学生掌握科学、系统的学习方法，调节元认知、情绪和学习毅力，以激发学生的学习兴趣和动机，端正学习态度，提升学习认知和学习技能，从而提高学生的学习质量，促进学生全面、健康发展，使其具备终身学习能力。

（2）教师发展

以课堂为主阵地，通过主题班会、黑板报、手抄报、演讲比赛、征文活动、心理教育、实践活动等多种途径、方法和手段提升初中生学习力，达到提质增效目的，促进教师教育教学水平的提高。

（3）学校发展

通过实践研究，了解初中生学习力现状，提出符合校情的学习力提升策略，家校合力，双管齐下，提高学生的学习质量，促进学校的高品质发展。

（4）社会发展

通过本研究，为全省初中学校深入研究初中生学习力培养策略研究提供参考范式。

五、成果创新点

（一）理论应用创新

通过梳理国内外学习力的相关文献，厘清初中生学习力的内涵。

（二）应用价值凸显

结合地域特色，形成县域初中生学习力提升策略，为学习力培养提供更具针对性的方案。

六、反　思

在县域初中生学习力培养研究中，虽然我们已经取得了一些研究成果，但还需加强在广度和深度上的研究；在实际效果、影响因素等方面，还需要更多的实证数据来支撑；还需加强跨学科研究，整合各学科的知识和方法，为学习力的培养提供更全面的支持。总之，在后续研究中，我们将进一步研究和实践探索存在的问题，不断提高县域初中生学习力培养的效果和质量。

附件：中学生学习力调查问卷

附件

中学生学习力调查问卷

亲爱的同学：

你好！为了更好地了解大家的学习力情况，使老师们更有效地开展教育教学工作，特设计此份问卷进行调查。请你认真阅读题目，根据自己的实际情况真实客观作答，填写这份问卷大约需要 5 分钟。问卷采用匿名调查形式，调查数据仅作研究之用，不会对任何个人进行评判，请放心如实回答，谢谢你的合作和为研究提供的支持！

一、基本情况

1. 你的学校是：[填空题] *

_____

2. 你的年级：[单选题] *

　○初一　　　　　○初二　　　　　○初三

3. 你的班级：[单选题] *

　○1 班　　　○2 班　　　○3 班　　　○4 班
　○5 班　　　○6 班　　　○7 班　　　○8 班
　○9 班　　　○10 班　　○11 班　　○12 班
　○13 班　　○14 班　　○15 班　　○16 班

4. 你的性别：[单选题] *

　○男　　　　　　　　　　　　　　○女

5. 你的年龄：[单选题] *

　○11 岁　　○12 岁　　○13 岁　　○14 岁
　○15 岁　　○16 岁　　○17 岁　　○18 岁
　○19 岁　　○20 岁

二、学习力现状

1. 我的学习力水平整体很高[单选题] *

　○A.非常符合　　○B.基本符合　　○C.不确定
　○D.基本不符合　○E.不符合

2. 创设与学习内容相适应的学习情境会激发我的学习兴趣[单选题] *
　○A.非常符合　　　　○B.基本符合　　　　○C.不确定
　○D.基本不符合　　　○E.不符合

3. 学习符合个人兴趣爱好的知识内容会激发我的学习兴趣[单选题] *
　○A.非常符合　　　　○B.基本符合　　　　○C.不确定
　○D.基本不符合　　　○E.不符合

4. 在学习过程中，外部的各种奖励和鼓励会促进我的学习[单选题] *
　○A.非常符合　　　　○B.基本符合　　　　○C.不确定
　○D.基本不符合　　　○E.不符合

5. 在学习过程中，内在对知识的渴求和价值追求会促进我的学习[单选题]*
　○A.非常符合　　　　○B.基本符合　　　　○C.不确定
　○D.基本不符合　　　○E.不符合

6. 我对自己的学习有较强的自主性[单选题] *
　○A.非常符合　　　　○B.基本符合　　　　○C.不确定
　○D.基本不符合　　　○E.不符合

7. 在学习过程中，我相信通过自己的努力能达到应有的学习效果[单选题] *
　○A.非常符合　　　　○B.基本符合　　　　○C.不确定
　○D.基本不符合　　　○E.不符合

8. 在学习过程中，我有较强的观察能力[单选题] *
　○A.非常符合　　　　○B.基本符合　　　　○C.不确定
　○D.基本不符合　　　○E.不符合

9. 我有较强的学习专注力，一节课40分钟，我能专注学习[单选题] *
　○A.35分钟以上　　　○B.25~35分钟　　　○C.15~25分钟
　○D.5~15分钟　　　　○E.5分钟以内

10. 在学习过程中，我的记忆能力强[单选题] *
　○A.非常符合　　　　○B.基本符合　　　　○C.不确定
　○D.基本不符合　　　○E.不符合

11. 在学习过程中，我的逻辑推理能力强（基于已掌握的信息和知识，综合运用分析、理解综合、归纳、判断等方法，寻求规律，对事物间关系或事件的趋势作出合理判断）[单选题] *

〇A.非常符合　　　〇B.基本符合　　　〇C.不确定
〇D.基本不符合　　〇E.不符合

12. 在学习过程中，我有较强的想象力[单选题] *

〇A.非常符合　　　〇B.基本符合　　　〇C.不确定
〇D.基本不符合　　〇E.不符合

13. 在学习过程中，我有较强的分析能力[单选题] *

〇A.非常符合　　　〇B.基本符合　　　〇C.不确定
〇D.基本不符合　　〇E.不符合

14. 在学习过程中，我有较强的判断评价能力[单选题] *

〇A.非常符合　　　〇B.基本符合　　　〇C.不确定
〇D.基本不符合　　〇E.不符合

15. 在学习过程中，我有较强的应用能力（能将学习的知识、能力、策略等应用于自己的学习中）[单选题] *

〇A.非常符合　　　〇B.基本符合　　　〇C.不确定
〇D.基本不符合　　〇E.不符合

16. 在学习过程中，我有较强的迁移运用能力[单选题] *

〇A.非常符合　　　〇B.基本符合　　　〇C.不确定
〇D.基本不符合　　〇E.不符合

17. 在学习、生活中，我善于发现新的问题和解决问题[单选题] *

〇A.非常符合　　　〇B.基本符合　　　〇C.不确定
〇D.基本不符合　　〇E.不符合

18. 在学习过程中，我善于确定自己的学习目标[单选题] *

〇A.非常符合　　　〇B.基本符合　　　〇C.不确定
〇D.基本不符合　　〇E.不符合

19. 我有制订学习计划的习惯，并按照学习计划实施学习[单选题] *

〇A.非常符合　　　〇B.基本符合　　　〇C.不确定

○D.基本不符合　　　○E.不符合

20. 我会有意识地总结，评判自己学习的效果 [单选题] *
　　○A.非常符合　　　○B.基本符合　　　○C.不确定
　　○D.基本不符合　　　○E.不符合

21. 在学习过程中，我能进行有效的时间管理，合理安排任务[单选题] *
　　○A.非常符合　　　○B.基本符合　　　○C.不确定
　　○D.基本不符合　　　○E.不符合

22. 在学习过程中，我能选择和适应适合自己的学习环境[单选题] *
　　○A.非常符合　　　○B.基本符合　　　○C.不确定
　　○D.基本不符合　　　○E.不符合

23. 我喜欢独立思考、安静学习[单选题] *
　　○A.非常符合　　　○B.基本符合　　　○C.不确定
　　○D.基本不符合　　　○E.不符合

24. 我喜欢与同伴一起讨论、共同学习，学习效率高[单选题] *
　　○A.非常符合　　　○B.基本符合　　　○C.不确定
　　○D.基本不符合　　　○E.不符合

25. 在学习遇到问题时，我能寻求到有效的学习支持（如老师、同学的帮助，查找资料等）[单选题] *
　　○A.非常符合　　　○B.基本符合　　　○C.不确定
　　○D.基本不符合　　　○E.不符合

26. 在学习过程中，我会有意识地监控自己的学习情况，及时调整[单选题] *
　　○A.非常符合　　　○B.基本符合　　　○C.不确定
　　○D.基本不符合　　　○E.不符合

27. 在学习过程中，我会有意识地对自己的学习情况进行反思总结 [单选题] *
　　○A.非常符合　　　○B.基本符合　　　○C.不确定
　　○D.基本不符合　　　○E.不符合

28. 在学习过程中，我会对自己的学习情况和学习效果进行评估，以便后期改进[单选题] *

○A.非常符合　　　　○B.基本符合　　　○C.不确定
○D.基本不符合　　　○E.不符合

29. 在学习过程中，我会有意识地对自己的学习状态和学习方法进行调节[单选题] *

○A.非常符合　　　　○B.基本符合　　　○C.不确定
○D.基本不符合　　　○E.不符合

30. 我在学习中能做到"胜不骄"[单选题] *

○A.非常符合　　　　○B.基本符合　　　○C.不确定
○D.基本不符合　　　○E.不符合

31. 我在学习中能做到"败不馁"[单选题] *

○A.非常符合　　　　○B.基本符合　　　○C.不确定
○D.基本不符合　　　○E.不符合

32. 在学习过程中，我有较强的抗压抗挫的能力，会进行调节[单选题] *

○A.非常符合　　　　○B.基本符合　　　○C.不确定
○D.基本不符合　　　○E.不符合

33. 在学习过程中，我有较强的学习自制力，不容易受到外界干扰[单选题] *

○A.非常符合　　　　○B.基本符合　　　○C.不确定
○D.基本不符合　　　○E.不符合

34. 我有正确的学习价值导向，良好的心理素质、意志力，支撑我不断学习，持续学习[单选题] *

○A.非常符合　　　　○B.基本符合　　　○C.不确定
○D.基本不符合　　　○E.不符合

三、请简要谈谈影响你学习力的因素。[填空题]

_____

_____

_____

参考文献

[1] 弗兰克·费舍尔，等. 国际学习科学手册[M]. 尚俊杰，任友群，等，译. 上海：华东师范大学出版社，2022.

[2] 联合国教科文组织国际教育发展委员会. 学会生存：教育世界的今天和明天[M]. 北京：教育科学出版社，2022.

[3] 联合国教科文组织. 一起重新构想我们的未来：为教育打造的社会契约[M]. 北京：教育科学出版社，2022.

[4] 丹尼尔·L. 施瓦茨，杰西卡·M. 曾，克里斯滕·P. 布莱尔. 科学学习·斯坦福黄金学习法则[M]. 郭曼文，译. 北京：机械工业出版社，2022.

[5] 鲍勃·贝茨. 简明学习理论[M]. 王春易，林森，刘赛勇，译. 上海：上海教育出版社，2022.

[6] 卡萝尔·汤普森，莉迪娅·斯彭斯利. 学习理论的日常教学应用[M]. 郭晓娜，译. 上海：上海教育出版社，2022.

[7] 桑贾伊·萨尔马，卢克·约昆图. 学习的本质[M]. 卢红丽，译. 北京：国际文化出版公司，2022.

[8] 克努兹·伊列雷斯. 我们是如何学习[M]. 孙玫璐，译. 北京：教育科学出版社，2021.

[9] 约翰·D·布兰思福特，等. 人是如何学习的（大脑、心理、经验及学校）[M]. 程可拉，孙亚铃，王旭卿，译. 上海：华东师范大学出版社，2021.

[10] 科拉·巴格利·马雷特，等. 人是如何学习的Ⅱ（学习者、境脉与文化）[M]. 裴新宁，王美，郑太年，主译. 上海：华东师范大学出版社，2021.

[11] 约翰·哈蒂，格雷戈里·C. R. 耶茨. 可见的学习与学习科学 [M]. 彭正梅，等，译. 北京：教育科学出版社，2018.

[12] 彼得·德鲁克. 管理的实践 [M]. 北京：机械工业出版社，2018.

[13] 艾丽卡·安德森. 学习力Ⅱ 知识焦虑时代，如何升级认知[M]. 林梅，苑东明，译. 北京：电子工业出版社，2017.

[14] 查尔斯·菲德尔，玛雅·比亚里亚，伯尼·特里林. 四个维度的教育[M]. 罗德红，译. 上海：华东师范大学出版社，2017.

[15] 黛比·希尔沃. 激发学生的成就动机——引导学生迈向成功的策[M]. 北京：中国轻工业出版社，2016.

[16] 戴维·迈尔斯. 社会心理学[M]. 11版. 北京：人民邮电出版社，2016.

[17] 斯蒂芬·P.罗宾斯，蒂莫西·A.贾奇. 组织行为学[M]. 16版. 北京：中国人民大学出版社，2016.

[18] 安妮塔·伍尔福克. 教育心理学[M]. 12版. 伍新春，张军，季娇，译. 北京：中国人民大学出版社，2015.

[19] 简妮·爱丽丝·奥姆罗德.学习心理学[M]. 6版. 汪玲，李燕平，廖凤林，等，译. 北京：中国人民大学出版社，2015.

[20] 伊丽莎白·F·巴克利. 双螺旋教学策略——激发学习动机和主动性[M]. 广州：华南理工大学出版社，2014.

[21] 金盛华. 社会心理学[M]. 北京：高等教育出版社，2010.

[22] 柯比. 学习力[M]. 金粒，编译. 海口：南方出版社，2005.

[23] 杰·S·布鲁纳. 发现学习思想与教育论著选读（下）[M]. 北京：中国环境科学出版社，2005.

[24] 诺埃尔·兰迪. 超级学习力训练[M]. 徐世明，译. 北京：北京中国工人出版社，2004.

[25] 多尔. 后现代课程观[M]. 王红宇，译. 北京：教育科学出版社，2000.

[26] 彼得·圣吉. 第五项修炼——学习型组织的艺术与务实[M]. 上海：上海三联书店，1998.

[27] 冯·贝塔朗菲. 一般系统论基础发展和应用[M]. 北京：清华大学出版社，1987.

[28] 皮亚杰. 儿童的心理发展[M]. 傅统先，译. 济南：山东教育出版社，1982.

[29] 皮亚杰. 发生认识论原理[M]. 北京：商务印书馆，1981.

[30] 陈立翰. 学习力脑科学[M]. 北京：中国人民大学出版社，2023.

[31] 尚俊杰. 学习科学导论[M]. 北京：北京大学出版社，2023.

[32] 徐燕刚. 学习动力与教育环境：西部农村欠发达地区中学生学习动

机研究[M]. 成都：四川大学出版社，2021.
[33] 刘儒德. 学习心理学[M]. 北京：高等教育出版社，2020.
[34] 彭聃龄. 普通心理学[M]. 5版. 北京：北京师范大学出版社，2019.
[35] 朱智贤. 儿童心理学[M]. 6版. 北京：人民出版社，2018.
[36] 暴丽艳，林冬辉，褚英敏，等. 管理学原理[M]. 北京：清华大学出版社，2014.
[37] 白瑷峥. 管理学原理[M]. 北京：中国人民大学出版社，2014.
[38] 刘德儒. 学习心理学[M]. 北京：高等教育出版社，2010.
[39] 郭本禹，姜飞月. 自我效能理论及其应用[M]. 上海：上海教育出版社，2008.
[40] 王新宏. 现代管理学[M]. 天津：天津大学出版社，2008.
[41] 俞国良，戴斌荣. 基础心理学[M]. 武汉：武汉大学出版社，2007.
[42] 杨善堂. 心理学[M]. 北京：人民教育出版社，2005.
[43] 桑新民. 学习科学与技术[M]. 北京：高等教育出版社，2004.
[44] 刘显国. 激发学习兴趣芭术[M]. 北京：中国林业出版社，2004.
[45] 边玉芳. 学习的自我效能[M]. 杭州：浙江教育出版社，2004.
[46] 刘显国. 激发学习兴趣艺术[M]. 北京：中国林业出版社，2004.
[47] 陈丽. 远程教育学基础[M]. 北京：高等教育出版社，2004.
[48] 林崇德. 心理学大辞典[M]. 上海：上海教育出版社，2003.
[49] 路海东. 教育心理学[M]. 长春：东北师范大学出版社，2002.
[50] 陶德清. 学习态度的理论与研究[M]. 广州：广东人民出版，2001.
[51] 彭聃龄. 普通心理学[M]. 北京：北京师范大学出版社，2001.
[52] 冯契，徐孝通. 外国哲学大辞典[M]. 上海：上海辞书出版社，2000.
[53] 李洪玉，何一粟. 学习动力[M]. 武汉：湖北教育出版社，1999.
[54] 黄希庭. 心理学导论[M]. 北京：人民教育出版社，1991.
[55] 朱智贤. 心理学大词典[M]. 北京：北京师范大学出版社，1989.
[56] 费穗宇，张潘仕. 社会心理学辞典[M]. 石家庄：河北人民出版社，1988.
[57] 曹宝龙. 学习与迁移[M]. 杭州：浙江教育出版社，2019.

后 记

成都市名师工作室王友强工作室,于2012年根据成都市教育局《关于组建名师工作室和名校长工作室的通知》(成教函〔2012〕105号)文件精神组建,秉持"进德修业,臻于至善"的文化理念,以市教育局"培养未来教育家"的要求为目标,聚焦"两力"研究方向,破解教育教学难题,引领教师专业发展。

成都市教育局明确要求名师工作室要"加快优秀教师和优秀校长培养,促进名师和名校长由经验型向教育专家型成长"。根据这一要求,工作室以"四川省高校人文社会科学重点研究基地·四川中小学教师专业发展研究中心"科研项目"名师工作室促进研修教师专业成长的实践与理论研究"(项目编号:PDTR2014-31)、"教育公平背景下汉藏两地结对教师培养的实践研究"(项目编号:PDTR2022-06)为载体,探索了名师由经验型向教育专家型教师成长的路径。截至2023年,工作室成员中已有13位老师被评为省市特级教师,16名老师晋升四川省中小学正高级教师。先后出版了教育理论专著《论教育行为冷暴力》《木铎朝夕》,名师论文成果集《教育行为冷暴力初论》《木铎春秋》《木铎之声》和"初中生学习能力自我提升"系列丛书(四川民族出版社出版)。研究成果"名师工作室在中职学校中的运行策略"获四川省人民政府教学成果奖二等奖。

成都市教育局还要求名师工作室要"通过课题研究、指导带教等形式,破解教育教学和学校管理难题,引领学科发展、学校发展"。工作室从2012年运行到现在一直坚持开展"两力"的研究:一是"防控教育冷暴力(校园欺凌)"方向,保障学生安全底线;二是"培养学生学习力"方向,提高学生幸福指数。

第一研究方向:防控教育冷暴力(校园欺凌),探索防控基础教育学校校园欺凌的有效策略。以"四川省高校人文社会科学重点研究基地·四川教育发展研究中心"的科研项目"基础教育学校教育冷暴力研究"(项目编号:CJF2012068)、中国教育学会"十三五"教育科研规划课题(重点)"中小学教育行为冷暴力防控策略研究"(项目编号:1628090092A)、四川省心理学会

"十三五"教育科研规划重点课题"基于心理学的中学校园欺凌研究"（项目编号：SCXLXH201606）系列课题为载体展开研究，出版《教育行为冷暴力初论》《论教育行为冷暴力》两部专著，研究成果"基础教育学校教育行为冷暴力防控策略"获国家基础教育教学成果二等奖，"两体系三融合：中学校园欺凌防控模式""两场域四主体四举措：中职学生间冷暴力行为防控策略"获四川省人民政府教学成果奖二等奖。

第二研究方向：提升学生学习力，探索提升学生学习力的路径及策略。以成都市教育科研规划课题"新高考背景下整体史数轴在高中历史教学中的应用研究"（项目编号：CY2017Y64）、中央电教馆（全国教育信息技术研究课题领导小组办公室）课题"基于人工智能技术评测学自适应平台进行的中小学数学教学实践研究"（项目编号：175130004）、四川省心理学会科研项目"'双减'背景下乡村九义校学生学习力提升研究"（项目编号：SCXLZ2021003）、"农村中学生英语学习力提升的实践研究"（项目编号：SCXLZ2021045）、"四川省高校人文社会科学重点研究基地·四川省基础教育研究中心"的科研项目"县域初中生学习力培养研究"（项目编号：JCJY2022-14）、"四川省高校人文社会科学重点研究基地·四川中小学教师专业发展研究中心"的科研项目"基于教学学术共同体的高中教师学习力提升路径研究"（项目编号：PDTR2023-03）系列课题为载体展开研究。基于学习力动力、学习力能力、学习力方法、学习力调适四大系统，通过主题活动、学科教学、编制学生和教师使用手册等举措提升学生学习力，以达到减负提质效果。研究成果"'整体史数轴'培养高中生历史学科核心素养的实践""自适应平台支持下的 ATPA 学习模式"获成都市人民政府教学成果奖二等奖。为了引领更多人关注学生学习力的培养，我们成立了四川省心理学会基础教育学生学习心理专业委员会，在更大范围内研究实践。已出版的"初中生学习能力自我提升"系列丛书（四川民族出版社出版）和本书《学习力概论》均是第二个研究方向"培养学生学习力"的研究成果。

本书第一章"学习力概念"由新津区教育科学研究院王友强撰写，主要介绍学习力概念、分类等内容。第二章"学习力动力系统"由成都市新津区实验初级中学杨娇统稿：其中第一节"学习兴趣"之"情境兴趣"由成都市新津区实验初级中学杨娇撰写，"个人兴趣"由四川省新津中学周洪丽撰写；第二节"学习动机"之"外部动机"由成都市新津区教育科学研究院郭灵娟撰写，"内部动机"由成都市新津区实验高级中学毛灵撰写；第三节"学习态度"由成都市新津区实验初级中学汤燕撰写。第三章"学习力能力系统"由四川省新津中学陈晓铃、成都市新津区实验初级中学冯志净统稿：其中第一节"学习认知"之"学习观察力"由四川省新津中学何彬彬撰写，"学习注意力"由四川省新津中学田梦婷和乐山市实验中学黎建军撰写，"学习记忆力"由阿坝州小金中学兰英和罗云撰写，"学习思维力"由四川省新津中学汪顺兴和刘文映撰写，"学习想象力"由四川省新津中学李林翰撰写；第二节"学习技能"之"分析技能"由成都市蒲江县寿安初级中学王远敏和成都市新津区实验高级中学黄建军撰写，"评价技能"由四川省新津中学李佳和张楠撰写，"应用技能"由成都市新津区职业高级中学付文桂和屈容撰写，"迁移技能"由成都市新津区实验初级中学江边撰写，"创新技能"由成都市新津区职业高级中学付文桂和金惠撰写。第四章"学习力方法系统"由成都市新津区实验初级中学冯志净统稿，其中第一节"学习目标管理"由成都市新津区实验初级中学彭羽撰写；第二节"学习时空管理"由成都市新津区实验初级中学冯志净和成都市新津区泰华学校阳华撰写；第三节"学习方式选择"之"独立学习"由四川省新津中学赵颖月撰写，"群体学习"由四川省新津中学梁沙撰写，"寻求支持"由四川省新津中学刘静撰写。第五章"学习力调适系统"由四川省新津中学陈晓铃统稿，其中第一节"元认知"由四川省新津中学陈晓铃撰写；第二节"情绪调节"之"戒骄戒躁"由四川省新津中学唐婷撰写，"抗压抗挫"由阿坝州小金中学谢男撰写；第三节"学习毅力"由四川省新津中学曹艳霞撰写。第六章"学习力研究成果选编"由新津区教育局张崇洪和胡同文、成都市新津区实验初级中学鲁莉统稿，其中第一节"基于教学学术共同体的高中教师学习力提升路径研究（开题报告）"由四川省新津中学陈晓铃、李林翰、曹艳霞、唐婷、何彬彬、田梦婷和阿坝州小金中学罗云、兰英、谢男撰写；第二节"'双减'背景下乡村九义校学生学习力提升研究（中期报告）"由成都市泰华学校罗成刚、刘维、贺欣欣、何静、王英撰写；第三节"县域初中生学习力培养研究（结题报告）"由新津区教育局张崇洪和胡同文、成都市新津区实验初级中学冯志净和杨娇、四川省新津中学陈晓铃、新津区教育科学研究院樊艳丽和舒媛洁、成都市新津区实验小学陈艳梅、成都市新津区职业高级中学罗晓英、成都市新津区实验高级中学张小燕、成都市新津区五津幼儿园秦俐撰写。

本书的出版，特别感谢：四川省高校人文社会科学重点研究基地·四川省基础教育研究中心、四川中小学教师专业发展研究中心、四川省心理学会等给予课题的立项！成都市教育局、新津区教育局、新津区教育科学研究院等单位对本书出版的人力、物力和经费支持！成都市名师工作室王友强工作室全体成员和四川省心理学会基础教育学校学生学习心理专业委员会会员积极参与课题研究、成果提炼及本书的编撰工作！

学习力是成为终身学习者的关键能力。本世纪科技创新加速，是知识经济、信息化、人工智能飞速发展的时代，人类面临不可确定因素逐渐增多。对于每一个学习者而言，学习力的提升都至关重要。本书的出版期待引起学校、家庭和社会的重视，期待大众共同关注学习科学，注重学习力的提升！尤其是在"双减"背景下，学校师生更应参与其中，为终身成长奠基。

本书全体作者均为一线教师，在完成教学任务的同时编著了这本拙著，感谢您的阅读！探索提升学生学习力的工作一直在路上，希望与您共同前行！

编者
2023 年 12 月 28 日

后记